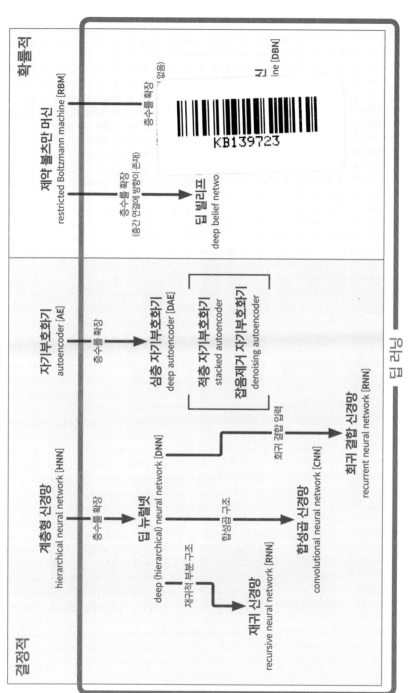

딥 러닝의 전체 모습

KB139723

그림 5.5 ImageNet(http://image-net.org/)에서 추출한 'Television' 카테고리의 이미지 예(189쪽 참고)

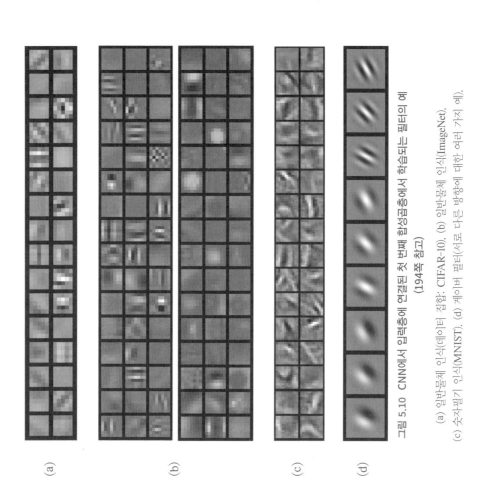

(a)

(b)

(c)

(d)

그림 5.10 CNN에서 입력층에 연결된 첫 번째 합성곱층에서 학습되는 필터의 예
(194쪽 참고)

(a) 일반물체 인식(데이터 집합: CIFAR-10). (b) 일반물체 인식(ImageNet).
(c) 숫자필기 인식(MNIST). (d) 케이버 필터(서로 다른 방향에 대한 여러 가지 예).

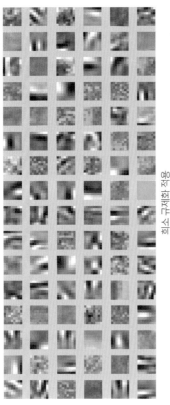

최소 규제화 적용하지 않음

최소 규제화 적용

그림 5.11 학습된 필터의 예(204쪽 참고)

일반문제 인식 데이터 집합 CIFAR-10으로부터 무작위로 추출한 그림은 8×8 크기의 패치 수만 장을 이용한 비지도 특징학습의 결과. 단층 NN의 출력층에 속한 각 노드의 가중치를 시각화한 것이다.

DEEP LEARNING

ⓒ 2015 Toshihiro Kamishima

SHINSOU GAKUSHU - DEEP LEARNING - edited by Toshihiro Kamishima, written by Hideki Asoh, Muneki Yasuda, Shin-ichi Maeda, Daisuke Okanohara, Takayuki Okatani, Yotaro Kubo, Danushka Bollegala and supervised by The Japanese Society for Artificial Intelligence

Copyright ⓒ 2015 Toshihiro Kamishima, Hideki Asoh, Muneki Yasuda, Shin-ichi Maeda, Daisuke Okanohara, Takayuki Okatani, Yotaro Kubo, Danushka Bollegala

All rights reserved.

Original Japanese edition published by Kindaikagakusha, Tokyo

This Korean language edition published by arrangement with Kindaikagakusha, Tokyo in care of Tuttle-Mori Agency, Inc., Tokyo through Danny Hong Agency, Seoul.

이 책의 한국어판 저작권은 대니홍 에이전시를 통한 저작권사와의 독점 계약으로 제이펍에 있습니다.
저작권법에 의해 한국 내에서 보호를 받는 저작물이므로 무단전재와 복제를 금합니다.

초판 1쇄 발행 2018년 3월 12일

지은이 카미시마 토시히로, 아소 히데키, 야스다 무네키, 마에다 신이치, 오카노하라 다이스케,
　　　　　오카타니 타카유키, 쿠보 요타로, 다누슈카 볼레갈라
옮긴이 심효섭
펴낸이 장성두
펴낸곳 제이펍

출판신고 2009년 11월 10일 제406-2009-000087호
주소 경기도 파주시 회동길 159 3층 3-B호
전화 070-8201-9010 / **팩스** 02-6280-0405
홈페이지 www.jpub.kr / **원고투고** jeipub@gmail.com
독자문의 readers.jpub@gmail.com / **교재문의** jeipubmarketer@gmail.com

편집부 이민숙, 황혜나, 이 슬, 이주원 / **소통·기획팀** 민지환 / **회계팀** 김유미
교정·교열 배규호 / **본문디자인** 이민숙 / **표지디자인** 미디어픽스
용지 신승지류유통 / **인쇄** 해외정판사 / **제본** 광우제책사

ISBN 979-11-88621-05-7 (93000)
값 23,000원

※ 이 책은 저작권법에 따라 보호를 받는 저작물이므로 무단 전재와 무단 복제를 금지하며,
　이 책 내용의 전부 또는 일부를 이용하려면 반드시 저작권자와 제이펍의 서면동의를 받아야 합니다.
※ 잘못된 책은 구입하신 서점에서 바꾸어 드립니다.

제이펍은 독자 여러분의 아이디어와 원고 투고를 기다리고 있습니다. 책으로 펴내고자 하는 아이디어나 원고가 있으신
분께서는 책의 간단한 개요와 차례, 구성과 제(역)자 약력 등을 메일로 보내주세요.　　jeipub@gmail.com

딥러닝 제대로 정리하기

Deep Learning

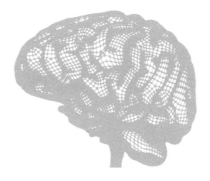

일본 인공지능학회 감수 | 카미시마 토시히로 편집

아소 히데키, 야스다 무네키, 마에다 신이치, 오카노하라 다이스케,
오카타니 타카유키, 쿠보 요타로, 다누슈카 볼레갈라 지음

심효섭 옮김

Jpub
제이펍

※ 드리는 말씀

- 이 책에 기재된 내용을 기반으로 한 운용 결과에 대해 저자, 역자, 소프트웨어 개발자 및 제공자, 제이펍
  출판사는 일체의 책임을 지지 않으므로 양해 바랍니다.

- 이 책에 등장하는 각 회사명, 제품명은 일반적으로 각 회사의 등록 상표 또는 상표입니다. 본문 중에는 ™, ©,
  ® 마크 등이 표시되어 있지 않습니다.

- 이 책에서 사용하고 있는 제품 버전은 독자의 학습 시점이나 환경에 따라 책의 내용과 다를 수 있습니다.

- 일본 책의 번역서이다 보니 현재 국내에서 두루 사용하고 있는 영어식 용어와 다르게 표현된 것들이 있습니다.
  그러한 용어들은 기존 용어와의 혼동을 피하고자 처음 나올 때 영어를 병기하였으며, 기본적으로는 대한수학회
  용어집을 많이 참조하였음을 알려 드립니다.

- 본문에서 컬러로 봐야 하는 그림은 책 앞부분 화보에서 확인하실 수 있습니다.

- 책 내용과 관련된 문의사항은 옮긴이나 출판사로 연락해 주시기 바랍니다.
  – 옮긴이: flourscent@gmail.com
  – 출판사: readers.jpub@gmail.com

차 례

PART 1 기초편 _1

PART 2 응용편 _ 171

CHAPTER 5

이미지 인식을 위한 딥 러닝 _173

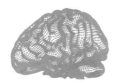

**옮긴이
머리말**

《딥 러닝 제대로 시작하기》와 《통통 딥 러닝》에 이어 세 번째 딥 러닝 책을 번역하게 되었습니다. 앞서 나온 《딥 러닝 제대로 시작하기》는 압축적이지만 탄탄하게 이론을 설명해 주는 책이었고, 그 뒤를 이은 《통통 딥 러닝》은 이를 조금이라도 말랑말랑하게 전달하는 데 초점을 맞춘 책이었다면, 이번 《딥 러닝 제대로 정리하기》는 제목에서 짐작하시다시피 《딥 러닝 제대로 시작하기》의 연장선상에 있는 책이라고 할 수 있습니다.

이 책은 크게 두 부분으로 나뉩니다. 전반부인 기초편은 《딥 러닝 제대로 시작하기》의 내용을 조금은 딱딱하지만 더욱 엄밀한 언어로 설명하고 있습니다. 그러나 딥 러닝을 처음 접하시는 분들에게는 그만큼 장벽이 될 수 있는 지점이기도 합니다. 그리고 이 기초편에는 대규모 신경망을 학습하는 데 필요한 노하우를 간략하게 정리한 내용도 담겨 있습니다. 후반부가 되는 응용편은 딥 러닝의 주요 응용 분야인 이미지 인식, 음성 인식, 자연어 처리에서 딥 러닝이 어떻게 적용되고 있는지와 함께 각 분야에 특화된 응용 기법을 소개합니다. 이들 분야에 딥 러닝을 적용하려고 연구 중인 독자라면 시행착오를 줄이는 동시에 간단하게나마 현황 파악에 도움이 되리라 생각합니다.

응용편에서는 이전 책들에 없었던 새로운 용어가 많이 등장합니다. 그래서 이들 용어에 대한 적절한 역어를 선택하는 데 적잖은 어려움이 있었습니다. 다른 책이나 문서에서는 영어 원문을 그대로 사용하는 경우가 많아 고심이 더 많았습니다. 그래서 영어 원문과 일본어 원문을 함께 놓고 단어별로 직역해 보거나, 아니면 몇 단어 이상이 이미 하나의 용어로 정착된 경우에는 이를 포함하는 방법으로 역어 후보를 만들고 용어 의미를 가장 잘 나타내는 후보를 고르는 방법을 택했습니다. 이번에도 역시 대한수학회 용어집과 영문 위키피디아, 그리고 베타리더 분들의 의견이 큰 도움이 되었습니다. 베타리더 분들께 감사를 표합니다.

마지막으로, 부모님, 아내 정이, 제이펍 장성두 대표님께 감사드립니다.

옮긴이 심효섭

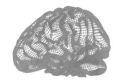

머리말

딥 러닝(deep learing)은 최근 기계학습(또는 인공지능) 분야에서 주목을 많이 받는 기술이다. 여기서 말하는 'deep'은 학습을 수행하는 신경망(혹은 그에 상응하는 다른 것)의 층수가 '깊다'는 뜻으로, 여러 층을 가진 구조를 사용한 학습을 말한다. 딥 뉴럴 넷의 구축은 여러 해 동안 연구 영역에서 일종의 '꿈'이었다. 그도 그럴 것이, 인간의 뇌도 여러 층이 켜켜이 쌓인 구조로 되어 있으나, 이를 모방한 구조를 만들어도 막상 학습을 시킬 수가 없었기 때문이다. 또, 이 'deep'이라는 개념은 기계학습의 '문제의 표현'에서도 매우 중요하다. 여기서 표현이란, 주어진 데이터 내지는 외부 세계의 어떤 부분에 주목하여 특징값으로 삼을 것인가 하는 문제인데, 지금까지는 이 표현을 결정하는 데에 사람의 힘이 반드시 필요했다. 기계가 특징값을 자동으로 추출, 다시 말해 표현을 학습할 수 있다는 것은 획기적인 것이다. 딥 러닝은 이런 표현학습을 실현하는 방법 중 매우 유망한 기술이며, 인공지능 분야 전체에도 갖는 의의가 크다.

이 책은 일본 인공지능학회의 《인공지능》 학회지 2013년 5월호부터 2014년 7월호까지 7회에 걸쳐 연재된 'Deep Learning(심층학습)'에 내용을 보충하고 다시 편집한 것이다. 이 책에서도 각 장은 완결된 형태를 갖고 있으며, 따로따로 읽어도 이해하는 데 문제가 없다. 또한, 딥 러닝 연구 분야의 최일선에서 활용하는 연구자가 집필하였다. 본래 인공지능학회의 회원을 독자로 상정하여 쓰였지만, 모든 장이 이해하기 쉽게 쓰여 있어서 정보 관련 전공 대학원생 수준이라면 이해할 수 있을 것이다. 또, 기술 관련 업무에 종사하는 독자들도 이 책의 수식을 세세하게 좇는 대신 수식이 뜻하는 바를 파악해 간다면 이 책을 유용하게 활용할 수 있을 것이다. 이런 독자들에게는 먼저 전체 그림을 파악한 뒤 추가로 필요한 부분은 참고문헌과 함께 이해를 높이는 방법을 권한다.

이 책의 각 장은 다음과 같이 구성되어 있다. 1부는 1장부터 4장까지를 포함하며, 딥 러닝의 기초적인 내용 및 구현에 대한 내용을 다루고 있다.

1장은 아소 히데키가 집필하였으며, 딥 러닝의 위상 및 역사적인 경위를 다룬다. 이 장은 딥 러닝의 전체 모습을 살펴보기에 적합하도록 쓰였다. 'deep'으로 불리는 이유는 무엇인지, 왜 '표현'이라 불리는지와 같은 기본적인 물음에서 출발하여 자칫 과도한 기대를 받기 쉬운 딥 러닝을 폭넓은 시각에서 객관적으로 설명한다. 냉정함을 잃지 않으면서도 기대감을 동시에 품은 정론으로 전개되어 있어 딥 러닝의 전체 모습을 보여 주는 설명으로 적합하다.

2장은 야스다 무네키가 집필하였으며, 딥 러닝에서 이론적 모형의 커다란 주축 중 하나인 볼츠만 머신을 다룬다. 볼츠만 머신의 모형이나 기초적인 학습 방법에서 출발하여 딥 러닝에서 자주 사용되는 제약 볼츠만 머신, 딥 볼츠만 머신을 도입한다. 자기부호화기와 함께 사전학습이 갖는 의미에 대해서도 다룬다.

마에다 신이치가 집필한 3장은 제약 볼츠만 머신을 학습시킬 때 사용되는 대조적 발산(contrastive divergence)에 관해 설명한다. 대조적 발산의 근본을 이루는 아이디어 및 사전학습의 의미와 현재의 위상을 먼저 설명하고, 딥 러닝에서 대조적 발산이 어떻게 사용되는지를 자세히 설명한다.

4장은 딥 러닝의 대규모 구현에 관해 오카노하라 다이스케가 집필하였으며, 세계 여러 나라에서 벌어지고 있는 개발 경쟁의 핵심이 무엇인지를 다룬다. GPU의 활용이나 병렬화, 분산화 등의 주제의 최신 연구 현황을 소개한다. 딥 러닝을 구현할 때 주의가 필요한 부분이나 하이퍼파라미터를 최적화하는 방법 등의 주제 등 유용한 정보를 얻을 수 있다.

2부는 딥 러닝의 응용에 초점을 맞추고 있다. 이미지, 음성, 자연어 등 각각의 응용 분야에 관해 설명한다.

5장은 오카타니 타카유키가 집필하였으며, 이미지 인식을 다룬다. 이미지 인식은 딥 러닝에서 가장 각광받고 있는 테마다. 먼저, 이미지 인식에서 높은 정확도를 실현하고 있는 합성곱 신경망의 모형과 그 구체적인 예를 설명한 다음, 딥 러닝이 주목받는 원인 중 하나인 비지도학습을 통한 이미지 특징 추출을 설명한다. 이 두 가지가 어떻게 자리매김하고 있는지를 잘 보여 줄 수 있도록 설명한다.

6장은 이미지 인식과 함께 딥 러닝의 하이라이트라 할 만한 음성 인식에 대해 쿠보 요타로가 집필하였다. 이미지 인식과 달리 시계열 데이터를 다루므로 이를 위한 시계열 모형을 도입하고, 여기에 다시 딥 러닝을 적용하기 위한 방법이나 사전학습에 관한 내용을 다룬다. 음향 모형과 함께 언어 모형에 관한 최신 기법도 설명한다.

7장은 다누슈카 볼레갈라가 자연어 처리에 관해 집필하였다. 자연어 처리 분야는 딥 러닝에는 아직 만만치 않은 분야다. 단어나 문장을 어떻게 표현할 것인지 다양한 시도가 이루어지고 있으며, 그중에서도 기본이 되는 뉴럴 언어 모형, 단어의 분산 표현 등을 비롯하여 최근 주목을 받는 word2vec 등을 다룬다.

어느 장을 읽더라도 지금의 딥 러닝은 아직 시작에 불과하다는 점과 이론적으로 아직 충분히 해명되지 않았다는 점을 느낄 수 있을 것이다. 이는 바꿔 말하면, 아직 연구해야 할 여지, 발전할 여지가 충분히 남아 있다는 말이기도 하다. 각 장을 집필한 필자들은 딥 러닝에 불충분한 점이 여럿 있다는 사실을 인정하면서도 그 가능성에 대해 큰 기대를 걸고 있다. 딥 러닝은 앞으로도 기계학습이나 인공지능 분야에서 주목해야 할 중요한 기술이 될 것이다. 그리고 이 기술적 가능성에 맹목적으로 기대하는 것도, 과거의 실패를 이유로 무조건 비하하는 것도 바람직하지 않다. 오직 객관적인 시선으로 바라보는 것이 중요하다. 이 책이 여기에 일조할 수 있다면 기쁘겠다.

마지막으로, 이 책의 내용에 관해 소중한 의견을 주신 다음의 분들에게 감사드린다. 운노 유야, 오쓰카 마코토, 오노 겐타, 고바야시 사스케, 쓰보이 유타, 나카야마 히데키, 후쿠시마 구니히코, 와타나베 다로, 와타베 신지.

마쓰오 유타카, 마쓰바라 히토시

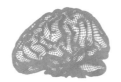

수식
표기법

이 책에서 사용하는 수식 표기법을 정리하였다.

변수 및 행렬

벡터나 스칼라, 일반적인 변수, 실현값, 확률변수, 집합은 다음과 같이 대소문자 및 글꼴로 구분한다.

대소문자 및 글꼴에 따른 변수의 종류 구분

표기		내용
x	(소문자 이탤릭체)	스칼라 변수, 스칼라 실현값
X	(대문자 이탤릭체)	스칼라 확률변수
$\mathbf{x}$	(소문자 볼드로만체)	벡터변수, 확률변수의 벡터 실현값
$\mathbf{X}$	(대문자 볼드로만체)	행렬변수, 벡터 확률변수
$\mathcal{X}$	(대문자 캘리그래픽체)	집합변수

그리고 확률변수가 특정한 실현값을 가질 경우의 확률 $p(X = x)$나 $p(\mathbf{X} = \mathbf{x})$는 특별히 혼란을 일으키지 않을 때에는 $p(x)$나 $p(\mathbf{x})$처럼 줄여 쓴다.

다음의 변수는 이 책 전체에서 같은 내용을 뜻한다.

변수가 가리키는 내용

변수	내용
x, $\mathbf{x}$, $\mathbf{X}$	입력 신호 및 정보
y, $\mathbf{y}$, $\mathbf{Y}$	출력 신호 및 정보
w, $\mathbf{w}$, $\mathbf{W}$	결합 가중치
v, $\mathbf{v}$, $\mathbf{V}$	가시변수(관측변수)
h, $\mathbf{h}$, $\mathbf{H}$	비가시변수(잠재변수)
θ, $\boldsymbol{\theta}$, $\boldsymbol{\Theta}$	파라미터
$\mathbf{I}$	단위행렬
$\mathbb{R}$, $\mathbb{N}$, $\mathbb{Z}$	각각 실수, 자연수, 정수의 집합
$\mathbf{0}$	영벡터(요소가 모두 0인 벡터)

연산과 변수

이 책 전체에서 사용되는 연산과 함수의 표기법을 다음과 같이 정리하였다.

연산과 함수의 공통 표기

변수	내용
$\mathbf{X}^\top$	행렬 $\mathbf{X}$의 전치행렬
$\mathbf{X}^{-1}$	행렬 $\mathbf{X}$의 역행렬
$\mathbf{X} \circ \mathbf{Y}$	행렬의 요소 단위 곱
$f * g$	합성곱 연산
$\mathrm{Dom}(x)$	변수 x의 정의역
$\mathrm{diag}(\mathbf{d})$	벡터 $\mathbf{d}$를 대각 요소로 갖는 대각 행렬 ε
$\mathrm{H}(p)$	확률분포 p의 엔트로피 함수($-\Sigma p \log p$, $-\int p \log p$)
$\mathrm{a}(x)$	활성화함수: 신경망의 노드 안에서 가중치와 입력의 내적을 출력으로 변환하는 함수
$\mathrm{sig}(x)$	시그모이드 함수: $1/(1 + e^{-x})$

벡터 인자와 함수 스칼라 함수 $f(x)$에 대해 그 인자가 벡터인 표기 $f(\mathbf{x})$는 벡터 $\mathbf{x}$의 각 요소에 함수 f를 적용한 벡터를 나타낸다.

확률 질량함수와 확률 밀도함수 확률변수 X가 이산일 때의 확률 질량함수와 연속일 때의 확률 밀도함수는 따로 구분하지 않고 $p(X)$로 표기한다.

기댓값 $\mathrm{E}_{p(X)}[f(X)]$는 분포 $p(X)$에 대해 다음과 같은 기댓값을 나타낸다.

$$\sum_{x \in \mathrm{Dom}(X)} f(x)p(x) : X\text{가 이산 확률분포일 경우}$$

$$\int_{x \in \mathrm{Dom}(X)} f(x)p(x)dx : X\text{가 연속 확률분포일 경우}$$

그리고 $p(X)$를 생략한 경우에는 함수 f의 모든 확률변수의 결합분포에 대한 기댓값을 나타낸다. 예를 들어, $\mathrm{E}[f(X, Y)]$는 $\mathrm{E}_{p(X, Y)}[f(X, Y)]$를 뜻한다.

쿨벡-라이블러 발산 확률분포 $p(X)$와 $q(X)$ 사이의 쿨벡-라이블러 발산을 다음과 같이 표기한다.

$$\mathrm{D_{KL}}\left(p(X) \parallel q(X)\right) = \int_{x \in \mathrm{Dom}(X)} p(x) \log \frac{p(x)}{q(x)} dx$$

딥 러닝의
전체 모습

이 책은 다양한 딥 러닝 기법을 소개하는 책이다. 하지만 그 전에 먼저 딥 러닝 대 그 외의 기법, 그리고 결정적 대 확률적 모형의 두 가지 관점에서 이들 모형의 관계를 밝히는 방법으로 딥 러닝의 큰 그림을 보여 주고자 한다. 그러고 나서 결정적 및 확률적 모형으로 나누어 각각의 기법을 간단히 소개한다.

먼저, 컬러 화보에 처음 나오는 '딥 러닝의 전체 모습' 왼쪽 부분의 결정적 모형에서는 입력에 대한 출력이 결정론적으로 정해진다. 이들 모형에는 결합 가중치와 바이어스를 파라미터로 갖는 선형 변환과 이렇게 변환된 값을 다시 비선형 변환하는 활성화함수로 결정되는 노드로 이루어진 경우가 많다. 이에 비해 그림 오른쪽 부분의 확률적 모형은 입출력 변수의 결합분포를 나타낸다. 데이터 집합에 포함된 입출력 값으로부터 값을 추정할 수 있는 관측변수와 그렇지 않은 비가시변수가 있으며, 이들 변수 사이의 의존관계를 그래피컬 모델이라는 방법으로 기술한다. 결정적 모형과 확률적 모형 모두 2~3층 정도의 '얕은' 신경망과 이보다 층수가 많은 '깊은' 신경망이 있다.

그리고 독자 여러분이 딥 러닝의 전체적인 모습을 조망할 수 있도록 여러 모형을 분류한 도식을 싣고 있지만, 이 분류는 어디까지나 특정한 다음 두 가지 관점, 즉 심층구조를 갖는/갖지 않는, 결정적/확률적에 따라 나눈 것임을 유의하기 바란다. 예를 들어, 확률적 모형에 속하는 제약 볼츠만 머신은 결정적 모형에 해당하는 심층 자기부호화기의 사전학습에 사용된다. 이 예에서 볼 수 있듯이 신경망의 다양한 기법은 서로 복잡한 관계를 가지며, 분류 역시 여러 기준으로 나누어 볼 수 있다.

결정적 모형

결정적 신경망의 대부분은 계층형 신경망과 자기부호화기에 해당한다.

계층형 신경망 유형

계층형 신경망은 입력에서 출력으로 이어지는 결합을 통해 신호가 순전파되는 앞먹임 신경망 형태의 구조를 가지며, 주로 지도학습에 사용된다. 이 유형의 신경망은 앞서 본 그림의 가장 왼쪽 부분에 정리되어 있는데, 이들을 순서대로 열거하면 다음과 같다.

퍼셉트론(1.4.1절)

2층 구조를 갖는 최초로 제안된 신경망이며, 그림에서는 계층형 신경망의 일종에 해당한다. 선형 분리 가능이라는 조건을 만족하는 문제밖에 풀 수 없다는 제한이 있지만, 해결 가능한 문제에 대해서는 오차수정 학습법에 따라 유한 횟수의 업데이트만으로 학습이 수렴한다는 것이 증명되어 있다.

계층형 신경망(1.3절)

딥 러닝 등장 이전에 가장 많이 사용되었던 신경망으로, 3층 내외의 앞먹임 신경망 형태를 갖는 계층형 신경망이다. 이 모형은 다층 퍼셉트론이라고도 불리며, 오차역전파 학습법이 개발되면서 1980년대에 널리 활용되었다. 지도학습에 사용되는 경우가 많지만, 경쟁학습 기법을 적용하여 비지도학습에 사용되기도 한다.

딥 뉴럴넷(계층형)(1.5절)

딥 뉴럴넷은 넓은 의미로는 여러 층을 갖는 신경망 전반을 가리키지만, 좁은 의미로는 앞먹임 구조로 된 계층형 신경망을 4층 이상으로 확장한 것을 가리킨다. 이 좁은 의미에 해당하는 신경망은 중간층의 노드 수가 충분하다면 3층만으로도 어떤 함수이든지 근사할 수 있다는 이론적 근거를 갖추고 있지만, 국소 최적해나 기울기 소실 문제와 같은 기술적 문제로 널리 사용되지 못했다. 그러나 중간층 노드의 수를 늘리는 것보다 층수를 늘리는 쪽이 예측 성능 향상에 효과적이라는 점이 밝혀진 것에 이어 사전학습이나 드롭아웃 등의 신기술이 등장하고 새로운 활성화함수 및 신경망 구조가 고안되면서 기술적 문제가 해결된 2010년대에 들어 널리 쓰이게 되었다.

재귀 신경망(7.4.1절)

재귀적 부분 구조를 갖춘 신경망으로, 재귀적 구조를 갖춘 내부 표현을 얻으려는 목적으로 사용된다. 하위 부분 트리 구조로부터 상위 부분 트리 구조를 재귀적으로 구성하는 트리 구조를 갖고 있어서 재귀 신경망이라 불린다. 그림에서는 계층형 신경망에 포함되어 있지만, 이 책에서는 비지도학습을 수행하는 자기부호화기에 재귀적 구조를 포함시킨 재귀 자기부호화기를 다룬다.

합성곱 신경망(5.2절)

합성곱층을 가진 계층형 신경망을 말한다. 딥 러닝 등장 이전부터 네오코그니트론이나 LeNet 등의 구조가 제안된 바 있다. 2010년대에는 분산병렬 계산 기술의 발전과 대규모 학습용 데이터가 갖춰지면서 이미지 인식 분야에서 특히 널리 사용되고 있다.

회귀 결합 신경망(6.5.2절)

회귀 결합 신경망은 연속열 데이터를 처리하기 위한 목적으로 고안되었다. 이를 위해 이전 시각의 입력에 대한 정보를 현재 입력을 처리하는 데 전달하기 위해 회귀 결합 입력을 갖추고 있다. 합성곱 신경망과 마찬가지로 딥 러닝이 등장하기 전에 제안된 구조이지만, 2010년대에 이르러 학습 규모가 커짐에 따라 음성인식이나 자연어 처리 분야에서 널리 쓰이고 있다. 기울기 소실 문제를 해결한 장단기기억 기법과 같은 개량안도 고안되었다.

자기부호화기

유형 결정적 모형의 또 다른 한 유형인 자기부호화기는 모래시계 모양의 신경망으로, 비지도학습에 쓰인다. 자기부호화기는 그림 가운데 부분에 정리되어 있는데, 이들을 순서대로 열거하면 다음과 같다.

자기부호화기(3.3.1절, 1.7절)

기본적인 형태의 자기부호화기는 비지도학습으로 입력이 갖는 정보를 유지하며 차원을 축소하기 위한 목적으로 고안되었다. 입력을 중간층에서 저차원 표현으로 변환하는 과정인 부호화와 이 저차원 표현을 다시 원래의 차원으로 되돌리는 복호화 과정을 조합한 3층 구조의 모래시계 모양으로 되어 있다. 입력 신호와 출력 신호의 재구성 오차를 최소화하도록 학습이 이루어신다.

심층 자기부호화기(3.3.1절)

심층 자기부호화기는 입력과 중간층 사이의 부호화 부분과 중간층과 출력층 사이의 복호화 부분의 층수를 늘린 자기부호화기다.

적층 자기부호화기(1.7.2절)

적층 자기부호화기는 층 단위로 탐욕적 학습을 통해 심층 자기부호화기의 기울기 소실 문제를 회피한 구조다.

잡음제거 자기부호화기(3.5.1절, 6.4.2절)

잡음제거 자기부호화기는 입력 신호에 잡음을 더하여 미지의 신호에 대한 견고성을 향상시키기 위한 기법이다.

확률적 모형

신경망 분야에서 현재 널리 사용되는 확률 모형은 볼츠만 머신에서 유래한 것이다. 그림의 오른쪽 끝에 정리된 이들 모형을 순서대로 소개하겠다.

볼츠만 머신(2.3절)

볼츠만 머신은 마르코프 확률장이라는 확률 모형의 일종이다. 가시/비가시변수를 각 노드로 하며, 이들 노드 간의 의존관계를 비방향성 결합으로 나타낸 그래피컬 모델로 기술한다. '조합의 폭발' 문제로 학습이 어려우므로 그리 많이 쓰이지는 않는다.

제약 볼츠만 머신(2.7절, 3.4.1절)

제약 볼츠만 머신은 볼츠만 머신에 가시변수와 비가시변수 사이에만 의존관계가 있도록 제약을 가한 확률 모형이다. 이러한 제한으로 인해 각각의 단에서 학습이 효율적으로 이루어지면서 실용적인 문제를 해결할 수 있게 되었다. 애초에는 하모니움이라는 이름으로 제안되었으나, 현재는 제약 볼츠만 머신이라는 명칭이 정착되었다. 가시변수와 비가시변수를 각각 하나의 층으로 보면, 전부 2층으로 구성되어 있다. 이 모형을 지수족으로 일반화한 것을 지수형 하모니움족이라고 부른다.

딥 볼츠만 머신(2.8절)

딥 볼츠만 머신은 제약 볼츠만 머신의 비가시변수 층을 그대로 여러 층으로 늘린 모형이다. 사전학습이나 대조적 발산 등이 개발된 2010년대부터 널리 쓰인다.

딥 빌리프 넷(2.9절)

딥 빌리프 넷은 비가시변수를 여러 층으로 늘렸다는 점에서는 딥 볼츠만 머신과 같지만, 이들 간의 의존관계를 비방향성 결합 대신 방향성을 가진 결합으로 나타낸 것이라는 차이가 있다. 사전학습 등의 기법을 활용하게 된 2010년대부터 사용이 확산되고 있다.

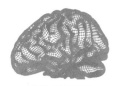

베타리더 후기

🦋 공민서(엔트로피랩)

딥 러닝 내부 원리가 어떤 흐름으로 이루어져 왔는지에 대해 자세한 수식으로 보여 주는 책입니다. 여느 책들처럼 파이썬 코드가 함께하지도 않고 그런 이유로 책 분량이 많아 보이지 않겠지만, 그 내용만큼은 엄청나게 양질이라 생각합니다. 딥 러닝 엔지니어들에게 강력히 추천합니다. 편집적인 면에서도 오탈자도 거의 없었고 내용도 너무 훌륭했습니다.

🦋 김용현(Microsoft MVP)

이 책은 딥 러닝에 대한 개념을 알고 있고, 몇 가지 예제를 통하여 딥 러닝 경험이 있는 독자들을 대상으로 합니다. 현재 알고 있는 딥 러닝의 원리를 수식과 함께 안내해 주고, 딥 러닝과 신경망 이론 등의 발전 과정과 시대의 흐름, 기여한 주요 인물 및 논문 등이 곁들여 있어서 딥 러닝과 관련된 지식을 확고하게 쌓아 줄 것입니다. 요즘 딥 러닝이 열풍이라 인터넷 등을 통해 산발적으로 딥 러닝을 이해하고 있는 사람들이 많은 것 같습니다. 이런 분들에게 수식을 통해 체계적으로 지식을 정리해 주고 역사와 주요 인물들을 알려 주는, 재밌게 읽을 수 있는 책이 될 것 같습니다.

🦋 박수혁(엔씨소프트)

딥 러닝 초기 연구부터 최근 자기부호화기에 이르기까지 그 흐름과 변화에 대해 꼼꼼히 다루고 있어서 깊이 있는 이해에 도움이 될 것으로 생각됩니다. 다만 선형대수나 수식에 익숙하지 않거나, 딥 러닝 혹은 관련 분야에 대한 기초적인 지식이나 이해가 없다면 어느 정도의 사전학습은 필요하다고 생각합니다.

🦋 변성윤(레트리카)

딥 러닝을 처음 배울 때 크게 이해만 하고 넘어갔던 내용을 더 깊게 알 수 있는 책이 었습니다. 용어들이 한자어로 된 것들이 많은데, 출간 전에 다시 검토하여 적절한 용어로 변경하는 과정을 거치면 더 친절한 딥 러닝 책이 될 것 같습니다.

🦋 양현림(대구경북과학기술원)

딥 러닝은 다방면으로 연구되는 분야인 만큼 이를 설명하는 방식도 다양합니다. 이 책은 볼츠만 머신을 바탕으로 딥 러닝의 학습 과정을 설명하고, 나아가 이미지 인식, 자연어 처리 등 응용 사례를 소개합니다. 다만, 볼츠만 머신을 통한 설명이 심도 있는 접근법이므로 처음 접하는 비전공자에게는 어렵게 느껴질 수 있습니다. 딥 러닝의 개략적인 내용을 숙지하고 이 책의 전개를 따라간다면 딥 러닝 발전사의 또 다른 관점을 제공해 주는 좋은 이론서가 될 것입니다.

🦋 연성욱(삼성SDS)

최근에 엄청나게 인기가 있는 인공지능과 딥 러닝 공부에 필요한 이론을 하나하나 자세하게 설명해 주고 있습니다. 코드 없이 수식으로만 설명된 게 아쉬운 점이긴 하나, 다른 딥 러닝 책들과 함께 본다면 시너지 효과를 발휘할 것 같습니다.

제이펍은 책에 대한 애정과 기술에 대한 열정이 뜨거운 베타리더들로 하여금
출간되는 모든 서적에 사전 검증을 시행하고 있습니다.

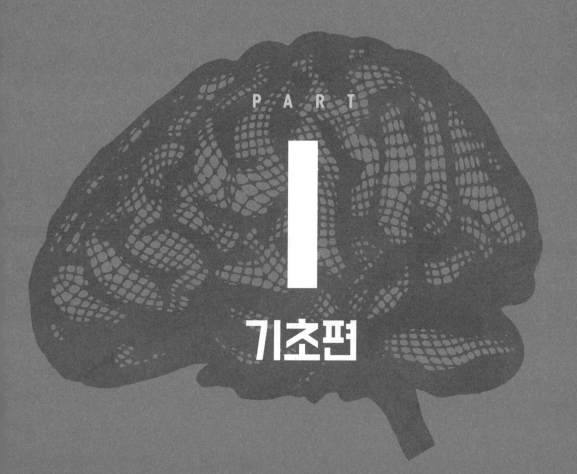

PART

I

기초편

1

계층형 신경망을 이용한 딥 러닝

이 문제가 중요한 이유는 정보를 어떻게 나타내느냐에 따라 그 정보로 쉽게 할 수 있는 일이 결정된다는 것이다.

데이비드 마르(David Marr), 《비전(Vision)》

1.1 시작하며

딥 러닝(deep learning)은 표면적인 것만 보면 이른바 '깊은', 다시 말해 여러 층을 가진 신경망 모형을 사용한 머신 러닝을 통틀어 부르는 말이다. 기계학습에 대한 연구는 1950년대 말부터 인공지능 분야의 한 하위 분야로 발전해 왔다. 인공지능(artificial intelligence)의 연구는 컴퓨터에 인간과 같은 지능을 부여하고 나아가 이를 통해 인간 지능의 활동이나 정보가 처리되는 원리를 밝혀내고자 하는 것을 목적으로 한다. 이때 인간이 가진 지식을 컴퓨터상에서 어떻게 나타내고 이용할 것인지가 중요한 문제가 된다.

이 문제를 풀기 위해 먼저 지식을 if-then 규칙이나 논리식 등의 형태로 명시적으로 나타내어 프로그래밍하는 방식을 생각해 볼 수 있다. 그러나 인간의 지식 중에는 문자 인식, 얼굴 인식과 같은 패턴 인식이나 운동 등에 대한 학습처럼 명시적으로 표현하기 곤란한 것들이 매우 많다. 머신 러닝(machine learning)에 대한 연구는 이런 묵시적인 지식을 구체적인 사례로부터 귀납적인 방식으로 컴퓨터에 학습시키는 것을 주된 목적으로 시작되었다.

인간이나 생물의 뇌신경 시스템은 강력한 학습 능력을 갖고 있다는 것이 밝혀진 후 이들 뇌신경 시스템으로부터 힌트를 얻은 정보 처리 메커니즘인 신경망을 이용한 정보 처리 기법이(1.3절에서 설명) 머신 러닝 연구 초기부터 계속 연구되고 있었다. 그리고 이 연구의 흐름을 따라 최근에는 대량의 전자적 데이터와 강력한 분산병렬 계산을 기반으로 한 딥 러닝이 음성 인식, 일반물체 인식 등의 과제에서 높은 성능을 보이면서 주목을 받게 되었고, 이에 대한 연구가 활기를 띠었다.

신경망 모형에는 다양한 종류가 있으므로 딥 러닝에도 여러 방식이 제안된 바 있다. '딥 러닝'이란 단어를 최초로 사용한 것이 언제인지에 대한 여러 설*이 있으나, 이 단어가 유명해지게 된 가장 큰 계기가 신경망의 대표적 연구자 중 한 명인 2006년의 힌튼(Hinton)의 연구진에 의한 연구라는 데에는 대체로 이견이 없다. 이 연구에서는 확률적으로 동작하며 관측 데이터의 생성 확률 모형로 해석할 수 있는 신경망 유형인 볼츠만 머신(Boltzmann machine)이 딥 러닝의 기반으로써 사용되었다.

이후 1980년대에 신경망 연구 붐을 일으킨 계층형 신경망(hierarchical neural network)과 오차역전파(backpropagation) 법을 조합하여, 즉 확률적이 아닌 결정적으로 동작하는 신경망을 기반으로 한 딥 러닝 연구도 활기를 띠게 되었다. 또, 순환결합을 갖는 신경망도 딥 러닝의 한 종류로 간주되고 있으며, 최근에는 장단기기억(LSTM, long short-term memory)[27]과 같이 좀 더 복잡한 구조를 갖는 신경망을 사용한 딥 러닝 기법도 제안되고 있다.

정보 처리의 관점에서 본 딥 러닝의 본질적인 의의는 관측 데이터에 내재된 본질적 구조, 그것도 그냥 단순한 구조만이 아니라 단순한 구조부터 복잡한 구조로 계층화된 잠재적 구조를 포착하는 정보 표현을 데이터로부터 학습을 통해 획득할 수 있다

---

* http://bit.ly/2DotxiJ

는 점에 있다. 이런 의미에서 보면 다층 신경망을 사용하는 방법도 여러 형태 중의 한 가지에 지나지 않는다. 이 책에서는 다루지 않지만, 실제로 신경망 이외의 머신 러닝 기법, 예를 들면 베이지안 네트워크(Bayesian network)와 같은 확률 네트워크를 사용한 딥 러닝도 연구되고 있다.

이번 장에서는 역사적인 배경이나 딥 러닝을 표현 학습으로 보는 관점에 무게를 두고, 딥 러닝의 방법 중 하나인 계층형 신경망을 사용한 딥 러닝을 설명한다. 또 하나의 대표적 구현 형태인 제약 볼츠만 머신(RBM, Restricted Boltzmann Machine)을 사용한 딥 러닝은 2장에서 소개할 것이다.

이 장의 이후 내용은 먼저 1.2절에서 딥 러닝의 본질인 내부 표현의 학습에 관해서 기존 연구를 포함한 개요를 설명한다. 그런 다음, 1.3절과 1.4절에서 계층형 신경망과 이를 학습하는 방법을 다루고, 여기에 역사적인 발전 내용을 포함하여 소개한다. 그리고 1.5절에서는 이 두 가지의 관계와 최근 딥 러닝에서의 활용에 관해 설명한다. 1.6절과 1.7절에서는 각각 합성곱신경망(CNN, Convolutional Neural Network)과 자기부호화기(autoencoder)를 소개할 것이다. 1.8절에서는 지금까지의 내용을 정리하고 과제와 앞으로의 전망을 소개한다.

1.2 데이터로부터 내부 표현 학습하기

딥 러닝에서는 딥(deep) = '층수가 많은 신경망'을 이용하여 관측 데이터로부터 본질적인 정보를 추출한 내부 표현(internal representation)(잠재 표현(latent representation) 혹은 특징(feature)이라고 부르기도 함)을 학습한다. 이번 절에서는 구체적인 딥 러닝 기법을 소개하기 전에 정보 처리에서 딥 러닝이 갖는 의의에 대한 이해를 높이기 위해 정보의 내부 표현을 학습하는 것의 중요성과 지금까지의 연구를 간단히 소개한다.

1.2.1 내부 표현의 중요성과 학습 기법

지적인 정보 처리와 이를 학습하는 데에서 내부 표현의 중요성은 인공지능, 인지과학, 머신 러닝, 데이터 분석 등에 대한 연구에서 오래전부터 여러 번 지적되어 왔다. 예를 들어, 음성 인식이나 이미지 인식과 같은 패턴 인식에서는 일반적으로 입력에 해당하는 음성이나 이미지 등의 패턴 정보로부터 인식에 효과적인 특징(feature) 벡터를 추출한다[31, 17]. 인식에 적합한 몇 가지 좋은 특징을 추출할 수 있다면, 이를 열거한 특징 벡터를 선형 분류 같은 간단한 분류기로 클래스 레이블을 부여할 수 있으며, 최적 분류기의 탐색, 다시 말해 데이터를 사용한 지도학습이 쉬워진다.

다변량 데이터 분석 분야에서는 주성분 분석이나 요인 분석처럼 관측된 데이터의 변동 구조를 설명하는 몇 가지 변수를 찾는 문제가 연구 초기부터 중요한 과제로 여겨졌다[3]. 이는 관측 데이터의 차원 축소(dimension reduction)라고도 불린다. 이렇게 데이터의 차원을 축소하는 데는 데이터를 사람이 이해하기 쉽게 시각화하고 다시 이들의 분포 양상을 이해하기 쉽게 하려는 목적도 있었다.

이러한 특징 벡터나 차원 축소 표현 같은 내부 표현에 대한 추출이 유용한 것은 관측 데이터에 관측 대상의 구조를 반영하는 잠재적인 구조가 있기 때문이다. 예를 들어, 높은 차원을 갖는 관측 데이터가 낮은 차원의 부분 공간이나 다양체상에 집중되어 분포하는 경우에는 데이터 분포를 따라 더 나은 좌표계를 취하는 방법으로 데이터 간의 구조, 즉 데이터가 갖는 정보를 많이 잃지 않고도 관측 데이터를 낮은 차원의 표현으로 변환할 수 있다. 관측 데이터가 고차원 공간 전체에 걸쳐 분포하는 경우에도 특정 과업에 필요한 정보는 저차원 공간 내에 담겨 있는 경우가 있다. 또, 데이터가 몇 곳에 국소적으로 모여 있는 클러스터를 형성하고 있는 경우에는 데이터를 각각의 클러스터로 먼저 나눈 후, 이들 클러스터마다 따로 처리를 하는 방법이 유용할 경우가 많다.

고전적인 인공지능에서 머신 러닝의 태두라 할 만한 윈스턴(Winston)은 머신 러닝에서 정보 표현의 중요성을 지적한 바 있으며[55], 컴퓨터 비전 연구에 큰 영향을 끼친 마르(Marr) 역시 시각 정보 처리의 본질을 2개의 2차원 이미지로부터 원시 스케치, $2\frac{1}{2}$차원 스케치, 3차원 모형 표현처럼 고차원적 내부 표현을 복원하는 표현 변환으로 형식화한 바 있다[39]. 마르는 또 대뇌피질에서 일어나는 정보 처리 역시, 관측 가능한 정보로부터 겉으로 드러나지 않지만 생존에 중요한 본질적 정보를 추측하는 과정이라 보았다[38].

여러 과업을 동시에 학습하는 멀티태스크 학습이나 특정 과업에 대한 학습 결과를 다른 과업에서 재활용하는 전이학습 연구에서는 특정 과업에 적합한 정보 표현이 아닌, 여러 과업에 적합한 범용적인 정보 표현을 얻는 것이 중요한 과제가 된다[6, 10, 33]. 그 외에도 강화학습에서는 상태공간 표현의 획득이나 기호 창발[32], 저차원 센싱 결과로부터 희소성(sparseness)을 이용하여 원래 신호를 복원하는 압축 센싱[16, 51] 등의 연구 역시 내부 표현의 학습과 관계가 깊다.

내부 표현의 중요성은 또한 패턴 인식에서도 미운오리새끼 정리(ugly duckling theorem) [54, 17]나 머신 러닝에서의 노 프리 런치 정리(no free lunch theorem)[56, 17]와도 관계가 있다. 미운오리새끼 정리는 각각의 대상을 표현하기 위한 특징을 선택하지 않으면 표현의 거리에 기초하여 대상을 분류할 수 없다는 사실을 보여 준다. 또, 노 프리 런치 정리는 모든 과업에서 뛰어난 성능을 보이는 만능학습 알고리즘이란 존재하지 않는다는 것을 시사하고 있으나, 특정 과업에 대해 나타나는 뛰어난 성능은 해당 학습 알고리즘이 사용하고 있는 정보 표현이나 특징에서 기인하는 경우가 많다. 따라서 실제 세계의 다양한 문제에 적합한 범용성 높은 내부 표현을 얻을 수 있다면, 많은 현실 문제에 대해 좋은 성능을 내는 분류기를 만들 수 있을 것이다.

1.2.2 특징 엔지니어링과 표현 학습

특정한 과업 혹은 과업 그룹에 적합한 좋은 내부 표현을 구성하는 문제(특징 엔지니어링 (feature engineering)이라 불리기도 함)에 대하여 연구 초기에 두 가지 접근법이 서로 경쟁하였다. 첫 번째 접근법은 대상이 되는 정보나 과업의 성질에 대한 이해와 도메인 지식에 기초하여 사람의 손으로 내부 표현을 설계하는 접근법이다. 예를 들어, 이미지 인식 분야에서는 이미지의 평행 이동이나 회전처럼 인식 결과에 영향을 주지 않는 변환에 대해서는 값이 변하지 않도록 특징을 설계해 왔다. 최근의 자연어 처리 연구에서는 추정 대상이 되는 구조의 어떤 표현(기계 번역의 출력 문장이나 입력 문장으로부터 추정한 품사 태그의 연속열 등)의 좋고 나쁨을, 구조가 있는 표현으로부터 계산된 여러 특징의 가중합으로 평가하는 방법이 많이 사용되고 있다. 그러나 이 역시 어떤 특징을 사용할 것인가가 처리 성능을 좌우하는 중요한 요인이 된다.

두 번째 접근법은 데이터에 기초하여 좋은 내부 표현을 학습시키는 접근법이다. 통계적 머신 러닝 연구의 대부분은 과업에 적합한 특징을 얻었다는 것을 전제로 입력 특징 벡터를 식별하는 과업에 크게 의존하지 않는 처리를 대상으로 하지만, 한편으로는 좋은 내부 표현 자체를 관측 데이터로부터 학습시키기 위한 연구도 진행되어 왔다. 이들 연구에는 특징 선택, 커널 설계, 멀티 커널 학습, 데이터 행렬 저랭크 분석(low-rank analysis) 등이 포함된다. 최근에는 자연어 처리에서 자주 쓰였던 것처럼 사람이 직접 유망해 보이는 후보를 많이 만들고, 데이터를 사용한 학습으로 그 후보 중에서 선택하는 절충적인 접근법도 많이 쓰인다. 이런 접근법을 표현학습(representation learning)이라 부르기도 한다[7].

표현학습을 할 때에는 표현에 대한 어떤 객관적인 평가 척도가 필요하다. 추출해 낸 표현을 사용하여 예측이나 식별 등 특정한 과업을 해야 할 경우에는 이런 각각의 과업에 대한 성능으로 평가하는 방법을 생각해 볼 수 있지만, 이와 달리 범용적인 특징을 추출하기 위해서는 다음과 같은 평가 관점을 적용한다.

- 정보량: 입력 신호의 정보량을 가능한 한 많이 보존하고 있을 것
- 독립성: 특징끼리 가능한 한 독립이며, 정보의 중복이 없을 것
- 설명성: 어떤 정보가 추출되고 있는지를 해석, 설명하기 쉬울 것
- 희소성: 0이 아닌 값을 갖는 특징 수가 적을 것
- 불변성: 입력 신호의 특정한 변환에 대해 값이 바뀌지 않을 것
- 견고성: 입력 신호의 미세한 변동에 잘 변화하지 않을 것
- 평활성: 원래의 정보가 변화하였을 때 특징값이 매끄럽게 변화할 것

이들 중에서는 서로 상반되는 기준도 있다. 예를 들어, 설명성이나 독립성을 중시하면 정보량을 희생해야 할 가능성이 있다.

차원 축소를 통한 내부 표현 학습법으로는 다변량 데이터 분석 분야에서 제안된 주성분 분석(PCA, Principal Component Analysis)이 잘 알려져 있다. 이 기법은 차원 축소 후의 분산이 최대가 되는 축(보다 일반적으로는 원래 신호 공간의 부분 공간)에 데이터를 사영(projection)*하는 방법으로 차원을 축소한다. 원래 데이터가 다변량 정규분포를 따르고 있다고 가정하면 분산 최대와 정보량 최대는 등치이며, 주성분 분석으로 얻게 되는 사상은 원래 정보의 분포가 갖는 정보량을 가장 잘 보존하는 것이 된다. 이와 비슷한 기법인 요인 분석(FA, Factor Analysis)으로는 주성분 분석의 축을 회전시켜서 보다 해석하기 쉬운 특징을 찾는다. 또, 독립 성분 분석(ICA, Independent Component Analysis)은 독립성이 높은 특징을 추출하여 혼합된 정보로부터 선형인 가중합을 통해 원래의 정보를 복원할 수 있다는 것을 보였다[9].

위에서 언급한 희소성을 갖는 내부 표현, 다시 말해 0이 아닌 값을 갖는 변수의 수가 적은 내부 표현을 얻을 수 있는 희소 모델링도 범용적인 내부 표현 학습에서 유력한 접근법이다. 예를 들어, 올샤우센(Olshausen)과 필드(Field)는 자연 풍경 등의 이미지로부터 잘라 낸 패치의 집합을 입력으로 하는 희소 모델링을 거친 뒤, 동물 뇌의 시각 정보 처리계에 있는 특징 추출기가 반응하는 특징과 비슷한 특징이 학습되었다는 것을 보였다[44, 19].

위에서 언급한 주성분 분석 등의 차원 축소 기법에서는 신호 공간의 부분 공간에 대한 선형 사영만을 다뤘다. 그러나 데이터가 신호 공간 내에서 구부러진 저차원 다양체상에 분포하는 경우도 생각해 볼 수 있다. 이런 경우에, 앞서 설명했듯이 다양체를 따라가는 좌표계를 구할 수 있다면 정보를 많이 잃지 않고 데이터를 저차원 벡터로 표현할 수 있게 된다. 이런 비선형 다양체 구조를 데이터로부터 학습하는 문제를 다양체 학습(manifold learning)이라고 한다[11, 1].

---

* ［옮긴이］ 원래 공간과 이 공간의 부분 공간을 대응시키는 것. 원래 데이터의 차원을 축소시켰으므로 원래 차원의 공간에서 줄어든 차원에 대한 공간으로 대응되었다.

1.3 계층형 신경망

지금부터 두 절에 걸쳐 딥 러닝의 기반을 이루는 요소 중 하나인 계층형 신경망에 대해 설명할 것이다. 먼저, 1.3.1절에서 신경망 연구의 역사를 훑어본다. 그런 다음, 1.3.2절에서는 신경망의 한 종류인 계층형 신경망을 수리적 측면에서 설명한다.

1.3.1 신경망 연구의 계보

신경망은 인간을 위시한 동물의 정보 처리 시스템의 중추가 되는 뇌 신경계(cerebral nerve system)를 모방한 병렬적이고 분산적이며 학습적인 정보 처리의 수리적 모형이다[4, 17, 42, 9]. 신경망에 대한 연구는 1940년까지 거슬러 올라간다.

20세기 초, 우리의 뇌는 뉴런(neuron)이라는 신경세포가 시냅스(synapse)라는 결합부를 통해 여러 개의 다른 뉴런과 결합하는 네트워크라는 사실이 밝혀졌다. 이 발견에서 영감을 얻은 매컬록(McCulloch)과 피츠(Pitts)는 비교적 간단한 형태의 소자 네트워크를 이용한 정보 처리 모형을 고안하였다. 이들은 뉴런을 입력이 여러 개이고 출력이 하나인 역치 소자 노드로 모형화한 뒤, 이런 노드를 여러 개 결합하여 어떠한 논리함수라도 만들 수 있다는 것을 증명하였다[40]. 그 후 연속값을 출력으로 하는 노드를 사용하여 튜링 머신을 모방할 수 있음도 증명하였다[23, 49].

혼자 떨어진 상태에서는 단순한 일밖에 하지 못하는 뉴런으로 네트워크를 구성했을 때 발생하는 뇌 신경계 정보 처리의 특징 중 분산병렬 계산과 맞먹을 만한 것이 학습 능력, 다시 말해 경험을 쌓아가며 처리 능력을 적응적으로 변화시켜서 환경 정보를 좀 더 잘 이해하거나 환경에 적합한 행동을 취할 수 있게끔 하는 것이다. 헵(Hebb)은 조건반사와 같은 행동 변화에서 신경세포 간의 시냅스 결합의 변화가 큰 역할을 할 것이라고 보고, 이 결합의 변화에 의한 학습 모형을 제시하였다[25]. 그리고 로젠블랫 (Rosenblatt)이 이를 더 발전시켜서 뇌의 인지 기능을 모방한 패턴 인식 정보 처리 모형인 퍼셉트론(perceptron)을 제안하였다[45]. 1950년대부터 1960년대까지 뇌 신경계에서 일어나는 정보 처리에 대한 연구가 매우 활발하였다. 예를 들면, 이제는 인공지능의 대부라 할 수 있는 민스키(Minsky)나 경제학의 대가로 알려진 하이에크(Hayek)도 이 시기에 뇌와 신경망을 이용한 정보 처리에 대한 연구를 했다[24].

1.3.2 계층형 신경망의 수리적 모형

뉴런과 뉴런으로 구성한 네트워크를 수리적으로 모형화하는 방법이 여러 가지 제안된 바 있다. 예를 들어, 2장에서 소개할 볼츠만 머신은 확률적으로 동작하는 노드를 갖고 있다. 다음에서 소개할 내용은 각각의 뉴런이 결정적으로 동작하는 다입력 1출력 비선형 소자를 노드로 하여 모형화한 연구다.

다차원 입력 $\mathbf{x} = (x_1, ..., x_n)$을 받아서 y를 출력하는 뉴런의 정보 처리를 다음의 식과 같이 모형화한다.

$$y = a\left(\sum_{i=1}^{n} w_i x_i - \theta\right)$$

이때 w_i는 입력의 i번째 요소 x_i에 대한 결합 가중치(weight)라는 실숫값으로 뉴런의 결합부에 해당하는 시냅스에 대한 신호 전달 효율을 결정하는 파라미터다. θ는 역치(threshold)라고 한다. 항상 값이 1인 더미 변수 x_0을 도입하여 $\mathbf{x} = (x_0, ..., x_n)$, $\mathbf{w} = (w_0, ..., w_n)$과 같이 하면 위의 식을 다시 다음과 같이 고쳐 쓸 수 있다.

$$y = a\left(\sum_{i=0}^{n} w_i x_i\right) = a(\mathbf{w}^\top \mathbf{x}) \qquad \boxed{\text{식 1.1}}$$

이때 $w_0 = -\theta$이다. 즉, 역치값 θ를 더미 변수로부터의 결합 가중치로 보면 식을 간단하게 만들 수 있다. 지금부터는 이런 형태의 표현을 사용할 것이다. $\mathbf{w}^\top \mathbf{x}$는 가중치 벡터와 입력 벡터의 내적이다.

함수 $a(\cdot)$은 일반적으로 비선형 함수이며, 노드의 활성화함수(activation function) 혹은 출력함수(output function)라고 한다. 퍼셉트론에서는 다음과 같은 문턱함수(threshold function)(헤비사이드 함수라고도 함)가 활성화함수로 쓰였다(그림 1.1).

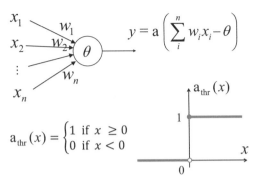

$$a_{thr}(x) = \begin{cases} 1 & \text{if } x \geq 0 \\ 0 & \text{if } x < 0 \end{cases}$$

그림 1.1 문턱함수를 출력함수로 갖는 뉴런의 모형

$$a_{thr}(x) = \begin{cases} 1 & \text{if } x \geq 0 \\ 0 & \text{if } x < 0 \end{cases}$$

노드가 결합한 네트워크 구조(아키텍처)를 계층적인 것과 상호 결합을 갖는 것으로 나누어 분류하여 논하는 경우가 많다. 상호 결합형 신경망(mutually connected neural network)은 노드끼리의 결합이 양방향인 신경망이며, 신호가 전달되는 경로가 네트워크 내에서 순환한다. 특히, 두 노드의 양방향 결합 가중치가 서로 같은 값을 갖는 대칭 결합 네트워크가 연상기억 등에 대한 모형으로 많이 연구되었다. 볼츠만 머신 역시 대칭 결합을 갖는 상호 결합형 신경망의 일종이지만, 노드의 동작이 확률적이며 네트워크 전체로 확률분포를 나타낸다는 점이 특징이다.

이와 달리 계층형 신경망(hierarchical neural network)은 노드가 여러 개의 층으로 나뉘어 있으며, 어떤 층에 속하는 노드는 그 층의 (출력 방향으로) 다음 층에 속하는 노드와 결합한다. 그림 1.2에 네 개의 층을 가진 계층형 신경망의 그림을 실었다. 입력층(input layer)의 신호는 하나 이상의 은닉층(hidden layer)(중간층(intermediate layer)이라고도 함)을 거쳐 마지막의 출력층(output layer)까지 한 방향으로 전파되면서 식 1.1과 같이 변환된다. 그리고 입력층의 노드는 통상적으로 입력 신호를 그대로 출력한다. 즉, $y_i^{(1)} = x_i$가 된다.

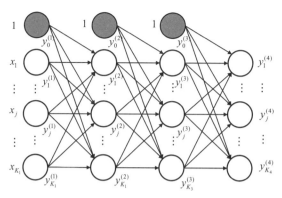

그림 1.2 4층으로 이루어진 계층형 신경망

그림 1.2를 보면 보통 어떤 층의 노드는 바로 앞층의 노드로부터 신호를 받고 있지만, 그보다 앞선 층의 노드로부터 신호를 받을 수도 있다. 또, 바로 앞층의 전체 노드 혹은 일부 노드로부터 신호를 받을 수도 있다. 이때 어떤 노드와 결합하고 있는 앞층 노드의 집합을 이 노드의 수용 범위(receptive field)라고 한다.

이렇게 만들어진 신경망을 다층 신경망(multi-layer neural network) 또는 다층 퍼셉트론(multi-layer perceptron)이라고 한다. 네트워크 안의 결합 가중치를 모두 합쳐 $\mathbf{W}$라고 할 때 계층형 신경망의 출력은 신경망의 입력 벡터와 가중치로부터 $\mathbf{y} = g(\mathbf{x}, \mathbf{W})$와 같이 계산된다.

1.4 계층형 신경망의 학습

이번 절에서는 데이터를 사용하여 계층형 신경망을 학습시키는 방법을 설명하겠다. 계층형 신경망의 학습은 크게 지도학습과 비지도학습으로 나눌 수 있다. 지도학습(supervised learning)에서는 입력 $\mathbf{x}$와 이에 대한 정답 출력 t의 쌍으로 이루어진 집합 $\{(\mathbf{x}_j, t_j)\}$ ($j = 1, ..., M$)을 학습용 데이터로 사용하여 신경망에 $\mathbf{x}_j$를 입력했을 때의 출력이 t_j에 가까워지도록 결합 가중치 $\mathbf{W}$를 수정한다. 이와 달리 비지도학습(unsupervised learning)은 입력 신호의 집합 $\{\mathbf{x}_j\}$만으로 학습을 수행한다. 이 절의 이후 내용에서는 먼저 지도학습의 예로 오차수정 학습과 오차역전파 학습을 소개한 다음,

비지도학습의 예로 경쟁학습을 소개한다.

1.4.1 오차수정 학습

가장 간단한 구조의 계층형 신경망은 입력층과 출력 노드 하나만을 갖는 신경망이다. 입력층은 입력값을 그대로 출력할 뿐이므로 정보 처리와 학습은 출력 노느에서만 일어나게 된다. 이 정보 처리 모형을 단순 퍼셉트론(simple perceptron)이라고 한다. 출력 함수로 문턱함수를 사용한 단순 퍼셉트론은 입력 신호 공간을 초평면으로 양분하여 한쪽에 해당하는 입력에는 1을 출력하고, 또 다른 한쪽에 해당하는 입력에는 0을 출력한다. 이런 과정을 입력 공간에 대한 선형 분리(linear separatation)라고 한다.

단순 퍼셉트론의 학습은 입력 $\mathbf{x}$와 이에 대한 정답 출력 t의 쌍의 집합 $\{(\mathbf{x}_j, t_j)\}$ $(j = 1, ..., M)$을 학습 데이터로 삼아, 각 입력에 대해 정답을 출력하도록 하는 결합 가중치 $\mathbf{w} = (w_0, ..., w_n)$를 구하는 문제다. 이 문제를 풀기 위한 학습 알고리즘으로 오차수정 학습법(error correction learning rule)(퍼셉트론 학습법(perceptron learning rule)이라고도 함) 이 잘 알려져 있다.

오차수정 학습법은 알고리즘 1.1에서 보듯이 학습 데이터의 각 입력마다 퍼셉트론의 출력이 오답, 다시 말해 정답과 일치하지 않는 경우에 가중치를 조금씩 수정해 나가는 과정을 반복한다. η는 한 번 수정할 때의 업데이트량을 결정하는 그리 크지 않은 양수로, 이를 학습률(learning rate)이라고 한다.

알고리즘 1.1 오차수정 학습법

1: 학습 데이터의 입력 $\mathbf{x}_j$에 대해 현재의 가중치 $\mathbf{w}$를 사용하여 출력 y를 계산한다
2: **if** y가 정답 t_j와 일치 **then**
3: 　　아무것도 하지 않는다
4: **else**
5: 　　가중치 $\mathbf{w}$를 다음 식과 같이 업데이트한다

$$\mathbf{w} \leftarrow \mathbf{w} + \eta(t_j - y)\mathbf{x}_j$$

6: **end if**

이렇게 입력이 하나씩 주어질 때마다 조금씩 학습이 진행되는 방식을 온라인학습(online learning)이라고 한다. 이에 비해 전체 학습 데이터를 보면서 업데이트량을 계산한 후, 그 합을 구하여 한 번에 가중치를 수정하는 방식을 배치학습(batch learning)이라고 한다.

오차수정 학습법은 모든 학습 데이터에 대해 정답을 출력하는 가중치 $\mathbf{w}$가 존재하는 경우(이런 경우를 '학습 데이터가 선형 분리 가능(linearly separable)하다고 한다)에는 학습 중의 가중치와 정답이 나오는 가중치의 거리가 가중치를 수정할 때마다 단조적으로 감소한다는 성질을 이용하여 유한한 횟수의 수정 후에 가중치가 수렴한다는 것을 증명할 수 있다(퍼셉트론 학습법의 수렴 정리(perceptron learning rule convergence theorem))[42].

단순 퍼셉트론의 정보 처리 능력은 그리 크지 않지만, 이에 앞서 전처리를 수행해 주는 결합층(association layer)을 추가해서 정보 처리 능력을 확장할 수 있다. 다시 말해 입력 신호를 고정 결합 노드층에서 한 번 비선형 변환한 다음에 이 출력을 단순 퍼셉트론으로 식별학습시킨다.

결합층에 속하는 노드의 수를 충분히 늘리면 입력층의 가중치를 무작위로 정한 경우에도 결합층의 출력 벡터가 선형 분리 가능하게 될 확률이 높아진다. 그러나 결합층의 결합 가중치가 고정값이라는 사실, 다시 말해 특징이 미리 결정되어 있다는 한계가 있다. 민스키(Minsky)의 연구진은 1960년대 후반에 퍼셉트론의 정보 처리 능력에 대한 연구를 수행하여 결합층의 결합 가중치에 자연스러운 제약을 가했을 때의 입력 이미지의 연결성 판정 등 퍼셉트론으로는 계산할 수 없는 문제가 있다는 것을 이론적으로 증명하였다[41]. 이를 계기로 퍼셉트론으로 시작된 신경망의 연구가 일시적으로 사그라들었다.

1.4.2 오차역전파 학습

오차수정 학습의 한계는 출력층 노드로 이어지는 결합 가중치만 수정이 가능하다는 것이었다. 이에 비해 출력층 앞에 있는 은닉층의 노드로 이어지는 결합 가중치를 수정하기 위한 학습 방법으로 잘 알려진 것이 1980년대 러멜하트(Rumelhart), 힌튼

(Hinton), 윌리엄스(Williams)가 제안한 오차역전파법(backpropagation method)이다[46].

오차역전파 학습은 노드의 활성화함수 a를 불연속적인 문턱함수에서 미분 가능한 함수로 바꾸어 출력층에서의 오차 평가 $R(\mathbf{W})$에 대한 임의의 결합 가중치 w의 기여도를 편미분 계수 $\partial R(\mathbf{W})/\partial w$로 계산할 수 있도록 하였다. 여기서 $\mathbf{W}$는 신경망의 모든 결합 가중치를 모은 것이다. 미분 가능한 활성화함수로는 시그모이드 함수(sigmoid function)가 많이 쓰인다.

$$\text{sig}(x) = \frac{1}{1 + e^{-x}}$$

이에 따라 경사하강법(gradient descent)과 같은 일반적인 최적화 기법을 사용하여 출력과 정답 사이의 오차가 작아지도록 모든 가중치를 수정할 수 있게 되었다.

신경망의 층수를 N, n번째 층의 k번째 노드와 $n + 1$번째 층의 j번째 노드 $(n + 1)$의 결합 가중치를 $w_{k,j}^{(n+1)}$라고 할 때 확률적 경사하강법(stochastic gradient descent method)을 통한 결합 가중치 수정은 다음 식과 같이 이루어진다.

$$w_{k,j}^{(n+1)} \leftarrow w_{k,j}^{(n+1)} - \eta \frac{\partial R(\mathbf{W})}{\partial w_{k,j}^{(n+1)}}$$

예를 들어, 출력층에서의 오차 평가 $R(\mathbf{W})$가 제곱 오차 $\frac{1}{2} \sum_j (t_j - y_j^{(N)})^2$일 때 구체적인 업데이트 식은 다음과 같이 나타낼 수 있다.

$$w_{k,j}^{(n+1)} \leftarrow w_{k,j}^{(n+1)} - \eta \delta_j^{(n+1)} y_k^{(n)}$$

여기서 $y_k^{(n)}$은 n번째 층의 k번째 노드의 출력을 의미한다. 이 식에서 $\delta_j^{(n+1)}$는 합성함수의 미분 법칙을 따라 출력층에서의 제곱오차 $\frac{1}{2}(t_j - y_j^{(N)})^2$로부터 계산되는 $\delta_j^{(N)}$부터 출발하여 다음과 같이 재귀적인 형태로 효율적인 계산이 가능하다.

$$\delta_j^{(N)} = -(t_j - y_j^{(N)}) y_j^{(N)} (1 - y_j^{(N)})$$

$$\delta_j^{(n)} = \left\{ \sum_{k=1}^{K_{n+1}} \delta_j^{(n+1)} w_{k,j}^{(n+1)} \right\} y_j^{(n)} (1 - y_j^{(n)})$$

여기서 K_{n+1}은 $n + 1$번째 층의 노드 수를 의미한다. 이 계산 과정이 출력층의 오차를 앞의 층으로 전파시켜 가는 형태를 취하는 데서 오차역전파법이라는 명칭이 유래하였다.

다층 신경망을 경사하강법으로 학습시킨다는 아이디어는 1960년대에 이미 제안된 바가 있지만(예를 들면 [2]), 이 방법으로는 오차가 매우 작아지는 가중치 값(국소 최적해 (local optimum))으로 수렴해 버렸을 때 오차가 최소가 되는 해를 구하지 못하게 되는 문제가 있었으므로 그리 실용적이라 여겨지지 않았다. 이 문제를 국소 수렴이라고 한다. 또, $\delta_j^{(n+1)}$을 효율적으로 계산하는 방법은 1970년대 제안된 합성함수에 대한 고속 미분법의 한 종류로 볼 수 있다. 그러나 러멜하트(Rumelhart) 등이 이 기법을 몇 가지 구체적인 문제에 적용하여 학습이 잘 되었고, 이로부터 흥미로운 내부 표현을 얻을 수 있음을 보인 것이 계기가 되어 다양한 문제에 적용이 시도되면서 경사하강법 이외의 최적화 기법 적용 등 여러 가지 학습 알고리즘이 제안되기에 이르렀다.*

1.4.3 경쟁학습

지도학습은 신경망의 입력값과 출력값 사이의 함수 관계를 학습하는 것이지만, 비지도학습은 입력 신호의 분포가 갖는 특징을 포착하는 학습이다. 여기서는 가장 초기에 제안된 비지도학습법 중 하나인 경쟁학습(competitive learning)을 간단히 소개하겠다.

경쟁학습은 입력층과 출력층으로 구성된 2층 신경망에 대한 학습법이다. 다음의 내용은 경쟁학습의 아이디어를 간단히 보여 주기 위해 입력 신호 벡터 **x**의 길이 $\|\mathbf{x}\|$를 1로 정규화했다고 가정한다. 또, 출력층에 속하는 임의의 노드에 대해 그 노드에 대한 결합 가중치를 모은 벡터 **w**와 입력 벡터 **x**의 내적은 **w**와 **x**가 이루는 각도가 ϕ일 때 $\cos \phi$가 된다. 즉, 입력 벡터의 방향이 결합 가중치 벡터의 방향과 가까울수록 값이 커진다.

---

* 오차역전파 학습의 역사에 대해서는 슈미트후버(Schmidhuber)의 리뷰를 참고하기 바란다[47].

경쟁학습은 어떤 입력 벡터 $\mathbf{x}$에 대해 출력층에 포함된 노드의 출력값을 계산하여 출력값이 최대인 노드에 대한 결합을 다음 식과 같이 업데이트한다.

$$\mathbf{w} \leftarrow \frac{\mathbf{w} + \eta\mathbf{x}}{\|\mathbf{w} + \eta\mathbf{x}\|}$$

η는 작은 양수다. 이는 $\mathbf{w}$의 방향을 $\mathbf{x}$의 방향으로 조금씩 가까워지도록 한다. 업데이트 후에도 $\mathbf{w}$의 길이는 1을 유지한다. 출력층의 노드 중에서 출력값이 최대인 노드만 골라 업데이트하므로 '경쟁학습'이라는 이름이 붙었다.

입력 신호가 몇 개의 클러스터로 나뉘어 분포하고 있을 때에는 입력이 주어질 때마다 가중치를 업데이트해 나가면 출력층 노드의 가중치는 클러스터 중 하나의 중심에 가까워지게 된다. 학습이 끝나고 나면 입력 $\mathbf{x}$에 대해 해당 입력이 속한 클러스터에 대응하는 출력 노드가 최대 출력을 내게 된다. 다시 말해 신경망이 정답 신호 없이도 입력 패턴을 분류하는 클러스터링을 학습한 것이다. 이것을 입력 신호 중에서 자주 나오는 패턴을 검출하는 것이라 볼 수도 있다.

여기서 소개한 것은 가장 간단한 형태의 경쟁학습 알고리즘이지만, 보다 일반적인 경우에 대한 알고리즘이나 클러스터링의 정확도 및 학습 속도를 향상시키기 위한 여러 가지 트릭이 적용된 것이다[17, 42].

1.5 딥 뉴럴넷을 이용한 심층 표현학습

이번 절에서는 계층형 신경망을 이용한 내부 표현학습을 다룬다. 먼저, 1980년대에 오차역전파 학습을 통한 내부 표현학습 연구의 역사를 살펴본 후, 다층 신경망(딥 뉴럴넷(deep neural net))의 학습 및 이에 따르는 어려움을 설명한다. 그런 다음, 그 어려움을 극복하고 딥 뉴럴넷을 효과적으로 학습시키기 위한 방법으로 합성곱 신경망(1.6절)과 입력받은 신호를 그대로 복원하도록 학습시키는 신경망인 자기부호화기를 이용한 층 단위 탐욕학습(greedy layer-wise training)(1.7절)에 대해서도 다룬다.

1.5.1 오차역전파 학습을 통한 내부 표현학습

오차역전파 학습의 가장 큰 특징은 다층 신경망의 학습을 가능케 한다는 점이다. 다시 말해 은닉층의 출력을 통해 과업에 적합한 내부 표현을 얻을 수 있다는 뜻이다. 러멜하트(Rumelhart) 등이 1985년에 발표한 논문에서 주장한 요점도 여기에 있다[46]. 이 연구에서는 5층 구조의 신경망을 사용해서 같은 모양의 두 가계도에 대한 인간 관계를 학습시켰다. 그 결과 은닉층의 노드에서 두 가계도에서 공통적인 인간 관계 정보와 가계도에 따라 다른 인명 정보가 분리되어 효율적인 표현을 얻었음을 보였다.

세즈노스키(Sejnowski) 등은 여기서 더 나아가 당시로서는 큰 규모인 3층 구조의 신경망을 사용하여 영어 발음을 학습시켰다. 학습 과업은 입력층에 주어진 7글자 텍스트 중에서 가운데 글자의 발음기호를 출력하는 것이었다. 은닉층에는 노드 80개가 배치되었다. 학습에 걸린 시간은 당시의 미니 컴퓨터를 사용하여 1주일 정도가 걸렸다고 한다. 학습 과정에서 얻은 출력을 음성 합성기에 입력하여 마치 어린이가 발음을 배워 가는 과정을 떠올리게 하는 데모를 보여 주기도 하며 크게 주목을 받았다*. 또, 이를 통해 얻은 내부 표현을 데이터 분석 기법으로 분석한 결과, 음운 종류에 따른 계층적인 클러스터 구조가 존재한다는 것이 분명해졌다[48].

이렇듯 오차역전파 학습으로 관측 데이터로부터 과업에 적합한 내부 표현을 학습하여 얻을 수 있다는 것을 증명함으로써 계층형 신경망이 문자 인식, 음운 인식, 각종 신호 처리 등 다양한 과업에 대해 응용이 시도되었다. 예를 들면, 필기 인식이나 한자 인식과 같은 과업에서는 이미지로부터 특징을 추출하는 대신 이미지의 픽셀값을 그대로 신경망에 입력한 경우에도 사람이 설계한 특징을 입력했을 때와 거의 동등한 인식 성능을 얻을 수 있음을 보였다.

---

* 이때의 데모 음성을 유튜브에서 들어볼 수 있다(https://youtu.be/gakJlr3GecE).

1.5.2 딥 뉴럴넷의 학습

계층형 신경망을 구체적인 문제에 적용하려면 층수나 각 층의 노드 수를 몇 개로 할지 결정해야 한다. 원리적으로는 충분한 수의 노드를 갖는 은닉층이 한 층만 있다면 어떤 입출력 함수라도 학습할 수 있다는 것이 증명되어 있다[14, 22]. 그러나 과업에 따라서는 은닉층을 1층만 두려면 매우 많은 수의 노드가 필요하여 차라리 층수를 늘리는 편이 더 나은 성능을 기대할 수 있는 경우도 있다. 이런 예로, 해스태드(Hasted) 등의 연구에서 깊이가 k이고 문턱함수를 활성화함수로 사용한 노드로 구성된 네트워크로 계산 가능했던 논리함수 중에는 깊이 $k - 1$인 네트워크로는 매우 많은 노드가 필요하다는 것을 보인 바 있다[29]. 또, 시각계 신경회로망 등의 연구 결과 역시 생물의 뇌에서도 여러 계층을 갖는 특징 추출이 이루어지고 있음을 시사한다.

이때 오차역전파 학습에 층수가 많은 딥 뉴럴넷을 적용해 보려 하였으나, 그 결과는 심각한 국소수렴 문제뿐이었다. 더욱이 입력층에 가까워질수록 최급강하법(method of steepest descent)을 적용할 기울기가 작아져 학습이 안 되는 기울기 소실 문제(vanishing gradient problem)가 심해졌다. 이러한 문제로 인해 일부 과업에 특화된 케이스를 제외하고는 층수가 많은 신경망으로 심층 표현을 학습하는 것은 어렵다는 인식이 퍼졌고, 그 이상의 시도가 이루어지지 않았다.

이때 배프닉(Vapnik) 등이 제안한 서포트 벡터 머신이 빠르게 추격해 왔다[12]. 서포트 벡터 머신은 국소해에 수렴하는 문제를 일으키지 않으며, 커널법을 사용하여 복잡한 비선형 식별 과업에도 대처가 가능했다. 미국국립 표준기술 연구소(NIST, National Institute of Standards and Technology)에서 만든 데이터 집합인 MNIST를 사용한 필기숫자 인식을 시작으로 다양한 벤치마크 테스트에서 신경망을 웃도는 성능을 보였다. 이런 연유로 계층형 신경망에 대한 공학적 응용 연구는 사그라들게 되었다.

그러나 2006년경 다시 딥 뉴럴넷을 사용한 정보 처리 연구가 활발해졌다. 여기에 처음 계기가 된 것은 힌튼(Hinton) 등이 제안한 제약 볼츠만 머신을 쌓아 올려 다층 자기부호화기(심층 자기부호화기(DAE, deep autoencoder))를 구성한 연구였다[26].

이 연구에서는 모두 합해 9개 층을 갖는 자기부호화기가 각각 얼굴 이미지, 필기 문자,

문서의 단어 벡터 같은 데이터에 적용되어 이들 데이터에 잠재된 구조를 특징으로서 추출하였음을 보였다. 이 연구에서 다층 신경망을 층 단위로 비지도학습 방식으로 사전훈련시킨 뒤 그 결과를 (신경망 파라미터의) 초깃값으로 하여 지도학습 방식의 학습을 수행하는 아이디어, 다시 말해 층 단위 탐욕학습이 도입되었다(2장 참고).

또, 같은 시기에 벤지오(Bengio) 등이 계층형 신경망을 사용한 자기부호화기를 쌓아 올리는 방식으로 구성한 적층 자기부호화기(stacked autoencoder)를 제안하였다[8]. 또, 대량의 학습 데이터를 획득하기 쉬운 환경이 조성됨으로써 이미지 인식 등의 과업에 특화된 결합 구조를 갖는 다층 신경망에 대한 연구도 되살아나 벤치마크 테스트에서 좋은 성적을 거두고 있다[35].

다음 절인 1.6절에서는 이미지 인식 등의 과업에 특화된 구조를 갖는 합성곱 신경망에 대해 설명한다. 그런 다음, 1.7절에서 자기부호화기 및 적층 자기부호화기에 대해 다룬다.

1.6 합성곱 신경망

층수가 많은 신경망을 잘 학습시키기 위한 아이디어 중 하나로 과업에 특화된 결합 구조를 미리 만들어 두어 결합 가중치의 자유도를 줄여서 학습이 쉽도록 하는 방법이 있다. 이런 방식으로 구성한 신경망의 예로 후쿠시마(福島)가 제안한 네오코그니트론(neocognitron)[20]이나 러쿤(LeCun)이 제안한 LeNet[37]이 잘 알려져 있으며, 현재는 합성곱 신경망(CNN, Convolutional Neural Network)이라 불리고 있다. 이들은 모두 필기 인식 과업에 적용된 것이다.

CNN의 원류가 되는 구조 중 하나인 후쿠시마의 네오코그니트론 구조와 원리를 그림 1.3(a)에 실었다[20, 21]. 네오코그니트론은 생물의 뇌에 존재하는 시각신경계의 구조로부터 힌트를 얻은 S층(단순세포층)과 C층(복잡세포층)을 조합한 2층 신경회로를 기본 모듈로 삼고 있다. 전체 네트워크는 이 모듈이 여러 개(그림 1.3(a)의 경우는 네 개) 계층적으로 연결된 구조를 갖는다.

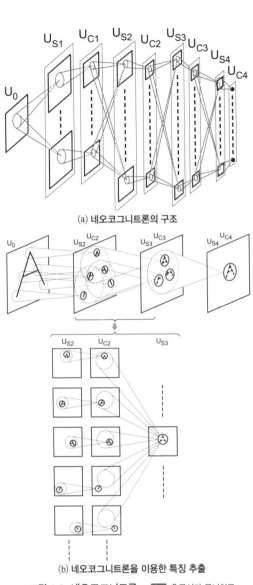

(a) 네오코그니트론의 구조

(b) 네오코그니트론을 이용한 특징 추출

그림 1.3 네오코그니트론   출처 후쿠시마 구니히코

S층과 C층의 노드는 국소적인 수용 범위를 갖는다. 다시 말해 바로 앞의 층에 속하는
노드 중 가까이에 있는 일부로부터만 신호를 받는다. 그림 1.3(a)에서 원뿔 모양은 그
꼭지점에 해당하는 노드가 원뿔에 바닥면에 해당하는 노드로부터 신호를 받고 있음

을 나타낸다. 거기다 S층의 노드는 여러 세포면(그림 1.3(a)에 나온 각 직사각형)으로 나뉘어 있어 같은 세포면 안의 노드는 서로 다른 위치의 수용 범위를 갖지만, 결합 가중치의 값은 공유한다(공유 가중치).

S층의 노드에 대한 결합 가중치를 입력 신호를 제시하며 비지도학습 방식의 경쟁학습 방법으로 업데이트하면 S층의 노드는 바로 이전 층의 출력에 존재하는 특징적인 패턴을 검출하는 특징 추출기가 된다. 하나의 세포면 안에서는 결합 가중치가 같도록 학습이 이루어지므로 이전 층에 있는 특징 패턴의 위치에 따라 세포면 안에 대응하는 자리의 특징 추출세포가 출력을 내보낸다. 또한 경쟁학습의 효과로 인해 서로 다른 세포면에는 서로 다른 특징 추출기가 구성된다. 이러한 정보 처리가 입력 신호에 대한 여러 개의 국소적 필터 함수의 합성곱 연산에 해당하므로 합성곱 신경망이라는 이름이 붙게 되었다. 학습 결과, 입력에 가까운 층에서는 엣지*와 같은 국소적인 특징이 추출되며, 뒤 단계로 갈수록 앞 단계의 특징을 여러 개 조합한 듯한 더 큰 범위의 특징이 추출된다(그림 1.3(a)).

한편, S층에서 C층으로 이어지는 결합은 고정 결합이며, C층의 노드는 해당 세포의 수용 범위 안에 있는 S층 노드 중 하나라도 큰 값의 출력을 내보낸 경우에는 출력을 내보내도록 설정되었다. 이런 처리는 S층에 속하는 노드의 출력을 모아(pool하여) C층의 출력으로 만든다는 점에서 풀링(pooling)이라고 한다. 그 결과 C층 노드의 출력은 S층에 들어오는 입력 패턴에 다소의 위치 변동이 생겨도 변화하지 않는다. 또, 일반적으로 C층의 노드 수는 대응하는 S층의 노드 수보다 적게 설정되므로 S층의 출력을 낮은 해상도로 샘플링한다고 볼 수도 있다.

앞서 설명하였듯이 이미지 인식에서는 입력 이미지 안에 문자의 위치가 어긋나거나 조금 변형되어도 인식 결과가 바뀌지 않는 쪽이 바람직하다. CNN은 위와 같은 구조를 갖고 있으므로 조금 위치가 어긋나거나 약간의 변형 정도로는 바뀌지 않는 내부 표현을 학습할 수 있다. 또한 가중치 공유 및 일부 결합을 고정하는 방법으로 실질적

---

* 이미지 안에서 색이나 밝기가 급격히 변화하는 부분. 이미지에 찍힌 물체를 포착하기 위한 단서로서 중요한 정보가 된다.

으로 학습해야 할 결합 가중치의 수(자유도)가 크게 줄어들므로 학습이 쉬워진다. 합성곱층 노드의 가중치를 업데이트하기 위해 네오코그니트론에서는 비지도 경쟁학습, LeNet에서는 지도학습 방식의 오차역전파 학습을 개량한 방법을 사용하였다*.

크리제프스키(Krizhevsky)의 연구진은 2012년에, 계층적 태그가 부여된 대규모 이미지 데이터 집합 ImageNet**를 사용하는 대규모 일반물체 인식 경진대회인 ILSVRC(ImageNet Large Scale Visual Recognition Challenge)에서 대규모 CNN으로 참가하여 물체인식 및 물체검출 두 부문에서 다른 참가팀과 큰 폭의 차이로 우승하였다. 이로 인해 딥 러닝의 가능성에 대해 큰 인상을 남겼다. 이 합성곱 신경망을 학습하는 데는 사전훈련 없는 오차역전파 학습이 적용되었으며, NVIDIA 사의 GPU를 활용하여 고속 학습이 가능하도록 구현되었다[35]. 이후 장에서도 다시 설명하겠지만, 이런 합성곱 구조는 이미지뿐만 아니라 음성 같은 시계열 신호(6.3.1항)나 자연어 텍스트 처리(7.4.1항)에도 유효하다는 것이 알려져 있다.

1.7 자기부호화기

1.7.1 자기부호화기와 자기부호화기의 학습

오차역전파 학습은 입력과 출력의 관계를 학습하기 위해 사용되지만, 코트렐(Cottrell)의 연구진은 그림 1.4처럼 은닉층의 노드 수가 입력층이나 출력층의 노드 수보다 적도록 구성한 모래시계형 신경망(hourglass-type neural network)(와인글라스형(wineglass type)이라고도 부른다)을 사용하여 입력 신호 자체를 정답 신호로 삼아 오차역전파 학습을 시키면, 은닉층에서 입력 신호의 정보를 최대한 보존하는 저차원 내부 표현을 얻을 수 있다는 것을 보였다[13]. 그림 1.4의 $\hat{x}_i$는 신경망의 출력이며, 이 값이 원래의 입력 x_i와 같아지도록 학습을 수행한다.

---

* 오카다 등은 네오코그니트론에 오차역전파 학습의 적용을 시도하고 있다[43].
** http://www.image-net.org/

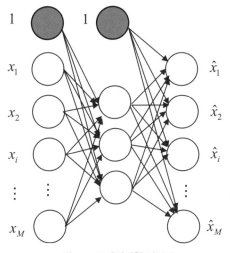

그림 1.4 모래시계형 신경망

발디(Baldi) 등은 각 층의 노드에 활성화함수를 시그모이드 함수 대신 항등함수 (identity function)를 사용하는 경우를 분석하고, 주성분 분석과 마찬가지의 처리 결과를 얻게 된다는 것을 보였다[5]. 또한 이리에(入江)의 연구진은 두 번째 층과 네 번째 층의 노드 수를 입력층보다 더 많도록 하고, 세 번째 층의 노드 수를 줄인 5층 구조 신경망을 사용하여 비선형성이 더 강한 부호화가 가능하다는 것을 보였다[30, 15]. 예를 들어, 고차원 공간 내의 저차원 다양체상에 데이터가 집중되어 있는 경우에는 세 번째 층을 출력으로 하여 이 다양체에 면한 좌표계로 나타낸 데이터 표현을 얻을 수 있다. 이런 연구를 다양체 학습의 선구적인 연구라 할 수 있을 것이다.

이런 신경망을 자기부호화기(autoencoder)라고 한다. 자기부호화기는 과업의 종류에 구애받지 않는 범용적인 내부 표현을 얻기 위한 수단으로 관심을 모았으나, 압축부호화 능력 자체가 다른 기법에 비해 그렇게 뛰어나지 않았으므로 크게 주목받지는 못했다.

1.7.2 적층 자기부호화기

그러나 이로부터 약 20년이 흐른 2006년에 벤지오(Bengio)의 연구진이, 자기부호화기를 다층 신경망의 사전훈련(pre-training)을 위한 기법으로 사용하는 층 단위 탐욕학습 (greedy layer-wise training) 제안하였다.

자기부호화기를 사용하여 깊은 신경망을 구축하는 방법은 (말로는) 간단하다. 먼저, 은닉층이 하나인 자기부호화기를 학습시킨다(그림 1.5의 ①). 은닉층이 하나밖에 없으므로 기울기 소실 문제가 발생하지 않는다. 이 학습이 끝나면 자기부호화기의 복호화 부분(출력층)을 제거하고, 부호화 부분(입력층과 중간층 사이)만 남겨 놓으면 입력 신호를 차원축소 표현으로 변환하는 신경망이 만들어진다(그림 1.5의 ②). 그 다음으로 이 차원축소 표현을 입력 신호로 하여 자기부호화기를 구성하여 이를 학습시키면 보다 축소된 차원의 내부 표현을 얻게 된다(그림 1.5의 ③).

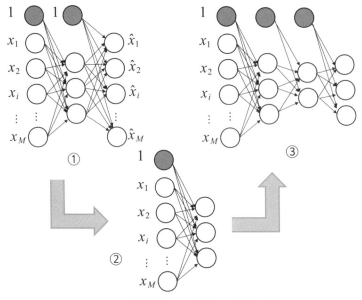

그림 1.5 적층 자기부호화기를 구성하는 방법

이렇게 자기부호화 학습을 재귀적으로 반복하여 학습된 신경망의 부호화 부분을 쌓아가는 식으로 층수가 많은 계층형 신경망을 얻을 수 있다. 이런 방법으로 구축한 딥 뉴럴넷을 적층 자기부호화기(stacked autoencoder)라고 한다. 이 방법으로 층수가 많은 신경망을 구축한 후 마지막 층에 식별용 신경망을 추가한 전체 신경망으로 지도학습을 하기도 한다.

적층 자기부호화기는 2.8.1항에서 알아볼 제약 볼츠만 머신을 쌓은 딥 뉴럴넷과 마찬가지로 다양한 과업에 적용된다. 그중 최근에 유명해진 사례는 앤드류 Ng(Andrew Ng)의 연구진이 수행한 연구로 대량의 이미지로부터 특징 추출기를 학습한 실험이다[36]. 이 연구에서 합성곱 신경망과 유사한 구조(다만 가중치 공유는 하지 않는다)를 엮은 3층짜리 하위 신경망을 3벌 포갠 9층 구조 신경망에 1,000만 편의 유튜브 동영상에서 한 장씩 뽑아낸 이미지 1,000만 장을 입력하여 학습시켰다. 각 하위 신경망은 적층 자기부호화기 기법을 따라 비지도 방식으로 학습하였다. 그 결과, 사람이나 고양이의 얼굴, 꽃병 등 다양한 종류의 사물에 대해 반응하는 노드가 형성되었다는 보고가 있었다. 또, 이들 특징을 입력으로 하는 로지스틱 회귀 모형을 추가한 뒤 전체 신경망에 ImageNet 데이터로 지도학습을 수행하여 인식 정확도를 비교하는 방법으로 적층 자기부호화기를 사용한 비지도 방식 사전훈련의 유효성을 검증하였다.

1.7.3 희소 자기부호화기

자기부호화기는 정보량을 유지하도록 내부 표현을 학습하는데, 1.2.2항에서 설명했듯이 이 내부 표현의 좋고 나쁨을 따지는 데 정보량 외의 기준을 도입할 수도 있다. 이를 위한 방법으로는 복호화 오차에 바람직한 성질을 평가하는 규제화항(regularization term)(베이즈적인 프레임에서 보면 내부 표현의 사전 분포)을 추가한 목적함수를 최적화하는 방법으로 학습을 수행하는 방법 등이 있다.

희소한 내부 표현을 얻기 위한 방법을 한 예로 들 수 있다. 특징집합이 '희소하다'는 것은 낱낱의 입력 정보를 나타내기 위해 필요한 특징(기저/엔트리라고도 불린다)의 수가 적다는 것을 말한다. 다른 말로 하면, 1.2.2항에서 설명한 바와 같이 0이 아닌 값을 갖는 특징이 적다는 뜻도 된다.

희소한 내부 표현을 얻으려면 자기부호화기를 학습시킬 때 출력층의 오차에 은닉층의 가중치나 출력값에 대한 규제화항을 추가한 평가함수를 사용하고, 이 값이 작아지도록 하는 결합 가중치를 학습하면 된다. 희소한 특징집합을 얻기 위해 사용되는 규제화항도 다양한 종류가 제안되어 있다. 대표적인 것으로 은닉층의 가중치에 대한 L_1 노름(norm)의 합을 이용하는 L_1 규제화가 있다. 이런 희소성(sparseness)을 도입한 자기부호화기를 희소 자기부호화기(sparse autoencoder)라고 한다. 이를 통해 입력층의 노드 수보다 은닉층의 노드 수가 많은 경우에도 항등사상이 학습되는 것을 방지할 수 있다.

1.7.4 잡음제거 자기부호화기

층수가 많은 신경망을 실현하기 위한 층 단위 학습 기법에는 제약 볼츠만 머신을 사용한 방법과 자기부호화기를 사용하는 방법이 대표적이다. 이들을 사용하는 데 대해 자기부호화기를 사용하는 방법이 학습이나 층을 쌓아 갈 때의 수고가 적게 들어가지만, 성능은 제약 볼츠만 머신을 사용하는 쪽이 더 우수하다고 일반적으로 평가된다.

빈센트(Vincent) 등은 성능 차이가 어디서 오는지를 검토하고, 성능을 개선하기 위해 분포 $p(\mathbf{x}'|\mathbf{x})$을 따르는 잡음을 실제 신호 $\mathbf{x}$에 더하여 관측신호 $\mathbf{x}'$을 만들고 $\mathbf{x}'$을 입력하여 $\mathbf{x}$을 복원할 수 있는 자기부호화기를 제안하였다[52]. 이러한 신경망을 잡음제거 자기부호화기(denoising autoencoder)라고 한다. 잡음의 확률분포 $p(\mathbf{x}'|\mathbf{x})$로는 입력 신호가 연속값일 때는 가우시안 노이즈(Gaussian noise), 입력 신호가 이진 신호일 때는 무작위로 선택된 값이 0으로 바뀌는 마스킹 노이즈(masking noise)나 역시 무작위로 선택된 값이 0이나 1로 확률적으로 바뀌는 점잡음(salt-and-pepper noise)이 쓰인다.

잡음제거 자기부호화기는 제약 볼츠만 머신을 사용한 학습과 관계가 깊으므로 이들 간의 관계에 대해서도 많은 연구가 이루어졌다. 또한 층 단위 사전훈련을 할 때 단순한 자기부호화기만을 사용했을 때보다 높은 성능을 얻을 수 있다는 것이 경험적으로 알려져 있다. 그 외에도 입력의 미소변동에 대해 견고한 내부 표현을 얻는 것이 목적인 축소 자기부호화기(contractive autoencoder) 같은 확장 방법이 제안되어 인식 과업에서 유효성이 실험적으로 확인되었다.

1.8 정리

딥 러닝이 현재 주목받는 가장 큰 이유는 패턴 인식 혹은 예측 과업에서 높은 성능을 보였기 때문이다. 그러나 딥 러닝을 통해 얻을 수 있는 내부 표현으로부터 어떻게 높은 성능이 나오게 되는지, 그리고 어떤 과업에 어떤 구조의 신경망이 적합한지에 대해서는 아직 충분히 규명되지 않았다. 다만 시행착오를 계속하는 상태에 있다고 할 수 있다.

이번 돌파구를 발견하게 한 '층 단위 탐욕학습' 역시 실제 문제에서 잘 동작한다는 것을 경험적으로 알고 있지만, 원리적으로는 탐욕적 학습에 지나지 않으며 학습 결과로 얻은 내부 표현 역시 국소수렴을 피할 수 있다는 보장이 없다. 이 내부 표현을 해석하기 위해 다변량 해석을 하거나 깊은 층의 노드 값을 고정한 상태에서 얕은 층의 노드 값을 샘플링하는 방법, 또는 특정한 노드가 가장 강하게 반응하도록 만든 입력 신호를 합성해 보는 방법이 시도되었으나, 결과적으로는 해석이 어려웠다. 이렇기 때문에 오차역전파 학습이 제안된 당시에도 다층 신경망의 숙제였던 학습 시의 국소수렴, 중간 표현의 난해한 해석 등이 지금도 해결되지 않았다고 할 수 있다.

또한 현재 얻어진 입력 신호나 내부 표현 대부분이 특징 벡터의 형태라는 점도 개인적으로는 만족스럽지 못한 부분이다. 특징 벡터는 패턴 인식 혹은 예측 과업에는 적합하지만, 언어의 의미나 일련의 행동처럼 조합적인 구조를 갖는 잠재 정보를 표현하는 데도 적합한지가 아직 규명되지 않았다. 이렇게 조합적인 구조를 갖는 정보를 신경망에서 어떻게 나타내고, 어떤 방식으로 처리해야 하는지는 신경망 정보 처리 분야에서 해묵은 과제 중 하나다. 복잡한 구조를 연속값 벡터 표현에 집어넣는 시도도 이루어지고 있다. 이런 점에 대해서 최근 이미지를 입력으로 하여 클래스 레이블 대신 이미지의 내용을 설명하는 문장을 출력하도록 하는 딥 뉴럴넷[53], 텍스트를 입력으로 하여 다른 언어로 된 텍스트를 출력하도록 하는 NMT(Neural Machine Translation model)[50], 최적의 행동 연속열을 탐색하는 강화학습 딥 뉴럴넷[18] 등이 활발히 제안되고 있는 것은 주목할 만하다.

현재 벌어지고 있는 딥 러닝 연구의 활기는 오차역전파 학습이 제안되었던 당시의 붐을 연상케 하지만, 1980년대와 마찬가지로 다시 한때의 열기로 끝날 것인지 아니면 지적 정보 처리에 보다 본질적인 발견이나 돌파구로 이어지게 될 것인지 현 시점에서는 예측하기 어렵다. 그러나 지금이 1980년대와 다른 점은 많은 분야에서 대량의 데이터를 생성해 내고 있으며, 컴퓨터의 연산 능력도 비교할 수 없을 만큼 증대되었다는 것이다*. 딥 러닝을 적용할 만한 과업은 종류가 매우 많으므로 이들 중 몇 가지에서 높은 성능을 보일 가능성은 충분하다. 이와 함께 더욱 세련된 학습 알고리즘이나 논리적 해석이 나오는 것을 기대할 수 있다. 또한 이번 장 앞부분에서 설명했다시피 신경망을 사용한 구현은 딥 러닝의 한 가지 방법일 뿐으로 앞으로는 다른 방법이 대세가 될 가능성도 있다.

2013년 3월, 쇼기(将棋, 일본 장기)의 정상급 프로기사가 컴퓨터에게 패배한 상징적인 사건이 있었다[58]. 언뜻 생각하면 이것이 딥 러닝과 무슨 관계가 있나 싶겠지만, 쇼기 프로그램의 가장 중요한 부분이 현재 국면(대국 상황)에서 피아의 우열을 평가하는 함수이며, 이 함수의 핵심은 현재의 장기판 상황에서 어떤 특징을 추출할 것인지를 선택하는 것이다. 여기에는 이미 프로기사들이 남긴 기보를 학습 데이터로 삼아 기계적으로 구성된 매우 많은 특징을 머신 러닝(일종의 도제식 학습)으로 가중 조합한 특징이, 쇼기 실력이 좋은 프로그래머가 도메인 지식을 통해 수동으로 구성한 특징을 능가한다고 한다[28].

이를 통해 오차역전파 학습을 다뤘던 내용과 지금의 또 한 가지 차이를 알 수 있다. 그 차이란, 지적 정보 처리를 요구하는 과업이 고도화되어 간다는 것이다. 구체적인 예를 들면, 필기 인식에서 일반물체 인식으로, 음운 인식에서 연속 음성 인식으로, 형태소 분석이나 통사구조 분석에서 담화 이해나 통계적 기계 번역으로 변화해 가는 것을 들 수 있다. 그 결과, 과업에 적합한 특징을 수동으로 구성하는 것이 더욱 어려워졌다. 따라서 대량의 데이터에 기초한 머신 러닝으로부터 얻거나 선택된 특징이 해당 분야 전문가가 구성한 특징을 능가하는 일이 점점 더 많은 분야에서 일어나게 될 것이다.

참고 문헌

1 赤穂昭太郎, カーネル多変量解析 - 非線形データ解析の新しい展開』, 岩波書店, 2008.
2 Shun-Ichi Amari, Theory of adaptive pattern classifiers, *IEEE Transactions on Electronic Computers*, Vol. EC-16, No. 3, pp. 299–307, 1967.

---

* 1980년대 역시 1960년대와 비교하여 같은 평가를 받았다.

[3] T. W. Anderson, *An introduction to mutivariate statistical analysis*, Wiley, 1984.

[4] 麻生英樹,『ニューラルネットワーク情報処理－コネクショニズム入門, あるいは柔らかな記号に向けて』, 産業図書, 1988.

[5] P. Baldi and K. Hornik, Neural networks and principal component analysis: Learn-ing from examples without local minima, *Neural Networks*, Vol. 2, No. 1, pp. 53–58, 1988.

[6] J. Baxter, Learning internal representations, In *Proceedings of the 8th International Conference on Computational Learning Theory*, pp. 311–320, 1988.

[7] Y. Bengio, A. Courville, and P. Vincent, Representation learning: a review and new perspectives. Technical report, arXiv:1206.558v2, 2012.

[8] Y. Bengio, P. Lambling, D. Popovici, and H. Larochelle, Greedy layer-wise training of deep networks, In *Advances in Neural Information Processing Systems 19*, pp. 153–160, 2007.

[9] C. Bishop, Pattern Recognition and Machine Learning, Springer-Verlag, 2006. (元田他監訳,『パターン認識と機械学習（上・下）』, シュプリンガー2ジャパン(2008)).

[10] R. Caruana, Learning many related tasks at the same time with backpropagation, In *Advances in Neural Information Processing Systems 7*, 1995.

[11] L. Cayton, Algorithms for manifold learning, Technical Report CS2008-0923, UCSD, 2005.

[12] C. Cortes and V. N. Vapnik, Support-vector networks, *Machine Learning*, Vol. 20, No. 3, pp. 273–297, 1995.

[13] G. W. Cottrell and P. Munro, Principal component analysis of image via back-propagation, In *Proceedings of SPIE 1001 Visual Communications and Image Processing '88*, pp. 1070–1076, 1988.

[14] G. Cybenko, Approximation by superpositions of a sigmodial function, *Mathematics of Control Signals and Systems*, Vol. 2, pp. 303–314, 1989.

[15] D. Demers and G. W. Cotrell, Nonlinear dimensionality reduction, In *Advances in Neural Information Processing Systems* 5, pp. 580–587, 1993.

[16] D. Donoho, Compressed sensing, *IEEE Transactions on Information Theory*, Vol. 52, No. 4, pp. 1289–1306, 2006.

[17] R. O. Duda, P. E. Hart, and D. G. Stork, *Pattern Classification*, John Weiley & Sons, 2nd edition edition, 2000. (尾上監訳, パターン識別』, 新技術コミュニケーションズ (2001)) .

[18] V. Minh *et al.* Human-level control through deep reinforcement learning, *Nature*, Vol. 518, pp. 519–533, 2015.

[19] B. A. B. A. Olshausen. J. Field, Sparse coding with an overcomplete basis set: a strategy employed by vl?, *Vision Research*, Vol. 37, pp. 3311–3325, 1997.

[20] 福島邦彦, 位置ずれに影響されないパターン認識機構の神経回路モデル―ネオコグニトロン―, 電子通信学会論文誌AB Vol. J62-A, No. 10, pp. 658–665, 1979.

[21] Kunihiko Fukushima, Artificial vision by multi-layered neural networks: Neocog-nitron and its advances, *Neural Networks*, Vol. 37, pp. 103–119, 2013.

[22] K. Funahashi, On the approximate realization of continuous mappings by neural networks, *Neural Networks*, Vol. 2, No. 3, pp. 183–191, 1989.

[23] 林原, 山下, 阿江, シグモイド関数の連続性/離散性とニューラルネットワークのマシン能力について, 電子情報通信学会論文誌B Vol. D-2-73, No. 8, pp. 1220–1226, 1990.

[24] F. Hayek, *The Sensory Order: An Inquiry into the Foundation of Theoretical Psyhology*, University of Chicago Press, 1952.

[25] D. O. Hebb, *The Organization of Behaviour: A Neurophychological Theory*, Wiley, 1949. (鹿取他訳,『行動の機構－脳メカニズムから心理学へ』, 岩波書店(2011)B

[26] G. E. Hinton and R. Salakhutdinov, Reducing the dimensionality of data with neural networks, *Science*, Vol. 313, pp. 504–507, 2006.

27 S. Hochreiter and J. Schmidhuber, Long short-term memory, *Neural Computation*, Vol. 9, No. 8, pp. 1735–1780, 1997.

28 保木邦仁, 将棋における局面評価の機械学習～探索結果の最適制御～, 第10回情報論的学習理論ワークショップ(IBIS2007) 予稿集, pp. 145–149, 2007.

29 J. Håsted, Almost optimal lower bounds for small depth circuits, In *Proceedings of the 18th Annual ACM Symposium on Theory of Computing*, pp. 6–20, 1986.

30 入江, 川人, 多層パーセプトロンによる内部表現の獲得, 『電子情報通信学会論文誌』, Vol. 73-D-II, No. 8, pp. 1173–1178, 1990.

31 石井, 上田, 前田, 村瀬, 『わかりやすいパターン認識』, オーム社(1998).

32 岩橋直人, 谷口忠大, 特集「記号創発ロボティクス」, 『人工知能学会誌』, Vol. 27, No. 6, 2012.

33 神嶌敏弘, 転移学習, 『人工知能学会誌』, Vol. 25, No. 4, pp. 572–580, 2010.

34 R. D. King, K. E. Whelan, F. M. Jones, P. G. K. Reiser, C. H. Bryant, S. H. Muggleton, D. B. Kell, and S. G. Oliver, Functional genomic hypothesis generation and experimentation by a robot scientist, *Nature*, Vol. 427, pp. 247–251, 2004.

35 A. Krizhevsky, I. Sutskerver, and G. E. Hinton, Imagenet classification with deep convolutional neural networks, In *Advances in Neural Information Processing Systems 25*, 2012.

36 Q. V. Le, M. A. Ranzato, R. MonR. Monga. Devin, K. CheK. Chen. S. Corrado, J.Dean, and A. Y. Ng, Building high-level features using large scale unsuper-vised learning, In *Proceedings of the 29th International Conference on Machine Learning*, 2012.

37 Y. LeCun, B. Boser, J. S. Denker, D. Henderson, R. E. Howrad, and L.D. Jackel, Backpropagation applied to handwritten zip code recognition, *Neural Computation*, Vol. 1, No. 4, pp. 541–551, 1989.

38 David Marr, A theory for cerebral neocortex, *Proceedings of the Royal Society of London, Series B*, Vol. 176, No. 1043, pp. 161–234, 1970.

39 David Marr, *Vision, A Computational Investigation into the Human Representation and Processing of Visual Information*, W. H. Freeman and Company, 1982. （乾, 安藤訳,『ビジョン–視覚の計算理論と脳内表現–』, 産業図書(1987)B

40 W. McCulloch and W. Pitts, A logical calculus of the ideas immanent in nervous activity, *Bulletin of Mathematical Biophysics*, Vol. 7, pp. 115–133, 1943.

41 Marvin Minsky, *Perceptrons: An Introduction to Computational Geometry*, MIT Press, expanded edition (1987). （中野, 阪口訳,『パーセプトロン』, パーソナルメディア(1993)B

42 中野良平, 『ニューラル情報処理の基礎数理』, 数理工学社, 2005.

43 大野, 岡田, 福島, ネオコグニトロンの誤差逆伝播法による学習, 『電子情報通信学会論文誌』, D-II情報システム, Vol. J77-D-2, No. 2, pp. 413–421, 1994.

44 B. A. Olshausen and D. J. Field, Emergence of simple-cell receptive field properties by learning a sparse code for natural images, *Nature*, Vol. 381, pp. 607–609, 1996.

45 F. Rosenblatt, The perceptron: a probabilistic model for information storage and organization in the brain, *Psyhological Review*, Vol. 65, No. 6, pp. 386–408, 1958.

46 D. E. Rumelhart, G. E. Hinton, and R. J. Williams, Learning representations by back-propagating errors, *Nature*, Vol. 323, No. 9, pp. 533–536, 1986.

47 J. Schmidhuber, Deep learning in neural networks: an overview, *Neural Networks*, Vol. 61, pp. 85–117, 2015. Published online 2014; based on TR arXiv:1404.7828 cs.NE].

48 T. J. Sejnowski and C. R. Rosenberg, Parallel networks that learn to pronounce english text, *Complex Systems*, Vol. 1, pp. 145–168, 1987.

49 H. T. Siegelmann and E. D. Sontag, Turing computability with neural nets, *Applied Mathematics Letters*, Vol. 4, pp. 77–80, 1991.

50 I. Sutskever, O. Vinyals, and Q. V. V. Le, Sequence to sequence learning with neural networks, In *Advances in Neural Information Processing Systems 27*, 2014.

51 田中利幸, 圧縮センシングの数理, *IEICE Fundamentals Review*, Vol. 4, No. 1, pp. 39–47, 2010.

52 P. Vincent, H. Larochelle, Y. Bengio, and P.-A. Manzagol, Stacked denoising autoencoders: Learning useful representations in a deep network with a local denoising criterion, *Journal of Machine Learning Research*, Vol. 11, pp. 3371–3408, 2010.

53 O. Vinyals, A. Toshev, S. Bengio, and D. Erhan, Show and tell: a neural image caption generator, *arXiv:1411.4555*, 2015.

54 Satoshi Watanabe, *Knowsing and Guessing: A Quantitative Study of Inference and Information*, John Wiley & Sons, 1969. （村上他訳,『知識と推測: 科学的認識論』, 東京図書(1987).

55 P. H. Winston, Learning structural descriptions from examples, LCS TR-76, MIT, 1970.

56 D. H. Wolpert, The lack of a priori distinctions between learning algorithms, *Neural Computation*, Vol. 8, No. 7, pp. 1341–1390, 1996.

57 山川宏, 我妻広明, 吉田倫子, 特別企画「シンギュラリティの時代: 人を超えゆく知性とともに」, 『人工知能学会誌』, Vol. 28, No. 3, 2013.

58 第2 回電王戦, 2013. http://ex.nicovideo.jp/denousen2013/.

2

딥 볼츠만 머신

2.1 시작하며

이번 장에서는 통계적 머신 러닝 모형인 볼츠만 머신을 다룬다. 볼츠만 머신의 기초부터 시작하여 확률적 딥 러닝 모형 중 하나인 딥 볼츠만 머신에 이르는 흐름을 따라설명한다. 볼츠만 머신 자체는 상당히 오래전부터 알려진 기계학습 모형이지만, 최근딥 러닝의 융성과 함께 다시 부상하게 되었다. 아마 볼츠만 머신이라는 이름을 딥 러닝에서 처음 듣게 된 독자도 있을 것이다. 이번 장은 이런 독자를 위한 입문적 내용으로 구성되어 있다.

볼츠만 머신[1]은 1980년대 제안된 것으로 신경망에서 유래한 확률적 상호결합형 머신러닝 모형이다. 마르코프 확률장(Markov random field)이라는 응용에서 매우 중요한 모형 클래스에 속하는 모형이다.

볼츠만 머신에는 매우 큰 문제점이 있어서 지금까지 적극적으로 이용하려는 시도가없었다. 그 문제점이란 계산 부하가 크다는 점이었다. 볼츠만 머신의 학습 혹은 학습한 볼츠만 머신을 이용하는 추론에 필요한 계산 시간이 비현실적일 정도여서 실용적으로는 그리 널리 쓰이지 못했다.

그러나 최근 십수 년간 상황이 많이 변하였다. 2000년대 초 제약 볼츠만 머신[28, 8]이라는 볼츠만 머신이 재발굴되고, 이에 대한 효율적인 근사학습 알고리즘인 대조적 발산(contrastive divergence)이 제안되었다[8]. 이들 모형의 성공이 최근 화제가 된 딥 러닝의 성공에 기여한 바가 매우 크다[9, 3].

이번 장의 구성은 다음과 같다. 먼저, 2.2절에서 통계적 머신 러닝의 아이디어와 구조를 설명한 후 이어서 2.3절에서 볼츠만 머신의 모형에 대한 정의와 신경망과의 연관성을 설명한다. 2.4절부터는 구체적인 학습에 대한 내용을 다룬다. 2.4절은 볼츠만 머신의 학습 중 가장 기본적인 경우인 비가시변수(hidden variable)가 없는 볼츠만 머신의 학습을 설명하고, 볼츠만 머신의 학습에서 오는 계산 부하의 문제점을 언급한다. 2.4절에는 볼츠만 머신 학습의 핵심이 되는 내용이 많이 들어 있으므로 해당 절을 확실히 이해해 두어야 이후 절을 잘 이해할 수 있다.

2.5절은 비가시변수를 포함한 보다 일반적인 볼츠만 머신의 학습을 설명한다. 이 절에서 설명하는 볼츠만 머신은 이후 등장하게 될 제약 볼츠만 머신이나 딥 볼츠만 머신에도 적용되는 일반적인 내용이다. 2.6절에서는 볼츠만 머신을 근사적으로 다루기 위한 기본적인 방법인 깁스 샘플링과 평균장 근사에 대해 설명한다. 2.7절에서는 제약 볼츠만 머신을 다룬다. 제약 볼츠만 머신은 딥 러닝의 기초가 되는 모형이다. 2.8절에서 딥 볼츠만 머신[22]를 도입하며, 딥 볼츠만 머신에 대한 학습과 대표적인 응용 방법을 설명한다. 2.9절에서는 딥 빌리프넷[9]을 설명한다. 딥 빌리프넷은 딥 러닝 연구의 발단이 된 확률적 딥 러닝 모형이다. 딥 볼츠만 머신은 딥 빌리프넷을 확장한 모형으로서 도입되었으므로 본래는 딥 빌리프넷을 먼저 다루는 것이 맞을지도 모르지만, 딥 빌리프넷은 2.3절부터 2.8절에 이르는 공통적인 수학적 프레임에서 조금 벗어난 모형이므로 딥 볼츠만 머신의 다음 차례로 설명을 미뤘다.

2.2 통계적 머신 러닝의 아이디어 — 데이터 생성 모형의 재현

이번 절에서는 먼저 관측 데이터 점을 생성하는 생성 모형이라는 아이디어를 소개한 다음, 통계적 머신 러닝의 구조를 설명한다.

$\{0, 1\}$ 두 가지 값을 갖는 n개의 요소로 구성된 관측 데이터 점이 있다고 하자. 이 관측 데이터 점을 $\mathbf{x} = \{x_i \in \{0, 1\} \mid i = 1, 2, ..., n\}$라고 나타내도록 한다. 그리고 관측 데이터 점은 결정론적으로 출현하는 것이 아니라 n개의 확률변수의 결합분포 $p_g(\mathbf{X})$ 로부터 확률적으로 생성된다고 하자. 이때 $\mathbf{X} = \{X_i \in \{0, 1\} \mid i = 1, 2, ..., n\}$은 n개의 확률변수다. 즉, 확률변수 $p_g(\mathbf{X})$를 따라 샘플링된 실현값 하나가 관측 데이터 점 $\mathbf{x}$라는 해석이다(확률변수 X_i에 대응하는 점이 x_i라고 가정한다). $p_g(\mathbf{X})$는 대상 관측 데이터 점의 확률적 생성 규칙을 결정하게 되므로 $p_g(\mathbf{X})$를 관측 데이터 점의 생성 모형 (generative model)이라고 한다. 관측 데이터 점에는 당연히 자주 출현하는 것과 그렇지 않은 것이 있으므로 서로 다른 데이터 점마다 출현 확률 역시 다를 것이다. 이 데이터 점마다 다른 출현 확률을 기술한 것이 생성 모형이다.

그림 2.1의 흑백 이미지를 관측 데이터 점으로 삼은 예를 들어 보자. 백이 1이고 흑이 0에 대응한다고 할 때 각각의 이미지를 이루는 픽셀의 색을 데이터라고 하면 관측 데이터 점의 요소 수는 이미지의 모든 픽셀 수와 같게 되며, 하나의 데이터 점 $\mathbf{x}$는 어떤 흑백 이미지 하나에 대응하게 된다. 이때 $p_g(\mathbf{X} = \mathbf{x})$는 흑백 이미지 $\mathbf{x}$의 생성 확률을 나타낸다(예를 들어, 그림 2.1의 가장 왼쪽 그림이 출현할 확률은 0.01%이라는 것 처럼, 각 이미지마다 다른 구체적인 출현 확률을 가리킨다).

그림 2.1 흑백으로 구성된 이진 이미지의 예(백이 1이고, 흑이 0에 해당한다)

관측 데이터 점이 생성 모형을 따라 발생하므로 만약 생성 모형의 자세한 세부 사항을 알 수 있다면 관측 데이터의 (확률적인) 생성 메커니즘을 상당 부분 파악할 수 있을 것이다. 그러나 안타깝게도 현실의 관측 데이터에 대한 생성 모형은 일반적으로 알려져 있지 않은 미지의 분포다.

이 미지의 생성 모형을 우리가 관측한 결과인 데이터 점의 집합을 이용하여 구축하는 것이 통계적 머신 러닝(statistical machine learning)의 구조가 된다. 그림 2.2에 이러한 구조를 도식화하여 실었다. 미지의 생성 모형 $p_g(\mathbf{X})$로부터 이 확률분포를 따라 관측 데이터 점이 생성된다고 하자. 우리는 생성 모형의 자세한 형태를 알지 못하므로 먼저 파라미터 θ를 가진 적당한 학습 모형 $p(\mathbf{X} \mid \theta)$를 가정하기로 한다. 그리고 관측을 통해 얻은 데이터 점의 집합 $\{\mathbf{x}^{(1)}, \mathbf{x}^{(2)}, ..., \mathbf{x}^{(N)}\}$으로 파라미터 θ의 값을 바꿔가면서 가정한 생성 모형을 조정하는 과정을 통해 생성 모형의 재현을 시도한다. 관측 데이터 점의 집합을 사용한 통계적 머신 러닝으로 학습 모형 $p(\mathbf{X} \mid \theta)$를 학습하여 본래의 생성 모형을 잘 근사하는 학습 모형을 얻는다면 다시 이를 응용하여 다양한 일을 할 수 있다.

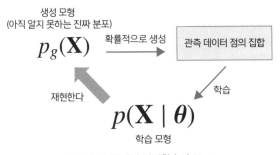

그림 2.2 통계적 기계학습의 구조

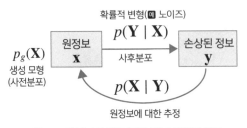

그림 2.3 베이즈 추론을 통한 정보 복원의 구조

생성 모형을 잘 근사한 학습 모형으로 누릴 수 있는 장점의 예로 그림 2.3에 실은 베이즈 추론을 통한 정보 복원을 살펴보도록 하자. 생성 모형 $p_g(\mathbf{X})$로부터 생성된 이미지나 음성 같은 원정보 $\mathbf{x}$를 가정하고, 이 정보 $\mathbf{x}$가 조건부 확률분포 $p(\mathbf{X} \mid \mathbf{Y})$를 거쳐 확률적인 변형을 받아 열화(劣化)된 정보 $\mathbf{y}$가 되었다고 하자. 이런 구도에서 생성 모형에 해당하는 확률분포를 사전 분포(prior distribution)라고 하며, 조건부 확률분포를 우도(likelihood)라고 한다. 현재 열화된 정보 $\mathbf{y}$만을 관측할 수 있다고 할 때 $\mathbf{y}$만을 관측하여 원래의 $\mathbf{x}$가 무엇이었는지를 추정하려고 한다. $p(\mathbf{X} \mid \mathbf{Y})$를 노이즈 과정으로 보면 지금 이 구조는 잡음제거(signal denoising) 구조에 해당한다. 원래의 정보 $\mathbf{x}$를 추정하기 위해 사후 분포(posterior distribution) $p(\mathbf{X} \mid \mathbf{Y})$를 계산한다. 베이즈 정리에 의해 추정 정보 $\mathbf{x}_{\text{inf}}$의 사후 분포는 다음 식과 같이 계산할 수 있다.

$$p(\mathbf{X} = \mathbf{x}_{\text{inf}} \mid \mathbf{Y} = \mathbf{y}) = \frac{p(\mathbf{Y} = \mathbf{y} \mid \mathbf{X} = \mathbf{x}_{\text{inf}})p_g(\mathbf{X} = \mathbf{x}_{\text{inf}})}{\sum_{\mathbf{x}} p(\mathbf{Y} = \mathbf{y} \mid \mathbf{X} = \mathbf{x})p_g(\mathbf{X} = \mathbf{x})} \qquad \boxed{\text{식 2.1}}$$

이때 합을 의미하는 기호 $\sum_{\mathbf{x}}$는 확률변수 $\mathbf{X}$의 가능한 실현값의 모든 조합에 대한 합을 의미한다. 더 자세한 내용은 2.3.1항에서 설명할 것이다.

사후확률(posterior probability)이 최대가 되도록 하는 $\mathbf{x}_{\text{inf}}$를 추정값으로 하는 이른바 최대 사후확률 추정(MAP 추정, Maximum A Posteriori estimation)을 적용하면 추정값 $\mathbf{x}^*$는 사후분포를 이용하여 다음과 같이 얻을 수 있다.

$$\mathbf{x}^* = \underset{\mathbf{x}_{\text{inf}}}{\operatorname{argmax}}\, p(\mathbf{X} = \mathbf{x}_{\text{inf}} \mid \mathbf{Y} = \mathbf{y}) \qquad \boxed{\text{식 2.2}}$$

식 2.1과 식 2.2로부터 다음 식을 얻을 수 있다.

$$\mathbf{x}^* = \underset{\mathbf{x}_{\text{inf}}}{\operatorname{argmax}}\, p(\mathbf{Y} = \mathbf{y} \mid \mathbf{X} = \mathbf{x}_{\text{inf}})p_g(\mathbf{X} = \mathbf{x}_{\text{inf}}) \qquad \boxed{\text{식 2.3}}$$

식 2.3을 보면 알 수 있듯이 $\mathbf{x}^*$를 얻으려면 생성 모형 $p_g(\mathbf{X})$가 필요하다. 이미 설명했듯이 생성 모형은 일반적으로 알 수 없으므로 지금 상태로는 추정이 불가능하다. 그러나 생성 모형 $p_g(\mathbf{X})$를 잘 근사한 학습 모형 $p(\mathbf{X} \mid \boldsymbol{\theta})$을 통계적 머신 러닝을 통해 구해 두었다면 식 2.3에 대한 근사로서 다음 식과 같은 형태로 추정이 가능하게 된다.

$$\mathbf{x}^* \approx \operatorname*{argmax}_{\mathbf{x}_{\text{inf}}} p(\mathbf{Y} = \mathbf{y} \mid \mathbf{X} = \mathbf{x}_{\text{inf}}) p(\mathbf{X} = \mathbf{x}_{\text{inf}} \mid \boldsymbol{\theta})$$

식 2.4

이와 마찬가지의 구조를 잡음 저감뿐만 아니라 누락 데이터의 보간 추정[36] 등 다양하게 응용할 수 있다. 통계적 머신 러닝의 응용에 대해서 보다 자세한 내용을 알고 싶다면 문헌[5, 14, 18]을 추천한다. 이번 절에서는 추론과 추정이라는 두 가지 용어를 사용하였다. 목적하는 변수의 분포를 구하는 것을 추론(inference)이라고 하며, 목적하는 변수의 구체적인 값을 구하는 것을 추정(estimation)이라고 하여 구분한다. 이러한 구분은 이번 장 전체에 걸쳐 적용된다.

2.3 마르코프 확률장과 볼츠만 머신

연상 기억에 대한 신경망 모형으로 알려진 것 중 홉필드 네트워크가 있다. 홉필드 네트워크의 결정적 역학을 확률적 역학으로 확장한 모형으로 볼츠만 머신(BM, Boltzmann Machine)이 도입되었다[1]. 볼츠만 머신은 마르코프 확률장의 특수한 형태로, 먼저 일반적인 마르코프 확률장에 대해 설명한 다음, 이어서 그 특수한 형태인 볼츠만 머신을 소개하기로 한다.

2.3.1 볼츠만 머신

마르코프 확률장(MRF, Markov Random Field)은 통계적 머신 러닝에서 중요도가 높은 학습 모형 중 하나로, BM은 MRF의 가장 단순한 경우에 해당한다.

MRF의 정의를 위해 먼저 무향 그래프(undirected graph)를 도입한다. n개의 노드 $\Omega = \{1, 2, ..., n\}$로 구성된 무향 그래프 $G(\Omega, \mathcal{E})$가 있다고 하자. $\mathcal{E}$는 그래프 안에 존재하는 무향 링크의 집합이다. 노드 i와 j 사이의 링크를 $\{i, j\}$로 나타낸다. 무향 링크이므로 $\{i, j\}$와 $\{j, i\}$는 같은 링크를 가리킨다. 그림 2.4에 노드 5개를 가진 무향 그래프의 예를 실었다.

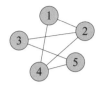

그림 2.4 노드가 5개인 무향 그래프의 예

원이 노드이며, 실선은 링크를 나타낸다. 원 안에 쓰인 숫자는 해당 노드의 번호다.
Ω = {1, 2, 3, 4, 5}, E = { {1, 2}, {1, 4}, {2, 3}, {2, 4}, {3, 5}, {4, 5}}가 된다.

MRF는 무향 그래프 $G(\Omega, \mathcal{E})$에 정의되는 확률 모형이다. i번째 노드에 확률변수 X_i $\in$ {0, 1}을 대응시키고 $i \in \Omega$에 대해 X_i의 실현값 x_i를 모아 구성한 벡터를 $\mathbf{x}$ = {x_1, x_2, ..., xn}이라고 한다. 정의한 무향 그래프의 구조를 따라 다음과 같은 에너지 함수 (energy function)를 정의한다.

$$\Phi(\mathbf{x}) = -\underbrace{\sum_{i \in \Omega} \phi_i(x_i)}_{\text{바이어스항}} - \underbrace{\sum_{\{i, j\} \in \mathcal{E}} \psi_{ij}(x_i, x_j)}_{\text{결합항}}$$

식 2.5

첫 번째 항은 각 노드에 할당된 에너지이며, 두 번째 항은 각각의 결합에 할당된 에너지다. 첫 번째 항인 바이어스 항은 노드마다 변수가 취하는 값의 편이(deviation)를 나타내며, 두 번째 항인 결합항은 서로 다른 변수 간의 관련성을 나타낸다. 자세한 내용은 2.3.2항에서 다루겠지만, 결합항으로부터 생기는 변수 간의 관련성(상호작용이라고도 함)이 변수가 복잡한 패턴 표현을 갖도록 한다. 함수 ϕ_i 나 ψ_{ij}는 목적하는 과제의 유형에 따라 적절히 설계된 함수다. 에너지 함수는 비용함수(cost function)라고도 하며, 에너지가 더 낮아지도록 하는 $\mathbf{x}$가 더 좋은 $\mathbf{x}$로 간주된다. 따라서 함수 ϕ_i 나 ψ_{ij}는 목적하는 과제에 대해 바람직한 $\mathbf{x}$가 낮은 에너지 함숫값을 갖도록 설계한다.

MRF는 식 2.5에 나온 에너지 함수를 기반으로 하는 깁스 분포(Gibbs distribution)(또는 볼츠만 분포(Boltzmann distribution))로 정의된다.

$$p(\mathbf{X} = \mathbf{x}) = \frac{1}{Z} \exp\left(-\Phi(\mathbf{x})\right)$$

식 2.6

여기서 Z는 모든 가능한 **x**에 대한 확률의 총합 $\sum_{\mathbf{x}} p(\mathbf{X} = \mathbf{x})$를 1로 만들기 위한 정규화 상수(normalization constant)(또는 분배함수(partition function))로 다음 식과 같이 정의된다.

$$Z = \sum_{\mathbf{x}} \exp\left(-\Phi(\mathbf{x})\right)$$

이 식 안의 합 $\sum_{\mathbf{x}}$는 확률변수 **X**의 가능한 실현값 **x**의 모든 조합에 대한 총합을 나타낸다.

$$\sum_{\mathbf{x}} = \prod_{i \in \Omega} \sum_{x_i = 0, 1} = \sum_{x_1 = 0, 1} \sum_{x_2 = 0, 1} \sum_{x_3 = 0, 1} \cdots \sum_{x_n = 0, 1}$$

식 2.7

이후 변수가 바뀌어도 이런 종류의 합이 갖는 의미는 마찬가지로 적용된다. MRF는 n개의 확률변수의 결합분포이며, 식 2.6의 정의에서도 알 수 있듯이 에너지 함수의 값이 더 작아지게끔 하는 **x**가 보다 높은 확률을 가진다. 다시 말해 과업에서 좀 더 바람직한 **x**가 더 높은 확률로 표현되게끔 하는 확률 모형이 된다.

MRF는 위와 같이 변수 간의 연관성을 그래프 형태로 직관적인 설계를 할 수 있는 모형이다. MRF를 포함하는 그래프 표현과 확률 모형을 대응시킨 보다 일반적인 모형을 그래피컬 모델(graphical model)이라고 부른다. 이 책의 앞부분에서 미리 설명하였듯이 이후 모형을 정의하는 식 등을 제외하고 딱히 혼란의 여지가 있지 않은 이상, 간결한 수식을 위해 확률변수의 명시적인 기술은 생략한다. 구체적으로 말하자면 $p(\mathbf{X} = \mathbf{x})$와 $p(\mathbf{x})$가 같은 의미라는 말이다. 또한 분포의 세부 사항을 제외하고, 단순히 확률변수 **X**의 분포를 가리키는 경우에는 실현값을 빼고 $p(\mathbf{X})$와 같이 나타낸다. 이러한 기술 방법은 이후 기호가 바뀌어도 그대로 적용된다.

2.3.2 볼츠만 머신

이제 식 2.6에서 본 MRF의 특수한 예인 볼츠만 머신(BM, Boltzmann Machine)을 소개하겠다. 일반적인 BM은 노드의 에너지를 $\phi_i(x_i) = b_i x_i$와 같이 설정하고 결합 에너지는 $\psi_{ij}(x_i, x_j) = w_{ij} x_i x_j$와 같이 설정하면 얻을 수 있다. 이런 설정을 적용하면 식 2.5의 에너지 함수는 다음 식과 같이 고쳐쓸 수 있다.

$$\Phi(\mathbf{x}; \boldsymbol{\theta}) = - \underbrace{\sum_{i \in \Omega} b_i x_i}_{\text{바이어스항}} - \underbrace{\sum_{\{i,j\} \in \mathcal{E}} w_{ij} x_i x_j}_{\text{결합항}}$$

식 2.8

이 함수가 BM의 에너지 함수이며, $\boldsymbol{\theta} = \{\mathbf{b}, \mathbf{W}\}$는 BM의 파라미터다. $\mathbf{b} = \{b_i \mid i \in \Omega\}$는 각 노드 i에 할당된 파라미터로 바이어스 파라미터라고 한다. $\mathbf{W} = \{w_{ij} \mid \{i, j\} \in \mathcal{E}\}$은 각 결합 $\{i, j\}$에 할당된 파라미터이며, 결합 파라미터(또는 가중치 파라미터, 상호작용 파라미터)라고 한다. 노드 간 결합은 방향성을 갖지 않으므로 $w_{ij} = w_{ji}$이며, 자기 자신에 대한 결합은 허용되지 않으므로 $w_{ii} = 0$이다. 식 2.8의 에너지 함수를 사용하면 BM은 다음과 같이 정의된다.

$$p(\mathbf{X} = \mathbf{x} \mid \boldsymbol{\theta}) = \frac{1}{Z(\boldsymbol{\theta})} \exp\left(-\Phi(\mathbf{x}; \boldsymbol{\theta})\right)$$
$$= \frac{1}{Z(\boldsymbol{\theta})} \exp\left(\sum_{i \in \Omega} b_i x_i + \sum_{\{i,j\} \in \mathcal{E}} w_{ij} x_i x_j\right)$$

식 2.9

여기서 $Z(\boldsymbol{\theta})$는 분배함수다.

이번에는 BM의 에너지 함수 안에서 사용된 두 가지 파라미터(바이어스, 결합)의 의미를 설명하겠다. 식 2.8의 첫 번째 항에만 주목해 보자. 예를 들어, $b_i > 0$이었다면 $x_i = 1$이 낮은 에너지를 갖는다(확률이 높다). 반대로 $b_i < 0$이라면 $x_i = 0$ 쪽이 낮은 에너지를 갖게 된다. 다시 말해 b_i의 부호에 의해 이에 대응하는 x_i 값의 출현 확률에 편이가 생긴다. 이 때문에 $\mathbf{b}$가 바이어스 파라미터라고 불리게 되었다.

이번에는 식 2.8의 두 번째 항을 살펴보자. $w_{ij} > 0$이면, x_i와 x_j가 모두 1이 되는 경우가 낮은 에너지를 갖는다. 반대로 $w_{ij} < 0$이면, x_i와 x_j가 서로 다른 값을 갖거나 모두 0이 될 때 낮은 에너지를 갖는다. 이렇게 $\mathbf{W}$는 서로 결합한 변수의 값끼리 상호작용을 일으키므로 상호작용 파라미터라고 불린다.

지금까지의 설명은 어디까지나 에너지 함수에 정의된 각각의 항에 대한 해석이므로 실제 에너지 함숫값은 이들이 다시 얽혀 좀 더 복잡한 확률적 변수 간 관계성을 보이게 된다. 이런 변수 간의 연관 구조가 각 관측 데이터 점의 출현 확률에 복잡한 차이를 만들어 내는 것이다.

BM은 통계역학의 이징 모형(Ising model)과 등치인 모형으로, 이 때문에 머신 러닝 분야뿐만 아니라 생리학 분야에서도 연구되는 모형이다. 생리학 분야에서는 BM의 학습 문제를 역 이징 문제(inverse Ising problem)라 부르는 경우가 많다.

2.3.3 볼츠만 머신과 홉필드 네트워크의 관계

2.3절 서두에 설명하였듯이 BM은 홉필드 네트워크(Hopfield network)를 확장한 확률적 NN으로서의 측면을 갖는다. 이번에는 BM을 NN으로 보는 관점에 대해 간단히 설명한다.

홉필드 네트워크는 무향 그래프 $G(\Omega, \mathcal{E})$상에 정의되는 NN으로, 각 노드를 뉴런으로 본 것이다. 홉필드 네트워크도 BM과 마찬가지로 식 2.8과 같은 형식의 에너지 함수를 갖는다. 무향 그래프의 각 링크가 뉴런 간의 결합관계를 나타내며, 신호는 이 결합을 통해 쌍방향으로 오간다. 각 노드 i는 활성 상태 $x_i = 1$와 비활성 상태 $x_i = 0$ 중 하나의 상태를 갖는다. 어떤 시각에 노드 i는 자신과 결합한 모든 노드 j로부터 다음 식과 같은 형태로 신호를 받는다.

$$\lambda_i = b_i + \sum_{j \in N(i)} w_{ij} x_j \qquad \text{식 2.10}$$

이때 $N(i)$는 노드 i와 결합한 노드의 집합을 의미한다. 이 입력 신호 λ_i가 0을 넘으면 노드 i가 활성화되므로 홉필드 네트워크는 결정적 NN 모형에 속한다.

BM은 입력 신호 λ_i로부터 다음과 같은 조건부 확률분포를 계산한다.

$$p_{sb}(X_i = x_i \mid \lambda_i) = \frac{\exp(\lambda_i x_i)}{1 + \exp(\lambda_i)} \qquad \text{식 2.11}$$

그리고 이 조건부 확률분포를, 입력 신호 λ_i를 받은 시점의 노드 i의 상태(활성/비활성)에 대한 확률분포로 사용한다. 이런 과정을 통해 입력 신호 λ_i를 받은 시점에서 노드 i가 활성화될 확률은 $p_{sb}(X_i = 1 \mid \lambda_i) = \text{sig}(\lambda_i)$가 된다. 식 2.11에서 기술된 확률적 역학을 따라 비동기적으로 각각의 노드가 활성/비활성 상태를 오가게 된다. 그리고 식 2.11과 같은 조건부 확률분포를 시그모이드 빌리프(sigmoid belief)라고 부르는 경우가 많은데, 이번 장 전체에 걸쳐 이 확률분포가 자주 나오므로 이를 다른 확률분포와 구분하여 p_{sb}로 표기한다. 노드 전체의 활성/비활성에 대한 결합분포는 평형분포를 갖는다고 알려져 있는데, 이 평형분포는 식 2.9의 깁스 분포와 같은 형태를 갖는다. 홉필드 네트워크 역시 BM과 같은 형태의 에너지 함수를 갖는 NN이지만, 활성/비활성 상태를 결정하는 역학이 결정적인 홉필드 네트워크와 달리 확률적 역학으로 동작한다는 차이가 있다.

2.3.4 볼츠만 머신의 학습을 위한 준비

이번 항에서는 다음 절부터 구체적으로 설명할 BM의 학습을 위해 필요한 내용을 다룬다. 2.2절에서 설명했듯이 통계적 머신 러닝의 목적은 관측을 통해 얻은 데이터 점의 집합을 사용해서 가정하는 학습 모형을 학습(θ의 값을 조정)하여 미지의 생성 모형에 가까워지도록 하는 것이다.

BM의 학습은 크게 가시변수만 있는 경우와 비가시변수를 포함하는 경우 두 가지로 나눌 수 있다. 가시변수(visible variable)(또는 관측변수(observable variable))는 관측 데이터 점에 대응하는 변수이며, 비가시변수(hidden variable)(또는 잠재변수(latent variable))는 관측 데이터 점에 직접 대응하지 않는 내부 변수를 말한다.

먼저, 2.4절에서 가장 기본적인 케이스로 가시변수만 있는 경우의 학습을 설명한다. 이어서 2.5절에서 딥 러닝에서도 중요하게 쓰이는 방법인 비가시변수를 포함하는 보다 일반적인 학습 방법을 설명한다.

2.3절에서는 확률변수를 일괄적으로 X_i를 사용했으나, 변수는 가시변수와 비가시변수 두 가지가 존재하므로 앞으로는 이를 구별하기 위해 노드 i에 대응하는 확률변수가 가시변수이면 X_i 대신 V_i로 표기하고, 비가시변수는 H_i로 표기한다. 다만 가시변수와 비가시변수를 딱히 구별할 필요가 없는 경우에는 다시 X_i를 사용한다. 또, 관측 데이터 점(이나 확률변수의 실현값)을 나타내기 위해 2.2절에서는 **x**를 사용하였으나, 관측 데이터 점은 가시변수 **V**에 대응하는 값이므로 앞으로는 **v**로 표기할 것이다.

2.4 가시변수만 있는 볼츠만 머신의 학습

이번 절에서는 비가시변수 없이 가시변수만 있는 볼츠만 머신의 학습 방법을 살펴보도록 하겠다. 모든 확률변수가 가시변수이므로 $\mathbf{X} = \{X_i \mid i \in \Omega\}$ 대신 $\mathbf{V} = \{V_i \mid i \in \Omega\}$로 표기하는 것에 주의하기 바란다.

n개의 요소를 갖는 관측 데이터 점이 각각 같은 분포로부터 독립적으로 N개 생성되었다고 하자. μ번째 관측 데이터 점을 $\mathbf{v}^{(\mu)} = \{\mathbf{v}_i^{(\mu)} \in \{0, 1\} \mid i \in \Omega\}$로 나타내기로 한다(그림 2.5 참고). 예를 들어 그림 2.1의 흑백 이미지를 관측 데이터 점으로 보면 하나의 이미지가 하나의 관측 데이터 점 $\mathbf{v}^{(\mu)}$에 대응한다. 이 관측 데이터 점의 집합을 사용하여 지금부터 식 2.9의 BM을 학습할 것이다. 관측 데이터 점의 요소 하나에 대해 각각 하나의 확률분포를 대응시켜 보면 BM은 관측 데이터 점의 요소 수와 같은 n개의 확률변수 $\mathbf{V} = \{V_i \mid i \in \Omega\}$을 갖는 확률 모형이 된다. BM을 정의하려면 먼저 그 토대가 되는 무향 그래프의 링크 구조를 결정해야 하지만, 여기서는 데이터의 성질에 따라 적절히 구조를 결정하였다고 가정하고, 이에 대한 학습을 살펴볼 것이다.

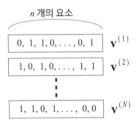

그림 2.5 관측 데이터 점의 집합 $\mathcal{D} = \{\mathbf{v}^{(\mu)} \mid \mu = 1, 2, ..., N\}$의 예
하나의 사각형 안의 내용은 관측 데이터 점 하나에 해당한다.
각각의 관측 데이터 점은 독립항등분포로부터 생성된다.

BM을 학습하는 데는 일반적으로 최대우도추정(MLE, Maximum Likelihood Estimimation)이라는 방법이 사용된다. 먼저, 관측된 데이터 점의 집합 $\mathcal{D} = \{\mathbf{v}^{(\mu)} \mid \mu = 1, 2, ..., N\}$에 대해 다음 식과 같이 결과로부터 원인의 발생 확률을 추론하는 우도함수(likelihood function)를 정의한다.

$$l_{\mathcal{D}}(\boldsymbol{\theta}) = \prod_{\mu=1}^{N} p(\mathbf{V} = \mathbf{v}^{(\mu)} \mid \boldsymbol{\theta})$$ 식 2.12

위 식의 $p(\mathbf{V} = \mathbf{v}^{(\mu)} \mid \boldsymbol{\theta})$는 BM이 관측 데이터 점 $\mathbf{v}^{(\mu)}$를 실제로 생성할 확률을 나타내며, 각 관측 데이터 점의 발생은 서로 독립이므로 이들의 곱, 다시 말해 식 2.12는 관측 데이터 점의 집합 $\mathcal{D}$를 BM이 실제로 생성할 확률이라고 해석할 수 있다. 최대우도추정이란, 이 우도함수의 값이 최대가 되도록 하는 파라미터 값(최대우도추정치 (maximum likelihood estimator))을 구하는 것이다. 통계적 머신 러닝의 목적은 관측 데이터 점의 집합을 이용하여 이 생성 모형을 재현하는 것이라고 2.2절에서 밝힌 바 있다. 최대우도추정으로 구한 BM은 관측 데이터 점의 집합 $\mathcal{D}$를 가장 높은 확률로 생성하는 BM이므로 학습된 BM이 목적하는 생성 모형에 가장 가까운 모형이라고 볼 수 있다. 로그함수는 단조증가함수이므로 최대우도추정치는 우도함수의 로그값을 가장 크게 하는 $\boldsymbol{\theta}$와 같다. 따라서 우도함수 대신 우도함수의 로그값을 최대화하여도 같은 결과를 얻게 된다. 그래서 식 2.12의 우도함수에 자연로그를 씌워 다음과 같은 로그 우도함수(log-likelihood function)를 우도함수 대신 사용한다.

$$L_{\mathcal{D}}(\boldsymbol{\theta}) = \ln l_{\mathcal{D}}(\boldsymbol{\theta}) = \sum_{\mu=1}^{N} \ln p(\mathbf{v}^{(\mu)} \mid \boldsymbol{\theta})$$ 식 2.13

로그 우도함수에서는 곱이 합으로 바뀌므로 이를 컴퓨터상에서 계산할 때 오버플로나 언더플로가 일어나기 어렵다. 그러므로 계산을 다룰 때 편리한 점이 많다.

로그 우도함수가 최댓값을 갖는 지점에서는 파라미터 $\boldsymbol{\theta}$의 기울기가 0이 되므로 기울기가 0이 되는 $\boldsymbol{\theta}$를 구하는 것을 목적으로 한다. 식 2.13에서 정의된 로그 우도함수의 파라미터에 대한 기울기는 각각 다음과 같이 계산할 수 있다.

$$\frac{\partial L_{\mathcal{D}}(\boldsymbol{\theta})}{\partial b_i} = \sum_{\mu=1}^{N} v_i^{(\mu)} - N E_{p(\mathbf{V}|\boldsymbol{\theta})}[V_i]$$ 식 2.14

$$\frac{\partial L_{\mathcal{D}}(\boldsymbol{\theta})}{\partial w_{ij}} = \sum_{\mu=1}^{N} v_i^{(\mu)} v_j^{(\mu)} - N E_{p(\mathbf{V}|\boldsymbol{\theta})}[V_i V_j]$$ 식 2.15

이때 $E_{p(\mathbf{V}|\boldsymbol{\theta})}[\cdots]$는 BM에 대한 기댓값을 나타내며, 식 2.7과 마찬가지로 확률변수 $\mathbf{V}$의 실현값의 가능한 모든 조합에 대한 합을 구하여 계산할 수 있다.

$$E_{p(\mathbf{V}|\boldsymbol{\theta})}[f(\mathbf{V})] = \sum_{\mathbf{V}} (f(\mathbf{v}))p(\mathbf{v} \mid \boldsymbol{\theta})$$

식 2.16

식 2.14, 2.15의 기울기가 0이 되는 조건은 다시 말해 $\partial L_{\mathcal{D}}(\boldsymbol{\theta})/\partial b_i = 0$과 $\partial L_{\mathcal{D}}(\boldsymbol{\theta})/\partial w_{ij} = 0$이므로 로그 우도함수의 최대점에서 식 2.17과 2.18로 이뤄진 연립방정식이 성립한다는 것을 알 수 있다.

$$\frac{1}{N} \sum_{\mu=1}^{N} v_i^{(\mu)} = E_{p(\mathbf{V}|\boldsymbol{\theta})}[V_i]$$

식 2.17

$$\frac{1}{N} \sum_{\mu=1}^{N} v_i^{(\mu)} v_j^{(\mu)} = E_{p(\mathbf{V}|\boldsymbol{\theta})}[V_i V_j]$$

식 2.18

이 방정식을 볼츠만 머신의 학습방정식(learning equation of Boltzmann machine)이라고 하며[33], 최대우도추정치는 이 연립방정식의 해가 된다. 식 2.17, 2.18의 학습방정식에서 좌변은 관측 데이터 점의 표본평균이며, 이 값은 관측 데이터 점의 집합에서 바로 계산할 수 있다. 또, 우변은 이에 대응하는 BM의 기댓값이다. 다시 말해, BM의 최대우도추정치는 관측 데이터 점 집합의 각 노드와 결합에 대응하는 1차 및 2차 표본평균과 BM에 대응하는 1차 및 2차 기댓값을 일치하도록 하는 해라고 해석할 수 있다. 이런 사실 때문에 학습방정식을 모멘트 매칭(moment matching)이라고 부르기도 한다. 모멘트 매칭은 BM을 비롯하여 다양한 확률 모형을 학습하는 과정에서 볼 수 있다*.

식 2.17, 2.18로 이루어진 연립방정식을 해석적으로 풀기는 어려우므로 BM의 학습방정식은 일반적으로 컴퓨터를 이용해 수치적으로 풀게 된다. 이를 푸는 방법에 대해서는 2.4.2항을 참고하기 바란다.

---

* 지수분포족에 속하는 확률 모형에 대한 최대우도추정 학습은 충분 통계량끼리의 모멘트 매칭으로 볼 수 있다. BM은 지수분포족에 속한다.

2.4.1 쿨벡 – 라이블러 발산으로부터의 학습방정식 유도방법

이번 항에서는 쿨벡 – 라이블러 발산(KL 발산, Kullback-Leibler divergence)(KL 정보량 혹은 KL 거리라고 부르기도 한다)을 사용하여 2.4절의 BM 최대우도추정법을 다른 관점에서 해석해 볼 것이다. KL 발산은 통계적 머신 러닝에서 매우 자주 만나게 되는 중요한 값이다.

KL 발산은 확률변수 $\mathbf{X}$에 대한 서로 다른 확률분포 $p_0(\mathbf{X})$와 $p_1(\mathbf{X})$ 사이의 어떤 비유사도를 평가하는 값으로 다음 식과 같이 정의된다.

$$\mathrm{D_{KL}}\,(p_0 \parallel p_1) = \sum_{\mathbf{x}} p_0(\mathbf{x}) \ln \frac{p_0(\mathbf{x})}{p_1(\mathbf{x})} \qquad \text{식 2.19}$$

KL 발산은 $\mathrm{D_{KL}}(p_0 \parallel p_1) \geq 0$이며, $p_0(\mathbf{X}) = p_1(\mathbf{X})$일 때만 $\mathrm{D_{KL}}(p_0 \parallel p_1) = 0$이 되는 성질을 갖는다. 거리의 공리를 만족하지 않으므로 엄밀히 말하면 거리가 아니지만, KL 발산의 이러한 성질을 이용하여 두 확률분포 $p_0(\mathbf{X})$와 $p_1(\mathbf{X})$ 간의 거리 같은 개념으로 자주 쓰인다.

그럼, 이제 관측 데이터 점의 집합 $\mathcal{D}$에 대한 **경험분포**(empirical distribution)를 정의하도록 하자. 경험분포란, 관측 데이터 점의 빈도분포로 이른바 데이터 분포를 의미한다. 관측 데이터 점의 집합 $\mathcal{D}$의 경험분포($q(x)$)는 다음 식과 같이 나타낼 수 있다.

$$q_{\mathcal{D}}(\mathbf{V} = \mathbf{v}) = \frac{1}{N}\sum_{\mu=1}^{N}\delta(\mathbf{v}, \mathbf{v}^{(\mu)}), \quad \delta(\mathbf{d}, \mathbf{e}) = \begin{cases} 1 & \mathbf{d} = \mathbf{e} \\ 0 & \mathbf{d} \neq \mathbf{e} \end{cases} \qquad \text{식 2.20}$$

$q_{\mathcal{D}}(\mathbf{v}) \geq 0$이며, 정규화 조건 $\sum_{\mathbf{v}}q_{\mathcal{D}}(\mathbf{v}) = 1$을 만족하므로 경험분포가 확률분포임을 쉽게 알 수 있다. 정의로부터 $\mathbf{v}$에 대한 임의의 함수 $f(\mathbf{v})$의 경험분포에 대한 기댓값은 다음 식에서 보듯 관측 데이터 집합상의 $f(\mathbf{v})$의 표본평균이 된다.

$$\sum_{\mathbf{v}} f(\mathbf{v})q_{\mathcal{D}}(\mathbf{v}) = \frac{1}{N}\sum_{\mu=1}^{N} f(\mathbf{v}^{(\mu)}) \qquad \text{식 2.21}$$

경험분포와 식 2.9에서 정의한 BM 간의 KL 발산은 다음 식과 같이 나타낼 수 있다.

$$D_{KL}(q_{\mathcal{D}} \| p) = \sum_{\mathbf{v}} q_{\mathcal{D}}(\mathbf{v}) \ln \frac{q_{\mathcal{D}}(\mathbf{v})}{p(\mathbf{v} \mid \boldsymbol{\theta})}$$

식 2.22

위의 식에 주목하여 $D_{KL}(q_{\mathcal{D}} \| p)$를 최소가 되게 하는 파라미터 $\boldsymbol{\theta}$의 값을 구한다. 기울기가 0이 되는 조건을 이용하여 식 2.22의 KL 발산이 최소가 되는 점에서는 최대우도추정과 마찬가지로 식 2.17, 2.18의 BM 학습방정식이 성립한다는 것을 보일 수 있다. 따라서 최대우도추정과 식 2.22의 KL 발산이 최소가 되게 하는 해는 서로 같으므로 분포의 유사도를 KL 발산으로 측정한다고 할 때 최대우도추정법은 경험분포와 BM이 가장 근접하도록 하는 방법이라고 해석할 수 있다.

이 사실을 다음과 같은 식으로 간단히 확인해 볼 수 있다.

$$D_{KL}(q_{\mathcal{D}} \| p) = -\sum_{\mathbf{v}} q_{\mathcal{D}}(\mathbf{v}) \ln p(\mathbf{v} \mid \boldsymbol{\theta}) - H(q_{\mathcal{D}}(\mathbf{V}))$$

여기서 $H(q_{\mathcal{D}}(\mathbf{V})) = -\sum_{\mathbf{v}} q_{\mathcal{D}}(\mathbf{V}) \ln q_{\mathcal{D}}(\mathbf{V})$는 경험분포의 엔트로피이며, 파라미터 $\boldsymbol{\theta}$와는 의존 관계를 갖지 않는 상수다. 식 2.13과 2.21로부터 다음 식을 유도할 수 있다.

$$\sum_{\mathbf{v}} q_{\mathcal{D}}(\mathbf{v}) \ln p(\mathbf{v} \mid \boldsymbol{\theta}) = \frac{1}{N} L_{\mathcal{D}}(\boldsymbol{\theta})$$

이로부터 다시 다음 식을 유도할 수 있다.

$$D_{KL}(q_{\mathcal{D}} \| p) = -\frac{1}{N} L_{\mathcal{D}}(\boldsymbol{\theta}) - H(q_{\mathcal{D}}(\mathbf{V}))$$

이에 따라 다음 식이 성립한다는 것을 알 수 있다.

$$\underset{\boldsymbol{\theta}}{\operatorname{argmax}}\, L_{\mathcal{D}}(\boldsymbol{\theta}) = \underset{\boldsymbol{\theta}}{\operatorname{argmin}}\, D_{KL}(q_{\mathcal{D}} \| p)$$

2.4.2 볼츠만 머신 학습에 대한 구현과 조합의 폭발 문제

이번 항에서는 BM 학습을 구현하는 방법과 이를 단순하게 구현했을 때 맞닥뜨리게 되는 큰 문제점에 대해 설명할 것이다.

알고리즘 2.1 경사상승법을 이용한 BM 학습

1: $\theta^{(0)}$을 적당한 값으로 초기화하고, t = 0을 할당
2: **repeat**
3:     **for** $\forall i \in \Omega$ **do**
4:         $b_i^{(t+1)} \leftarrow b_i^{(t)} + \varepsilon(\partial L_{\mathcal{D}}(\theta^{(t)})/\partial b_i)$
5:     **end for**
6:     **for** $\forall \{i, j\} \in \mathcal{E}$ **do**
7:         $w_{ij}^{(t+1)} \leftarrow w_{ij}^{(t)} + \varepsilon(\partial L_{\mathcal{D}}(\theta^{(t)})/\partial w_{ij})$
8:     **end for**
9:     $t \leftarrow t + 1$
10: **until** $\theta^{(t)} = \theta^{(t+1)}$ ▷ 수렴할 때까지 계속 업데이트한다.

앞서 설명했듯이 BM은 식 2.17, 2.18에 나온 학습방정식을 푸는 방법으로 학습시킬 수 있다. 그러나 일반적으로 이 학습방정식을 해석적으로 풀기 어려우므로 실제로는 식 2.14, 2.15에 나온 기울기를 이용하는 경사상승법(gradient ascent method)을 사용해서 반복적인 방법으로 풀게 된다(알고리즘 2.1 참고). 알고리즘 2.1에 나온 ε는 학습률(learning rate)이라고 불리는 작은 값이다. 식 2.13의 로그 우도함수는 파라미터 θ에 대해 오목함수이므로 경사상승법을 사용하여 로그 우도함수가 최대가 되게 하는 파라미터(다시 말해 최우추정치)를 원리적으로 얻을 수 있다.

알고리즘 2.1에서 알 수 있듯이 학습에는 식 2.14, 2.15에 나온 로그 우도함수의 기울기를 계산해야 하는데, 이를 위해서는 BM의 기댓값 계산이 또 필요하다. 식 2.16을 보면 BM의 기댓값 계산은 확률변수의 모든 가능한 실현값의 조합에 대한 합이므로, n개의 확률변수를 갖는 BM의 기댓값을 계산하는 데는 2^n개의 항의 합을 계산해야 한다. 1초에 1억 개의 항을 더할 수 있는 컴퓨터가 있다고 하고, 이 컴퓨터를 이용하

여 2^n개의 항을 계산한다고 해보자. 표 2.1에 이를 계산하는 데 필요한 시간의 대략적인 추세를 실었다. n이 증가함에 따라 계산 시간이 폭발적으로 증가하는 것을 알 수 있다. 이런 문제를 조합의 폭발(combinatorial explosion)이라고 부른다. BM이 지금까지 별로 주목받지 못한 원인 중 하나로 이 조합의 폭발 문제가 꼽힌다.

표 2.1 2^n개 항을 계산하는 데 필요한 (대략의) 계산 시간

n	time
10	약 0.00001초
30	약 0.18분
50	약 130일
70	약 37만 4000년
100	약 4000억 년

위에서 설명한 이유 때문에 BM의 기댓값을 엄밀히 계산하는 것은 매우 어렵다. 그러므로 다른 방법을 사용하여 근사적으로 기댓값을 계산할 필요가 있다. 또, 기댓값 계산은 경사상승법의 반복 과정에서 여러 번 이루어져야 하므로 이 방법은 매우 빠른 계산 시간을 요구하게 된다. 이런 배경에서 가장 먼저 시도된 것이 2.6.1항에서 설명할 깁스 샘플링을 이용한 근사법과 2.6.2항에서 소개할 평균장 근사를 이용한 근사 방법이다. 이들은 뒤에 설명할 딥 볼츠만 머신의 학습에서도 기초적인 기술로 쓰이는 중요한 기법이다.

또한 이들 외에도 유용한 근사학습법이 다양하게 제안되고 있다. 대조적 발산[8]을 비롯하여 확률전파법(belief propagation, sum-productalgorithm)[19]에 기초한 학습법[38]이나 깁스 샘플링을 확장한 방법을 이용한 학습법[35], 최대유사우도추정법(maximum pseudo-likelihood estimation)[4, 11], 최대복합우도추정법(maximum composite likelihood estimation)[16, 15, 2, 37], 스코어 매칭(score matching)[10], 레이시오 매칭(ratio matching)[12]이나 최소 확률 흐름(minimum probability flow)[29] 등 많은 방법이 제안된 바 있으며, BM의 학습법은 지금도 연구가 진행되고 있는 영역이다. 그리고 이들 중 대조적 발산과 최소확률 흐름에 대해서는 3장을 참고하기 바란다.

2.5 비가시변수가 있는 볼츠만 머신의 학습

이번 절에서는 관측 데이터 점에 직접 대응하지 않는 비가시변수를 갖는 BM의 학습에 대해 설명한다. 이런 유형의 BM이 보다 일반적인 유형에 속한다. 2.4절에서와 마찬가지로 n개의 요소로 구성된 관측 데이터 점이 생성 모형으로부터 각각 독립적으로 N개 생성되었다고 하자. 이 관측 데이터 점의 집합에 대해 $(n + m)$개의 확률변수를 갖는 BM을 사용하여 학습을 수행하는 것이 이번 절의 목적이다. 관측 데이터 점의 요소 수보다 확률변수의 수가 많으므로 모든 확률변수가 각 관측 데이터 점에 대응하는 것은 아니다. 2.3.4항에서 설명했듯이 관측 데이터 점의 요소에 대응하는 변수가 가시변수며, 대응하지 않는 변수가 비가시변수가 된다.

먼저, 비가시변수가 있는 BM의 형식적 표현에 대해 설명하겠다. $(n + m)$개의 변수 중 노드 번호(확률변수의 첨자 번호)가 작은 것부터 n개의 변수(가시변수)를 각 관측 데이터 점에 대응시키고, 남은 m개의 변수(비가시변수)는 관측 데이터 점에 직접 대응하지 않는 변수로 삼는다. 관측 데이터 점에 대응하는 노드 번호의 집합을 $\mathcal{V} = \{1, ..., n\}$이라고 하고, 대응하지 않는 노드 번호의 집합을 $\mathcal{H} = \{n + 1, ..., n + m\}$라고 한다. 노드 전체의 집합은 Ω로 나타내므로 $\Omega = \mathcal{H} \cup \mathcal{V}$가 된다. 그림 2.6의 예를 들자면, 세 개의 요소를 갖는 관측 데이터 전에 대해 그림 2.4와 같은 그래프상에 변수 5개로 정의된 BM을 사용해서 학습하려는 경우, $\mathcal{V} = \{1, 2, 3\}$, $\mathcal{H} = \{4, 5\}$가 되며 $\mathbf{X} = \{X_1, X_2, X_3, X_4, X_5\} = \{V_1, V_2, V_3, V_4, V_5\}$이다. 다시 말해, 노드 1~3의 확률변수는 가시변수로 취급되며, 노드 4~5의 확률변수는 비가시변수로 취급된다.

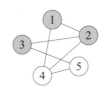

그림 2.6 5개의 변수를 갖는 BM의 예

세 개의 요소를 갖는 관측 데이터 점을, 그림 2.4의 그래프상에 정의된 변수 5개를 갖는 BM으로 학습한 경우의 예. 음영이 들어간 원이 가시변수이고, 흰색 원이 비가시 변수다.

다음에서 설명할 내용에서는 식 2.9의 확률변수 $\mathbf{X} = \{X_i \mid i \in \Omega\}$에 대한 BM을, 가시변수 $\mathbf{V} = \{V_i \mid i \in \mathcal{V}\}$와 비가시변수 $\mathbf{H} = \{H_i \mid i \in \mathcal{H}\}$의 결합분포로 나타낸다.

$$p(\mathbf{X} = \mathbf{x} \mid \theta) = p(\mathbf{V} = \mathbf{v}, \mathbf{H} = \mathbf{h} \mid \theta) = \frac{1}{Z(\theta)} \exp\left(-\Phi(\mathbf{v}, \mathbf{h}; \theta)\right)$$

여기서 $\mathbf{v}$와 $\mathbf{h}$는 각각 확률변수 $\mathbf{V}$와 $\mathbf{H}$의 실현값이다. 변수의 표기법은 바뀌었지만 정의 자체는 식 2.9와 같다는 것에 주의하기 바란다. 그림 2.6의 경우를 구체적인 예로 들면, 다음 식과 같다.

$$p(\mathbf{v}, \mathbf{h} \mid \theta) = \frac{1}{Z(\theta)} \exp\Big((b_1 v_1 + b_2 v_2 + b_3 v_3 + b_4 h_4 + b_5 h_5) \\ + (w_{12} v_1 v_2 + w_{23} v_2 v_3 + w_{14} v_1 h_4 + w_{24} v_2 h_4 + w_{35} v_3 h_5 + w_{45} h_4 h_5)\Big)$$

식 2.23

비가시변수가 있는 경우의 학습 역시 최대우도추정법이 사용된다. 그러나 2.4절에서 본 경우와 달리 관측 데이터 점에 대응하지 않는 비가시변수가 포함되어 있으므로 공식에 조금 차이가 있다. 비가시변수가 있는 경우에는 비가시변수에 대해 주변화한 가시변수 $\mathbf{v}$만의 분포인 식 2.24를 사용한다.

$$p(\mathbf{v} \mid \theta) = \sum_{\mathbf{h}} p(\mathbf{v}, \mathbf{h} \mid \theta)$$

식 2.24

이 주변분포는 가시변수에만 해당하는 분포이므로 모든 변수에 관측 데이터 점이 대응한다. 따라서 2.4절에서와 같은 방법으로 로그 우도함수를 만들 수 있다. 이러한 경우의 로그 우도함수는 식 2.13, 식 2.20에서 정의한 경험분포를 이용하여 다음 식과 같이 나타낼 수 있다.

$$L_{\mathcal{D}}(\theta) = \sum_{\mu=1}^{N} \ln p(\mathbf{v}^{(\mu)} \mid \theta) = N \sum_{\mathbf{v}} q_{\mathcal{D}}(\mathbf{v}) \ln p(\mathbf{v} \mid \theta)$$

식 2.25

그리고 최대우도추정치는 이 로그 우도함수가 최댓값을 갖게 하는 파라미터 θ의 값이 된다. 식 2.25의 두 번째 등호는 식 2.21을 이용해 변형한 것이다. 이 최대우도추정법은 다음과 같이 정의되는 KL 발산을 최소화하는 것과 같다고 볼 수 있다(2.4.1항과 같은 방법으로 이를 간단히 확인할 수 있다).

$$D_{KL}(q_{\mathcal{D}} \parallel p) = \sum_{\mathbf{v}} q_{\mathcal{D}}(\mathbf{v}) \ln \frac{q_{\mathcal{D}}(\mathbf{v})}{p(\mathbf{v} \mid \boldsymbol{\theta})}$$

식 2.26

수식 2.25의 로그 우도함수에 포함된 b_i와 w_{ij}에 대한 기울기는 각각 다음 두 식과 같다.

$$\frac{\partial L_{\mathcal{D}}(\boldsymbol{\theta})}{\partial b_i} = N \sum_{\mathbf{v},\mathbf{h}} x_i p(\mathbf{h} \mid \mathbf{v}, \boldsymbol{\theta}) q_{\mathcal{D}}(\mathbf{v}) - N E_{p(\mathbf{V},\mathbf{H}\mid\boldsymbol{\theta})}[X_i]$$

식 2.27

$$\frac{\partial L_{\mathcal{D}}(\boldsymbol{\theta})}{\partial w_{ij}} = N \sum_{\mathbf{v},\mathbf{h}} x_i x_j p(\mathbf{h} \mid \mathbf{v}, \boldsymbol{\theta}) q_{\mathcal{D}}(\mathbf{v}) - N E_{p(\mathbf{V},\mathbf{H}\mid\boldsymbol{\theta})}[X_i X_j]$$

식 2.28

그러므로 각각의 기울기가 0이 되는 조건을 이용하면 비가시변수가 있는 BM의 학습 방정식은 다음과 같게 된다.

$$\sum_{\mathbf{v},\mathbf{h}} x_i p(\mathbf{h} \mid \mathbf{v}, \boldsymbol{\theta}) q_{\mathcal{D}}(\mathbf{v}) = E_{p(\mathbf{V},\mathbf{H}\mid\boldsymbol{\theta})}[X_i]$$

식 2.29

$$\sum_{\mathbf{v},\mathbf{h}} x_i x_j p(\mathbf{h} \mid \mathbf{v}, \boldsymbol{\theta}) q_{\mathcal{D}}(\mathbf{v}) = E_{p(\mathbf{V},\mathbf{H}\mid\boldsymbol{\theta})}[X_i X_j]$$

식 2.30

여기서 X_i와 x_i는 해당 노드 i가 가시변수인지 비가시변수인지에 따라 다음 식과 같이 변환된다.

$$X_i = \begin{cases} V_i & i \in \mathcal{V} \\ H_i & i \in \mathcal{H} \end{cases}, \quad x_i = \begin{cases} v_i & i \in \mathcal{V} \\ h_i & i \in \mathcal{H} \end{cases}$$

식 2.27~2.30에서 $p(\mathbf{h} \mid \mathbf{v}, \boldsymbol{\theta})$은 가시변수의 값이 주어졌을 때의 비가시변수의 조건 부분포이며, 확률의 곱셈 정리에 따라 다음과 같이 주어진다.

$$p(\mathbf{h} \mid \mathbf{v}, \boldsymbol{\theta}) = \frac{p(\mathbf{v}, \mathbf{h} \mid \boldsymbol{\theta})}{p(\mathbf{v} \mid \boldsymbol{\theta})}$$

비가시변수가 있는 BM의 학습은 식 2.29, 식 2.30의 학습 방정식을 푸는 방법으로 이루어진다. 이에 대한 구현은 비가시변수가 없는 경우와 마찬가지로 보통 경사상승법을 사용하게 된다. 구체적으로는 알고리즘 2.1에서 b_i와 w_{ij}에 대한 기울기를 각각 식 2.27, 식 2.28로 치환한 경사상승법이 된다.

2.5.1 비가시변수가 있는 경우의 학습에 대해서

식 2.17, 식 2.18과 식 2.29, 식 2.30을 놓고 비교해 보면 비가시변수가 있는 경우의 학습방정식은 비가시변수가 없는 경우와 비교하여 조금 더 복잡한 형태를 갖는다는 것을 알 수 있다. 이번 항에서는 비가시변수가 있는 경우의 학습방정식의 의미를 설명하도록 한다.

비가시변수가 없는 경우에는 식 2.17, 식 2.18처럼 학습방정식의 좌변이 단순히 관측 데이터 점의 표본평균이며, 우변은 대응하는 BM의 기댓값이었다. 이와 달리 비가시변수가 있는 경우의 학습방정식은 식 2.29, 식 2.30과 같으며, 좌변은 마찬가지로 BM의 기댓값이며 우변은 다음과 같이 그보다 조금 복잡한 형태를 갖는다.

$$\sum_{\mathbf{v},\mathbf{h}} f(\mathbf{v},\mathbf{h}) p(\mathbf{h} \mid \mathbf{v}, \boldsymbol{\theta}) q_{\mathcal{D}}(\mathbf{v})$$

이 식을 식 2.21을 사용해서 다시 다음과 같이 바꿔 쓸 수 있다.

$$\frac{1}{N} \sum_{\mu=1}^{N} \sum_{\mathbf{h}} f(\mathbf{v}^{(\mu)}, \mathbf{h}) p(\mathbf{h} \mid \mathbf{v}^{(\mu)}, \boldsymbol{\theta})$$ 식 2.31

이 식 안에 있는 $p(\mathbf{h} \mid \mathbf{v}^{(\mu)}, \mathbf{h})$는 가시변수의 값을 μ번째 관측 데이터 점 $\mathbf{v}^{(\mu)}$로 고정했을 때 비가시변수의 조건부분포다. 그림 2.6의 상황을 예로 들면, BM 전체에 대해서는 식 2.23과 같으며 $p(\mathbf{h} \mid \mathbf{v}^{(\mu)}, \boldsymbol{\theta})$는 다음 식과 같이 나타낼 수 있다.

$$p(\mathbf{h} \mid \mathbf{v}^{(\mu)}, \boldsymbol{\theta}) \propto \exp\left(b_4^{(\mu)} h_4 + b_5^{(\mu)} h_5 + w_{45} h_4 h_5\right)$$ 식 2.32

여기서 b_4, b_5는 다음 식과 같이 정의되며, 관측 데이터 점 $\mathbf{v}^{(\mu)}$에 따라 변화하는 바이어스다.

$$b_4^{(\mu)} = b_4 + w_{14} v_1^{(\mu)} + w_{24} v_2^{(\mu)}, \quad b_5^{(\mu)} = b_5 + w_{35} v_3^{(\mu)}$$

식 2.32는 바이어스 파라미터가 관측 데이터 점에 의존하며, 비가시변수만으로 구성된 새로운 BM이라고 볼 수 있다. 다시 말해, 식 2.31을 계산하려면 각각의 관측 데이터 점 $\mathbf{v}^{(\mu)}$마다 식 2.32처럼 비가시변수만으로 된 BM을 만들고, 이에 대한 기댓값을 계산해야 한다. 이 과정을 모든 관측 데이터 점에 대해 수행하고 그 평균값을 비가시변수가 있는 학습방정식의 우변으로 삼는 것이다.

지금까지의 내용을 통해 비가시변수가 없는 경우에 비하면 꽤 복잡한 계산이 필요하다는 것을 알게 되었다. 식 2.17, 식 2.18처럼 비가시변수가 없는 경우의 학습방정식은 우변에 BM의 기댓값 계산에서만 조합의 폭발 문제가 발생했었다. 이런 이유로 비가시변수가 있으면 학습이 급격하게 어려워진다.

비가시변수가 있는 경우의 학습은 이러한 계산량의 증가로 인한 어려움 외에도 또 다른 큰 문제점을 안고 있다. 2.4.2항에서 설명한 바와 같이 로그 우도함수는 파라미터에 대해 오목함수이므로 원리적으로는 단순한 경사상승법을 통해 전역 최적해에 해당하는 최대우도추정치를 얻을 수 있다. 그러나 비가시변수가 있는 경우의 로그 우도함수는 일반적으로 볼록성(convexity)를 갖지 않으므로 경사상승법의 초깃값이 좋지 않은 경우 자칫 국소 최적해에 빠져 버릴 우려가 있다. 이러한 국소 최적해 문제는 이를테면, 딥 볼츠만 머신 등에서 다수의 비가시변수를 갖는 모형에서 특히 더 심한 것으로 여겨진다.

2.5.2 비가시변수를 도입하는 의미

지금까지 일단 비가시변수를 도입해야 한다는 식으로 이야기를 진행해 왔으나 애초 비가시변수를 도입해야 하는 이유가 무엇일까? 비가시변수를 도입하게 되는 동기로는 크게 두 가지가 있다. 어떤 이유로 관측 데이터 점의 요소 일부가 누락된 경우, 그래서 정보를 알 수 없는 이 일부에 대응하는 변수를 비가시변수로서 다루는 것이 먼저 생각할 수 있는 동기일 것이다.

또 다른 한 가지 이유가, 앞으로 설명할 학습 모형의 표현 능력 향상이다. 이번 장에서 말하는 분포의 표현력(representation power)이란, 파라미터 θ의 값을 변화시킴에 따라 재현할 수 있는 분포의 다양성을 말한다. 학습 모형은 사람이 마음대로 가정한 모형이므로 이렇게 가정한 모형이 우리가 목적으로 하는 미지의 생성 모형 $p_g(\mathbf{V})$를 반드시 포함하고 있다는 보장이 없다. 이상적인 관측 데이터 점을 획득하고, 최대우도 추정법으로 생성 모형에 가깝도록 할 수 있다고 해도 학습 모형의 표현 능력이 낮으면 일반적으로 생성 모형과의 오차가 생긴다. 이는 학습 모형을 가정하는 과정에서 빚어 지는 본질적인 오차로 이 오차를 모형 오차(model error)라고 한다.

그림 2.7에 모형 오차의 개념을 나타낸 도식을 실었다. 실선으로 그려진 타원은 학습 모형 $p(\mathbf{V} \mid \theta)$의 파라미터 θ를 변화시켜서 재현할 수 있는 확률분포의 공간을 나타 낸다. 그러나 진짜 생성 모형 $p_g(\mathbf{V})$는 그림상의 ×자 부분에 있다. 최대우도추정법을 통해 실선 타원의 범위 안에서 가장 가까운 곳까지 도달했다고 하여도 진짜 생성 모 형과는 오차가 있다. 모형 오차가 심각할 때는 좀 더 유연하고 복잡하여 표현 능력이 높은(타원의 면적이 보다 넓은) 학습 모형을 이용하지 않으면 안 된다.

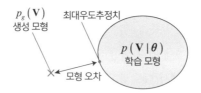

그림 2.7 학습 모형의 표현 능력과 모형 오차에 대한 이미지

실선으로 그려진 타원은 학습 모형 파라미터 θ를 변화시켜
재현할 수 있는 확률분포의 범위를 나타낸다.

BM은 자신의 에너지 함수 형태로 분포가 결정되므로 보다 복잡하고 파라미터 수가 많은 에너지 함수를 사용하는 방법으로 학습 모형의 복잡성과 유연성을 높일 수 있 다. 그리고 학습 모형의 복잡성을 높이는 방법 중 하나가 바로 비가시변수를 도입하 는 것이다. 비가시변수를 도입하여 에너지 함수의 함수 모양을 명시적으로 바꾸지 않 고도 학습 모형의 복잡성을 높일 수 있다. 비가시변수가 있는 경우의 학습에서는 비 가시변수에 대해 주변화한 가시변수만의 분포 $p(\mathbf{V} \mid \theta)$에 주목하여 여기에 대해 최대 우도추정법을 적용했다(2.5절 참고). 다시 말해서 식 2.26의 최소화가 목적인 것에서도 알 수 있듯이 학습은 어디까지나 경험분포 $q_{\mathcal{D}}(\mathbf{V})$를 $\mathbf{V}$만의 주변분포 $p(\mathbf{V} \mid \theta)$로 잘 근사하는 것이 목적이 된다. 이 때문에 비가시변수가 있다고 해도 결국 비가시변수가 없는 경우의 학습과 궁극적인 목적은 크게 다르지 않다.

$$\Phi_{\mathcal{V}}(\mathbf{v}; \boldsymbol{\theta}) = -\ln \sum_{\mathbf{h}} \exp\left(-\Phi(\mathbf{v}, \mathbf{h}; \boldsymbol{\theta})\right)$$

$p(\mathbf{V} \mid \boldsymbol{\theta})$는 식 2.24로부터 위 식을 에너지 함수로 갖는 아래의 분포로 나타낼 수 있다.

$$p(\mathbf{v} \mid \boldsymbol{\theta}) \propto \exp\left(-\Phi_{\mathcal{V}}(\mathbf{v}; \boldsymbol{\theta})\right)$$

식 2.9로 나타낸 일반적인 BM보다 좀 더 복잡한 형태의 에너지 함수를 갖는 분포라는 것을 알 수 있다. 즉, 비가시변수가 있는 경우의 학습은 가시변수만 있는 경우의 학습에 식 2.9와 같이 정의되는 일반적인 볼츠만 머신보다 훨씬 복잡한 에너지 함수를 가진 확률 모형을 학습 모형으로 갖도록 한 것이라 해석할 수 있다. 엄밀히 말해 아주 정확한 예는 아니지만, 비가시변수는 가시변수의 연결을 유연하게 하기 위한 이음매 역할을 하는 존재라고 생각하면 조금 이해가 쉬울 것이다.

학습 모형을 보다 복잡하게 하기 위한 또 다른 방법으로 에너지 함수의 형태를 직접 좀 더 복잡한 것으로 바꾸어 설계하는 방법이 있다. 실제로 에너지 함수에 변수 세 개 이상의 결합항을 더한 고차 BM 모형(고차 MRF라고 부르기도 한다)이 제안된 바 있으며[26], 이 모형은 식 2.9에 나온 변수 두 개의 결합항을 갖는 BM보다 일반적으로 높은 표현 능력을 갖는다.

지금까지 비가시변수를 포함하는 일반적인 BM에 대해 설명하였다. 다음 절부터는 제약 볼츠만 머신과 딥 볼츠만 머신을 설명하는데, 이들은 이번 절에서 살펴본 비가시변수를 갖는 BM의 특수한 경우로 수리적인 부분에서는 딥 러닝을 실제 적용하는 데 대한 발견적 기법을 제외하면 새로운 것이 없다.

2.6 볼츠만 머신에서의 근사 기법

조합의 폭발 문제를 피하기 위해 어떤 근사적 수단을 구사하여 다변수 결합분포인 BM의 기댓값을 근사적으로 구해야 한다는 것을 앞 절에서 설명하였다. 이번 절에서는 BM에서 사용되는 근사법 중 가장 기초적인 두 가지 방법을 소개한다. 첫 번째는 깁스 샘플링이며, 두 번째는 평균장 근사다. 그리고 이번 절에서 설명할 근사 방법은 비가시변수의 유무와 상관없이 일반적인 BM에 유효한 기법이므로 확률변수에서 가시변수와 비가시변수를 구별하지 않고 $\mathbf{X}$를 사용하는 식 2.9의 BM을 다룬다.

2.6.1 깁스 샘플링

이번 항에서는 깁스 샘플링(Gibbs sampling)[7, 5]에 대해 설명한다. 깁스 샘플링은 마르코프 연쇄 몬테카를로 방법(MCMC method, Markov Chain Monte Carlo method) 중에서 특히 자주 쓰이는 샘플링 기법이다. MCMC 방법이란, 대략적으로 말하면 식 2.9와 같은 결합 분포를 따라 $\mathbf{X}$에 대응하는 표본 점을 여러 개 발생시켜서 이들 표본 점의 표본 평균으로 BM의 기댓값을 근사하는 방법이다. BM의 변수들이 각각 서로 영향을 끼친 결합분포이므로 이 결합분포에 따르는 표본 점을 발생시키는 데 별도의 수단이 필요하다. 그런데 MCMC 방법은 이런 샘플링이 가능한 기술체계로서 유명하며, BM의 학습뿐만 아니라 통계적 머신 러닝의 응용 여러 곳에서 사용되는 중요한 기법이다.

깁스 샘플링은 마르코프성(Markov property)이라는 성질을 이용하여 상관관계가 복잡한 결합분포로부터 샘플링을 수행하는데, 먼저 이 마르코프성에 대해서 설명하겠다. BM은 변수 간의 의존성이 국소적이라는 (공간적) 마르코프성을 갖는다. 지금 n개의 확률변수 $\mathbf{X}$ 중의 한 변수 X_i가 있고, 나머지 모든 변수가 어떤 값으로 고정되었다고 하자. X_i 외의 변수를 모두 합해 X_{-i}라고 쓰면, X_{-i}를 조건으로 하는 X_i의 조건부분포는 다음 식과 같다.

$$p(X_i = x_i \mid \mathbf{X}_{-i} = \mathbf{x}_{-i}, \boldsymbol{\theta}) = \frac{p(\mathbf{x} \mid \boldsymbol{\theta})}{\sum_{x_i=0,1} p(\mathbf{x} \mid \boldsymbol{\theta})} \qquad \text{식 2.33}$$

식 2.33에 대해 분모와 분자를 약분하면, 다음과 같이 변형할 수 있다.

$$p(X_i = x_i \mid \mathbf{X}_{-i} = \mathbf{x}_{-i}, \boldsymbol{\theta}) = p_{\text{sb}}(X_i = x_i \mid \lambda_i) \qquad \text{식 2.34}$$

이 식에서 우변의 조건부분포는 식 2.11에서 이미 정의한 바 있다. 식 2.34를 보면, 식 2.33의 조건부분포에 대해 X_i은 직접 결합된 변수로부터만 영향을 받는다는 것을 알 수 있다. 이러한 성질이 마르코프성이다. 식 2.34를 보면, $X_i = 1$일 확률은 $p_{sb}(X_i = 1 \mid \lambda_i) = \text{sig}(\lambda_i)$이며, $X_i = 0$일 확률은 $p_{sb}(X_i = 0 \mid \lambda_i) = 1 - \text{sig}(\lambda_i)$이다. 위에서 설명한 변수간 의존 관계의 국소성, 즉 마르코프성은 BM뿐만 아니라 식 2.6에서 보듯 MRF가 일반적으로 갖는 성질이므로 다음의 샘플링에 대한 설명은 MRF 일반에 대해 쉽게 확장할 수 있다.

깁스 샘플링은 식 2.34의 조건부분포에 따라 변수의 값을 확률적으로 그리고 순차적으로 업데이트해 가는 방법이다(알고리즘 2.2). 먼저, **x**를 적당한 값(보통 무작위 값)으로 초기화한 뒤, 식 2.34의 조건부분포를 따라 변수 하나씩 확률적으로 변수의 값을 순서대로 업데이트해 간다. 이렇게 모든 변수 값의 업데이트가 끝나면 이 시점의 **x**를 샘플 점으로 출력한다. 그런 다음, 샘플 점을 얻으려면 지금 출력한 값을 초깃값으로 하여 다시 같은 업데이트 과정을 거친다. 이런 절차를 원하는 샘플 점의 숫자만큼 반복한다. 깁스 샘플링은 업데이트 횟수가 충분하다면 BM이 나타내는 결합분포를 따르는 샘플 점을 얻을 수 있다.

알고리즘 2.2 깁스 샘플링

1:	**x**를 적당한 값으로 초기화한다 ▷ 무작위값으로 초기화
2:	**repeat**
3:	**for** $i \in \Omega$ **do**
4:	$p_i = \text{sig}(\lambda_i)$를 계산한다
5:	$[0, 1]$의 균등분포 난수 u를 생성한다
6:	**if** $p_i \geq u$ **then**
7:	x_i 값을 $x_i = 1$로 업데이트한다
8:	**else**
9:	x_i 값을 $x_i = 0$로 업데이트한다
10:	**end if**
11:	**end for**
12:	**x**를 샘플로 출력한다 ▷ 이 출력 **x**가 다음 업데이트 때의 초깃값이 된다
13:	**until** 원하는 수의 샘플을 얻을 때까지

알고리즘 2.2의 2~13행의 반복문에서 모든 변수를 업데이트할 때마다 샘플 점을 출력하는데, 실제 적용에서는 조금 다른 방법을 사용한다. 앞서 설명했듯이 깁스 샘플링은 어디까지 점근적으로 근사적인 샘플 점을 만드는 방법이므로 적당한 초깃값으로부터 출발하여 곧장 안정되지는 않는다. 그래서 초기 단계의 샘플 점은 취하지 않고 잠시 업데이트를 계속 하게끔 한 다음, 얻은 샘플 점을 실제로 사용하는 방법이 쓰인다*.

또한 모든 변수를 업데이트할 때마다 샘플 점을 출력하면 먼저 만든 샘플 점과 나중에 만든 샘플 점 사이의 상관관계가 강해지므로 샘플링을 한 번 한 다음에는 마찬가지로 업데이트를 잠시 계속한 다음에 다시 샘플링하는(즉, 한 번 샘플링하고 나면 일정 횟수 동안의 값은 사용하지 않고 버린다) 방법도 사용된다. 이렇게 샘플 점 간의 간격을 띄움으로써 점근적으로 샘플 간의 상관관계를 제거하고 서로 독립인 샘플 점을 얻을 수 있게 된다.

깁스 샘플링으로 식 2.9의 BM에서 K개의 샘플 점 $\mathbf{s}^{(1)}$, $\mathbf{s}^{(2)}$, ..., $\mathbf{s}^{(K)}$을 얻었다고 할 때 이 샘플을 이용하면 BM상의 특정 확률변수의 기댓값을 샘플 점의 표본평균으로 근사할 수 있다.

$$\mathrm{E}_{p(\mathbf{X}|\boldsymbol{\theta})}[X_i] \approx \frac{1}{K}\sum_{r=1}^{K} s_i^{(r)}, \quad \mathrm{E}_{p(\mathbf{X}|\boldsymbol{\theta})}[X_i X_j] \approx \frac{1}{K}\sum_{r=1}^{K} s_i^{(r)} s_j^{(r)}$$

여기서 $\mathbf{s}^{(r)} = \{s_i^{(r)} \mid i \in \Omega\}$이다. 큰 수의 법칙에 따라 $K \to \infty$가 되면 근사를 등호로 볼 수 있다. 식 2.14, 식 2.15에 나온 기울기에서 BM의 기댓값을 이 방법으로 근사하면 BM의 학습을 근사적인 방법으로 수행할 수 있게 된다. 그러나 이 방법에서 양질의 샘플을 얻으려면 샘플 점을 여러 개 버려야 하며, 좀 더 정밀도가 높은 샘플을 얻으려면 더 많은 수의 샘플 점을 버려야 한다. 이 때문에 계산 속도가 그리 빠르지 않고 단순한 구현으로는 그다지 실용적이지 않다.

---

* 식 2.11과 식 2.34의 유사점에 주목하면, 깁스 샘플링은 2.3.3항에서 다뤘던 BM의 뉴런 소자에 대한 확률적 역학을 컴퓨터상에서 실제로 시뮬레이션하는 것으로 볼 수 있다. 활성/비활성의 평형분포가 BM이므로 원하는 평형분포(올바른 샘플 점을 만드는 BM)에 도달할 때까지 업데이트를 충분히 반복해야 한다(완화 기간). 이 때문에 초기 단계의 샘플 점을 사용하지 않고 버리게 된다.

그러나 최근에는 깁스 샘플링으로 얻은 샘플 점으로부터 효율적으로 기댓값을 계산하는 기법[35]이 개발되는 등의 발전이 이루어졌다. 또한 딥 볼츠만 머신을 학습할 때의 중심적인 기법 중 하나가 되는 등(2.8.2항), 깁스 샘플링은 학습 기법에서 아직 중요한 위치를 차지하고 있다.

변수 하나마다 확률적으로 값을 업데이트하는 깁스 샘플링을 지금까지 소개하였는데, 깁스 샘플링의 파생형으로 블록화 깁스 샘플링(blocked Gibbs sampling)이라는 방법도 있다. 블록화 깁스 샘플링은 변수 하나마다 값을 업데이트하는 것이 아니라 여러 개의 변수 단위로 값을 업데이트하는 깁스 샘플링을 말한다. 블록화 깁스 샘플링은 특히 2.7절에서 설명할 제약 볼츠만 머신에서 중요하게 쓰인다. 블록화 깁스 샘플링의 가장 단순한 케이스를 보면 변수 $\mathbf{X}$를 두 개의 그룹 $\mathbf{X}_0$과 $\mathbf{X}_1$로 나누어 각각의 조건부분포 $p(\mathbf{X}_0 \mid \mathbf{X}_1)$, $p(\mathbf{X}_1 \mid \mathbf{X}_0)$로 교대로 여러 변수에 대해 동시 샘플링을 수행한다. 같은 그룹 안의 변수를 한꺼번에 업데이트하므로 변수 하나만을 업데이트하는 경우에 비해 일반적으로 정밀도가 높은 샘플을 얻을 수 있는 방법이지만, 같은 그룹 안의 여러 변수로부터 동시에 샘플링하는 것은 특별한 경우를 제외하고 일반적인 BM에서는 그다지 효율적이지 않다. 만약 일반적인 BM에서 이 블록화 깁스 샘플링을 실행하려면 같은 그룹 안의 여러 변수로부터 샘플링하기 위한 별도의 깁스 샘플링을 필요로 하게 된다. 그러나 2.7절에서 설명할 제약 볼츠만 머신에서는 블록화 깁스 샘플링을 매우 효율적으로 실행할 수 있다.

2.6.2 평균장 근사

이번에는 깁스 샘플링과는 또 다른 종류의 근사법인 평균장 근사(mean-field approximation)에 대해 설명하겠다. 평균장 근사(또는 분자장 근사)는 100년도 더 전에 통계역학 분야에서 태어난 근사 계산법이지만, 최근에 정보 처리 분야에서 자주 쓰이게 되었다. 여기서는 KL 발산을 기반으로 평균장 근사를 유도하는 방법에 대하여 설명한다. 테스트 분포라는 기댓값을 쉽게 계산할 수 있는 분포족(family of distribution)을 상정하고 KL 발산으로 측정했을 때 이 분포족 중에서 가장 BM에 가까운 것을 이용하여 BM을 근사하는 것이 대략적인 방법이다.

먼저, 기댓값을 쉽게 계산할 수 있는 분포족을 상정한다. BM의 기댓값 계산이 어려운 본질적인 이유는 식 2.8에 나온 에너지 함수 안에 결합항이 있기 때문이다. 만약 $W = 0$이어서 결합항이 없다면 $p(X \mid \theta) = \prod_{i \in \Omega} p(X_i \mid \theta)$처럼 변수마다 인수분해가 가능해진다. 즉, 각 확률변수가 통계적으로 독립이 된다. 이런 상황에서 기댓값을 계산하는 것은 매우 간단해진다. 다음 식과 같은 확률분포 X에 대해 이미 인수분해된 형식의 확률분포(테스트 분포)의 분포족을 준비한다.

$$q(\mathbf{X}) = \prod_{i \in \Omega} q_i(X_i)$$

식 2.35

정규화 조건에 의해 $\sum_{xi = 0,1} q_i(x_i) = 1$이 되지만, 지금 단계에서는 $q_i(x_i)$의 구체적인 형태를 정하지는 않았다는 것에 주의하기 바란다.

평균장 근사에서는 식 2.35의 형태를 갖는 분포족 중에서 BM에 가장 가까운 것을 찾고, 이렇게 찾아낸 분포를 BM의 근사로 삼는다. 이를 위해 BM과 식 2.35 사이에 대해 다음 식과 같이 KL 발산을 정의하고, 이 KL 발산이 최소값을 갖는 $q(\mathbf{X})$를 구한다.

$$D_{KL}(q \parallel p) = \sum_{\mathbf{x}} q(\mathbf{x}) \ln \frac{q(\mathbf{x})}{p(\mathbf{x} \mid \theta)}$$

식 2.36

$q(\mathbf{X})$는 식 2.35와 같은 형식으로 제한을 받으므로 기댓값 계산이 매우 간단하다. 식 2.36이 최소가 되게 하는 $q(\mathbf{X})$는 기댓값 계산이 쉬운, 식 2.35의 형태을 갖는 분포족 중에서 KL 발산을 기준으로 BM에 가장 가까운 분포라고 해석할 수 있다. 정규화 조건 $\sum_{xi = 0,1} q_i(x_i) = 1$에 주의하면서 라그랑주 미정승수법을 이용하여 식 2.36을 조건부 최소화하면 식 2.37을 얻을 수 있다.

$$q_i(x_i) = p_{sb}\left(x_i \mid b_i + \sum_{j \in N_i} w_{ij} m_j\right)$$

식 2.37

여기서 m_i는 $m_i = \sum_{\mathbf{x}} x_i q(\mathbf{x}) = \sum_{x_i=0,1} x_i q_i(x_i)$의 형태로 정의되는 기댓값이다. 식 2.37의 양변에 x_i를 곱하고 다시 양변의 x_i에 대한 합을 구하면 m_i가 식 2.37과 같은 $\mathbf{m} = \{m_i \mid i \in \Omega\}$에 대한 비선형 연립방정식을 얻을 수 있다.

알고리즘 2.3 순차적 대입법을 이용한 평균장 근사의 해법

1: $\mathbf{m}^{(0)}$을 적당한 값으로 초기화하고, $t = 0$ 으로 한다. ▷ [0,1] 구간에서 무작위로 초기화

2: **repeat**

3:     **for** $i \in \Omega$ **do**

4:         $m_i^{(t+1)} \leftarrow \mathrm{sig}(b_i + \sum_{j \in \mathcal{N}(i)} w_{ij} m_j^{(t)})$

5:     **end for**

6:     $t \leftarrow t + 1$

7: **until** $\mathbf{m}^{(t)} = \mathbf{m}^{(t+1)}$ ▷ 수렴할 때까지 반복

$$m_i = \mathrm{sig}\left(b_i + \sum_{j \in \mathcal{N}_i} w_{ij} m_j\right)$$

식 2.38

식 2.38은 평균장 방정식(mean-field equation)이라고 하는데, 순차적 대입법을 통해 수치적으로 $\mathbf{m}$의 값을 구할 수 있다(알고리즘 2.3*). 식 2.38의 해인 m_i를 BM의 기댓값 $\sum p_{(\mathbf{X}|\theta)}[X_i]$의 근사값으로 보는 것이 평균장 근사다. 테스트 분포가 변수 단위로 독립이므로 평균장 근사의 프레임에서 보면 변수 두 개의 곱의 기댓값은 각 변수의 기댓값의 곱인 $\sum p_{(\mathbf{X}|\theta)}[X_i X_j] \approx m_i m_j$가 된다.

평균장 근사에 대한 유도는 이번 항에서 소개한 방법 외에도 여러 가지가 있다. 대표적인 것으로 클러스터 변분법(cluster variation method)[13, 20]이라는 통계역학적 근사이론을 이용한 유도 방법이 있다. 클러스터 변분법을 사용하면 여러 가지 유용한 근사 계산법을 통일적인 관점에서 유도할 수 있다. 클러스터 변분법에 대한 제1근사가 평균장 근사이며, 제2근사로 확률전파법이 유도된다. 클러스터 변분법은 3차 이상의 고차 근사도 유도할 수 있으며, 이들은 일반화 확률전파법(generalized belief propagation)[39]이라고 알려져 있다. 평균장 근사나 확률전파법에 대한 더 자세한 내용은 문헌 [30, 32]에서 확인할 수 있다.

---

* 알고리즘 2.3은 동기적 업데이트 알고리즘이지만, 실제로는 비동기적으로 업데이트하는 쪽이 수렴성이 좋다.

2.7 제약 볼츠만 머신

이번 절에서는 딥 러닝의 기초 모형 중 하나로 잘 알려진 제약 볼츠만 머신(RBM, Restricted Boltzmann Machine)*의 성질과 학습 방법에 대해 설명한다. RBM은 완전 이분 그래프(complete bipartite graph)상에 정의된, 비가시변수를 포함하는 볼츠만 머신을 말한다[28, 8]. 완전 이분 그래프상에 정의된 모형이므로 RBM의 변수는 2층 구조를 가지는데, 한쪽 층은 가시변수만으로 구성된 가시층(visible layer)이며, 다른 한 층은 비가시변수만으로 구성된 비가시층(hidden layer)이다. 아래층이 가시층이고 위층이 비가시 층인 RBM의 구조를 그림 2.8에 소개했다. 같은 층에 있는 노드끼리는 결합을 갖지 않으며, 서로 다른 층 사이의 결합만이 존재한다. 2.5절의 설명과 맞추기 위해 가시변수는 n개 비가시변수는 m개 있다고 하자. 다시 말해, 이 RBM은 n개의 요소를 갖는 관측 데이터 점의 집합으로 학습하는 모형이다.

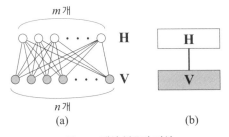

그림 2.8 제약 볼츠만 머신

(a) 완전 이분 그래프상에 정의된 RBM. 아래층이 가시층이고 위층이 비가시층이다.
(b) (a)를 간략하게 나타낸 표현.

제약 볼츠만 머신은 다음과 같은 확률분포를 나타내는 모형이다. 2.5절에서와 마찬가지로 가시변수와 비가시변수의 번호의 집합을 각각 $\mathcal{V} = \{1, ..., n\}$과 $\mathcal{H} = \{n + 1, ..., n + m\}$라고 하고, 가시변수와 비가시변수를 각각 $\mathcal{V}$와 $\mathcal{H}$로 나타내면 RBM의 에너지 함수는 다음 식과 같이 나타낼 수 있다.

---

* 원저[28]에서는 하모니움(harmonium)이라는 이름으로 제안되었으나, 최근에는 제약 볼츠만 머신이라는 이름으로 더 잘 알려져 있다.

$$\Phi(\mathbf{v}, \mathbf{h}; \boldsymbol{\theta}) = -\sum_{i \in \mathcal{V}} b_i v_i - \sum_{j \in \mathcal{H}} c_j h_j - \sum_{i \in \mathcal{V}} \sum_{j \in \mathcal{H}} w_{ij} v_i h_j \qquad \text{식 2.39}$$

이때 가시변수와 비가시변수에 대한 바이어스를 명확하게 구분하기 위해 가시변수의 바이어스는 **b**로 표기하고, 비가시변수의 바이어스는 **c**로 표기한다. 식 2.9를 따르면 RBM은 다음과 같은 확률 모형으로 나타낼 수 있다.

$$p(\mathbf{V} = \mathbf{v}, \mathbf{H} = \mathbf{h} \mid \boldsymbol{\theta}) = \frac{1}{Z(\boldsymbol{\theta})} \exp \left(\sum_{i \in \mathcal{V}} b_i v_i + \sum_{j \in \mathcal{H}} c_j h_j + \sum_{i \in \mathcal{V}} \sum_{j \in \mathcal{H}} w_{ij} v_i h_j \right) \qquad \text{식 2.40}$$

2.5.2항에서 설명했듯이 비가시변수가 늘어나면 모형의 표현 능력 역시 함께 향상된다. 이러한 성질은 RBM도 예외가 아니어서 실제로 비가시변수의 수를 충분히 늘리는 방법으로 임의의 분포를 나타낼 수 있음이 알려져 있다[21].

2.7.1 조건부 독립성에 기초한 제약 볼츠만 머신의 성질

이 항에서는 RBM 모형이 갖는 중요한 성질에 대해 설명한다. 확률변수 **Y**를 조건으로 하는 확률변수 $p(X_1, X_2, .., X_n \mid \mathbf{Y})$를 식 2.41과 같이 X_i의 곱의 형태로 변형할 수 있다고 할 때 **Y**가 주어졌을 때 $X_1, X_2, ..., X_n$는 조건부 독립이 된다.

$$p(X_1, X_2, \ldots, X_n \mid \mathbf{Y}) = \prod_{i=1}^{n} p(X_i \mid \mathbf{Y}) \qquad \text{식 2.41}$$

이 성질이 성립할 때 한 번 확률변수 **Y**의 값이 주어지면 $X_1, X_2, ..., X_n$는 통계적으로 독립이므로 각각의 변수 X_i에 대해 독립으로 샘플링이 가능하므로 매우 편리하다. RBM은 사실 식 2.41과 같이 나타낼 수 있는 조건부 독립성(conditional independence)을 갖는다고 알려져 있다. 이제부터 이 점에 대해 설명하겠다.

식 2.40과 같은 RBM에서, 가시층(모든 가시변수)를 고정한 상태에서 비가시층(모든 비가시변수)의 조건부분포는 확률의 곱셈 정리와 식 2.11로부터 다음 식과 같다.

$$p(\mathbf{h} \mid \mathbf{v}, \boldsymbol{\theta}) = \frac{P(\mathbf{v}, \mathbf{h} \mid \boldsymbol{\theta})}{P(\mathbf{v} \mid \boldsymbol{\theta})} = \prod_{j \in \mathcal{H}} p_{\mathrm{sb}}(h_j \mid \lambda_j)$$

식 2.42

마찬가지로 비가시층을 고정한 상태에서 가시층의 조건부분포는 식 2.43과 같이 된다.

$$p(\mathbf{v} \mid \mathbf{h}, \boldsymbol{\theta}) = \prod_{i \in \mathcal{V}} p_{\mathrm{sb}}(v_i \mid \lambda_i)$$

식 2.43

여기서 $i \in \mathcal{V}$와 $j \in \mathcal{H}$에 대해 다음 식이 성립한다.

$$\lambda_i = b_i + \sum_{j \in \mathcal{H}} w_{ij} h_j, \quad \lambda_j = c_j + \sum_{i \in \mathcal{V}} w_{ij} v_i$$

그러나 정의 자체는 식 2.10과 완전히 같다. 식 2.42, 식 2.43의 조건부분포는 모두 확률변수 간의 곱의 형태를 갖는다. 이들은 식 2.41의 형태와 같으며, 모두 조건부 독립성을 갖는다. 즉, 어느 한쪽 층의 확률변수가 어떤 값으로 고정되어 있다면, 다른 한쪽 층의 **확률변수는 통계적으로 서로 독립이 되는 것이다.** 식 2.32를 보아도 알 수 있듯이 일반적인 BM의 경우는 모든 가시변수의 값을 고정하여도 비가시변수의 조건부분포가 일반적으로 식 2.42처럼 각 변수 단위로 인수분해가 가능하지는 않다. 이 조건부 독립성은 같은 층에 있는 노드끼리의 결합이 없다는 점이 본질적으로 작용한 것으로 이분 그래프 구조를 갖는 RBM 특유의 성질이다. 이 성질은 RBM상에서 깁스 샘플링을 할 때에도 크게 도움이 된다.

RBM에서 가시변수를 어떤 값으로 고정했다고 할 때 비가시변수에 대응하는 샘플 점을 얻으려고 한다고 하자. RBM은 식 2.42에서 보듯이 비가시변수 H_j가 통계적으로 서로 독립이므로 단순히 각 H_j마다 독립으로 조건부 확률 $p_{\mathrm{sb}}(h_j \mid \lambda_j)$를 따라 샘플링하는 방법으로 원하는 샘플 점을 간단히 얻을 수 있다. 물론 비가시변수의 값을 고정한 상태에서 가시변수의 샘플 점을 얻는 것 역시 같은 이유로 쉽게 할 수 있다. 이런 성질을 이용하여 RBM상에서 그림 2.9와 같이 층마다 교대로 샘플링을 쉽게 할 수 있으며, 이렇게 층마다 교대로 샘플링하는 방법이 2.6.1항에서 다룬 블록화 깁스 샘플링에 해당한다. 뒤에 설명할 딥 볼츠만 머신의 사전훈련(2.8.1항 참고)에서도 이 조건부 독립성이 중요한 역할을 한다.

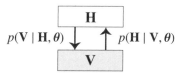

그림 2.9 RBM의 샘플링 과정

조건부 독립성을 이용하여 **V**를 고정한 상태에서 **H**에 대한 샘플링과, **H**를 고정한 상태에서
V에 대한 샘플링을 교대로 반복한다. 이런 방법으로 RBM에 대한 샘플링을 쉽게 할 수 있다.
이 과정은 변수를 **H**와 **V** 두 블록으로 나눈 블록화 깁스 샘플링으로도 볼 수 있다.

2.7.2 제약 볼츠만 머신의 학습

RBM은 2.5절에서 본, 비가시변수를 포함하는 볼츠만 머신의 특수한 경우에 해당하
므로 학습방정식을 유도하는 방법과 그 결과 역시 2.5절의 내용에 준한다. 그러나 이
분 그래프상에서 정의되었다는 성질로 인해 2.5절에서 본 일반적인 경우보다 단순한
결과를 얻을 수 있다. 이번 절에서는 RBM의 학습에 대해 구체적인 예를 통해 살펴
보도록 하겠다.

2.5절에서 본 것처럼 먼저 식 2.24를 따라 비가시변수 **H**에 대해 주변화하고, RBM의
가시변수 **V**만의 분포를 구한다.

$$p(\mathbf{v} \mid \boldsymbol{\theta}) = \sum_{\mathbf{h}} p(\mathbf{v}, \mathbf{h} \mid \boldsymbol{\theta}) = \frac{1}{Z(\boldsymbol{\theta})} \exp\Big(\sum_{i \in \mathcal{V}} b_i v_i + \sum_{j \in \mathcal{H}} \ln\big(1 + \exp(\lambda_j)\big) \Big)$$ 식 2.44

놀랍게도 RBM에서는 가시변수만으로 된 주변분포를 매우 간단한 형태로 나타낼 수
있다. 이 역시 이분 그래프 구조 덕분으로 일반적인 BM에서는 이렇게 간단한 형태로
나타낼 수 없다. 주변화를 통해 가시변수만으로 된 분포를 구했으니 관측 데이터 점
의 집합 $\mathcal{D} = \{\mathbf{v}^{(\mu)} \mid \mu = 1, 2, ..., N\}$과 식 2.44의 주변분포를 이용하여 식 2.25를 따
라 로그 우도함수 $L_{\mathcal{D}}(\boldsymbol{\theta})$를 정의할 수 있다.

RBM의 로그 우도함수 $L_{\mathcal{D}}(\boldsymbol{\theta})$의 파라미터 $\boldsymbol{\theta}$에 대한 기울기는 각각 다음 식과 같다.

$$\frac{\partial L_\mathcal{D}(\boldsymbol{\theta})}{\partial b_i} = \sum_{\mu=1}^{N} v_i^{(\mu)} - N\mathrm{E}_{p(\mathbf{V},\mathbf{H}|\boldsymbol{\theta})}[V_i]$$

식 2.45

$$\frac{\partial L_\mathcal{D}(\boldsymbol{\theta})}{\partial c_j} = \sum_{\mu=1}^{N} \mathrm{sig}(\lambda_j^{(\mu)}) - N\mathrm{E}_{p(\mathbf{V},\mathbf{H}|\boldsymbol{\theta})}[H_j]$$

식 2.46

$$\frac{\partial L_\mathcal{D}(\boldsymbol{\theta})}{\partial w_{ij}} = \sum_{\mu=1}^{N} v_i^{(\mu)}\mathrm{sig}(\lambda_j^{(\mu)}) - N\mathrm{E}_{p(\mathbf{V},\mathbf{H}|\boldsymbol{\theta})}[V_i H_j]$$

식 2.47

이때 $\lambda_j^{(\mu)} = c_j + \sum_{i\in\mathcal{V}} w_{ij}v_i^{(\mu)}$는 i번째 관측 데이터 점에 대한 λ_j를 의미한다. 식 2.42 의 조건부확률을 식 2.27, 식 2.28에 대입하여도 역시 같은 결과를 얻을 수 있다. 식 2.45~2.47의 기울기가 0이 되는 조건으로부터 RBM의 학습방정식은 $i \in \mathcal{H}, j \in \mathcal{V}$ 에 대해 다음과 같다.

$$\frac{1}{N}\sum_{\mu=1}^{N} v_i^{(\mu)} = \mathrm{E}_{p(\mathbf{V},\mathbf{H}|\boldsymbol{\theta})}[V_i]$$

식 2.48

$$\frac{1}{N}\sum_{\mu=1}^{N} \mathrm{sig}(\lambda_j^{(\mu)}) = \mathrm{E}_{p(\mathbf{V},\mathbf{H}|\boldsymbol{\theta})}[H_j]$$

식 2.49

$$\frac{1}{N}\sum_{\mu=1}^{N} v_i^{(\mu)}\mathrm{sig}(\lambda_j^{(\mu)}) = \mathrm{E}_{p(\mathbf{V},\mathbf{H}|\boldsymbol{\theta})}[V_i H_j]$$

식 2.50

학습방정식 2.48~2.50의 좌변은 관측 데이터 집합과 파라미터로부터 쉽게 계산할 수 있는 형태이며, 식 2.29, 식 2.30에 나온 일반적인 경우와 비교해 보아도 좌변의 계산 이 확실히 간단하다는 것을 알 수 있다. 그러나 우변에 위치한 RBM의 기댓값 계산 은 여전히 조합의 폭발 문제를 안고 있다.

조합의 폭발 문제로 인해 RBM도 근사를 도입한 학습법을 필요로 한다. 여기서 는 RBM의 근사학습법으로 유명한 몇 가지 방법을 간단히 소개하기로 한다. RBM 의 근사학습법으로 현재 가장 유명한 것이 3장에서 설명할 대조적 발산 방법(CD법, Constrastive Divergence method)이다[8]. 이 방법은 2.7.1항에서 다뤘던 RBM의 조건부 독 립성을 잘 이용한 확률적 근사학습법이다. CD법은 구현의 용이성과 뛰어난 성능으 로 단숨에 지명도를 높였고, 현재는 RBM의 표준적인 학습법의 입지를 다지고 있다.

BM이 아직도 일정 영역을 지키고 있는 큰 요인 중 하나가 CD법이 성공적으로 보급되었기 때문이라고 말할 수 있을 정도다.

보통의 CD법을 확장하여 보다 성능을 높인 지속적 CD법(3.4.6항 참고)이라는 근사학습 알고리즘[31]도 제안되었다. 이 역시 현재는 RBM의 표준적인 학습법으로써 널리쓰이고 있다. 한편, 식 2.42에서 보았듯이 RBM의 주변분포를 명시적으로 기술할 수있다는 데 주목하여 유사 최대우도추정법이나 복합 최대우도추정법을 적용한 근사학습법도 개발되고 있다[17, 37].

2.8 딥 볼츠만 머신

이번 절에서는 딥 러닝의 모델인 딥 볼츠만 머신(DBM, Deep Boltzmann Machine)[22, 25]을설명한다. 딥 러닝 연구의 시작이 되었던 딥 빌리프넷(2.9절에서 설명)을 확장하여 BM의 얼개에 맞춘 것이 DBM이다.

먼저, DBM이 나타내는 확률분포에 대해서 알아보자. DBM은 그림 2.10에서 보듯 비가시층을 쌓아 올리는 방식으로 구성된 BM의 일종이다. 가시층의 노드 번호 집합은지금까지와 마찬가지로 $\mathcal{V}$로 나타내며, r번째 비가시층의 노드 번호의 집합을 $\mathcal{H}^{(r)}$처럼 층을 구분하여 나타낸다. 또한 가시변수 역시 지금까지와 마찬가지로 $\mathbf{V} = \{V_i \in \{0, 1\} \mid i \in \mathcal{V}\}$로 나타내며, r번째 비가시층의 비가시변수는 $\mathbf{H}^{(r)} = \{H^{(r)} \in \{0, 1\} \mid i \in \mathcal{H}^{(r)}\}$와 같이 나타낸다. 그러면 모두 R개의 비가시변수로 구성된 DBM의 에너지함수를 식 2.8에 따라 다음 식과 같이 나타낼 수 있다.

$$\Phi(\mathbf{v}, \mathbf{h}; \boldsymbol{\theta}) = -\sum_{i \in \mathcal{V}} \sum_{j \in \mathcal{H}^{(1)}} w_{ij}^{(1)} v_i h_j^{(1)} - \sum_{r=2}^{R} \sum_{j \in \mathcal{H}^{(r-1)}} \sum_{k \in \mathcal{H}^{(r)}} w_{jk}^{(r)} h_j^{(r-1)} h_k^{(r)} \qquad \text{식 2.51}$$

여기서 $\mathbf{h}^{(r)}$은 $\mathbf{H}^{(r)}$에 대응하는 실현값이며, 확률변수 $\mathbf{H}^{(1)}$, ..., $\mathbf{H}^{(R)}$를 모두 합쳐 $\mathbf{H}$로나타내고(실현값 역시 $\mathbf{h}$로 합쳐 나타낸다), 층과 층 사이의 결합 파라미터 $\mathbf{W}^{(1)}$, ..., $\mathbf{W}^{(R)}$를 합쳐 $\boldsymbol{\theta}$로 나타낸다. $\mathbf{W}^{(r)}$은 $r - 1$번째 층과 r번째 층 사이의 결합을 나타낸다(여기

서는 가시층을 0번째 층으로 센다). 식 2.51의 에너지 함수에서는 바이어스항을 무시하고 있으나, 필요하다면 바이어스항을 추가해도 무방하다. 식 2.51과 식 2.39를 비교해 보면 $R = 1$일 때 DBM(바이어스가 없는)는 RBM과 등치임을 알 수 있다.

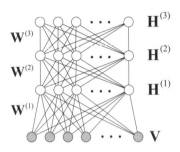

그림 2.10 딥 볼츠만 머신. 가장 아래층이 가시층이고, 비가시층이 3층 올려진 예

DBM도 비가시변수가 있는 BM의 일종이므로 DBM의 학습은 원리적으로 2.5절의 내용을 따른다. 즉, 식 2.24에서 보듯 아래 식으로 정의된 DBM의 가시변수만으로 된 주변분포로부터 식 2.25를 따라 로그 우도함수를 만든 다음, 이 로그 우도함수를 파라미터에 대해 최대화한다.

$$p(\mathbf{v} \mid \boldsymbol{\theta}) = \sum_{\mathbf{h}^{(1)}} \cdots \sum_{\mathbf{h}^{(R)}} p(\mathbf{v}, \mathbf{h} \mid \boldsymbol{\theta})$$

식 2.52

그러나 DBM에 대한 엄밀한 학습은 역시 조합의 폭발 문제로 인해 일반적으로 불가능하다. 거기다 비가시변수가 여러 층에 걸쳐 많은 수가 존재하기 때문에 이에 대한 학습도 쉽지 않으리라고 예상할 수 있다(비가시변수의 존재 자체가 학습의 난이도를 대폭 올린다는 사실을 기억하라). 2.4.2항에서 설명했듯이 학습은 로그 우도함수의 파라미터에 대한 기울기를 이용하는 경사하강/상승법을 통해 이루어진다. 그렇다면 기울기를 한 번 계산하는 과정도 힘든 일인데, 파라미터가 수렴할 때까지 몇 번이고 이를 반복 계산해야 하는 상황은 더 심각한 문제가 된다. 이 때문에 DBM의 기울기를 계산하는 데는 속도가 빠른 근사 알고리즘이 반드시 필요하다. 이와는 별개로 2.5.1항에서 설명한 바와 같이 DBM은 비가시변수가 있는 BM에 해당하므로 국소 최적해 문제 역시 학습을 방해하는 요소가 된다. 그러므로 파라미터의 초깃값을 잘 선택할 필요가 있다.

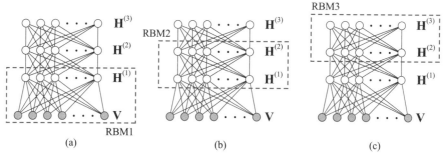

그림 2.11 그림 2.10의 DBM에 대한 사전훈련의 개요

2층 단위로 묶은 각각의 부분을 RBM으로 보고, 이들에 대해 RBM 학습을 적용한다.
(a) 첫 번째 단계의 RBM 학습 (b) 두 번째 단계의 RBM 학습 (c) 세 번째 단계의 RBM 학습

이때 1장에서 설명한 딥 뉴럴넷(DNN, Deep Neural Network)에서처럼 DBM을 학습하는 데도 파라미터의 좋은 초깃값을 얻기 위해 사전훈련을 활용한다. DBM의 사전훈련 역시 DNN처럼 층 단위로 네트워크를 잘라 아래층부터 순차적으로 학습시켜 가므로 대강의 구조는 DNN과 같다고 할 수 있다. 사전훈련은 DBM의 본래 학습 기준인 우도의 최대화를 엄밀하게 쫓는 방식은 아니지만, 실험적으로 유효한 방법이라는 것이 알려져 있다.

DBM의 학습은 크게 2단계로 나뉜다. 먼저, 층 단위로 네트워크를 분할하여 각각의 부분 네트워크를 학습하는 우리에게 이미 친숙한 형태의 사전훈련을 거친 뒤, 이 학습 결과를 초깃값으로 삼아 근사적으로 최대우도추정법으로 파라미터에 대한 미세 조정을 하게 된다. 2.8.1항에서 이런 사전훈련을 다룬다. 그 뒤에 있을 미세조정은 2.8.2절에서 다룰 것이다.

2.8.1 딥 볼츠만 머신의 사전훈련

이번 항에서는 DBM에 대한 사전훈련(pre-training)의 구체적인 방법을 설명한다. DBM 전체를 한꺼번에 학습시키는 대신, 2층 단위로 분할한 부분 네트워크를 각각 RBM으로 간주하여 학습시키는 과정이 사전훈련이다. 지금부터 사전훈련 과정을 순서대로 설명하겠다.

그림 2.10과 같은 DBM의 사전훈련에 대한 개요를 그림 2.11에 실었다. 먼저, 가시층 $\mathcal{V}$와 첫 번째 비가시층 $\mathcal{H}^{(1)}$을 주목하여 나머지 층을 무시한다. 그러면 가시층과 첫 번째 비가시층을 $\mathbf{V}$와 $\mathbf{H}^{(1)}$로 구성된 RBM으로 볼 수 있다(그림 2.11(a)의 RBM1에 해당). 2.7.2항에서 다뤘던 RBM의 학습 방법을 통해 관측 데이터 점의 집합 $\mathcal{D} = \{\mathbf{v}^{(\mu)} \mid \mu = 1, 2, ..., N\}$을 사용하여 $\mathbf{V}$와 $\mathbf{H}^{(1)}$ 사이의 결합 $\mathbf{W}^{(1)}$을 CD 등의 근사학습법을 통해 학습한다.

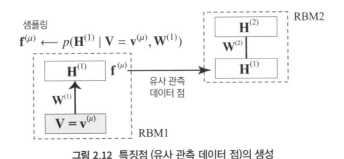

그림 2.12 특징점 (유사 관측 데이터 점)의 생성

관측 데이터 점 $\mathbf{v}^{(\mu)}$로부터 식 2.53의 조건부분포를 따라 $\mathbf{H}^{(1)}$에 대응하는 샘플 점 $\mathbf{f}^{(\mu)}$를 생성하여 이 샘플 점을 한 단계 위의 RBM에 대한 관측 데이터 점으로 삼는다.

그 다음, 첫 번째 비가시층 $\mathcal{H}^{(1)}$과 두 번째 비가시층 $\mathcal{H}^{(2)}$를 주목하여 마찬가지로 이 두 층을 $\mathbf{H}^{(1)}$과 $\mathbf{H}^{(2)}$로 구성된 RBM으로 보고 다른 층은 무시한다(그림 2.11b의 RBM2에 해당한다). 이 RBM2 역시 학습을 시켜야 하는데, 이번에는 $\mathcal{H}^{(1)}$을 유사 가시층으로 $\mathcal{H}^{(2)}$을 비가시층으로 간주한다. RBM2를 학습시키기 위한 관측 데이터 점은 다음과 같은 방법으로 만든다. 학습이 끝난 RBM1의 가시변수 $\mathbf{V}$의 값을 관측 데이터 점 $\mathbf{v}^{(\mu)}$으로 고정한 뒤, RBM의 가시층과 비가시층 사이의 조건부분포를 따라 첫 번째 비가시층의 변수 $\mathbf{H}^{(1)}$의 샘플 점을 생성한다. 식 2.42를 이용하면 이 조건부분포를 식 2.54와 같이 나타낼 수 있다.

$$p(\mathbf{H}^{(1)}=\mathbf{h}^{(1)} \mid \mathbf{V}=\mathbf{v}^{(\mu)}, \mathbf{W}^{(1)}) = \prod_{j \in \mathcal{H}^{(1)}} p_{\mathrm{sb}}\left(h_j^{(1)} \mid \sum_{i \in \mathcal{V}} w_{ij}^{(1)} v_i^{(\mu)}\right) \quad \boxed{\text{식 2.53}}$$

식 2.53에 나오는 조건부분포에 의해 생성된 샘플 점을 $\mathbf{f}^{(\mu)} = \{f_i^{(\mu)} \mid i \in \mathcal{H}^{(1)}\}$이라고 하자. 마찬가지 방법으로 각각의 관측 데이터 점 $\mathbf{v}^{(1)}$, $\mathbf{v}^{(2)}$, ..., $\mathbf{v}^{(N)}$에 대응하는 N개

의 샘플 점 $\mathbf{f}^{(1)}$, $\mathbf{f}^{(2)}$, ..., $\mathbf{f}^{(N)}$을 생성할 수 있다. RBM2를 학습할 때 생성한 $\mathbf{f}^{(1)}$, $\mathbf{f}^{(2)}$, ..., $\mathbf{f}^{(N)}$를 유사 관측 데이터 점으로 이용한다(그림 2.12 참고). 이렇게 샘플링을 통해 만든 유사적 관측 데이터 점을 실제 관측 데이터 점과 구별하기 위해 특징점(feature point)이라고 부른다. 2.7.1항에서 설명한 조건부 독립성 덕분에 이 특징점을 생성하기 위한 샘플링을 매우 쉽게 할 수 있다. 이렇게 생성한 특징점을 사용하여 RBM1과 마찬가지로 RBM2를 학습시켜 파라미터 $\mathbf{W}^{(2)}$를 얻는다.

이 같은 방법을 반복하여 마지막으로 $\mathbf{H}^{(2)}$를 유사가시층, $\mathbf{H}^{(2)}$를 비가시층으로 하는 RBM(그림 2.11(c)의 RBM3에 해당)에 주목한다. 관측 데이터 점의 집합으로부터 $\mathbf{H}^{(1)}$의 특징점 집합을 샘플링했을 때와 같은 방법으로 $\mathbf{H}^{(1)}$의 특징점 $\mathbf{f}^{(1)}$으로부터 다음 식과 같은 조건부분포를 따라 $\mathbf{H}^{(2)}$를 샘플링한다.

$$p(\mathbf{H}^{(2)} = \mathbf{h}^{(2)} \mid \mathbf{H}^{(1)} = \mathbf{f}^{(\mu)}, \mathbf{W}^{(2)}) = \prod_{j \in \mathcal{H}_2} p_{\text{sb}}\left(h_j^{(2)} \mid \sum_{i \in \mathcal{H}_1} w_{ij}^{(2)} f_i^{(\mu)}\right)$$

이렇게 샘플링한 샘플 점을 다시 RBM3에 유사 관측 데이터 점(특징점)으로 삼아 학습을 통해 파라미터 $\mathbf{W}^{(3)}$을 얻는다. 이보다 층수가 많은 경우라고 해도 기본적인 흐름은 같으며, 층 단위로 부분 네트워크를 RBM으로 간주하고 이 RBM의 층간 파라미터를 순차적으로 학습시켜 가며 얻으면 된다.

지금까지 사전훈련의 개요를 설명하였다. 지금 설명한 사전훈련은 뒤에 설명할 DBN에 대한 사전훈련이며, DBM에 대한 사전훈련으로 제안된 방법과는 다르다. 그러나 DBM에 대한 사전훈련도 약간의 차이점을 빼면 본질적으로 거의 같은 절차를 거치므로 이해를 돕기 위해 위와 같은 방법으로 설명하였다. 지금부터는 문헌[22, 25]에서 제안된 DBM에 대한 사전훈련 과정을 설명하겠다. DBM에 대한 사전훈련은 먼저, 미리 그림 2.13(a)와 같은 DBM을 그림 2.13(b)처럼 확장해 둔다. 구체적인 방법은 가장 아래층과 가장 위층은 한 벌씩 층의 복사본을 추가하고, 중간층끼리의 결합은 두 배가 되도록 한다. 그림 2.13(b)도 DBM이다. 이렇게 확장된 DBM에 대해 위에서 설명한 DBN의 사전훈련을 적용하여 그 결과로 얻은 $\mathbf{W}^{(1)}$, $\mathbf{W}^{(2)}$, $\mathbf{W}^{(3)}$를 DBM의 사전훈련 결과로 삼는다(그림 2.14 참고). 이러한 모형확장은 본래 쌍방향 결합으로 연결되어 있던 층과 층 사이를 사전훈련 시에 억지로 떼어낸 것에 대한 일종의 보정으로 도입된 것이다(자세한 사항은 문헌[22, 34] 참고).

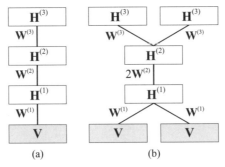

그림 2.13 (a) 그림 2.10에 나온 DBM을 간략하게 표현한 것. (b) 사전훈련을 위한 모형 확장

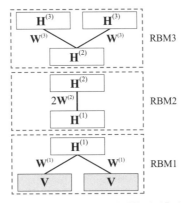

그림 2.14 그림 2.13(b)에 대한 사전훈련

가장 아래층부터 각 층 단위로 RBM을 구성하고 이들을 밑에서부터 순서대로 학습한다.

DBM에서 이런 확장이 필수적인지에 대해 확실한 이론적 근거는 아직 없지만, 3층짜리 DBM(가시층 + 비가시층 2층)만 놓고 보면 이런 확장을 통해 사전훈련이 2.9.2항의 기법과 비슷한 방법으로 정당화된다는 것이 알려져 있다[24]. 여기서 말하는 정당화란, 사전훈련을 통해 진짜 로그 우도함수의 하계(lower bound)가 상승한다는 것이 보장된다는 의미이며, 로그 우도함수 자체가 상승하는 것이 보장된다는 의미가 아니다. 또한 4층 이상의 DBM에 대해서는 이런 확장을 통해 사전훈련이 정당화되는지 알려져 있지 않다. 실제로 4층짜리 DBM은 3층짜리 DBM에 비해 성능이 약간 낮은 경우가 있다는 결과도 보고된 바 있으며, 4층 이상의 DBM에서 사전훈련이 정당화된다는 사실이 이 결과를 암시하고 있는 것이 아닌가 생각되지만[24], 현 시점에서 확실한 내용은 잘 알 수 없다. 그러나 여기서 주의해야 할 점은 위에 나온 확장을 통해 사전훈련을 사용한 경우 4층 이상의 DBM이 3층짜리 DBM에 비해 성능이 딸리는 경우가 있다는 말일 뿐 3층짜리 DBM이 4층짜리 DBM보다 모형으로서 뛰어나다는 뜻이 아니다. 4층이 넘는 DBM의 능력을 다 끌어내기 위해서는 또 다른 방법의 사전훈련이 필요하다는 말이다. 실제로 문헌 [23]에서는 이번 절에서 소개한 확장 방법과는 다른 방법을 제안하고 있으며, 이 방법으로 4층짜리 DBM이 3층짜리 DBM보다 좋은 성능을 보였다.

2.8.2 사전훈련 후의 최대우도추정법에 기초한 학습

사전훈련이 끝났다면 그 결과를 초깃값으로 삼아 전체 DBM에 대한 근사적 최대우도추정을 통해 파라미터 값을 미세조정한다. 물론 계산부하 문제가 있으므로 응용에서는 2.6.1항에서 소개했던 깁스 샘플링과 2.6.2장에서 다룬 평균장 근사를 사용하여 근사적인 방법으로 학습을 하게 된다. 이번 항에서는 사전훈련이 끝난 뒤의 최대우도추정 방법에 대해 설명한다.

DBM의 최대우도추정 방법은 비가시변수가 있는 BM의 학습법에 포함되므로 식 2.28의 기울기를 사용한 경사법으로 파라미터를 학습한다. 그러나 엄밀한 기울기 값을 구하기 어려우므로 깁스 샘플링과 평균장 근사를 사용하여 이 기울기의 근사값을 구한다. 구체적인 방법은 식 2.28에 나온 기울기의 첫 번째 항(관측 데이터 점에 기초한 기댓값)을 평균장 근사로 구한 다음, 두 번째 항(모형의 기댓값)을 깁스 샘플링으로 구하는 방법이 제안된 바 있다[25].

첫 번째 항의 평균장 근사를 먼저 설명하겠다. 가시층을 관측 데이터 점 $\mathbf{v}^{(\mu)}$로 고정했을 때의 비가시층의 기댓값을 평균장 근사로 구하려면 다음과 같은 평균장 방정식을 풀면 된다.

$$m_j^{(1,\mu)} = \text{sig}\Big(\sum_{i \in \mathcal{V}} w_{ij}^{(1)} v_i^{(\mu)} + \sum_{k \in \mathcal{H}^{(2)}} w_{jk}^{(2)} m_k^{(2,\mu)} \Big)$$ 식 2.54

$$m_j^{(r,\mu)} = \text{sig}\Big(\sum_{k \in \mathcal{H}^{(r-1)}} w_{kj}^{(r-1)} m_k^{(r-1,\mu)} + \sum_{l \in \mathcal{H}^{(r+1)}} w_{jl}^{(r+1)} m_l^{(r+1,\mu)} \Big)$$ 식 2.55

$$m_j^{(R,\mu)} = \text{sig}\Big(\sum_{k \in \mathcal{H}^{(R-1)}} w_{kj}^{(r-1)} m_k^{(R-1,\mu)} \Big)$$ 식 2.56

이때 r = 2, 3, ..., $R - 1$이며, $m_j^{(r,\mu)}$는 관측 데이터 점 $\mathbf{v}^{(\mu)}$에 대한 $H_j^{(r)}$의 근사기댓값을 나타낸다. 식 2.54~2.56의 평균장 방정식의 해를 이용하면 식 2.28의 기울기의 첫 번째 항을 다음 식과 같이 근사할 수 있다.

$$\sum_{\mathbf{v},\mathbf{h}} x_i x_j p(\mathbf{h} \mid \mathbf{v}, \boldsymbol{\theta}) q_{\mathcal{D}}(\mathbf{v}) \approx \begin{cases} \frac{1}{N} \sum_{\mu=1}^{N} v_i^{(\mu)} m_j^{(1,\mu)} & i \in \mathcal{V}, j \in \mathcal{H}^{(1)} \\ \frac{1}{N} \sum_{\mu=1}^{N} m_i^{(r-1,\mu)} m_j^{(r,\mu)} & i \in \mathcal{H}^{(r-1)}, j \in \mathcal{H}^{(r)} \end{cases}$$ 식 2.57

첫 번째 항은 언제나 이 방법을 통해 근사할 수 있다.

다음으로 두 번째 항을 근사하는 방법에 대해 설명한다. 이전 절의 사전훈련 결과를 $\boldsymbol{\theta}^{(0)}$이라고 하고, 이 값을 초깃값으로 삼아 경사상승법을 이용한 최대우도추정법을 실행한다. 먼저, 사전훈련의 학습 결과 $\boldsymbol{\theta}^{(0)}$가 파라미터인 $p(\mathbf{V}, \mathbf{H} \mid \boldsymbol{\theta}^{(0)})$로부터 깁스 샘플링으로 가시변수 $\mathbf{V}$와 비가시변수 $\mathbf{H} = \{\mathbf{H}^{(1)}, ..., \mathbf{H}^{(R)}\}$에 대한 샘플 점을 1개 생성한다. 이때 같은 초깃값으로 시작한 깁스 샘플링을 M번 각각 따로따로 실행한 다음*, m번째 깁스 샘플링에서 얻은 샘플 점을 $\tilde{\mathbf{v}}^{(0,m)}$, $\tilde{\mathbf{h}}^{(0,m)} = \{\tilde{\mathbf{h}}^{(1)(0,m)}, ..., \tilde{\mathbf{h}}^{(R)(0,m)}\}$과 같이 나타내기로 한다. $\tilde{\mathbf{v}}^{(0,m)} = \{v_i^{(0,m)} \mid i \in \mathcal{V}\}$은 가시층 $\mathcal{V}$에서 샘플링한 점이며, $\tilde{\mathbf{h}}^{(r)}$ $^{(0,m)} = \{h_j^{(r)(0,m)} \mid j \in \mathcal{H}^{(r)}\}$은 r번째 비가시층에서 샘플링한 점이다. 독립적인 깁스 샘플링을 M번 하는 이유는 샘플 점의 개수를 늘리기 위해서다. 이렇게 얻은 M개의 샘플 점을 사용하여 식 2.28에 나온 기울기의 두 번째 항을 식 2.58과 같이 근사한다.

$$E_{p(\mathbf{V},\mathbf{H}|\boldsymbol{\theta})}[X_i X_j] \approx \begin{cases} \frac{1}{M} \sum_{m=1}^{M} \tilde{v}_i^{(0,m)} \tilde{h}_j^{(1)(0,m)} & i \in \mathcal{V}, j \in \mathcal{H}^{(1)} \\ \frac{1}{M} \sum_{m=1}^{M} \tilde{h}_i^{(r-1)(0,m)} \tilde{h}_j^{(r)(0,m)} & i \in \mathcal{H}^{(r-1)}, j \in \mathcal{H}^{(r)} \end{cases}$$ 식 2.58

---

* 서로 다른 M번의 깁스 샘플링은 같은 모형상에서 같은 초깃값으로 시작하는 깁스 샘플링이지만, 깁스 샘플링의 확률적 특성 때문에 M개의 샘플 점의 값이 일반적으로 서로 다르다.

$\theta^{(0)}$를 파라미터로 삼았던 식 2.57에서 평균장 근사로 얻은 결과와 이렇게 깁스 샘플링으로 얻은 근사를 통해 식 2.28에 나온 기울기의 근삿값을 얻을 수 있다. 그리고 이렇게 얻은 기울기를 이용한 경사상승법으로 파라미터를 업데이트하여 $\theta^{(1)}$을 얻는다.

두 번째 업데이트에 사용할 기울기의 근삿값을 얻기 위해, 이번에는 $p(\mathbf{V}, \mathbf{H} \mid \theta^{(1)})$에 M번의 깁스 샘플링을 통해 얻은 샘플 점이 필요한데, 이를 다음과 같은 방법으로 얻는다. 앞에서 파라미터를 업데이트할 때 사용했던 샘플 점 $\tilde{\mathbf{v}}^{(0,m)}$, $\tilde{\mathbf{h}}^{(0,m)}$ 를 초깃값으로 삼아, 알고리즘 2.2를 따랐던 깁스 샘플링 첫 번째 업데이트에서 얻은 샘플 점 $\tilde{\mathbf{v}}^{(1,m)}$, $\tilde{\mathbf{h}}^{(1,m)}$을 $p(\mathbf{V}, \mathbf{H} \mid \theta^{(1)})$로부터 얻은 샘플 점으로 사용한다. 그리고 $\tilde{\mathbf{v}}^{(1,m)}$, $\tilde{\mathbf{h}}^{(1,m)}$을 사용하여 식 2.58과 같은 방법으로 식 2.28에 나온 기울기의 두 번째 항을 근사한다. 물론 첫 번째 항은 파라미터를 $\theta^{(1)}$로 삼아 식 2.54~2.65처럼 평균장 근사를 사용하여 근사한다.

위의 내용처럼 경사상승법을 사용한 업데이트로 파라미터 θ의 값이 변화 한도, 매번 완화 기간을 둘 필요가 없다. 그 대신 앞서 파라미터를 업데이트할 때 사용한 샘플 점으로, 깁스 샘플링을 한 번 수행하여 얻은 샘플 점을 다시 기울기의 근삿값을 계산하기 위한 샘플 점으로 사용하기 때문에 계산 시간이 대폭 줄어들게 된다. 이렇게 샘플링을 이용한 기법은 3장에서 논의할 지속적 CD와 비슷한 아이디어에 기초하고 있다*.

2.8.3 제약 볼츠만 머신을 자기부호화기로 활용하기

1.7절에서 이미 설명했듯이 사전훈련은 자기부호화기를 아래층부터 순차적으로 쌓아 올리는 학습방법으로 해석할 수 있다. 그리고 이를 통해 만들어지는 모형은 적층 자기부호화기(stacked autoencoder)라고 하여 딥 러닝의 본질적인 방법 중 하나로 여겨지고 있다. DBM에 대한 사전훈련에서 사용되는 RBM 도 일종의 자기부호화기로 볼 수 있으므로 DBM도 딥 뉴럴넷과 마찬가지로 사전훈련을 통해 적층 자기부호화기가 된다고 볼 수 있다. 이번 절에서는 RBM을 자기부호화기로 해석하는 관점에 대해 설명한다.

---

* 평균장 방정식은 원래 순차대입법에 기초한 방법으로 값이 수렴할 때까지 반복계산을 해야 했다(알고리즘 2.3). 그러나 문헌 [25]에서는 평균장 근사에 대해서도 반복계산 몇 번만으로도 가능한 방법을 제안하여 계산 시간을 더욱 줄였다.

RBM에서 자기부호화기의 부호화 및 복호화에 대응하는 변환을 다음과 같이 나타낼 수 있다. 식 2.40의 RBM이 다음 식과 같은 비가시 변수의 주변 분포를 갖는다고 하자.

$$p(\mathbf{h} \mid \theta) = \sum_{\mathbf{v}} p(\mathbf{h} \mid \mathbf{v}, \theta) p(\mathbf{v} \mid \theta)$$

이것은 가시변수의 주변분포 $p(\mathbf{V} \mid \theta)$로부터 조건부분포 $p(\mathbf{H} \mid \mathbf{V}, \theta)$(아래층으로부터 위층을 생성할 확률분포)를 따라 생성한 분포라고 해석할 수 있다. 이번에는 이 비가시 변수의 주변분포로부터 조건부분포 $p(\mathbf{V} \mid \mathbf{H}, \theta)$(위층으로부터 아래층을 생성할 확률분포)를 따라 다시 가시변수의 주변분포를 재구성(reconstruction)해 보자. 이렇게 재구성된 분포는 다음 식과 같이 나타낼 수 있다(그림 2.15 참고).

$$p^{\mathrm{recon}}(\mathbf{v}) = \sum_{\mathbf{h}} p(\mathbf{v} \mid \mathbf{h}, \theta) p(\mathbf{h} \mid \theta)$$

간단한 계산을 통해 다음 식이 성립한다는 것을 확인할 수 있다.

$$p(\mathbf{v} \mid \theta) = p^{\mathrm{recon}}(\mathbf{v})$$

다시 말해서 가시변수의 분포 $p(\mathbf{V} \mid \theta)$를 $p(\mathbf{H} \mid \mathbf{V}, \theta)$를 따르는 비가시 변수로 부호화(encode)한 다음, 이를 다시 $p(\mathbf{V} \mid \mathbf{H}, \theta)$를 따라 복호화(decode)하면 원래의 분포 정보가 재구성된다는 것을 알 수 있다. 이러한 의미에서 RBM은 분포에 대한 자기부호화기라고 볼 수 있다(그림 2.16 참고). 이를 볼 때 사전훈련을 거친 DBM은 자기부호화기로 간주할 수 있는 RBM을 여러 층 쌓아올린 모형이라 볼 수 있으며, 관측 데이터 점의 분포에 대한 확률적 적층 자기부호화기가 된다고 할 수 있다.

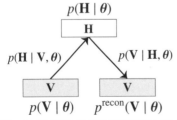

그림 2.15 가시변수에 대한 주변분포의 재구성

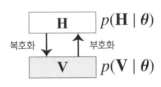

그림 2.16 자기부호화기로 본 RBM

2.8.4 딥 볼츠만 머신의 이용법

2.4절부터 지금까지는 주로 관측 데이터 점의 집합을 사용한 학습을 다뤘다. 이번 절에서는 학습이 끝난 DBM을 이용할 수 있는 몇 가지 용도를 소개한다.

2.2절에서 이미 설명했듯이 통계적 기계학습의 목적은 관측 데이터 점의 생성 모형을 학습 모형을 통해 근사하는 것이다. 따라서 DBM을 가장 직접적으로 이용하는 방법은 이를 생성 모형의 근사분포로써 이용하는 것이다. 2.5.2항에서 살짝 다루었던 대로 비가시변수를 포함하는 경우 다음 식과 같이 비가시변수로 주변화한 가시변수만의 주변분포가 생성 모형의 근사 분포가 된다.

$$p(\mathbf{v} \mid \boldsymbol{\theta}) = \sum_{\mathbf{h}^{(1)}} \cdots \sum_{\mathbf{h}^{(R)}} p(\mathbf{v}, \mathbf{h} \mid \boldsymbol{\theta})$$

이 주변분포 $p(\mathbf{V} \mid \boldsymbol{\theta})$은 2.2절에서 다뤘던 베이즈 추론에 대한 사전분포의 근사로써 이용할 수도 있다. 문헌[6]은 이미지의 생성 모형으로 DBM을 사용한 연구다. DBM을 생성 모형의 근사로 사용하는 연구는 정보 처리 분야에 대한 응용에만 그치지 않는다. 이를테면 문헌[27]에서는 DBM을 활용하여 샤를보네 증후군에서 발생하는 환각 증상의 발생 과정을 밝혀내는 흥미로운 연구를 진행하였다.

또한 DBM도 일반적인 NN과 마찬가지로 입출력 관계를 명시적으로 구성하는 데 사용될 수 있다. 이런 경우에는 관측 데이터 점의 집합은 입력 데이터와 출력 데이터(지도학습을 위한 학습 데이터)의 쌍으로 구성된 집합이며, DBM은 이들 데이터의 입출력 관계에 대한 분포를 학습한다. 가시변수 중에 적당한 변수를 입력변수 $\mathbf{V}_{\text{in}}$과 출력변수 $\mathbf{V}_{\text{out}}$에 할당하여 학습을 수행하게 된다. 학습이 끝난 다음, 입력 데이터로부터 출력을 추론할 때에는 다음 식과 같이 입력변수를 조건으로 하는 출력변수의 조건부분포를 사용한다.

$$p(\mathbf{V}_{\text{out}} = \mathbf{v}_{\text{out}} \mid \mathbf{V}_{\text{in}} = \mathbf{v}_{\text{in}}, \boldsymbol{\theta}) = \frac{p(\mathbf{v}_{\text{in}}, \mathbf{v}_{\text{out}} \mid \boldsymbol{\theta})}{\sum_{\mathbf{v}_{\text{out}}} p(\mathbf{v}_{\text{in}}, \mathbf{v}_{\text{out}} \mid \boldsymbol{\theta})} \qquad \text{식 2.59}$$

예를 들어, 입력 데이터로 $\mathbf{v}^*$가 입력되었다면, 조건부분포 $p(\mathbf{V}_{out} \mid \mathbf{V}_{in} = \mathbf{v}^*, \boldsymbol{\theta})$를 사용하여 출력의 분포를 구한다. 확률적 NN과는 달리 출력이 확률분포로 나온다. 실제 구현에서는 확률이 최대가 되는 $\mathbf{V}_{out}$의 값(MAP 추정치)이나 $\mathbf{V}_{out}$의 기댓값 등을 출력에 대한 추정치로 사용하는 경우가 많다. 입력과 출력의 관계를 DBM에 학습시키려는 경우에는 가시변수를 적당히 입력변수와 출력변수로 나누어 학습을 시키게 되지만, 노드 간 결합에 방향성이 없으므로 DBM 자체에서 어느 쪽이 입력이고 출력인지를 명확히 구별할 수 없다. 따라서 식 2.59의 조건부분포와는 반대가 되는 $p(\mathbf{V}_{in} \mid \mathbf{V}_{out}, \boldsymbol{\theta})$를 구하여(약간 이상하게 들릴 수도 있지만) 출력으로부터 입력을 추론하는 것도 가능하다.

위와 같은 이용법은 DBM에만 해당되는 것이 아니라 BM 전반에 대해 대부분 유효하다. 지금부터는 DBM에만 해당하는 이용법을 설명할 것이다.

1장에서 설명하였듯이 딥 러닝의 큰 이점 중 하나는 적층 자기부호화기를 이용한 양질의 데이터 내부 표현을 얻을 수 있다는 점이다. DBM도 딥 러닝 모형 중 하나이므로 적층 자기부호화기로써 이용할 수 있다. 그 경우 DNN과 마찬가지로 맨 아래에 있는 가시층 $\mathcal{V}$이 입력층이 되며, 가장 위에 있는 비가시층 $\mathcal{H}^{(R)}$이 출력층이 된다. 최상층에서 출력되는 값은 DNN과 마찬가지로 입력이 압축된 내부 표현이며, DBM의 출력을 소프트맥스층이나 로지스틱 회귀 같은 식별 모형에 대한 입력으로 삼아 식별을 수행한다. 딥 러닝 모형을 다양한 패턴 인식 문제에 응용하는 구체적인 방법에 대해서는 2부에서 자세히 소개하겠다. 또한 DBM의 학습 결과를 약간 변형시켜 DNN 파라미터의 초깃값으로 이용하는 방법도 제안되어 있다[22].

지금까지 DBM의 이용 방법을 설명하였다. 이 중 어떤 방법을 사용하든 입력으로부터 출력을 추론해야 한다. 그러나 이를 계산하는 데는 주변화 같은 조작이 필요하며, 조합의 폭발 문제로 인해 엄밀한 추론은 어렵다. 그래서 실용적인 목적을 위해서는 2.6.1항에서 소개한 깁스 샘플링이나 2.6.2항에서 설명한 평균장 근사 같은 근사적 계산법을 사용하게 된다.

2.9 딥 빌리프넷

이번 절에서는 딥 빌리프넷(DBN, Deep Belief Network)[9]에 대해 설명하겠다. 역사적으로 보면 DBN이 최초로 연구된 딥 러닝 모형이라고 할 수 있다.

2.8.4항에서 DBM을 이용하는 몇 가지 방법을 소개했는데, DBN 역시 거의 같은 목적으로 사용할 수 있는 모형이다. 그러나 그 성능은 DBM에 미치지 못하는 경우가 많다.

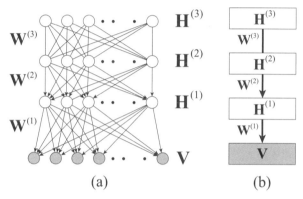

그림 2.17 (a) 딥 빌리프넷(R=3) (b) (a)의 간략 표현

DBN은 그림 2.17과 같은 네트워크 구조를 갖는 확률적 딥 러닝 모형이다. 그림 2.10에 나온 DBM과 비교해 보면 DBN의 가장 위의 두 층 사이의 결합은 방향을 갖지 않으며, 그 외 층간의 결합은 아래를 향한 유향 링크인 점이 다르다는 것을 알 수 있다. R개의 비가시층을 갖는 DBN은 다음 식과 같은 확률 모형으로 나타낼 수 있다.

$$p(\mathbf{V} = \mathbf{v}, \mathbf{H} = \mathbf{h} \mid \boldsymbol{\theta}) = p(\mathbf{h}^{(R-1)}, \mathbf{h}^{(R)} \mid \mathbf{W}^{(R)}) \left(\prod_{r=0}^{R-2} p(\mathbf{h}^{(r)} \mid \mathbf{h}^{(r+1)}, \mathbf{W}^{(r+1)}) \right) \quad \text{식 2.60}$$

이때 $\mathbf{h}^{(0)} = \mathbf{v}$로 정의된다. 또한 변수나 파라미터를 기술하는 표기법은 식 2.51의 DBM과 같다. 가장 위의 2층에 대한 결합분포인 $p(\mathbf{h}^{(R-1)}, \mathbf{h}^{(R)} \mid \mathbf{W}^{(R)})$은 다음과 같은 형태의 RBM으로 정의된다.

$$p(\mathbf{h}^{(R-1)}, \mathbf{h}^{(R)} \mid \mathbf{W}^{(R)}) = \frac{1}{Z(\mathbf{W}^{(R)})} \exp\left(\sum_{i \in \mathcal{H}^{(R-1)}} \sum_{j \in \mathcal{H}^{(R)}} w_{ij}^{(R)} h_i^{(R-1)} h_j^{(R)}\right)$$

이 외의 층간에 해당하는 조건부분포인 $p(\mathbf{h}^{(r)} \mid \mathbf{h}^{(r+1)}, \mathbf{W}^{(r+1)})$은 다음과 같이 정의된다.

$$p(\mathbf{h}^{(r)} \mid \mathbf{h}^{(r+1)}, \mathbf{W}^{(r+1)}) = \prod_{j \in \mathcal{H}^{(r)}} p_{\mathrm{sb}}\left(h_j^{(r)} \mid \sum_{k \in \mathcal{H}^{(r+1)}} w_{jk}^{(r+1)} h_k^{(r+1)}\right)$$

여기서 $\mathcal{H}^{(0)} = \mathcal{V}$이다.

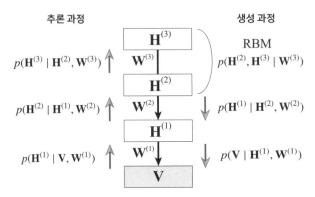

그림 2.18 DBN의 데이터 생성과 추론 과정 (R = 3)

2.9.1 딥 빌리프넷에 대한 사전훈련 및 추론

DBN에 대한 사전훈련은 2.8.1항에서 설명한 방법을 따른다. 즉, 밑에서부터 2층씩을
(결합의 방향은 완전히 무시한다) 이들 각각을 RBM으로 보고 순차탐욕적으로 학습시키
는 방식을 취한다. 가장 위의 2층 이외의 결합은 위에서 아래로 방향이 있지만, 사전
훈련을 할 때에는 이들이 유향 링크라는 사실을 잠시 잊고 무향 링크로 다룬다. 그 다
음, 학습의 결과를 다시 DBN 유향 링크의 결합 파라미터로 할당한다. 또한 윗단에
RBM의 학습에 쓰이는 특징점을 생성하는 경우에도 역시 유향 링크임을 무시하고 그
림 2.12와 같은 방법(즉, 뒤에 나올 식 2.61을 사용한 아래층부터 위층을 향하는 추론)으로
수행한다. 2.8.3항에서 설명했듯이 RBM은 확률적 자기부호화기라 할 수 있으므로
사전훈련을 통해 DBN 역시 DBM과 마찬가지로 적층 자기부호화기가 된다.

다음으로 DBN을 이용한 추론에 대해 설명하겠다. 여기서 말하는 추론이란, 가장 아래에 있는 가시층에 데이터 점을 입력하였을 때 위층의 변수에 대한 확률분포를 구하는 것을 말한다. DBN은 그림 2.18(오른쪽)과 같은 흐름을 따라 위에서부터 가장 아래에 있는 가시층을 생성하는 모형이며, 그림 2.18(오른쪽)의 흐름을 따른 샘플링이 DBN에서 데이터를 생성하는 과정이다. 이렇게 모형의 조건부분포를 따라 순차적으로 샘플링하는 것을 전승 샘플링(ancestral sampling)이라고 한다.

추론 시에는 반대로, 그림 2.18(왼쪽)과 같은 흐름으로 아래층부터 위층으로 추론이 진행된다. 이를 위해서는 아래층에서 위층에 대한 조건부분포(즉, 사후분포) $p(\mathbf{h}^{(r)} \mid \mathbf{h}^{(r-1)}, \boldsymbol{\theta})$을 계산해야 한다. 이 사후분포는 베이즈 정리를 이용하여 다음 식과 같이 구해야 한다.

$$p(\mathbf{h}^{(r)} \mid \mathbf{h}^{(r-1)}, \boldsymbol{\theta}) = \frac{\sum_{\mathbf{h}^{(0)}} \sum_{\mathbf{h}^{(1)}} \cdots \sum_{\mathbf{h}^{(r-2)}} \sum_{\mathbf{h}^{(r+1)}} \cdots \sum_{\mathbf{h}^{(R)}} p(\mathbf{v}, \mathbf{h} \mid \boldsymbol{\theta})}{\sum_{\mathbf{h}^{(0)}} \sum_{\mathbf{h}^{(1)}} \cdots \sum_{\mathbf{h}^{(r-2)}} \sum_{\mathbf{h}^{(r)}} \cdots \sum_{\mathbf{h}^{(R)}} p(\mathbf{v}, \mathbf{h} \mid \boldsymbol{\theta})}$$

그러나 이 계산 과정은 일반적으로 조합의 폭발 문제를 겪게 된다. 그래서 가장 위의 2층을 빼고, 아래층부터 위층에 대한 사후분포를 다음과 같이 근사하는 경우가 많다.

$$p(\mathbf{h}^{(r)} \mid \mathbf{h}^{(r-1)}, \boldsymbol{\theta}) \approx \prod_{j \in \mathcal{H}^{(r)}} p_{\mathrm{sb}}\left(h_j^{(r)} \mid \sum_{i \in \mathcal{H}^{(r-1)}} w_{ij}^{(r)} h_i^{(r-1)} \right), \quad r < R \qquad \boxed{\text{식 2.61}}$$

식 2.61은 사전훈련과 같은 방법으로 가장 아래층부터 2층씩 각각을 독립적인 RBM으로 보았을 때의 아래층에서 위층에 대한 조건부분포에 해당한다. 조건부 독립성을 이용하면 식 2.61에 기반을 두고 아래층부터 윗층에 대한 샘플링을 쉽게 수행할 수 있다. 가장 위의 2층 간의 사후분포 $p(\mathbf{h}^{(R)} \mid \mathbf{h}^{(R-1)}, \boldsymbol{\theta})$는 이들 두 층이 RBM이라는 성질을 이용하여, 조건부분포는 식 2.42와 비슷한 형태를 취하고, 이 결과는 엄밀하게 식 2.62와 같게 된다.

$$p(\mathbf{h}^{(R)} \mid \mathbf{h}^{(R-1)}, \boldsymbol{\theta}) = \prod_{j \in \mathcal{H}^{(R)}} p_{\mathrm{sb}}\left(h_j^{(R)} \mid \sum_{i \in \mathcal{H}^{(R-1)}} w_{ij}^{(R)} h_i^{(R-1)} \right) \qquad \boxed{\text{식 2.62}}$$

여기서도 역시 조건부 독립성을 이용하여 $R - 1$번째 층에서 R번째 층(최상층)에 대한 샘플링을 쉽게 할 수 있다. DBN을 이용한 추론 시에는 식 2.61, 식 2.62의 조건부분 포에 기초하여 가시층으로부터 그 위층에 대한 샘플링을 수행한다.

2.9.2 딥 빌리프넷에 대한 사전훈련의 정당성

DBN에 대한 사전훈련은 앞서 설명했듯이 층 단위로 각각 독립적인 RBM으로 간주하고 탐욕적인 학습을 수행하는 형태를 갖는다. 사실 이 사전훈련은 어떤 가정하에서 실제 로그 우도함수의 하계(lower bound)를 상승시키는 알고리즘이라고 할 수 있다. 이번 항에서는 이러한 해석을 설명할 것이다.

먼저, DBN의 로그 우도함수를 구한다. 편의를 위해 3층짜리 DBN($R = 2$인 DBN)을 예로 살펴보기로 한다. 이 DBN은 식 2.60에 따라 다음 식과 같이 나타낼 수 있다.

$$p(\mathbf{v}, \mathbf{h}^{(1)}, \mathbf{h}^{(2)} \mid \boldsymbol{\theta}) = p(\mathbf{v} \mid \mathbf{h}^{(1)}, \mathbf{W}^{(1)}) p(\mathbf{h}^{(1)}, \mathbf{h}^{(2)} \mid \mathbf{W}^{(2)}) \qquad \text{식 2.63}$$

이때 $\boldsymbol{\theta} = \{W^{(1)}, W^{(2)}\}$이다. DBN 역시 DBM과 마찬가지로 확률적 모형이므로 원리적으로는 최대우도추정법으로 학습하는 모형이다. 식 2.63으로부터 3층 DBN에 대한 가시변수만의 주변분포는 식 2.64와 같이 계산된다.

$$p(\mathbf{v} \mid \boldsymbol{\theta}) = \sum_{\mathbf{h}^{(1)}} \sum_{\mathbf{h}^{(2)}} p(\mathbf{v}, \mathbf{h}^{(1)}, \mathbf{h}^{(2)} \mid \boldsymbol{\theta}) \qquad \text{식 2.64}$$

그리고 관측 데이터 점의 집합 $\mathcal{D} = \{\mathbf{v}^{(\mu)} \mid \mu = 1, 2, ..., N\}$과 이 주변분포를 사용한 로그 우도함수를 식 2.65와 같이 정의하고, 이 로그 우도함수를 최대가 되게 하는 파라미터를 구하여 최대우도추정법을 수행한다.

$$L_{\mathcal{D}}(\boldsymbol{\theta}) = \sum_{\mu=1}^{N} \ln p(\mathbf{v}^{(\mu)} \mid \boldsymbol{\theta}) \qquad \text{식 2.65}$$

이 학습 시나리오 자체는 2.5절에서 설명한 비가시변수를 갖는 BM의 학습과 같다. 물론 식 2.65는 BM의 경우와 같이 엄밀한 계산이 어렵다.

그 다음, 식 2.65에서 정의한 로그 우도함수의 하계를 도출한다. 식 2.65의 우변 ln $p(\mathbf{v}^{(\mu)} \mid \boldsymbol{\theta})$를 주목하여 임의의 조건부분포 $q(\mathbf{H}^{(1)} \mid \mathbf{V})$를 살펴보자. 정규화 조건 $\sum_{\mathbf{h}^{(1)}}$ $q(\mathbf{h}^{(1)} \mid \mathbf{v}^{(\mu)}) = 1$을 이용하면 식 2.66과 같이 나타낼 수 있다.

$$\ln p(\mathbf{v}^{(\mu)} \mid \boldsymbol{\theta}) = \sum_{\mathbf{h}^{(1)}} q(\mathbf{h}^{(1)} \mid \mathbf{v}^{(\mu)}) \ln p(\mathbf{v}^{(\mu)} \mid \boldsymbol{\theta})$$

식 2.66

여기에 다시 다음과 같은 확률의 곱셈정리를 적용한다.

$$p(\mathbf{v}^{(\mu)} \mid \boldsymbol{\theta}) = \frac{p(\mathbf{v}^{(\mu)}, \mathbf{h}^{(1)} \mid \boldsymbol{\theta})}{p(\mathbf{h}^{(1)} \mid \mathbf{v}^{(\mu)}, \boldsymbol{\theta})}$$

그러면 식 2.66을 다음과 같이 변형할 수 있다.

$$
\begin{aligned}
\ln p(\mathbf{v}^{(\mu)} \mid \boldsymbol{\theta}) &= \sum_{\mathbf{h}^{(1)}} q(\mathbf{h}^{(1)} \mid \mathbf{v}^{(\mu)}) \ln \frac{p(\mathbf{v}^{(\mu)}, \mathbf{h}^{(1)} \mid \boldsymbol{\theta})}{p(\mathbf{H}^{(1)} \mid \mathbf{v}^{(\mu)}, \boldsymbol{\theta})} \\
&= \sum_{\mathbf{h}^{(1)}} q(\mathbf{h}^{(1)} \mid \mathbf{v}^{(\mu)}) \ln \frac{p(\mathbf{v}^{(\mu)}, \mathbf{h}^{(1)} \mid \boldsymbol{\theta}) q(\mathbf{h}^{(1)} \mid \mathbf{v}^{(\mu)})}{p(\mathbf{h}^{(1)} \mid \mathbf{v}^{(\mu)}, \boldsymbol{\theta}) q(\mathbf{h}^{(1)} \mid \mathbf{v}^{(\mu)})} \\
&= \mathrm{H}\big(q(\mathbf{H}^{(1)} \mid \mathbf{V} = \mathbf{v}^{(\mu)})\big) + \mathrm{D_{KL}}\,(q \parallel p) \\
&\quad + \sum_{\mathbf{h}^{(1)}} q(\mathbf{h}^{(1)} \mid \mathbf{v}^{(\mu)}) \ln p(\mathbf{v}^{(\mu)}, \mathbf{h}^{(1)} \mid \boldsymbol{\theta})
\end{aligned}
$$

식 2.67

이때 $\mathrm{H}\big(q(\mathbf{H}^{(1)} \mid \mathbf{V} = \mathbf{v}^{(\mu)})$는 확률분포 $q(\mathbf{H}^{(1)} = \mathbf{h}^{(1)} \mid \mathbf{V} = \mathbf{v}^{(\mu)})$의 엔트로피이며, $\mathrm{D_{KL}}(q \parallel p)$는 다음 식과 같이 정의되는 KL 발산(식 2.19 참고)이다.

$$\mathrm{D_{KL}}\,(q \parallel p) = \sum_{\mathbf{h}^{(1)}} q(\mathbf{h}^{(1)} \mid \mathbf{v}^{(\mu)}) \ln \frac{q(\mathbf{h}^{(1)} \mid \mathbf{v}^{(\mu)})}{p(\mathbf{h}^{(1)} \mid \mathbf{v}^{(\mu)}, \boldsymbol{\theta})}$$

식 2.63과 확률의 곱셈정리로부터 식 2.67의 우변 세 번째 항을 다음과 같이 분해할 수 있다.

$$\sum_{\mathbf{h}^{(1)}} q(\mathbf{h}^{(1)} \mid \mathbf{v}^{(\mu)}) \ln p(\mathbf{v}^{(\mu)}, \mathbf{h}^{(1)} \mid \boldsymbol{\theta})$$

$$= \sum_{\mathbf{h}^{(1)}} q(\mathbf{h}^{(1)} \mid \mathbf{v}^{(\mu)}) \ln \sum_{\mathbf{h}^{(2)}} p(\mathbf{h}^{(1)}, \mathbf{h}^{(2)} \mid \mathbf{W}^{(2)})$$

$$+ \sum_{\mathbf{h}^{(1)}} q(\mathbf{h}^{(1)} \mid \mathbf{v}^{(\mu)}) \ln p(\mathbf{v}^{(\mu)} \mid \mathbf{h}^{(1)}, \mathbf{W}^{(1)})$$

이 분해 결과를 식 2.67에 대입하고, $D_{KL}(q \parallel p) \geq 0$의 관계를 이용하면, 식 2.68과 같은 부등식을 얻을 수 있다.

$$\ln p(\mathbf{v}^{(\mu)} \mid \boldsymbol{\theta}) \geq$$

$$\mathrm{H}\left(q(\mathbf{H}^{(1)} \mid \mathbf{V} = \mathbf{v}^{(\mu)})\right) + \sum_{\mathbf{h}^{(1)}} q(\mathbf{h}^{(1)} \mid \mathbf{v}^{(\mu)}) \ln \sum_{\mathbf{h}^{(2)}} p(\mathbf{h}^{(1)}, \mathbf{h}^{(2)} \mid \mathbf{W}^{(2)})$$

$$+ \sum_{\mathbf{h}^{(1)}} q(\mathbf{h}^{(1)} \mid \mathbf{v}^{(\mu)}) \ln p(\mathbf{v}^{(\mu)} \mid \mathbf{h}^{(1)}, \mathbf{W}^{(1)})$$

식 2.68

이 부등식은 임의의 조건부 확률 $q(\mathbf{H}^{(1)} \mid \mathbf{V})$에 대해 성립하고 DBN의 로그 우도 함수의 하계를 알려 주는데, 이것은 일반적인 3층 DBN에 대해서도 성립한다.

지금부터는 이 부등식(식 2.68)과 사전훈련의 관계에 대해 설명한다. 그림 2.19에 3층 DBN에 대한 사전훈련을 대략적으로 나타내었다. 식 2.68은 임의의 $q(\mathbf{H}^{(1)} \mid \mathbf{V})$에 대해 성립한다. 그래서 식 2.61의 우변에 나온 아래층에서 위층에 대한 근사적 추론의 분포를 $q(\mathbf{H}^{(1)} \mid \mathbf{V}, \mathbf{W}^{(1)})$라 하고, $q(\mathbf{H}^{(1)} \mid \mathbf{V}, \mathbf{W}^{(1)})$를 식 2.68의 $q(\mathbf{H}^{(1)} \mid \mathbf{V})$로 삼는다. 그 다음, 식 2.68의 우변을 $B_\mu(\mathbf{W}^{(1)}, \mathbf{W}^{(2)})$로 한다.

먼저, 몇 가지 가정 아래 DBN의 사전훈련에서 최초 RBM(그림 2.19 (a)의 RBM1)의 학습이 DBN의 로그 우도함수를 상승시키는 것이 보장된다는 것을 증명한다. 최상층 $\mathcal{H}^{(2)}$의 변수 개수와 가시층 $\mathcal{V}$의 변수 개수가 같다고 가정한다. 이 가정 아래, 다시 $\mathbf{W}^{(2)}$가 $\mathbf{W}^{(2)} = (\mathbf{W}^{(1)})^\top$가 되도록 고정한다($w_{ij}^{(2)} = w_{ji}^{(1)}$).

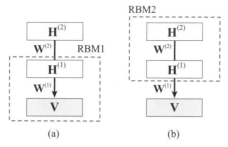

그림 2.19 3층으로 이루어진 DBN에 대한 사전훈련

이때 식 2.63의 DBN을 $\mathbf{H}^{(2)}$에 대해 주변화한 분포 $p(\mathbf{V}, \mathbf{H}^{(1)} \mid \boldsymbol{\theta})$는 다음과 같다.

$$p(\mathbf{v}, \mathbf{h}^{(1)} \mid \boldsymbol{\theta}) = \sum_{\mathbf{h}^{(2)}} p(\mathbf{v}, \mathbf{h}^{(1)}, \mathbf{h}^{(2)} \mid \boldsymbol{\theta}) = p(\mathbf{v}, \mathbf{h}^{(1)} \mid \mathbf{W}^{(1)})$$

이 식 우변의 확률분포는 $\mathbf{H}^{(1)}$과 $\mathbf{V}$로 구성된 RBM1과 일치하게 된다. 따라서 식 2.65에 나온 DBN의 로그 우도함수는 RBM1의 로그 우도함수와 완전히 같다. 참고로 이때의 식 2.68는 부등호 대신 등호가 성립하여 다음 식과 같게 된다.

$$\ln p(\mathbf{v}^{(\mu)} \mid \boldsymbol{\theta}) = B_\mu(\mathbf{W}^{(1)}, (\mathbf{W}^{(1)})^\top) = \ln \sum_{\mathbf{h}^{(1)}} p(\mathbf{v}^{(\mu)}, \mathbf{h}^{(1)} \mid \mathbf{W}^{(1)})$$

그러므로 사전훈련에서 RBM1을 학습, 다시 말해 $\mathcal{H}^{(1)}$과 $\mathcal{V}$ 두 층 사이의 결합 $\mathbf{W}^{(1)}$을 무향 링크로 간주하여 이 두 층을 RBM으로 학습하는 과정이 DBN의 로그 우도함수를 상승시킨다는 것을 알 수 있다. 그리고 $\mathbf{W}^{(2)} = (\mathbf{W}^{(1)})^\top$로 고정되어 있으므로 $\mathbf{W}^{(2)}$도 $\mathbf{W}^{(1)}$과 함께 사전훈련 과정에서 변화한다는 것에 주의해야 한다.

그림 2.19(b)의 RBM2에 대한 학습으로 넘어가기 전에 RBM1의 학습이 끝난 시점에서의 하계를 알아보도록 한다. RBM1의 학습에 의해 $\mathbf{W}^{(1)}$의 값이 고정되었다고 하고, 이 값을 $\mathbf{W}^{(1)}_*$라고 하자. RBM1의 학습이 종료된 시점에는 당연히 $\mathbf{W}(2) = (\mathbf{W}^{(1)}_*)^\top$가 되어 있다. RBM1의 학습이 끝나면 $\mathbf{W}^{(2)} = (\mathbf{W}^{(1)})^\top$로 제약해 둔 것을 풀어 $\mathbf{W}^{(2)}$가 자유롭게 변화할 수 있도록 한다. 이때 식 2.68의 하계는 식 2.69와 같다.

$$B_\mu(\mathbf{W}_*^{(1)}, \mathbf{W}^{(2)}) = \mathrm{H}\Big(q(\mathbf{H}^{(1)} \mid \mathbf{V} = \mathbf{v}^{(\mu)}, \mathbf{W}_*^{(1)})\Big)$$
$$+ \sum_{\mathbf{h}^{(1)}} q(\mathbf{h}^{(1)} \mid \mathbf{v}^{(\mu)}, \mathbf{W}_*^{(1)}) \ln \sum_{\mathbf{h}^{(2)}} p(\mathbf{h}^{(1)}, \mathbf{h}^{(2)} \mid \mathbf{W}^{(2)})$$
$$+ \sum_{\mathbf{h}^{(1)}} q(\mathbf{h}^{(1)} \mid \mathbf{v}^{(\mu)}, \mathbf{W}_*^{(1)}) \ln p(\mathbf{v}^{(\mu)} \mid \mathbf{h}^{(1)}, \mathbf{W}_*^{(1)})$$

식 2.69

마지막으로 RBM2의 학습을 통해 로그 우도함수의 하계가 상승한다는 것을 증명할 차례다. 2.8.1항에서 설명한 사전훈련 방법과 같이 RBM2를 학습할 때에는 가시층에 대해 그림 2.12의 방법대로 조건부분포 $q(\mathbf{H}^{(1)} \mid \mathbf{V} = \mathbf{v}^{(\mu)}, \mathbf{W}_*^{(1)})$를 따라 관측 데이터 점 $\mathbf{v}^{(\mu)}$으로부터 $\mathbf{H}^{(1)}$에 대응하는 특징점을 샘플링한다. 그 다음, 이 특징점을 $\mathbf{H}^{(1)}$상의 유사(pseudo) 관측 데이터 점으로 삼는다. 식 2.69의 우변에서 $\mathbf{W}^{(2)}$에 의존하는 항은 식 2.70뿐이다.

$$\sum_{\mathbf{h}^{(1)}} q(\mathbf{h}^{(1)} \mid \mathbf{v}^{(\mu)}, \mathbf{W}_*^{(1)}) \ln \sum_{\mathbf{h}^{(2)}} p(\mathbf{h}^{(1)}, \mathbf{h}^{(2)} \mid \mathbf{W}^{(2)})$$

식 2.70

특징점의 생성이 조건부분포 $q(\mathbf{H}^{(1)} \mid \mathbf{V} = \mathbf{v}^{(\mu)}, \mathbf{W}_*^{(1)})$를 따른다는 점을 생각하면 식 2.70은 RBM2의 로그 우도함수 그 자체가 된다는 것을 알 수 있다. 따라서 RBM2의 학습 결과 $\mathbf{W}_*^{(2)}$는 식 2.69가 최대가 되게 하는 $\mathbf{W}^{(2)}$이 된다. 그러므로 식 2.71이 성립한다는 것을 알 수 있다.

$$\underbrace{B_\mu(\mathbf{W}_*^{(1)}, \mathbf{W}_*^{(2)})}_{\text{RBM 2까지 학습이 끝난}\atop\text{시점의 하계}} \geq \underbrace{B_\mu(\mathbf{W}_*^{(1)}, (\mathbf{W}_*^{(1)})^\top)}_{\text{RBM 1의 학습만 끝난}\atop\text{시점의 하계}}$$

식 2.71

식 2.71의 부등식은 사전훈련을 통해 실제 로그 우도함수의 하계가 상승한다는 사실을 나타내고 있다. 자세한 사항은 지면 관계상 생략하지만, 비슷한 논리 전개를 통해 좀 더 깊은 DBN에도 같은 내용을 적용할 수 있으며, 그 결과로 층을 쌓아올릴수록 하계가 상승한다는 결론을 얻을 수 있다[9]. 여기서 다룬 내용은 최상층 $\mathcal{H}^{(2)}$의 변수 개수와 가시층 $\mathcal{V}$의 변수 개수가 같다는 가정에 기초한 것이다. 더욱 층수가 많은 DBN에 대한 논의에서도 역시 비슷한 가정이 필요한데, 구체적인 방법은 같은 수의 변수를 갖는 층이 교대로 출현하는 DBN이라고 가정하는 것이다.

지금까지의 내용을 통해 알 수 있는 것은 어디까지나 사전훈련을 통해 실제 로그 우도함수의 하계가 상승한다는 것이지, 로그 우도함수 자체가 실제로 상승하는지는 알 수 없다. 또한 각 층의 변수 수가 매우 특수한 경우에 한하는 내용이어서 각 층의 변수 수가 서로 달라야 하는 응용에서는 애초에 적용할 수 없지만, DBN에 대한 사전훈련이 잘 동작한다는 중요한 수리적 증거 중 하나로 여겨지고 있다.

2.10 정리

이번 장에서는 BM의 기초부터 시작하여 딥 러닝의 기초 모형인 RBM을 거쳐 확률적 딥 러닝 모형 중 하나인 DBM을 다룬 뒤 마지막으로 딥 러닝 모형의 시조에 해당하는 DBN을 소개하였다. DBM은 딥 러닝 모형 중에서 비교적 새로운 부류에 속하는 것으로서 계산 처리 역시 확률적 딥 러닝 모형에 비해 더 복잡하다. 그러므로 실제 응용에서는 아직 DNN만큼 널리 쓰이고 있지는 않다. 그러나 최근 몇 년 동안 다양한 국제학회에서 DBM에서 거둔 성과가 보고되기 시작하면서 다른 기법에 비해 높은 성능을 보이는 등 DBM의 장점도 서서히 발굴되고 있다.

딥 러닝은 이제 막 시작된 새로운 기계학습 패러다임이다. 정황 증거가 몇 가지 갖추어졌을 뿐 이론적 고찰은 아직 부족한 상태다. 계층적 신경망을 조합하는 것의 궁극적 의미는 무엇인지, 사전훈련과 최대우도추정법은 어떤 관련성을 갖는지처럼 아직 분명히 알 수 없는 점 투성이다. 이들에 대한 수리적 배경을 밝혀나가는 것이 딥 러닝 모형 이론의 발전을 위해서도 중요하다. 또한 이번 장에서는 일반적인 BM으로부터 시작해 RBM 및 DBM까지 일관된 이론을 통해 연결지어 보았는데, 이 장의 내용이 딥 러닝의 수학적 측면에 도전하기 위한 열쇠가 되어 주기를 바란다.

참고 문헌

[1] D. H. Ackley, G. E. Hinton, and T. J. Sejnowski, A learning algorithm for Boltzmann machines, *Cognitive Science*, Vol. 9, pp. 147–169, 1985.

[2] A. Asuncion, Q. Liu, A. Ihler, and P. Smyth, Learning with blocks: Composite likelihood and contrastive divergence, *Proceedings of Artificial Intelligence and Statistics (AISTATS)*, Vol. 9, pp. 33–40, 2010.

[3] Y.Bengio,LearningdeeparchitecturesforAI, *FoundationsandTrends in Machine Learning*, Vol. 2, No. 1, pp. 1–127, 2009.

[4] J. Besag, Statistical analysis of non-lattice data, *Journal of the Royal Statistical Society D (The Statistician)*, Vol. 24, No. 3, pp. 179–195, 1975.

[5] C. M. Bishop, *Pattern Recognition and Machine Learning*, Springer, 2006.

[6] S. M. Ali Eslami, N. Heess, C. K. I. Williams, and J. Winn, The shape Boltzmann machine: A strong model of object shape, *International Journal of Computer Vision*, Vol. 107, pp. 155–176, 2014.

[7] S. Geman and D. Geman, Stochastic relaxation, Gibbs distributions, and the bayesian restoration of images, *IEEE Transactions on Pattern Analysis and Machine Intelligence*, Vol. 6, No. 6, pp. 721–741, 1984.

[8] G. E. Hinton, Training products of experts by minimizing contrastive divergence, *Neural Computation*, Vol. 8, No. 14, pp. 1771–1800, 2002.

[9] G. E. Hinton, S. Osindero, and Y. W. Teh, A fast learning algorithm for deep belief net, *Neural Computation*, Vol. 18, No. 7, pp. 1527–1554, 2006.

[10] A. Hyvärinen, Estimation of non-normalized statistical models using score match-ing, *Journal of Machine Learning Research*, Vol. 6, pp. 695–709, 2005.

[11] A. Hyvärinen, Consistency of pseudo likelihood estimation of fully visible Boltz-mann machines, *Neural Computation*, Vol. 18, No. 10, pp. 2283–2292, 2006.

[12] A. Hyvärinen, Some extensions of score matching, *Computational Statistics and Data Analysis*, Vol. 51, pp. 2499-2512, 2007.

[13] R. Kikuchi, A theory of cooperative phenomena, *Phys. Rev.*, Vol. 81, pp. 988–1003, Mar 1951.

[14] D. Koller and N. Friedman, *Probabilistic Graphical Models: Principles and Techniques*, MIT Press, 2009.

[15] P. Liang and M. I. Jordan, An asymptotic analysis of generative, discriminative, and pseudolikelihood estimators, *Proceedings of the 25th International Conference on Machine Learning (ICML'08)*, pp. 584–591, 2008.

[16] B. G. Lindsay, Composite likelihood methods, *Contemporary Mathematics*, Vol. 80, No. 1, pp. 221–239, 1988.

[17] B. Marlin, K. Swersky, B. Chen, and N. de Freitas, Inductive principles for restricted Boltzmann machine learning, *Proceedings of the 13th International Conference on Artificial Intelligence and Statistics (AISTATS)*, Vol. 9, pp. 509–516, 2010.

[18] K. P. Murphy, *Machine Learning: a Probabilistic Perspective*, MIT Press, 2013.

[19] J. Pearl, *Probabilistic Reasoning in Intelligent Systems: Networks of Plausible Inference (2nd ed.)*, San Francisco, CA: Morgan Kaufmann, 1988.

[20] A. Pelizzola, Clustervariation method in statistical physics and probabilistic graphical models, *J. Phys. A: Math. and Gen.*, Vol. 38, No. 33, p. R309, 2005.

[21] N. Le Roux and Y. Bengio, Representational power of restricted Boltzmann machines and deep belief networks, *Neural Computation*, Vol. 20, pp. 1631–1649, 2008.

22　R. Salakhutdinov and G. E. Hinton, Deep Boltzmann machines, In *Proceedings of the 12th International Conference on Artificial Intelligence and Statistics (AISTATS 2009)*, pp. 448–455, 2009.

23　R. Salakhutdinov and G. E. Hinton, A Better Way to Pretrain Deep Boltzmann Machines, *Advances in Neural Information Processing Systems 25 (NIPS2012)*, pp. 2447-2455, 2012.

24　R. Salakhutdinov and G. E. Hinton, An efficient learning procedure for deep Boltzmann machines, *Neural Computation*, Vol. 24, No. 8, pp. 1967–2006, 2012.

25　R. Salakhutdinov and H. Larochelle, Efficient learning of deep Boltzmann machines, In *Proceedings of the 13th International Conference on Artificial Intelli-gence and Statistics (AISTATS 2010)*, pp. 693–700, 2010.

26　T. J. Sejnowski, Higher-order Boltzmann machines, In *AIP Conference Proceedings 151, Neural Netwowks for* Computing, pp. 398–403, 1987.

27　P. Series, D. P. Reichert, and A. J. Storkey, Hallucinations in Charles Bonnetsyndromeinduced byhomeostasis:adeepBoltzmannmachinemodel, In *Advances in Neural Information Processing Systems 23 (NIPS 2010)*, pp. 2020–2028, 2010.

28　P. Smolensky, Information processing in dynamical systems: foundations of har-mony theory, In *Parallel distributed processing: explorations in the microstructure of cognition*, Vol. 1, pp. 194–281. MIT Press, 1986.

29　J. Sohl-Dickstein, P. B. Battaglino, and M. R. DeWeese, New method for parameter estimation in probabilistic models: Minimum probability flow, *Physical Review Letters*, Vol. 107, p. 220601, 2011.

30　田中和之, 『確率モデルによる像理技術入門』, 森北出版, 2006.

31　T. Tieleman, Training restricted Boltzmann machines using approximations to the likelihood gradient, In *Proceedings of the 25th international conference on Machine learning (ICML)*, pp. 1064–1071, 2008.

32　M. J. Wainwright and M. I. Jordan, Graphical models, exponential families, and variational inference, *Foundations and Trends in Machine Learning*, Vol. 1, No. 1–2, pp. 1–305, 2008.

33　渡邊澄夫, 『デタ習アルゴリズム』, 共立出版, 2001.

34　安田宗樹, ディプボルツマンマシン入門, 『人工知能誌』, 連載解「Deep Learning (深層習)」, Vol. 28, No. 3, pp. 474–485, 2013.

35　M.Yasuda,MonteCarlointegrationusingspatialstructureofMarkov random field, *Journal of the Physical Society of Japan*, Vol. 84, No. 3, p. 034001, 2015.

36　M. Yasuda, S. Kataoka, and K. Tanaka, Bayesian reconstruction of missing ob-servations, *Interdisciplinary Information Sciences*, Vol. 21, No. 1, pp. 11–23, 2015.

37　M.Yasuda,S. Kataoka, Y.Waizumi, and K. Tanaka, Compositelikelihood es-timation for restricted Boltzmann machines, *Proceedings of 21st International Conference on Pattern Recognition (ICPR2012)*, pp. 2234–2237, 2012.

38　M. Yasuda and K. Tanaka, Approximate learning algorithm in Boltzmann machines, *Neural Computation*, Vol. 21, No. 11, pp. 3130–3178, 2009.

39　J. S. Yedidia, W. T. Freeman, and Y. Weiss, Constructing free-energy approx-imations and generalized belief propagationalgorithms, *IEEE Transaction on Information Theory*, Vol. 51, pp. 2282–2312, 2005.

3

사전훈련과
그 주변

3.1 시작하며

딥 러닝에 사용되는 모형은 일반적인 다층 NN과 같다. 그러나 딥 러닝에서 사용되는 다층 NN은 수백만에서 수천만에 이르는 많은 수의 파라미터를 가지며, 지금까지 이를 적절하게 학습시킬 수가 없었다. 이 다층 NN을 학습시키기 위한 방법 중 하나로 사전훈련이 있다. 이번 장에서는 이 사전훈련에 관한 전반적인 내용과 함께 그중 대표적인 예로 대조적 발산(CD법)에 관하여 설명할 것이다. CD법 자체는 좀 더 일반적인 학습법인 PoE(Product of Experts)[26]로서 제안되었으나, 여기서는 딥 러닝에 사용되는 CD법에 특화된 내용을 다루며, PoE 학습법으로서의 CD법은 따로 다룬다.

CD법은 2.7절에서 설명한 제약 볼츠만 머신(RBM)을 학습하는 데 사용되는 학습 알고리즘이다. 딥 러닝에서 쓰이는 다층 NN은 지도학습 형태로 학습되는데, 이 지도학습은 이미지 인식, 음성 인식, 자연어 처리 등의 과업에서 주어진 입력에 대해 적절한 출력을 내보내는 것을 목적으로 한다. 이에 비해 RBM은 입력만으로 구성된 데이터가 주어지는 비지도학습 형태로 학습된다. 비지도학습은 RBM 같은 입력만 주어지는 통계 모형을 통해 입력의 분포를 학습*하는 것으로서 CD법은 비지도학습 알고리

---

* 정확히 말하면 비지도학습은 관측 데이터의 분포를 학습한다고 해야 맞다. 왜냐하면 입력과 출력을 합친 것을 관측 데이터로 삼아 입력과 출력의 결합분포를 학습하는 방법으로 지도학습에 속하는 과업에도 적용할 수 있기 때문이다. 그 예는 문헌 [33]을 참고하기 바란다.

즘으로 분류된다. 입력의 분포를 학습한다고만 하면 너무 추상적이어서 무엇을 말하는지 감이 잘 오지 않지만, 이것은 1.2절에서 배웠던 내부 표현의 추출과 같다고 볼 수 있다.

3.2절에서는 왜 지도학습에서 비지도학습 기법을 필요로 하게 되었는지 그 배경을 설명한다. 3.3절에서는 자기부호화기와 이에 대한 사전훈련을 소개하며, 3.4절은 확률적 모형을 사용한 사전훈련 방법을 소개한다. 이번 장에서 소개할 학습법은 보다 표현 능력이 큰 모형이며, RBM을 포함하는 모형인 지수형 하모니움족(EFH)에 적용할 수 있는 기법이므로 EFH의 정의와 함께 이에 대한 기존 학습법에 대해 먼저 다룬 뒤 EFH에 적용하는 CD법을 비롯한 학습법과 이들에 대한 해석을 설명한다. 만약 CD 법에만 관심이 있는 독자라면 3.4.3절부터 읽어도 무방하다. CD법 이외의 확률적 모형을 사용한 사전훈련에 대해서는 3.5절에서 다룬다. 마지막으로, PoE 학습법의 관점에서 본 CD법에 대해 3.6절에서 설명한다.

3.2 자유도가 높은 통계 모형에 대한 학습의 어려움과 해결책

이번 절에서는 자유도가 높은 통계 모형의 학습이 최적화 및 과적합으로 겪는 어려움을 먼저 설명한 후 기존의 대책과 딥 러닝을 통해 새로 소개된 사전훈련을 통한 대책을 소개한다.

3.2.1 학습을 어렵게 하는 요인

자유도가 높은 통계 모형의 학습을 어렵게 하는 요인에는 크게 두 가지가 있는데, 과학습과 최적화 문제다.

먼저, 과적합(over-fitting) 문제부터 설명한다. 다층 NN을 포함하는 통계적 모형을 학습에서는 일반적으로 통계 모형의 표현 능력 및 자유도 그리고 통계 모형의 파라미터를 추정하는 데 따르는 어려움이 서로 상충(trade-off) 관계를 갖는다. 다시 말해서 자유도가 높은 통계 모형을 설계한다면 이에 가장 적합한 파라미터를 설정하는 것이 어려워진다. 이런 현상은 이미 가지고 있는 관측 데이터에 지나치게 적응한 학습이 이루어지는 과적합이 주된 원인이다. 통계적 학습 역시 일반적인 최적화 문제와 마찬가지로 우도나 규제화를 추가한 우도 같은 손실함수(loss function)를 정의하여 파라미터 학습에서 이 손실함수를 파라미터에 대해 최적화하는 과정으로 볼 수 있다. 그러나 일반적인 최적화 문제와 통계적 학습에 의한 최적화 문제의 차이점은 통계적 학습의 손실함수가 관측 데이터에 의존하여 결정된다는 점이다. 이 때문에 개수가 유한한 관측 데이터 수로부터 얻은 경험적 손실함수(훈련 오차)에 대해 최적인 파라미터가, 관측 데이터 수가 무한대에 가까울 때 얻을 수 있는 점근적 손실함수(일반화 오차)에 대해서도 항상 최적이라고 보기는 어렵다. 이렇게 훈련 오차와 일반화 오차 사이에는 괴리가 있게 마련인데, 이 괴리로 인해 훈련 오차는 작은데도 일반화 오차가 크게 발생하는 문제가 바로 과적합이다. 추정 방법이나 통계 모형의 종류에 따라 다르지만, 일반적으로 파라미터의 차원이 커질 수록 통계 모형의 자유도가 높아지며 과적합이 발생하기 쉽다[63, 64].

또 다른 하나는 최적화 문제다. 복잡한 통계 모형에 대한 손실함수의 최적화는 비선형 최적화가 되어 해석적 해를 구하기 어려운 경우가 많다. 이 때문에 반복적 해법을 사용하게 된다. 반복적 해법은 최적화 대상이 되는 변수(여기서는 통계 모형의 파라미터)를 조금씩 업데이트하는 형태를 취하는데, 이렇게 업데이트할 방향을 구하기 위해 손실함수의 현재 파라미터 값에 대한 도함수를 사용하는 것이 최급 경사법(steepest gradient method)이다. 최급 경사법은 유클리드 거리를 기준으로 파라미터를 약간씩 움직여 보았을 때 가장 손실함수가 크게 감소하는 방향으로 파라미터를 업데이트하는 방식을 취한다. 경사법은 최급 경사법을 포함하는 반복 최적화 기법을 가리키는데, 일반적으로 파라미터에 대한 손실함수의 기울기 항 앞에 정부호 행렬을 곱한 것을 파라미터 업데이트 방향으로 삼는다. 정부호 행렬을 곱하게 되면 업데이트 방향이 파라미터를 유클리드 거리 기준으로 조금씩 움직였을 때 손실함수가 감소되는 방향이라는 것이 보장된다(손실함수 감소폭이 가장 큰 방향은 아닐 수 있다). 경사법에서 발생할 수 있는 문제로 국소 최적해(local optimum)나 안장점(saddle point)*에 들어가 나오지 못하는 현상이 있다. 일반적으로 최적화 대상이 되는 변수(여기서는 통계 모형의 파라미터)의 차원이 높을수록 안장점이 많으며, 최단 루트로 최적 파라미터로 향하기 위한 업데이트 방향을 추측하기도 어려워진다. 특히, 딥 러닝에서 사용되는 다층 NN은 서로 다른 파라미터로도 같은 통계 모형을 나타낼 수 있는 잉여성을 갖춘 특이한 통계 모형이므로 손실함수 값이 변하지 않는 국소 최적해 또는 안장점이 선이나 면을 이루어 존재한다[20, 25]. 이때 플래토(plateau)라 불리는 손실함수가 평탄해지는 영역이 생기므로 최적화할 파라미터의 차원이 상대적으로 낮다고 해도 경사법이 정체 상태에 빠지는 기울기 소실(gradient vanishing) 문제가 발생한다[2].

3.2.2 기존의 해결법

과적합이나 국소 최적해 문제를 해결하기 위해 다양한 해법이 제안된 바 있다.

과적합은 학습 과정에 최적화하는 파라미터의 차원이 낮을수록 발생하기 어렵다는 사실이 알려져 있다[63, 64]. 이 때문에 과적합에 대한 대책 중 하나로 단순히 자유도가 낮은 통계 모형을 사용하는 것을 들 수 있다. 이를 위해 1장에서 이미 설명했듯 특징 엔지니어링을 통한 저차원 특징 추출, 내부 표현 획득이나 합성곱 신경망을 이용한 파라미터의 자유도 축소 등이 필요하게 된다. 음성 인식이나 이미지 인식 등의 분야에서는 멜 주파수 켑스트럼 계수(MFCC, Mel-Frequency Cepstrum Coefficient)나 SIFT(Scale-Invariant Feature Transform)와 같은 특징값이 전통적으로 많이 사용되었듯이 각각의 분야에서 인식에 쓰이는 중요한 정보를 포함하는 저차원 특징값을 수동으로 추출해 왔다. 이렇게 저차원 특징값을 한번 결정해 두면 이 저차원 특징값을 입력으로 하는 통계 모형에 이용하여 해당 모형의 자유도를 낮출 수 있다. 이 때문에 과학습의 위험을 낮출 수 있는 것이다.

---

* 기울기가 0인 점이 모두 극댓값이나 극솟값인 것은 아니다. 기울기가 0이면서도 극댓값도 극솟값도 아닌 지점(임계점이면서 극점이 아닌 지점)을 안장점이라고 부르는데, 안장점 근처의 손실함수 값은 안장점의 손실함수 값에 비해 방향에 따라 들쭉날쭉하다.

이와 달리 사람이 직접 저차원 특징값을 뽑는 대신에 주성분 분석이나 다층 NN 등의 비지도학습을 사용하기도 한다. 비지도학습(unsupervised learning)에서는 고차원 관측 데이터를 저차원 공간상에 나타내는 것을 목표로 한다. 그림 3.1 왼쪽은 관측 데이터로 의자의 2차원 이미지가 주어진 경우 이 관측 데이터에 대해 다층 NN을 이용한 비지도학습을 수행하는 양상을 이미지로 나타낸 것이다.

관측 데이터로 주어진 의자의 2차원 이미지는 픽셀 개수만큼의 차원을 갖는 고차원 데이터라고 할 수 있다. 그러나 이 의자 이미지가 지면에 수직인 축을 따라 회전시킨 이미지일 경우 실질적으로는 1차원 회전에 대한 자유도밖에 갖지 않는다. 비지도학습에서는 이런 관측 데이터에 잠재하는 내부 표현(이 예제에서는 회전각)을 추출하는 것을 목적으로 한다. 이 비지도학습 기법으로 관측 데이터로부터 저차원 특징값을 추출한 뒤 지도학습을 수행하는 기법이 자주 사용된다. 그림 3.1은 왼쪽 그림처럼 다층 NN으로 비지도 학습을 거친 다음, 오른쪽 그림처럼 조금전 비지도학습에서 사용한 다층 NN의 꼭대기에 출력층을 추가한 다층 NN에 대해 지도학습을 수행하는 예를 나타낸 것이다. 그러나 비지도학습에 사용된 통계 모형 역시 학습을 통해 모형을 최적화할 때 과적합이나 국소해, 플래토 문제를 안고 있다. 이 때문에 비지도학습에 사용되는 통계 모형으로 다층 NN처럼 너무 복잡한 모형을 사용하게 되면 큰 효과를 볼 수 없었다.

국소 최적해에 빠지는 것을 방지하기 위한 또 한 가지 방법으로 볼록함수를 손실함수로 삼아 최적화를 효율적으로 수행하는 방법이 제안되었다. 이런 방법에는 희소 최적화나 커널법이 대표적이다. 다만 이렇게 예측하기 쉬운 손실함수를 갖는 통계 모형은 상대적으로 제한적이므로 다층 NN처럼 복잡한 통계 모형의 손실함수는 일반적으로 볼록성을 갖지 않는다. 뿐만 아니라 다층 NN은 특이 모형*이므로 손실함수가 평탄해지는 플래토라는 영역이 있다[2].

---

* 파라미터의 값이 달라지면 모형이 나타내는 확률분포도 달라지는 모형을 정규 모형, 꼭 그렇지만은 않은 모형을 특이 모형이라고 한다. 다층 NN 외에 혼합 분포 등도 특이 모형에 속한다.

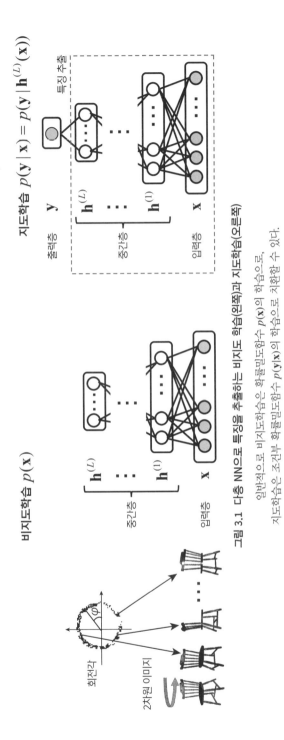

그림 3.1 다층 NN으로 특징을 추출하는 비지도 학습(왼쪽)과 지도학습(오른쪽)

일반적으로 비지도학습은 확률밀도함수 $p(\mathbf{x})$의 학습으로,
지도학습은 조건부 확률밀도함수 $p(\mathbf{y}|\mathbf{x})$의 학습으로 치환할 수 있다.

이 플래토에서 학습이 정체되는 것을 막기 위한 기법으로 통계 모형을 구성하는 다양체를 고려한 자연 경사법(natural gradient method)이 제안되어 다층 NN의 학습에 적용되고 있다[1, 42]. 자연 경사법이란, 최급 경사법에서 파라미터의 미세 변화를 파라미터 공간에 대한 유클리드 거리로 측정하던 것을 다른 척도로 바꾼 것을 말한다. 다층 NN에서는 이러한 최적화 기법이 매우 유효하여 지금도 다양한 대처 방법이 활발하게 연구되고 있다[36, 16, 53].

3.2.3 새로운 해결법

지도학습을 쉽게 하기 위해서 입력된 관측 데이터에 잠재하는 저차원 특징을 추출하는 비지도학습에 대하여 설명하였다. 이 비지도학습은 나중에 있을 지도학습에 대한 입력의 차원을 줄이고, 모형의 복잡도를 제약하는 방법으로 과적합을 방지하는 것이 목적이다. 그러나 비지도학습에도 과적합이나 최적화 문제가 발생한다. 이 때문에 다층 NN 같은 복잡한 통계 모형을 사용한 지도학습에 어려움이 많았다. 이런 상황을 타개한 새로운 해결책 중 하나가 사전훈련(pre-training)이다.

사전훈련을 통해 다층 NN으로 나타낼 수 있는 복잡한 통계 모형의 파라미터에 대한 좋은 초깃값을 얻을 수 있다. 그래서 국소해나 학습의 정체같이 최적화에서 겪을 수 있는 문제를 줄일 수 있었다. 사전훈련은 과적합에 대해서는 특별히 효과가 좋은 것은 아니지만, 애초에 특이 모형은 정규 모형에 비하여 과적합이 일어나기 어렵다는 것이 대수기하를 이용한 점근해석[63, 64]을 통해 증명되어 있다. 또한, 드롭아웃(DropOut)[29, 52]이나 대립적 정보(adversarial example)를 사용한 규제화[21] 기법이 새롭게 제안되어 과적합을 억제하는 데 효과를 얻고 있다.

사전훈련의 유효성에 대한 실험적 검증

파라미터의 초깃값을 위한 사전훈련의 유용성은 주로 실험적으로 증명되어 왔다[27, 19, 15]. 다음은 MNIST라는 숫자 필기 데이터 집합에 대한 학습 결과를 소개하는 내용이다. MNIST는 숫자 손글씨 이미지(28×28)를 입력받아 이 이미지가 0부터 9까지의 숫자 중 어느 것인지를 추정하는 10클래스 분류를 위한 지도학습 데이터 집합이다.

이 MNIST 데이터 집합은 학습 기법이나 알고리즘의 성능을 확인하기 위해 많이 쓰이는데, 사전훈련을 거친 경우와 거치지 않은 경우의 연구가 모두 존재한다. 그림 3.2는 이들 연구 결과를 정리하여 비교한 것이다. 모형의 구조 및 학습 방법은 표 3.1에 정리하였다.

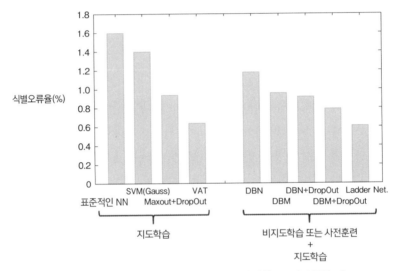

그림 3.2 MNIST 데이터 집합에 대한 여러 가지 다층 NN의 오류율 비교

그림 3.2의 오른쪽을 보면 사전훈련을 거친 경우의 결과가 나와 있는데, 이들 결과는 모두 같은 저자가 수행한 연구 결과로서 역시 모두 같은 구조의 다층 NN이 사용되었다. DBN과 DBM은 각각 딥 빌리프넷과 딥 볼츠만 머신을 뜻하며, 사전훈련의 방식에 차이는 있으되 두 가지 모두 사전훈련이 적용되었다. 이 결과를 보면 드롭아웃(4.4절)의 효과가 높지만, 드롭아웃과 사전훈련이 상반되는 것은 아니며, 양자를 모두 적용하여 성능이 향상됨을 알 수 있다.

위와 같은 결과는 모두 이미지 특유의 기하적 성질을 미리 상정하지 않는 방법인 치환불변 설정(permutation invariant setting)에 의한 결과다. 주어진 입력은 $28 \times 28 = 784$ 차원을 갖는 이미지 벡터다. 숫자 손글씨 이미지는 숫자의 위치를 평행이동으로 옮기거나 회전시키는 일이 자주 있을 것으로 쉽게 상상할 수 있다. 이 때문에 같은 숫자를 나타내는 이미지 벡터끼리는 이미지 특유의 상관관계를 갖게 된다. 그러나 이렇게 상정한 기하적 상관관계를 잘 포착하는 전처리나 특별한 모형 없이, 주어진 훈련 데이터 집합만으로 학습하는 것이 치환불변 설정이다. 즉, 치환불변이라는 것은 입력 벡터의 임의의 두 요소를 서로 바꾸어도 같은 성능을 얻을 수 있다는 뜻이다. 반대로 만약 기하적 상관관계를 이용한 전처리를 거친 경우에는 요소를 서로 바꾸면 성능이 유지되지 않는다. 합성곱 신경망을 이용한 학습은 기하적 상관관계를 포착할 수 있는 신경망 구조를 갖기 때문에 치환불변 설정이 아니다. 쉽게 상상할 수 있듯이 응용에서는 이러한 이미지의 성질을 이용한 학습이 높은 성능을 보인다. 현재 보고된 MNIST에 대한 최고 성능은 합성곱 신경망을 이용한 방법으로 오류율이 0.23%[14]다.

표 3.1 MNIST 데이터 집합에 대한 여러 가지 다층 NN의 오류율 비교

학습방법	비가시층 구조	오류율(%)	문헌
표준적인 NN	2층 합계 800노드	1.6	[49]
SVM(Gauss)	–	1.4	[38]
DropOut+MaxOut NN	2층 1200-1200	0.94	[23]
VAT	1200-600-300-150	0.64	[37]
DBN	500-500-2000	1.18	[28]
DBM	500-500-2000	0.96	[46]
DBN+DropOut	500-500-2000	0.92	[52]
DBM+DropOut	500-500-2000	0.79	[52]
Ladder Network	1000-500-250-250-250	0.61	[43]

마지막으로 보충을 위해, 사전훈련을 적용하지 않고 지도학습만으로도 높은 성능을 보였던 연구[36, 12, 48, 13, 11, 62]도 존재한다는 것을 짚고 넘어가도록 하자. 다만 이들 연구 대부분은 사전훈련의 유무를 비교 검토하기 위한 것이 아니라 지도학습만으로도 충분히 높은 성능을 얻을 수 있다는 것을 보이기 위한 연구다. 단순 퍼셉트론에서 비지도학습을 통한 초깃값 결정이 일반화 성능을 개선하는 데 유용하다는 것을 이론적으로 다룬 연구로 [39]가 있다.

3.3 자기부호화기를 이용한 내부 표현학습

사전훈련은 기본적으로 자기부호화기의 학습을 이용한다. 이번 절에서는 먼저, 확률적 함수로서 다층 NN을 이용하는 자기부호화기를 3.3.1항에서 다루고, 이 자기부호화기를 층 단위 탐욕적 학습을 통해 사전훈련하는 방법을 3.3.2항에서 소개한다. 층 단위 탐욕학습은 확률적 모형을 사용하는 것과 결정적 모형을 사용하는 것으로 크게 나눌 수 있는데, 확률적 모형을 사용하는 것은 3.4절에서 다루고, 결정적 모형을 사용하는 것은 3.5절에서 다룬다.

3.3.1 자기부호화기와 자기부호화기의 손실함수 정의

자기부호화기(autoencoder)[*]는 부호화기와 복호화기를 직접 연결한 모래시계형 신경망(hourglass-type neural network)이다(그림 3.3 왼쪽 참고). 모래시계형 신경망은 입력을 보다 낮은 차원으로 변환하기 위해, 먼저 입력 정보를 입력된 정보를 줄일 수 밖에 없는 구조를 갖는다. 이렇게 입력을 저차원 특징으로 변환하는 과정을 부호화라고 한다. 이렇게 만들어진 저차원 특징으로부터 다시 원래의 입력을 복원하는 과정이 복호화다. 입력이 되는 관측 데이터는 고차원이라고 하여도 요소 간에 강한 상관관계를 가지므로 저차원 다양체상에 나타낼 수 있는 경우가 많다. 이 때문에 원래 입력변수의 정보를 가능한 한 복원할 수 있도록 하는 학습을 통해 입력의 내부 표현이 중간층의 변수에 압축적으로 반영되는 것을 기대할 수 있다[**].

먼저, 표기법을 정리해 두도록 하자. 그림 3.3 왼쪽의 자기부호화기를 보면 입력변수 $\mathbf{x}$와 출력변수 $\hat{\mathbf{x}}$의 관계가 다층 NN에 의해 다음과 같이 결정론적으로 표현된다. 입력변수를 m차원 벡터 $\mathbf{x}$, 입력층으로부터 직접 입력을 받는 중간층 최초의 비가시변수를 n차원 벡터 $\mathbf{h}^{(1)}$로 나타내면 $\mathbf{h}^{(1)} = sig(\mathbf{W}^{(1)\top}\mathbf{x} + \mathbf{b}^{(1)})$가 성립한다. 여기서 $sig(x)$

---

[*] 자기부호화기를 자기연상 신경망(autoassociative neural network)이라고 부르는 경우도 있는데, 이 용어는 홉필드 네트워크를 지칭하여 쓰이는 경우도 있으므로 이 책에서는 이 용어를 사용하지 않는다.

[**] 다만 현재의 딥 러닝에서 사용되는 신경망은 중간층을 많이 두되 불필요한 중간층 노드를 사용하지 않도록 하는 것도(뒤에 설명할 축소 자기부호화기나 극단 학습기계) 있으며, 입력 차원보다 중간층 노드의 수가 반드시 적은 것은 아니다.

는 시그모이드 함수 $1/(1 + \exp(-x))$를 나타내며, 입력변수가 벡터 $\mathbf{x}$일 경우 $\mathrm{sig}(\mathbf{x})$는 요소 단위로 시그모이드 함수를 적용한다. $\mathbf{W}^{(1)}$, $\mathbf{b}^{(1)}$은 각각 $m \times n$ 행렬, n차원 벡터인 파라 미터이며, 이들을 모두 합쳐 파라미터 $\boldsymbol{\theta}$로 나타낸다. 마찬가지로, 인접하는 중간층 간의 관계는 $\mathbf{h}^{(l)} = \mathrm{sig}(\mathbf{W}^{(l)\top}\mathbf{h}^{(l-1)} + \mathbf{b}^{(l)})$과 같이 나타낼 수 있다. 중간층의 비가시변수의 차원은 한가운데 있는 층인 $\mathbf{h}^{(L)}$에서 가장 낮아지며, 이 층에 입력 $\mathbf{x}$이 압축된 특징이 나타나도록 의도된 구조를 갖고 있다. 이 때문에 입력 $\mathbf{x}$로부터 시작하여 $\mathbf{h}^{(L)}$이 출력되는 부분까지를 부호화기(encoder) $\mathbf{h}^{(L)} = f(\mathbf{x})$라고 부르고, $\mathbf{h}^{(L)}$부터 시작하여 출력 $\hat{\mathbf{x}}$가 출력되는 부분은 복호화기(decoder) $\hat{\mathbf{x}} = g(\mathbf{h}^{(L)})$라고 부른다. $L > 1$인 경우를 따로 심층 자기부호화기(DAE, Deep Autoencoder)라고 부르기도 한다.

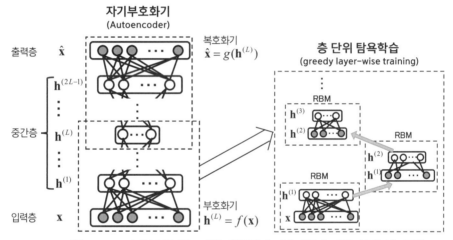

그림 3.3 다층 NN으로 자기부호화기를 구성한 예(왼쪽)와, 이에 대한 층 단위 탐욕학습(오른쪽). 회색으로 칠해진 노드는 관측 데이터가 주어진 노드임을 나타낸다

부호화기와 복호화기가 합쳐진 신경망의 출력 $\hat{\mathbf{x}}$와 원래의 입력 $\mathbf{x}$와 얼마나 가까운지를 재구성 오차(reconstruction error) $E_{q(\mathbf{x})}[C(\mathbf{x}, \hat{\mathbf{x}})]$로 평가한다. 자기부호화기는 이 재구성 오차를 최소화하도록 부호화기와 복호화기를 학습한다.

$$\min E_{q(\mathbf{x})}[C(\mathbf{x}, \hat{\mathbf{x}})] = \min E_{q(\mathbf{x})}[C(\mathbf{x}, g(f(\mathbf{x})))] \qquad \boxed{\text{식 3.1}}$$

여기서 $q(\mathbf{x})$는 관측 데이터를 생성한 실제 분포를 뜻한다. 대부분의 경우 이 실제 분포 $q(\mathbf{x})$는 알 수 없으므로 기댓값을 샘플의 평균으로 대체하여 확률적 경사 하강법을 수행한다. 손실함수 $C(\mathbf{x}, \hat{\mathbf{x}})$로는 입력이 연속값이라면 제곱 오차, 이산값이라면 교차 엔트로피가 주로 사용된다. 입력 $\mathbf{x}$와 이에 대한 저차원 표현으로부터 재구성한 벡터 $\hat{\mathbf{x}}$가 $\hat{\mathbf{x}} = g(f(\mathbf{x}))$처럼 결정적 관계를 갖는 경우 상호 정보량은 $\mathbf{I}(\mathbf{x}; \hat{\mathbf{x}}) = \mathrm{E}_{q(\mathbf{x})}[\log p(\mathbf{x}|\hat{\mathbf{x}})] + \mathrm{const}$로 나타낼 수 있으므로 이 손실함수 C를 어떻게 선택하는지가 분포 $p(\mathbf{x}|\hat{\mathbf{x}})$에 대한 선택이 된다고 해석할 수 있다[61].

3.3.2 층 단위 탐욕학습을 통한 자기부호화기의 사전훈련

다층 NN을 이용한 자기부호화기는 모형의 자유도가 높으므로 과적합이나 최적화에 문제가 발생하기 쉽다. 이렇게 자유도가 높은 통계 모형인 다층 NN에서 그림 3.3의 오른쪽과 같이 층 단위 탐욕학습(greedy layer-wise training)이라는 순차적 최적화 기법으로 파라미터의 좋은 초깃값을 얻는 방법이 확립되었다. 이 기법의 단초는 힌튼(Hinton) 등[27]의 연구로부터 시작되었다.

순차적 최적화 기법은 다층 NN 전체의 학습을 한 번에 하는 대신에 각 층 단위로 파라미터를 학습하는 형태로 비교적 파라미터 수가 적은 형태의 통계 모형에 대한 최적화를 수행한다. 학습의 대상을 규모가 작은 통계 모형으로 바꾸므로 과적합에 대한 위험도 줄어들뿐더러 최적화 역시 좀 더 쉽게 할 수 있다.

힌튼(Hinton) 등[27]이 제안한 층 단위 탐욕학습은 그림 3.3의 오른쪽처럼 딥 뉴럴넷으로 구성되는 자기부호화기 중 부호화기에 해당하는 인접층 간을 각각 별개의 확률 모형인 제약 볼츠만 머신(RBM)(3.4.1항 참고)으로 보고, 이들 RBM을 순차적으로 학습시킨다. RBM에 대한 학습은 자기부호화기의 아래층의 인접층부터 순서대로 진행된다. 복호화기의 파라미터는 부호화기와 대칭 관계를 갖도록 설정한다. 구체적인 방법은 $\mathbf{W}^{(L+i)\mathsf{T}} = \mathbf{W}^{(L-i+1)}$, $\mathbf{b}^{(L+i)} = \mathbf{b}^{(L-i+1)}$ ($i = 1, \cdots, L$)로 제약을 두는 것이다. 여기서 전치 행렬이 쓰이는 이유는 나중에 더 자세히 설명하겠지만, 일단은 RBM으로 학습된 파라미터를 딥 뉴럴넷에서 사용하기 위한 것이라고 생각하면 된다. 이 제약은 자기부호화기의 초깃값으로 이용되고, 나중에 자기부호화기 전체를 일반적인 딥 뉴럴넷으로 학습할 때 최적화된다.

사전훈련을 통해 다층 NN을 구성하는 자기부호화기의 파라미터에 대한 좋은 초깃값을 얻을 수 있으며, 이 다층 NN에 지도학습을 적용할 때 최적화 문제에 골치를 썩이는 일 없이 좋은 성능을 내게 해준다. 이후 3.4절에서는 확률적 모형을 사용한 사전훈련에 대해 다루고, 3.5절에서는 결정적 모형을 사용한 사전훈련에 대해 구체적인 학습 방법을 다룬다.

3.4 확률적 모형을 사용한 사전훈련

이번 절에서는 RBM을 포함한 확률적 모형을 사용하는 사전훈련에 대해 설명한다. RBM을 이용한 층 단위 탐욕학습은 결정적 자기부호화기의 사전훈련 외에도 2.8 절에 나온 딥 볼츠만 머신이나 2.9절의 딥 빌리프넷 같은 확률 모형에 대한 사전훈련에도 사용된다.

3.4.1 제약 볼츠만 머신

여기서 잠시 2.7절에서 배웠던 제약 볼츠만 머신(RBM, Restricted Boltzmann Machine)에 대해 복습해 보자. RBM은 가시변수(visible variable) $\mathbf{v}$로 구성된 층과 비가시변수(hidden variable) $\mathbf{h}$로 구성된 층, 이렇게 두 가지 층으로 구성되며, 같은 층에 있는 변수끼리는 결합을 갖지 않는 특수한 형태의 볼츠만 머신이다(그림 3.4 참고). 이 RBM의 학습에 사용되는 것이 대조적 발산법(CD법)이다. 여기서는 설명에 대한 이해를 돕기 위해 가시변수 및 비가시변수가 각각 $\mathbf{v} \in \{0, 1\}^m$, $\mathbf{h} \in \{0, 1\}^n$인 이산변수라고 가정한다*.

---

* 연속변수를 다루는 방법에 대해서는 6.4.1항과 문헌 [56, 65, 6]을 참고한다.

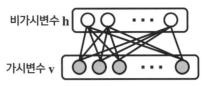

그림 3.4 RBM 및 EFH의 그래피컬 모델 표현

가시변수와 비가시 변수 사이에만 결합이 존재하며,
가시변수 혹은 비가시 변수끼리는 결합을 갖지 않는다.

RBM은 다음 식과 같은 확률 모형으로 나타낼 수 있다.

$$p(\mathbf{v}, \mathbf{h} | \theta) = \frac{1}{Z(\theta)} \exp\left(\mathbf{v}^\top \mathbf{W} \mathbf{h} + \mathbf{b}^{(1)\top} \mathbf{v} + \mathbf{b}^{(2)\top} \mathbf{h}\right)$$

식 3.2

이때 $\theta = (\{\mathbf{W}, \mathbf{b}^{(1)}, \mathbf{b}^{(2)}\}$는 최적화 대상이 되는 파라미터다. $Z(\theta) = \sum_{\mathbf{v}, \mathbf{h}} \exp(\mathbf{v}^\top \mathbf{W} \mathbf{h} + \mathbf{b}^{(1)\top} \mathbf{v} + \mathbf{b}^{(2)\top} \mathbf{h})$는 확률변수 $\mathbf{v}$와 $\mathbf{h}$에 의존하지 않는 상수이며, $\sum_{\mathbf{v}, \mathbf{h}} p(\mathbf{v}, \mathbf{h} | \theta) = 1$이 성립하도록 정해 놓았으므로 이를 정규화 상수(normalization constant)라고 한다. $Z(\theta)$는 파라미터 θ에 의존하지만, 그냥 Z라고 표기하여 이 의존성을 생략하는 경우가 많다. 정규화 상수를 계산하는 데는 $\mathbf{v}$, $\mathbf{h}$의 조합, 다시 말해 2^{m+n}번의 합을 계산해야 하므로 m, n의 값이 커지면 실질적으로 계산이 불가능해지는 것에 주의해야 한다.

파라미터 $\mathbf{b}^{(1)}$, $\mathbf{b}^{(2)}$의 각 요소는 양수이면 $\mathbf{v}$, $\mathbf{h}$에서 해당 요소에 대응하는 요소값이 1이 되기 쉽도록, 음수이면 0이 되기 쉽도록 바이어스를 적용하는 효과가 있다. 파라미터 $\mathbf{W}$는 $\mathbf{v}$와 $\mathbf{h}$의 상관관계를 결정하는 파라미터이며, 행렬로 표현된다. $\mathbf{W}$의 (i, j) 요소인 W_{ij}는 양수이면 $\mathbf{v}$의 i번째 요소인 v_i와 $\mathbf{h}$의 j번째 요소 h_j가 함께 1일 확률이 높아지고, 반대로 음수이면 이 두 요소가 함께 1일 확률이 낮아지는 분포를 이룬다. 이 $\mathbf{W}$는 결합 가중치, 결합, 가중치 등의 이름으로 불리는 경우가 많다. 볼츠만 머신의 구조를 그래프 형태로 나타낼 때에는 이 파라미터 $\mathbf{W}$가 항상 0인지 0이 아닌 값을 갖는지를 표시한다.

지금부터는 그래프 표기법과 확률분포의 대응관계를 구체적으로 설명할 것이다. 그래프는 동그라미로 나타낸 노드와 이들을 연결하는 선인 결합으로 표현된다. 확률 모형을 나타내는 그래프의 노드는 확률변수를 나타낸다. 제약 볼츠만 머신의 경우 각각의 노드는 확률변수 v_i와 h_j를 나타낸다. $\mathbf{W}$의 (i, j)번째 요소인 w_{ij}가 언제나 0인 경우에는 h_j와 v_i를 나타내는 노드 사이에 결합이 표시되지 않으며, 그렇지 않은 경우에는 결합이 표시된다.

제약 볼츠만 머신의 특징은 식 3.2에서 알 수 있듯이 지수함수 안쪽에 가시변수끼리의 곱과 비가시변수끼리의 곱이 존재하지 않는다는 점이다. 따라서 그림 3.4와 같이 그래프로 나타낸 가시변수나 비가시변수 사이에도 결합이 존재하지 않으며, 가시변수와 비가시변수 사이에서만 결합이 존재하게 된다. 이것은 주어진 비가시변수에 대해 가시변수끼리만 독립이 되는 조건부 독립이 성립하는 성질이나, 마찬가지로 주어진 가시변수에 대해 비가시변수 간에만 조건부 독립이 성립한다는 것을 뜻한다.

$$\begin{cases} p(\mathbf{v}|\mathbf{h}, \boldsymbol{\theta}) & = \prod_{i=1}^{m} p(V_i = v_i|\mathbf{h}, \boldsymbol{\theta}) \\ p(\mathbf{h}|\mathbf{v}, \boldsymbol{\theta}) & = \prod_{j=1}^{n} p(H_i = h_j|\mathbf{v}, \boldsymbol{\theta}) \end{cases}$$ 식 3.3

또한 이들의 요소에 대한 조건부 확률분포는 다음 식과 같다.

$$\begin{cases} p(V_i = 1|\mathbf{h}, \boldsymbol{\theta}) & = \text{sig}\left(\sum_{j=1}^{n} w_{ij} h_j + b_i^{(1)}\right) \\ p(H_j = 1|\mathbf{v}, \boldsymbol{\theta}) & = \text{sig}\left(\sum_{i=1}^{m} w_{ij} v_i + b_j^{(2)}\right) \end{cases}$$ 식 3.4

이때 $v_i, b_i^{(1)}$는 $\mathbf{v}, \mathbf{b}^{(1)}$의 i번째 요소를 가리키며, $h_j, b_i^{(2)}$는 $\mathbf{h}, \mathbf{b}^{(2)}$의 j번째 요소를 가리킨다. $v_i \in \{0, 1\}$, $h_j \in \{0, 1\}$이므로, 이들 조건부 확률분포의 기댓값에 대한 벡터 표기는 $\bar{\mathbf{h}} = \mathrm{E}_{p(\mathbf{h}|\mathbf{v})}[\mathbf{h}] = \text{sig}(\mathbf{W}^\top \mathbf{v} + \mathbf{b}^{(2)})$, $\bar{\mathbf{v}} = \mathrm{E}_{p(\mathbf{v}|\mathbf{h})}[\mathbf{v}] = \text{sig}(\mathbf{W}\mathbf{h} + \mathbf{b}^{(1)})$가 되며, 이는 자기부호화기에서 쓰인 다층 NN의 결정론적 함수와 대응한다. 즉, $\mathbf{v}$가, RBM에서 정의되는 가시변수 $\mathbf{v}$와 비가시변수 $\mathbf{h}$의 결합분포로부터 얻어지는 가시변수 $\mathbf{v}$의 주변 분포를 따라 생성된다고 할 때 $\bar{\mathbf{h}}$는 가시변수 $\mathbf{v}$가 주어졌을 때 비가시변수 $\mathbf{h}$의 기댓값으로 해석할 수 있다. 마찬가지로 비가시변수 $\mathbf{h}$가 주어졌을 때 가시변수 $\mathbf{v}$의 기댓값은 $\bar{\mathbf{v}}$가 된다.

3.4.2 지수형 하모니움족

식 3.3처럼 조건부분포의 독립성이 성립한다는 것은 RBM의 중요한 성질 중 하나다. 그러나 이러한 성질이 성립하는 모형이 RBM만 있는 것은 아니다. 이러한 조건부분포의 독립성이 성립하는 모형을 일반적으로 지수형 하모니움족*(EFH, Exponential Family Harmonium)이라고 하며, 이를 다음과 같이 나타낼 수 있다[65, 28].

$$p(\mathbf{v}, \mathbf{h}|\theta) = \frac{1}{Z(\theta)} \exp(-\Phi(\mathbf{v}, \mathbf{h}|\theta))$$

$$\Phi(\mathbf{v}, \mathbf{h}|\theta) = -\sum_{i,j} \phi_{ij}(v_i, h_j|w_{ij}) - \sum_i \alpha_i(v_i|b_i^{(1)}) - \sum_j \beta_j(h_j|b_j^{(2)}) \quad \boxed{\text{식 3.5}}$$

$$Z(\theta) = \sum_{\mathbf{v}, \mathbf{h}} \exp(-\Phi(\mathbf{v}, \mathbf{h}|\theta))$$

이때 $\phi_{ij}(v_i, h_j|w_{ij})$, $\alpha_i(v_i|b_i^{(1)})$, $\beta_j(h_j|b_j^{(2)})$는 w_{ij}, $b_i^{(1)}$, $b_j^{(2)}$를 각각 파라미터로 갖는 임의의 함수다. 이들 파라미터를 모두 합쳐 θ라고 표기한다. $\Phi(\mathbf{v}, \mathbf{h}|\theta)$는 에너지 함수로 불린다. EFH의 조건부분포는 식 3.6과 같이 나타낼 수 있으며, 이 식에서 역시 조건부 독립을 확인할 수 있다.

$$\begin{cases} p(\mathbf{v}|\mathbf{h}, \theta) = \frac{\exp(-\Phi(\mathbf{v}, \mathbf{h}|\theta))}{\sum_{\mathbf{v}} \exp(-\Phi(\mathbf{v}, \mathbf{h}|\theta))} \propto \prod_{i=1}^{m} \exp\left(\sum_{j=1}^{n} \phi_{ij}(v_i, h_j|w_{ij}) + \alpha_i(v_i|b_i^{(1)})\right) \\ p(\mathbf{h}|\mathbf{v}, \theta) = \frac{\exp(-\Phi(\mathbf{v}, \mathbf{h}|\theta))}{\sum_{\mathbf{h}} \exp(-\Phi(\mathbf{v}, \mathbf{h}|\theta))} \propto \prod_{j=1}^{n} \exp\left(\sum_{i=1}^{m} \phi_{ij}(v_i, h_j|w_{ij}) + \beta_j(h_j|b_j^{(2)})\right) \end{cases} \quad \boxed{\text{식 3.6}}$$

식 3.2와 같이 정의된 RBM은 식 3.5의 에너지 함수에서 $\sum_{i,j}\phi_{ij}(v_i, h_j|w_{ij}) = \mathbf{v}^\top\mathbf{W}\mathbf{h}$, $\sum_j\alpha_i(v_i|b_i^{(1)}) = \mathbf{b}^{(1)\top}\mathbf{v}$, $\sum_j\beta_j(h_j|b_j^{(2)}) = \mathbf{b}^{(2)\top}\mathbf{h}$인 경우에 해당한다. 이렇듯 RBM은 EFH의 특수한 예다. RBM의 학습 알고리즘에 대해 논의했던 내용은 EFH 일반에 대해서도 마찬가지로 성립한다. 다음의 내용에서는 EFH를 이용한 파라미터 표현을 사용하여 학습 알고리즘을 설명한다. 그리고 앞으로는 포텐셜 함수 $\phi_{ij}(v_i, h_j|w_{ij})$, $\alpha_i(v_i|b_i^{(1)})$, $\beta_j(h_j|b_j^{(2)})$를 ϕ_{ij}, α_i, β_j와 같이 간략하게 표기할 것이다.

---

* 최초로 제안된 당시 RBM은 하모니움(harmonium)이라는 이름으로 제안되었으며, 이를 지수형 분포족 일반으로 확장한 것이므로 이러한 이름이 붙었다.

그럼 이 EFH의 가시변수 $\mathbf{v}$에 대한 T개의 데이터(다시 말해, T개의 관측 데이터) $\mathbf{v}_1$, $\cdots$, $\mathbf{v}_T{}^*$로부터 추정해야 한다고 하자. 손실함수로는 다양한 후보를 생각해 볼 수 있지만, 이 뒤에 대조적 발산법을 설명해야 하므로 쿨벡 라이블러 발산(Kullback-Leibler divergence) $\mathrm{D_{KL}}(q(\mathbf{v}) \parallel p(\mathbf{v}|\boldsymbol{\theta}))$를 사용하기로 한다. 실제 분포 $q(\mathbf{v})$와 파라미터 $\boldsymbol{\theta}$로 표현되는 모형분포 $p(\mathbf{v}|\boldsymbol{\theta})$(이 경우 EFH로 표현되는 분포) 사이의 쿨벡-라이블러 발산은 다음과 같이 정의된다.

$$\mathrm{D_{KL}} \left(q(\mathbf{v}) \parallel p(\mathbf{v}|\boldsymbol{\theta}) \right) \equiv \sum_{\mathbf{v}} q(\mathbf{v}) \log \frac{q(\mathbf{v})}{p(\mathbf{v}|\boldsymbol{\theta})}$$
$$= \mathrm{E}_{q(\mathbf{v})}[\log q(\mathbf{v})] - \mathrm{E}_{q(\mathbf{v})}[\log p(\mathbf{v}|\boldsymbol{\theta})]$$

식 3.7

식 3.7의 우변에서 첫 번째 항은 파라미터 $\boldsymbol{\theta}$에 의존하지 않는다. 이 때문에 파라미터 $\boldsymbol{\theta}$에 대해 쿨벡-라이블러 발산을 최소화하는 것은 식 3.7의 우변 두 번째 항에 대한 최소화와 같다고 할 수 있다. 이 두 번째 항에는 $q(\mathbf{v})$에 대한 기댓값 계산이 포함되어 있다. 그러나 이를 관측된 $\mathbf{v}$의 샘플 평균으로 치환하면 음의 로그 우도와 일치하는 값이 된다. 그러므로 쿨벡-라이블러 발산을 최소화하는 것은 샘플 근사를 기반으로 로그 우도를 최대화하는 것과 같다고 할 수 있다. 즉, 경사법으로 말하자면 파라미터에 대한 도함수 $\triangle\boldsymbol{\theta}$는 식 3.8과 같이 된다.

$$\triangle\theta = -\frac{\partial \mathrm{D_{KL}}\left(q(\mathbf{v})|p(\mathbf{v} \parallel \theta)\right)}{\partial\theta} = \frac{\partial \mathrm{E}_{q(\mathbf{v})}\left[\log p(\mathbf{v}|\boldsymbol{\theta})\right]}{\partial\theta}$$

식 3.8

구체적인 방법은 $p(\mathbf{v}, \mathbf{v}|\boldsymbol{\theta}) \propto \exp(-\Phi(\mathbf{v}, \mathbf{h}|\boldsymbol{\theta}))$로 나타낼 수 있는 일반적인 분포에 대해 $\mathrm{E}_{q(\mathbf{v})}[\log p(\mathbf{v}|\boldsymbol{\theta})]$의 $\boldsymbol{\theta}$에 대한 도함수를 구한다. 이는 다음과 같이 계산할 수 있다.

---

* 다층 NN을 이용한 자기부호화기에서는 최하층 외에는 관측 데이터를 받을 수 없으나, 이런 경우에는 바로 아래층의 EFH에서 $p(\mathbf{h}_t|\mathbf{v}_t)$를 따라 생성된 샘플, 혹은 기댓값 $\bar{\mathbf{h}}_t(t = 1, ..., T)$를 관측 데이터로 삼는다.

$$\frac{\partial E_{q(\mathbf{v})}\left[\log p(\mathbf{v}|\boldsymbol{\theta})\right]}{\partial \boldsymbol{\theta}}$$

$$= \frac{\partial E_{q(\mathbf{v})}\left[\log \sum_{\mathbf{h}} p(\mathbf{v}, \mathbf{h}|\boldsymbol{\theta})\right]}{\partial \boldsymbol{\theta}}$$

$$= E_{q(\mathbf{v})}\left[\frac{\partial \log \sum_{\mathbf{h}} \exp(-\Phi(\mathbf{v}, \mathbf{h}|\boldsymbol{\theta}))}{\partial \boldsymbol{\theta}}\right] - \frac{\partial \log Z(\boldsymbol{\theta})}{\partial \boldsymbol{\theta}}$$

$$= -E_{q(\mathbf{v})}\left[\sum_{\mathbf{h}} \frac{\exp(-\Phi(\mathbf{v}, \mathbf{h}|\boldsymbol{\theta}))}{\sum_{\mathbf{h}'} \exp(-\Phi(\mathbf{v}, \mathbf{h}'|\boldsymbol{\theta}))} \frac{\partial \Phi(\mathbf{v}, \mathbf{h}|\boldsymbol{\theta})}{\partial \boldsymbol{\theta}}\right]$$

$$+ \sum_{\mathbf{v},\mathbf{h}} \frac{\exp(-\Phi(\mathbf{v}, \mathbf{h}|\boldsymbol{\theta}))}{\sum_{\mathbf{v}',\mathbf{h}'} \exp(-\Phi(\mathbf{v}', \mathbf{h}'|\boldsymbol{\theta}))} \frac{\partial \Phi(\mathbf{v}, \mathbf{h}|\boldsymbol{\theta})}{\partial \boldsymbol{\theta}}$$

$$= -E_{p(\mathbf{h}|\mathbf{v},\boldsymbol{\theta})q(\mathbf{v})}\left[\frac{\partial \Phi(\mathbf{v}, \mathbf{h}|\boldsymbol{\theta})}{\partial \boldsymbol{\theta}}\right] + E_{p(\mathbf{v},\mathbf{h}|\boldsymbol{\theta})}\left[\frac{\partial \Phi(\mathbf{v}, \mathbf{h}|\boldsymbol{\theta})}{\partial \boldsymbol{\theta}}\right]$$

식 3.9

마지막의 식 변형은 $\mathbf{h}$와 $\mathbf{v}$, $\mathbf{h}$에 대한 합을 각각 $p(\mathbf{h}|\mathbf{v}, \boldsymbol{\theta})$(식 3.6)과 $p(\mathbf{v}, \mathbf{h}|\boldsymbol{\theta})$(식 3.5)에 한 기댓값으로 치환하였다. EFH인 경우의 w_{ij}에 대한 도함수는 식 3.10과 같다.

$$\frac{\partial E_{q(\mathbf{v})}\left[\log p(\mathbf{v}|\boldsymbol{\theta})\right]}{\partial w_{ij}} = E_{p(h_j|\mathbf{v},\boldsymbol{\theta})q(\mathbf{v})}\left[\frac{\partial \phi_{ij}}{\partial w_{ij}}\right] - E_{p(v_i,h_j|\boldsymbol{\theta})}\left[\frac{\partial \phi_{ij}}{\partial w_{ij}}\right]$$

식 3.10

식 3.10의 첫 번째 항은 진짜 분포 $q(\mathbf{v})$에 대한 기댓값을 샘플 평균으로 치환하는 방법으로 근사할 수 있다. 이 샘플 평균을 이용한 근사를 하는 대신 $q(\mathbf{v})$에 경험분포를 이용해도 마찬가지이므로 지금부터는 $q(\mathbf{v})$를 경험분포와 같은 것으로 간주한다. 이와 달리, 두 번째 항 $E_{p(v_i,h_j|\boldsymbol{\theta})}\left[\frac{\partial \phi_{ij}}{\partial w_{ij}}\right]$은 분포의 평가가 사실상 어렵기 때문에 계산이 힘들다.

깁스 샘플링을 이용한 지수형 하모니움족의 학습

경사법으로 쿨백-라이블러 발산을 최소화하기 위해서는 식 3.10의 두 번째 항 $E_{p(v_i,h_j|\boldsymbol{\theta})}\left[\frac{\partial \phi_{ij}}{\partial w_{ij}}\right]$에 대한 평가가 필요하다고 설명한 바 있다. 이 두 번째 항은 직접 계산하기가 어려우므로 평균장 근사[41, 66] (2.6.2항 참고)나 마르코프 연쇄 몬테카를로법을 이용하여 이를 근사(2.6.1항 참고)하는 방법이 제안되었다. 다음 항에서 소개할 CD법은 마르코프 연쇄 몬테카를로법의 일종인 깁스 샘플링을 사용한 학습 방법을 수정한 것이라 볼 수 있다. 그러므로 깁스 샘플링을 사용한 학습 방법에 대한 복습을 겸해 구체적인 업데이트 식을 유도한 다음, 몇 가지 보충사항을 설명하겠다.

두 번째 항을 평가하는 데는 모형의 주변분포 $p(v_i, h_j|\boldsymbol{\theta})$를 이용한 기댓값 계산 과정이 필요하다. 그러므로 모형의 결합분포 $p(\mathbf{v}, \mathbf{h}|\boldsymbol{\theta})$로부터 샘플 $\mathbf{v}'$, $\mathbf{h}'$을 얻을 수 있다면 이 주변분포 $p(v_i, h_j|\boldsymbol{\theta})$로부터 얻게 될 샘플은 다차원 샘플 $\mathbf{v}'$, $\mathbf{h}'$에서 요소 v_j', h_i'를 추출하는 방법으로 바로 구할 수 있다. 그렇기 때문에 2.6.1항에서 설명했던 깁스 샘플링을 이용하여 모형의 결합분포 $p(\mathbf{v}, \mathbf{h})$로부터 샘플링을 해서 얻은 샘플의 평균으로 기댓값을 근사한다. EFH에서는 가시변수끼리, 그리고 비가시변수끼리는 결합을 갖지 않으므로 식 3.3과 같은 조건부 독립성이 성립한다. 이 조건부 독립성으로 인해 가시변수 $\mathbf{v}$와 비가시변수 $\mathbf{h}$가 각각 조건부분포 $p(\mathbf{v}|\mathbf{h}, \boldsymbol{\theta})$, $p(\mathbf{h}|\mathbf{v}, \boldsymbol{\theta})$를 따라 쉽게 샘플링을 할 수 있다. 이 점을 이용하여 변수 $\mathbf{v}$와 변수 $\mathbf{h}$를 각각 교대로 $p(\mathbf{v}|\mathbf{h}, \boldsymbol{\theta})$, $p(\mathbf{h}|\mathbf{v}, \boldsymbol{\theta})$로부터 샘플링하는 깁스 샘플링을 반복하면 모형분포 $p(\mathbf{v}, \mathbf{h}|\boldsymbol{\theta})$를 따르는 샘플을 생성할 수 있다.

여기서 깁스 샘플링을 k번 반복한 다음의 분포를 $p^{(k)}(\mathbf{v}, \mathbf{h}|\boldsymbol{\theta})$라고 할 때 다음 식과 같은 관계가 성립한다.

$$p^{(k)}(\mathbf{v}, \mathbf{h}|\boldsymbol{\theta}) = \sum_{\mathbf{v}'} \sum_{\mathbf{h}'} p(\mathbf{h}|\mathbf{v}, \boldsymbol{\theta}) p(\mathbf{v}|\mathbf{h}', \boldsymbol{\theta}) p^{(k-1)}(\mathbf{v}', \mathbf{h}'|\boldsymbol{\theta})$$ **식 3.11**

지금부터는 '깁스 샘플링'을 이렇게 '식 3.11에 따른 분포의 업데이트'와 같은 의미로 사용하겠다.[*] 기약이자 비주기적인 마르코프 연쇄에서 깁스[**] 샘플링을 무한히 반복하면, 초기분포 $p^{(0)}(\mathbf{v}, \mathbf{h}|\boldsymbol{\theta})$와 상관없이 어떤 정적분포(stationary distribution)로 수렴한다. 위에서 설명한 깁스 샘플링에 의해 수렴한 정적분포는 모형분포 $p(\mathbf{v}, \mathbf{h}|\boldsymbol{\theta})$이지만, 이 분포가 정적분포임을 $p^{(\infty)}(\mathbf{v}, \mathbf{h}|\boldsymbol{\theta})$와 같이 명시하면 식 3.10을 다음과 같이 고쳐 쓸 수 있다.

$$\frac{\partial \mathrm{E}_{q(\mathbf{v})}\left[\log p(\mathbf{v}|\boldsymbol{\theta})\right]}{\partial w_{ij}} = \mathrm{E}_{p(h_j|\mathbf{v},\boldsymbol{\theta})q(\mathbf{v})}\left[\frac{\partial \phi_{ij}}{\partial w_{ij}}\right] - \mathrm{E}_{p^{(\infty)}(\mathbf{v},\mathbf{h}|\boldsymbol{\theta})}\left[\frac{\partial \phi_{ij}}{\partial w_{ij}}\right]$$ **식 3.12**

---

[*] 이 분포 업데이트는 깁스 샘플링에 무한개의 샘플을 이용한 것이므로 실제로는 확률적인 불균형으로 인한 오차가 발생할 수 있다는 점에 주의하자.

[**] 옮긴이 다른 상태로 갈 수 없는 상태가 존재하지 않는 경우 이 마르코프 연쇄가 기약이라고 한다.

EFH에서는 같은 층에 있는 변수끼리는 결합을 갖지 않는다. 그러므로 $p(\mathbf{v}|\mathbf{h}, \boldsymbol{\theta})$, $p(\mathbf{h}|\mathbf{v}, \boldsymbol{\theta})$로부터 쉽게 샘플을 생성할 수 있다. 그러나 마르코프 연쇄 몬테카를로법은 마르코프 연쇄가 정적분포로 수렴할 때까지 깁스 샘플링을 반복해야만 정적분포로부터 샘플을 얻을 수 있다. 이 점에서 정적분포에 수렴하였는지를 어떻게 판단해야 하는지에 대해 응용적인 문제가 있다. 그것도 파라미터 $\boldsymbol{\theta}$를 업데이트할 때마다 이 정적분포에 대한 수렴이 필요하므로 파라미터가 수렴하기까지 필요한 계산 시간이 너무 길어진다는 문제가 생긴다. 또, 현실적으로 깁스 샘플링법은 샘플링 특유의 확률적 불균형이 부수적으로 발생한다는 데 주의해야 한다. 이 때문에 샘플 수가 충분하지 않다면 근사의 정밀도를 보장할 수 없게 된다. 다음 항에서 설명할 CD법도 과정상 샘플링을 포함하고 있다. 그러나 샘플링 횟수가 이보다 적으므로 비교적 이런 불균형으로 억제할 수 있다는 점을 지적해 둔다.

3.4.3 대조적 발산을 이용한 지수형 하모니움족의 학습

주어진 에너지 함수가 식 3.5와 같을 때 EFH의 로그 우도의 파라미터 $\boldsymbol{\theta}$에 대한 기울기를 계산하려면 EFH의 모형분포에 의한 기댓값을 계산해야 한다. 이 기댓값은 깁스 샘플링으로 근사해야 하는데, 이 과정에서 지나치게 긴 계산 시간으로 문제가 발생한다. 계산을 간략화하여 이 문제를 해결한 것이 대조적 발산법(CD법, Constrastive Divergence method)이다.

CD법은 정적분포로 수렴할 때까지 깁스 샘플링을 (이론적으로는 무한히) 반복하는 대신 k번(k는 작은 양의 정수로, 보통 $k = 1$을 사용한다)만 수행하는 단순한 방법이다. CD법에서 사용되는 깁스 샘플링 횟수를 k번으로 명시하는 경우 이런 CD법을 CD-k법이라 부른다. CD-k법에서는 다음과 같은 근사 도함수를 사용하여 파라미터를 업데이트한다.

$$\triangle w_{ij} \propto \mathrm{E}_{p(h_j|\mathbf{v},\boldsymbol{\theta})q(\mathbf{v})} \left[\frac{\partial \phi_{ij}}{\partial w_{ij}} \right] - \mathrm{E}_{p^{(k)}(\mathbf{v},\mathbf{h}|\boldsymbol{\theta})} \left[\frac{\partial \phi_{ij}}{\partial w_{ij}} \right] \qquad \boxed{\text{식 3.13}}$$

이때 CD법에서의 초기분포 $p^{(0)}(\mathbf{v}, \mathbf{h}|\boldsymbol{\theta})$는 임의의 분포가 아닌 $p^{(0)}(\mathbf{v}, \mathbf{h}|\boldsymbol{\theta}) = q(\mathbf{v})$ $p(\mathbf{h}|\mathbf{v}, \boldsymbol{\theta})$와 같이 정의된다. $q(\mathbf{v})$에 대한 기댓값은 관측 데이터의 샘플 평균으로 계산한다. $p(\mathbf{h}|\mathbf{v}, \boldsymbol{\theta})$로부터 얻은 $\mathbf{h}$의 샘플은 식 3.6에서 보듯 $p(\mathbf{h}|\mathbf{v}, \boldsymbol{\theta})$에서 $\mathbf{h}$의 각 요소가 조건부 독립이므로 n개의 베르누이 분포로부터 샘플링하는 방법으로 쉽게 만들 수 있다. 이론상으로는 식 3.12처럼 깁스 샘플링을 반복해야 하지만, 딱 한 번만 해도 된다면 계산이 상당히 빨라질 것이다. 게다가 CD법은 계산이 빠를 뿐만 아니라 성능도 크게 저하되지 않는다. 그러므로 가격 대비 성능이 매우 좋은 기법이라고 하겠다. 이렇게 계산을 간략화해도 어떻게 잘 동작하게 되는지에 대한 답이 될 만한 해석을 다음 항부터 소개하겠다.

3.4.4 대조적 발산법이 최적화하는 손실함수

이번 항에서는 CD법에서 최적화하는 손실함수를 알아볼 것이다. 3.4.2항에서 설명하였듯이 깁스 샘플링은 파라미터에 대한 로그 우도의 도함수를 계산하기 위한 방법이다. 그러나 CD법은 깁스 샘플링을 간략화한 형태를 취하고 있어서 여기서 최적화하고 있는 손실함수가 무엇인지 잘 감이 오지 않는다. 이러한 의문에 대해 깁스 샘플링을 간략화한 CD법 역시 로그 우도에 대한 최급 경사법을 잘 근사하는 방법인지를 설명하는 연구와, 이와는 별도로 로그 우도 외의 다른 손실함수를 최적화하는 학습 방법으로써 CD법을 설명하는 연구를 소개한다.

로그 우도의 전개를 이용한 근사

파라미터에 대한 로그 우도의 도함수를 근사한다는 관점에서 CD법을 이해하려는 시도가 있었다. 벤지오(Bengio)와 들랄로(Delalleau)[4]는 모형분포 $p(\mathbf{v}|\mathbf{h}, \boldsymbol{\theta})$가 조건부분포 $p(\mathbf{v}|\mathbf{h}, \boldsymbol{\theta})$와 $p(\mathbf{h}|\mathbf{v}, \boldsymbol{\theta})$를 사용한 급수(series)로 전개될 수 있다는 점을 보이고, 이 급수 전개에서 불필요한 항을 제거하는 방법으로 CD법을 해석할 수 있다는 점을 보였다. 지금부터 로그 우도의 급수 전개부터 순서대로 설명하겠다.

조건부분포 $p(\mathbf{v}|\mathbf{h}, \boldsymbol{\theta})$와 $p(\mathbf{h}|\mathbf{v}, \boldsymbol{\theta})$로 구성되는 깁스 샘플링을 생각해 보자. 이들 조건부분포로부터 깁스 샘플링을 통해 얻은 샘플 연속열을 표집된 순서로 구별하여 $\mathbf{v}^{(0)}$

$\rightarrow \mathbf{h}^{(0)} \rightarrow \mathbf{v}^{(1)} \rightarrow \mathbf{h}^{(1)} \rightarrow \cdots \rightarrow \mathbf{v}^{(k+1)}$와 같이 나타내기로 한다. 이때 나중의 논의를 위해 $\mathbf{v}^{(0)}$ 뒤에 오는 샘플 연속열, $\mathbf{h}^{(0)}$, $\mathbf{v}^{(1)}$, $\mathbf{h}^{(1)}$, $\cdots$, $\mathbf{v}^{(k+1)}$을 생성하는 결합분포를 $p^{(0:k)} = p(\mathbf{h}^{(0)}|\mathbf{v}^{(0)}, \boldsymbol{\theta})p(\mathbf{v}^{(1)}|\mathbf{h}^{(0)}, \boldsymbol{\theta}) \cdots p(\mathbf{v}^{(k+1)}|\mathbf{h}^{(K)}, \boldsymbol{\theta})$로 표기한다.

결합분포는 주변분포와 조건부분포의 곱으로 나타낼 수 있으므로 임의의 확률분포에서 다음과 같은 내용이 성립한다.[*]

$$\begin{cases} \dfrac{p(\mathbf{v}^{(l)}|\boldsymbol{\theta})}{p(\mathbf{h}^{(l)}|\boldsymbol{\theta})} & = \dfrac{p(\mathbf{v}^{(l)}|\mathbf{h}^{(l)}, \boldsymbol{\theta})}{p(\mathbf{h}^{(l)}|\mathbf{v}^{(l)}, \boldsymbol{\theta})} \\[3mm] \dfrac{p(\mathbf{h}^{(l)}|\boldsymbol{\theta})}{p(\mathbf{v}^{(l+1)}|\boldsymbol{\theta})} & = \dfrac{p(\mathbf{h}^{(l)}|\mathbf{v}^{(l+1)}, \boldsymbol{\theta})}{p(\mathbf{v}^{(l+1)}|\mathbf{h}^{(l)}, \boldsymbol{\theta})} \end{cases}$$

이 관계식을 이용하여 깁스 샘플링의 초기 상태 $\mathbf{v}^{(0)}$의 로그 우도 $\log p(\mathbf{v}^{(0)}|\boldsymbol{\theta})$를 다음과 같이 전개할 수 있다.

$$\log p(\mathbf{v}^{(0)}|\boldsymbol{\theta})$$
$$= \log \frac{p(\mathbf{v}^{(0)}|\boldsymbol{\theta})}{p(\mathbf{h}^{(0)}|\boldsymbol{\theta})} \frac{p(\mathbf{h}^{(0)}|\boldsymbol{\theta})}{p(\mathbf{v}^{(1)}|\boldsymbol{\theta})} \cdots \frac{p(\mathbf{h}^{(k)}|\boldsymbol{\theta})}{p(\mathbf{v}^{(k+1)}|\boldsymbol{\theta})} p(\mathbf{v}^{(k+1)}|\boldsymbol{\theta})$$

식 3.14

$$= \sum_{l=0}^{k} \left(\log \frac{p(\mathbf{v}^{(l)}|\boldsymbol{\theta})}{p(\mathbf{h}^{(l)}|\boldsymbol{\theta})} + \log \frac{p(\mathbf{h}^{(l)}|\boldsymbol{\theta})}{p(\mathbf{v}^{(l+1)}|\boldsymbol{\theta})} \right) + \log p(\mathbf{v}^{(k+1)}|\boldsymbol{\theta})$$

$$= \sum_{l=0}^{k} \left(\log \frac{p(\mathbf{v}^{(l)}|\mathbf{h}^{(l)}, \boldsymbol{\theta})}{p(\mathbf{h}^{(l)}|\mathbf{v}^{(l)}, \boldsymbol{\theta})} + \log \frac{p(\mathbf{h}^{(l)}|\mathbf{v}^{(l+1)}, \boldsymbol{\theta})}{p(\mathbf{v}^{(l+1)}|\mathbf{h}^{(l)}, \boldsymbol{\theta})} \right) + \log p(\mathbf{v}^{(k+1)}|\boldsymbol{\theta})$$

식 3.15

이 양변을 파라미터로 미분하여 $\mathbf{v}^{(0)}$이 주어졌을 때의 깁스 샘플링으로 얻은 샘플 연속열 $p^{(0:k)}$에 대한 기댓값을 구한다. 이때 $\mathbf{x}$와 $\boldsymbol{\theta}$에 대해 연속인 임의의 분포 $p(\mathbf{x}|\boldsymbol{\theta})$에 성립하는 식 $\mathrm{E}_{p(\mathbf{x}|\boldsymbol{\theta})}\left[\frac{\partial \log p(\mathbf{x}|\boldsymbol{\theta})}{\partial \boldsymbol{\theta}} \right] = 0$을 이용하면 식 3.16을 얻을 수 있다.

---

[*] 이 식은 임의의 확률분포에서 성립하지만, 깁스 샘플링을 수행하려면 조건부분포 $p(\mathbf{v}|\mathbf{h}, \boldsymbol{\theta})$, $p(\mathbf{h}|\mathbf{v}, \boldsymbol{\theta})$는 샘플링이 쉬운 모형이어야 하므로 실질적으로는 EFH 같은 특수한 모형에만 해당하게 된다.

$$\frac{\partial \log p(\mathbf{v}^{(0)}|\boldsymbol{\theta})}{\partial \boldsymbol{\theta}}$$

$$= \sum_{l=0}^{k} \left(\mathrm{E}_{p^{(0:k)}} \left[\left. \frac{\partial \log p(\mathbf{v}^{(l)}|\mathbf{h}^{(l)},\boldsymbol{\theta})}{\partial \boldsymbol{\theta}} \right| \mathbf{v}^{(0)} \right] + \mathrm{E}_{p^{(0:k)}} \left[\left. \frac{\partial \log p(\mathbf{h}^{(l)}|\mathbf{v}^{(l+1)},\boldsymbol{\theta})}{\partial \boldsymbol{\theta}} \right| \mathbf{v}^{(0)} \right] \right)$$

$$+ \mathrm{E}_{p^{(0:k)}} \left[\left. \frac{\partial \log p(\mathbf{v}^{(k+1)}|\boldsymbol{\theta})}{\partial \boldsymbol{\theta}} \right| \mathbf{v}^{(0)} \right]$$

식 3.16

식 3.16 우변 마지막의 잉여항은 마르코프 연쇄가 초기 상태 $\mathbf{v}^{(0)}$와 상관없이 정적분포로 수렴, 다시 말해 $\lim_{k\to\infty} p^{(k)}(\mathbf{v}|\mathbf{v}^{(0)}, \boldsymbol{\theta}) = p^{(\infty)}(\mathbf{v}|\boldsymbol{\theta})$으로, $\lim_{k\to\infty} \mathrm{E}_{p^{(0:k)}}$ $\left[\left. \frac{\partial \log p(\mathbf{v}^{(k+1)}|\boldsymbol{\theta})}{\partial \boldsymbol{\theta}} \right| \mathbf{v}^{(0)} \right] = 0$임을 알 수 있다. 이때 이 잉여항의 값이 작기 때문에 이를 무시하고 파라미터 w_{ij}로 근사 도함수를 도출한다.

최대우도추정에서는 관측 데이터에 대한 로그 우도 $\log p(\mathbf{v}^{(0)})$을 최대화한다. 이 관측 데이터에 대한 로그 우도는 경험분포 $q(\mathbf{v}^{(0)})$를 사용하여 $\mathrm{E}_{q(\mathbf{v}^{(0)})} \left[\log p(\mathbf{v}^{(0)}|\boldsymbol{\theta}) \right]$로 나타낼 수 있다. 경사법을 적용하면 파라미터 w_{ij}에 대한 도함수 $\triangle w_{ij}$를 $\mathrm{E}_{q(\mathbf{v}^{(0)})} \left[\log \right.$ $\left. p(\mathbf{v}^{(0)}|\boldsymbol{\theta}) \right]$을 w_{ij}에 대한 도함수로부터 구한다. 식 3.16의 잉여항을 무시하는 방법으로 근사하면 CD-k법의 $\triangle w_{ij}$는 다음과 같이 유도할 수 있다.

$$\mathrm{E}_{q(\mathbf{v}^{(0)})} \left[\frac{\partial \log p(\mathbf{v}^{(0)}|\boldsymbol{\theta})}{\partial w_{ij}} \right]$$

$$\approx \sum_{l=0}^{k} \left(\mathrm{E}_{p^{(0:k)}q(\mathbf{v}^{(0)})} \left[\frac{\partial \log p(\mathbf{v}^{(l)}|\mathbf{h}^{(l)},\boldsymbol{\theta})}{\partial w_{ij}} \right] + \mathrm{E}_{p^{(0:k)}q(\mathbf{v}^{(0)})} \left[\frac{\partial \log p(\mathbf{h}^{(l)}|\mathbf{v}^{(l+1)},\boldsymbol{\theta})}{\partial w_{ij}} \right] \right)$$

$$= \sum_{l=0}^{k} \left(\mathrm{E}_{p^{(0:k)}q(\mathbf{v}^{(0)})} \left[\frac{\partial \phi_{ij}(v_i^{(l)},h_j^{(l)}|w_{ij})}{\partial w_{ij}} \right] - \mathrm{E}_{p^{(0:k)}q(\mathbf{v}^{(0)})} \left[\frac{\partial \phi_{ij}(v_i^{(l+1)},h_j^{(l)}|w_{ij})}{\partial w_{ij}} \right] \right.$$

$$\left. + \mathrm{E}_{p^{(0:k)}q(\mathbf{v}^{(0)})} \left[\frac{\partial \phi_{ij}(v_i^{(l+1)},h_j^{(l)}|w_{ij})}{\partial w_{ij}} \right] - \mathrm{E}_{p^{(0:k)}q(\mathbf{v}^{(0)})} \left[\frac{\partial \phi_{ij}(v_i^{(l+1)},h_j^{(l+1)}|w_{ij})}{\partial w_{ij}} \right] \right)$$

$$= \mathrm{E}_{p(h_j|\mathbf{v}^{(0)},\boldsymbol{\theta})q(\mathbf{v}^{(0)})} \left[\frac{\partial \phi_{ij}}{\partial w_{ij}} \right] - \mathrm{E}_{p^{(k)}(\mathbf{v},\mathbf{h}|\boldsymbol{\theta})} \left[\frac{\partial \phi_{ij}}{\partial w_{ij}} \right] \propto \triangle w_{ij}$$

식 3.17

이때 파라미터에 대한 조건부분포의 도함수는 다음에 주어진 것을 사용했다.

$$\begin{cases} \dfrac{\partial \log p(\mathbf{v}|\mathbf{h}, \boldsymbol{\theta})}{\partial w_{ij}} = \dfrac{\partial \phi_{ij}}{\partial w_{ij}} - \mathrm{E}_{p(\mathbf{V}|\mathbf{h})}\left[\dfrac{\partial \phi_{ij}}{\partial w_{ij}}\right] \\[4mm] \dfrac{\partial \log p(\mathbf{h}|\mathbf{v}, \boldsymbol{\theta})}{\partial w_{ij}} = \dfrac{\partial \phi_{ij}}{\partial w_{ij}} - \mathrm{E}_{p(\mathbf{H}|\mathbf{v})}\left[\dfrac{\partial \phi_{ij}}{\partial w_{ij}}\right] \end{cases}$$

식 3.18

식 3.16은 도출 과정에서 무시했던 식인데, 이 식의 마지막 항은 깁스 샘플링 횟수를 나타내는 k가 무한대일 때 0이 되므로 CD-k법은 쿨벡-라이블러 발산(또는 로그 우도)의 도함수에 대해 k값이 커질수록 좋은 근사가 된다고 할 수 있다.

대조적 발산의 최소화

CD법을, 로그 우도의 파라미터에 대한 도함수를 근사하기 위한 방법으로 해석하는 대신에 전혀 별개의 손실함수를 최적화하는 기법으로 해석하려는 시도가 있었다.

CD법은 본래 대조적 발산(constrastive divergence)을 최소화하기 위한 기법으로 제안되었다[26, 8]. CD법의 알고리즘과, 이 알고리즘으로 최적화하는 손실함수로서의 대조적 발산은 별개이므로 이들을 구별하기 위해 CD-k법의 손실함수를 $F_{\mathrm{CD}\text{-}k}$라고 표기하기로 하겠다. $F_{\mathrm{CD}\text{-}k}$는 다음 식과 같이 정의된다.

$$F_{\mathrm{CD}\text{-}k} \equiv \mathrm{D}_{\mathrm{KL}}\left(q(\mathbf{v}) \,\|\, p^{(\infty)}(\mathbf{v}|\boldsymbol{\theta})\right) - \mathrm{D}_{\mathrm{KL}}\left(p^{(k)}(\mathbf{v}|\boldsymbol{\theta}) \,\|\, p^{(\infty)}(\mathbf{v}|\boldsymbol{\theta})\right)$$

식 3.19

이때 $p^{(\infty)}(\mathbf{v}|\boldsymbol{\theta})$, $p^{(k)}(\mathbf{v}|\boldsymbol{\theta})$은 각각, $p^{(0)}(\mathbf{v}, \mathbf{h}|\boldsymbol{\theta}) = q(\mathbf{v})p(\mathbf{h}|\mathbf{v}, \boldsymbol{\theta})$가 초기분포일 때의 $p^{(\infty)}(\mathbf{v}, \mathbf{h}|\boldsymbol{\theta})$, $p^{(k)}(\mathbf{v}, \mathbf{h}|\boldsymbol{\theta})$(식 3.11 참고)를 비가시변수 $\mathbf{h}$에 대해 합을 구해 주변화한 분포다.

이 $F_{\mathrm{CD}\text{-}k}$의 최소화는 깁스 샘플링을 k번 하여 얻은 분포 $p^{(k)}(\mathbf{v}|\boldsymbol{\theta})$가 초기분포인 경험분포 $q(\mathbf{v})$와 달라지지 않는다는 조건을 직접적으로 요구한다는 것을 다음에 보였다. 기약이며 비주기적인 마르코프 연쇄에서 $p^{(0)}(\mathbf{v}|\boldsymbol{\theta}) = p^{(k)}(\mathbf{v}|\boldsymbol{\theta})$가 성립하면 $p^{(0)}(\mathbf{v}|\boldsymbol{\theta})$ $= p^{(k)}(\mathbf{v}|\boldsymbol{\theta}) = p^{(\infty)}(\mathbf{v}|\boldsymbol{\theta})$임을 의미한다. 따라서 $p^{(k)}(\mathbf{v}|\boldsymbol{\theta})$가 경험분포 $q(\mathbf{v})$와 완전히 같은 경우, 다시 말해 $p^{(0)}(\mathbf{v}|\boldsymbol{\theta}) = p^{(k)}(\mathbf{v}|\boldsymbol{\theta}) = q(\mathbf{v})$이라면 모형분포 $p^{(\infty)}(\mathbf{v}|\boldsymbol{\theta})$는 경험분포와 일치, 즉 $p^{(\infty)}(\mathbf{v}|\boldsymbol{\theta}) = q(\mathbf{v})$가 되며, $F_{\mathrm{CD}\text{-}k}$는 0이 된다. 또한 분포 $p^{(k)}(\mathbf{v}|\boldsymbol{\theta})$는 k 값이 커질수록, 그러니까 깁스 샘플링의 횟수가 많아질수록 정규분포에 가까워지며,

그 때문에 k번째의 깁스 샘플링이 끝난 후의 분포 $p^{(k)}(\mathbf{v}|\boldsymbol{\theta})$와 모형분포 $p^{(\infty)}(\mathbf{v}|\boldsymbol{\theta})$의 쿨 벡-라이블러 발산은 초기분포 $q(\mathbf{v})$와 모형분포 $p^{(\infty)}(\mathbf{v}|\boldsymbol{\theta})$의 쿨백-라이블러 발산보다 작아지게 된다. 따라서 F_{CD-k}는 항상 음수가 아님이 보장된다[26]. 이렇듯 손실함수 F_{CD-k}는 음수가 되지 않으며, $p^{(\infty)}(\mathbf{v}|\boldsymbol{\theta}) = q(\mathbf{v})$일 때 0이 된다. 이렇게 손실함수로서는 합리적이라 할 수 있는 성질을 갖는다.

힌튼(Hinton)은 CD법을 이 대조적 발산을 경사법으로 최소화한 기법으로 설명하였다 [26, 8]. 그러나 사실은 F_{CD-k}의 파라미터 w_{ij}에 대한 미분이 식 3.13과 일치하지 않는다. F_{CD-k}를 손실함수로 삼았을 때 경사법의 파라미터 w_{ij}에 대한 도함수는 다음과 같다.

$$
\begin{aligned}
\triangle w_{ij} &\propto -\frac{\partial F_{CD-k}}{\partial w_{ij}} \\
&= \mathrm{E}_{p(h_j|\mathbf{v},\boldsymbol{\theta})q(\mathbf{v})}\left[\frac{\partial \phi_{ij}}{\partial w_{ij}}\right] - \mathrm{E}_{p^{(k)}(\mathbf{v},\mathbf{h}|\boldsymbol{\theta})}\left[\frac{\partial \phi_{ij}}{\partial w_{ij}}\right] \\
&\quad - \frac{\partial p^{(k)}(\mathbf{v}|\boldsymbol{\theta})}{\partial w_{ij}} \frac{\partial \mathrm{D}_{KL}\left(p^{(k)}(\mathbf{v}|\boldsymbol{\theta}) \parallel p^{(\infty)}(\mathbf{v}|\boldsymbol{\theta})\right)}{\partial p^{(k)}(\mathbf{v}|\boldsymbol{\theta})}
\end{aligned}
$$

이 식의 세 번째 항을 무시하면 식 3.3의 CD법과 일치한다는 것을 알 수 있다. 이 세 번째 항을 무시하는 데 대한 이론적 근거는 명시되어 있지 않지만, 힌튼(Hinton)은 이에 대해 경험적으로 세 번째 항의 값이 그리 크지 않다는 것을 알았기 때문에 무시해도 무방하다고 밝혔다[26].

Detailed Balance Learning법으로 본 손실함수

F_{CD-k}와는 별개의 손실함수를 최적화하는 기법으로써 CD법을 유도하는 방법이 제안되었다. 학습 문제는 실제 분포를 근사하는 모형분포의 파라미터에 대한 추정 문제로 귀착되는 경우가 많다. 이때 모형분포를 해석적으로 평가할 수 있다든가 모형분포로부터 샘플링이 가능해야 한다는 조건이 필수적인 것은 아니다. 이번 항과 3.4.5항에서 설명할 기법은 모형분포의 해석적인 평가, 모형분포로부터의 샘플링 없이 파라미터를 추정하는 기법이다.

마르코프 과정의 정적분포를 원하는 분포에 근접시키기 위해 파라미터를 학습하는 문제를 생각해 보자. 이 정적분포의 특징은 파라미터에 의해 결정되며, 직접적으로 분포를 평가하기 어렵다고 하자. 기약이며 비주기적인 마르코프 연쇄에서 이 정적분포가 유일하게 결정되므로 정적분포의 파라미터를 직접 최적화하는 대신에 이 정적분포를 생성하는 마르코프 연쇄를 최적화하여 간접적으로 정적분포를 최적화한다. 이러한 방법이 DBL법(Detailed Balance Learning method)이다[35]. DBL은 마르코프 연쇄의 파라미터를 최적화하여 마르코프 연쇄의 정적분포가 실제 분포 $q(\mathbf{v})$에 가까워지도록 한다.

먼저, 미세균형 조건(detailed balance condition)에 대하여 설명하겠다. 미세균형 조건은 어떤 분포가 정적분포가 되기 위한 충분조건을 말한다. 실제 분포 $q(\mathbf{v})$를 정적분포로 갖는 미세균형 조건은 식 3.20과 같다.

$$\forall \mathbf{v}, \mathbf{v}', \quad p(\mathbf{v}'|\mathbf{v}, \boldsymbol{\theta})q(\mathbf{v}) = p(\mathbf{v}|\mathbf{v}', \boldsymbol{\theta})q(\mathbf{v}') \qquad \text{식 3.20}$$

이때 $p(\mathbf{v}'|\mathbf{v}, \boldsymbol{\theta})$와 $p(\mathbf{v}|\mathbf{v}', \boldsymbol{\theta})$, $q(\mathbf{v})$와 $q(\mathbf{v}')$는 각각 같은 확률분포에 대해 서로 다른 확률변수 $\mathbf{v}$와 $\mathbf{v}'$를 대입한 것이다. 여기에 비가시변수 $\mathbf{h}$를 추가한, 더 엄밀한 미세균형 조건을 살펴보자.

$$\forall \mathbf{v}, \mathbf{v}', \mathbf{h}, \quad p(\mathbf{v}'|\mathbf{h}, \boldsymbol{\theta})p(\mathbf{h}|\mathbf{v}, \boldsymbol{\theta})q(\mathbf{v}) = p(\mathbf{v}|\mathbf{h}, \boldsymbol{\theta})p(\mathbf{h}|\mathbf{v}', \boldsymbol{\theta})q(\mathbf{v}') \qquad \text{식 3.21}$$

식 3.21의 양변을 $\mathbf{h}$에 대해 주변화하면 식 3.20과 같게 된다. 식 3.21은 임의의 $\mathbf{h}$에 대해 성립해야 하므로 식 3.20보다 까다로운 조건이라는 것을 알 수 있다. 어느 쪽 조건이든 이들 조건이 성립한다면 실제 분포 $q(\mathbf{v})$가 정적분포임이 보장된다.

이러한 성질을 이용하여 식 3.21의 미세균형 조건을 만족하는지를 포함하는 손실함수로 다음 식을 생각해 볼 수 있다.

$$F(\boldsymbol{\theta}, \tilde{\boldsymbol{\theta}}) = \mathrm{D_{KL}}\left(p(\mathbf{v}', \mathbf{h}|\mathbf{v}, \tilde{\boldsymbol{\theta}})q(\mathbf{v}) \parallel p(\mathbf{v}, \mathbf{h}|\mathbf{v}', \boldsymbol{\theta})q(\mathbf{v}')\right) \qquad \text{식 3.22}$$

이때 $p(\mathbf{v}', \mathbf{h}|\mathbf{v}, \tilde{\boldsymbol{\theta}}) = p(\mathbf{v}'|\mathbf{h}, \tilde{\boldsymbol{\theta}})p(\mathbf{h}|\mathbf{v}', \tilde{\boldsymbol{\theta}})$, $p(\mathbf{v}, \mathbf{h}|\mathbf{v}', \boldsymbol{\theta}) = p(\mathbf{v}|\mathbf{h}, \boldsymbol{\theta})p(\mathbf{h}|\mathbf{v}', \boldsymbol{\theta})$이다. 이 손실함수는 뒤에 설명할 학습 규칙의 특성상 굳이 $\tilde{\boldsymbol{\theta}}$과 $\boldsymbol{\theta}$을 입력으로 받는 형태를 취하고 있으나, $F(\boldsymbol{\theta}, \boldsymbol{\theta}) = 0$을 만족하는 $\boldsymbol{\theta}$가 미세균형 조건을 만족하는 파라미터다.

식 3.22의 손실함수는 쿨벡-라이블러 발산의 성질로 인해, 임의의 파라미터 θ, $\tilde{\theta}$에 대해 $F(\theta, \tilde{\theta}) \geq 0$이며, $F(\theta, \theta) = 0$을 만족하는 것은 $q(\mathbf{v})$에 대해 미세균형 조건을 만족하는, 다시 말해 식 3.19의 표기법을 빌자면 적어도 $q(\mathbf{v}) = p^{(\infty)}(\mathbf{v}|\theta)$가 성립하는 경우뿐이다. 사실 이의 역도 역시 참이다. 즉, 파라미터 θ에 대해 $q(\mathbf{v}) = p^{(\infty)}(\mathbf{v}|\theta)$가 성립한다면 이 파라미터 θ로 특징 지을 수 있는 마르코프 연쇄는 식 3.21의 미세균형 조건을 만족하게 된다. 이런 성질을 이용하여, 손실함수 $F(\theta, \theta)$가 작아지도록 θ를 학습하는 것도 일리가 있다. 그럼에도 손실함수 $F(\theta, \theta)$에는 모형분포 $p(\mathbf{v}|\theta)$를 해석적으로 평가하지 않아도 된다는 이점이 있다.

알고리즘 3.1 미세균형학습(detailed balance learning) 알고리즘

1:    $t = 1$로 하고, θ_0, θ_1을 초기화
2:    $F(\theta_{t+1}, \theta_t) < F(\theta_{t-1}, \theta_t)$를 만족하는 θ_{t+1}을 구한다
3:    **if** 종료조건을 만족하면 **then**
4:        알고리즘을 종료
5:    **else**
6:        t를 1 증가시키고, 2 단계로 진행한다
7:    **end if**

그러나 $F(\theta, \theta)$에는 미지의 분포 $q(\mathbf{v})$가 포함되어 있으므로 이를 직접적으로 최소화하기가 어렵다. 그래서 알고리즘 3.1의 detailed balance learning법을 도입한다.

이 알고리즘의 2단계에서는 $F(\theta, \theta_t)$를 θ에 대해 최소화해야 한다. 경사법으로 이 최적화를 수행하기 위해 파라미터에 대해 미분하면 다음과 같다.

$$
-\frac{\partial F(\theta, \theta_t)}{\partial \theta}
$$

$$
= \frac{\partial}{\partial \theta} \sum_{\mathbf{v}'} \sum_{\mathbf{h}} \sum_{\mathbf{v}} p(\mathbf{v}', \mathbf{h}|\mathbf{v}, \theta_t) q(\mathbf{v}) \log \frac{p(\mathbf{v}, \mathbf{h}|\mathbf{v}', \theta) q(\mathbf{v}')}{p(\mathbf{v}', \mathbf{h}|\mathbf{v}, \theta_t) q(\mathbf{v})}
$$

$$
= \mathrm{E}_{p(\mathbf{h}|\mathbf{v}, \theta_t) q(\mathbf{v})} \left[\frac{\partial \log p(\mathbf{v}|\mathbf{h}, \theta)}{\partial \theta} \right] + \mathrm{E}_{p(\mathbf{v}'|\mathbf{h}, \theta_t) p^{(0)}(\mathbf{v}, \mathbf{h}|\theta_t)} \left[\frac{\partial \log p(\mathbf{h}|\mathbf{v}', \theta)}{\partial \theta} \right]
$$

EFH의 경우 파라미터에 대한 도함수를 구하면 다음과 같다.

$$-\frac{\partial F(\boldsymbol{\theta}, \boldsymbol{\theta}_t)}{\partial w_{ij}}$$

$$= E_{p(\mathbf{h}|\mathbf{v},\boldsymbol{\theta}_t)q(\mathbf{v})}\left[\frac{\partial \log p(v_i|\mathbf{h},\boldsymbol{\theta})}{\partial w_{ij}}\right] + E_{p(\mathbf{v}'|\mathbf{h},\boldsymbol{\theta}_t)p^{(0)}(\mathbf{v},\mathbf{h}|\boldsymbol{\theta}_t)}\left[\frac{\partial \log p(h_j|\mathbf{v}',\boldsymbol{\theta})}{\partial w_{ij}}\right]$$

$$= E_{p(\mathbf{h}|\mathbf{v},\boldsymbol{\theta}_t)q(\mathbf{v})}\left[\sum_{j'}\frac{\partial \phi_{ij'}}{\partial w_{ij}} - \sum_{v_{i'}}p(v_{i'}|\mathbf{h},\boldsymbol{\theta})\frac{\partial \phi_{ij}}{\partial w_{ij}}\right]$$

$$+ E_{p(\mathbf{v}'|\mathbf{h},\boldsymbol{\theta}_t)p^{(0)}(\mathbf{v},\mathbf{h}|\boldsymbol{\theta}_t)}\left[\sum_{i'}\frac{\partial \phi_{i'j}}{\partial w_{ij}} - \sum_{h_j'}p(h_j'|\mathbf{v}',\boldsymbol{\theta})\frac{\partial \phi_{ij}}{\partial w_{ij}}\right]$$

$$= E_{p(h_j|\mathbf{v},\boldsymbol{\theta})q(\mathbf{v})}\left[\frac{\partial \phi_{ij}}{\partial w_{ij}}\right] - E_{p(\mathbf{v}'|\mathbf{h},\boldsymbol{\theta})p^{(0)}(\mathbf{v},\mathbf{h}|\boldsymbol{\theta}_t)}\left[\frac{\partial \phi_{ij}}{\partial w_{ij}}\right] + E_{p(\mathbf{v}'|\mathbf{h},\boldsymbol{\theta}_t)p^{(0)}(\mathbf{v},\mathbf{h}|\boldsymbol{\theta}_t)}\left[\frac{\partial \phi_{ij}}{\partial w_{ij}}\right]$$

$$- E_{p(h_j'|\mathbf{v}',\boldsymbol{\theta})p(\mathbf{v}'|\mathbf{h},\boldsymbol{\theta}_t)p^{(0)}(\mathbf{v},\mathbf{h}|\boldsymbol{\theta}_t)}\left[\frac{\partial \phi_{ij}(v_i',h_j'|w_{ij})}{\partial w_{ij}}\right] \qquad \text{식 3.23}$$

이때 파라미터 w_{ij}에 대한 조건부분포 $p(v_i|\mathbf{h}, \boldsymbol{\theta})$, $p(h_j|\mathbf{v}', \boldsymbol{\theta})$의 도함수로 식 3.18을 사용하였다. 따라서 $\boldsymbol{\theta} = \boldsymbol{\theta}_t$로 평가한 미분계수는 식 3.23의 두 번째 항과 세 번째 항이 서로 소거되어 식 3.24처럼 CD-1법의 알고리즘과 같게 된다.

$$\triangle w_{ij} \propto -\frac{\partial F(\boldsymbol{\theta}, \boldsymbol{\theta}_t)}{\partial w_{ij}}\bigg|_{\boldsymbol{\theta}=\boldsymbol{\theta}_t} = E_{p(h_j|\mathbf{v},\boldsymbol{\theta}_t)q(\mathbf{v})}\left[\frac{\partial \phi_{ij}}{\partial w_{ij}}\right] - E_{p^{(1)}(\mathbf{v},\mathbf{h}|\boldsymbol{\theta}_t)}\left[\frac{\partial \phi_{ij}}{\partial w_{ij}}\right] \qquad \text{식 3.24}$$

DBL법은 CD-1법 그 자체라고 할 수 있지만, CD법에서 $\boldsymbol{\theta}$를 업데이트할 때 $F(\boldsymbol{\theta}, \boldsymbol{\theta})$가 꼭 단조적으로 감소하는 것은 아니다. $F(\boldsymbol{\theta}, \boldsymbol{\theta})$가 감소되는 것이 보장되려면 식 3.25와 같은 조건이 필요하다.

$$F(\boldsymbol{\theta}_{t+1}, \boldsymbol{\theta}_t) < F(\boldsymbol{\theta}_{t-1}, \boldsymbol{\theta}_t)\text{일 때}$$
$$F(\boldsymbol{\theta}_{t+1}, \boldsymbol{\theta}_t) < F(\boldsymbol{\theta}_{t-1}, \boldsymbol{\theta}_t)\text{가 성립한다.} \qquad \text{식 3.25}$$

그러나 이 조건이 일반적으로 성립하지는 않는다. 왜냐하면 KL 거리가 비대칭이어서 $D_{KL}(q_t \| p_{t+1}) \geq D_{KL}(q_t \| p_t)$가 성립하여도 항상 $D_{KL}(p_{t+1} \| q_t) \geq D_{KL}(p_t \| q_t)$가 되지는 않기 때문이다. CD법은 손실함수 $F(\boldsymbol{\theta}, \boldsymbol{\theta})$의 단조감소를 보장하지 않지만 경험적으로는 잘 동작하며, 손실함수가 단조감소하지 않아도 결국 감소하게 된다.

그리고 손실함수 $F_{CD\text{-}1}$(식 3.19)와 손실함수 F(식 3.22) 사이에는 아래와 같은 관계가 성립한다.

$$F(\boldsymbol{\theta}, \boldsymbol{\theta}) = F_{CD\text{-}1}(\boldsymbol{\theta}) + D_{KL}\left(p^{(1)}(\mathbf{v}|\boldsymbol{\theta}) \parallel q(\mathbf{v})\right)$$

식 3.26

쿨벡-라이블러 발산이나 $F_{CD\text{-}1}$는 음수가 아닌 값을 가지므로 식 3.26은 $F(\boldsymbol{\theta}, \boldsymbol{\theta})$가 $F_{CD\text{-}1}$나 $KL[p^{(1)}(\mathbf{v}|\boldsymbol{\theta})|q(\mathbf{v})]$의 상한을 제약하게 된다.

3.4.5 대조적 발산법과 비슷한 학습 규칙을 갖는 알고리즘

최소확률흐름법

이전 항에서 다뤘던 DBL법에서 CD법을 정적분포 $p^{(\infty)}(\mathbf{v}|\boldsymbol{\theta})$의 파라미터를 학습하는 데 마르코프 과정 $p(\mathbf{v}|\mathbf{h}, \boldsymbol{\theta})$, $p(\mathbf{h}|\mathbf{v}, \boldsymbol{\theta})$의 파라미터에 대한 학습으로 치환하는 형태로 해석할 수 있다고 설명하였다. 이와 비슷한 아이디어로부터 출발한 학습 규칙이 솔딕스타인(Sohl-Dickstein) 등[52]이 제안한 **최소확률흐름법**(MPF, Minimum Probability Flow method)이다. 이 기법은 정확히 말하면 CD법과는 다르지만, 같은 형식을 따라 학습 규칙을 유도한다. 그럼, 연속시간 마르코프 과정을 가정하고, 이 확률 과정의 정적분포를 경험분포에 가까워지도록 하는 손실함수를 도입하여, 미세균형 조건과 비슷한 제약 아래 이 손실함수가 최소가 되도록 하는 방법으로 최소확률흐름법을 유도해 보도록 하자.

최소확률흐름법은 연속시간 t의 마르코프 과정*을 가정한다. 분포 $r^{(t)}(\mathbf{v})$를 시각 $t = 0$에서 경험분포 $q(\mathbf{v})$와 일치하고, 시각이 무한대일 때 정적분포 $r^{(\infty)}(\mathbf{v})$에 수렴하는 분포라고 하자. 이산상태변수 $\mathbf{v}$가 가질 수 있는 값을 모두 열거하여 만든 벡터 $\mathbf{r}^{(t)}$를 이용하여, 분포 $r^{(t)}(\mathbf{v})$를 벡터 표기한다. 이때 $\mathbf{r}^{(t)}$의 역학을 식 3.27과 같이 나타낸다.

$$\dot{\mathbf{r}}^{(t)} = \Gamma \mathbf{r}^{(t)}$$

식 3.27

---

* 연속시간의 마르코프 과정에 대해서는 [59]의 4장, 5장을 참고한다.

이때 $\dot{\mathbf{r}}^{(t)}$는 $\mathbf{r}^{(t)}$의 시간미분이며, Γ는 각각의 요소가 $\Gamma_{ii} = -\sum_{j \neq i}\Gamma_{ji}$를 만족하는 상태천이확률행렬이다*. $\mathbf{r}^{(t)}$는 초기분포 $\mathbf{r}^{(0)}$과 상태천이확률행렬 Γ에 의해서만 결정되는 것에 주의한다.

이때 상태천이확률행렬 Γ를 θ로 파라미터화하고, θ를 적절한 값으로 최적화하여 이 확률 과정의 정적분포 $r^{(\infty)}(\mathbf{v})$가 경험분포 $q(\mathbf{v})$에 가까워지도록 할 방법을 생각해 보자. 정적분포 $r^{(\infty)}(\mathbf{v})$는 $\Gamma(\theta)$를 결정하는 파라미터 θ가 결정하므로 $r^{(\infty)}(\mathbf{v}|\theta)$로 나타내기로 한다. $r^{(t)}(\mathbf{v}|\theta)$의 초기분포를 $q(\mathbf{v})$라 하였으므로 정적분포 $r^{(\infty)}(\mathbf{v}|\theta)$가 $q(\mathbf{v})$가 되려면, 식 3.27과 같은 연속시간에 대한 역학을 따라 충분히 짧은 시각 $\epsilon(>0)$이 지났을 때의 분포 $r^{(\epsilon)}(\mathbf{v}|\theta)$가 $q(\mathbf{v})$로부터 움직이지 않도록 되어야 한다. 이때 다음과 같은 손실함수 $C(\theta)$를 정의한다.

$$C(\theta) = D_{\mathrm{KL}}\left(q(\mathbf{v}) \,\|\, r^{(\epsilon)}(\mathbf{v}|\theta)\right)$$ 식 3.28

식 3.28의 우변을 $\epsilon = 0$에서 테일러 전개하면 평가 가능한 손실함수를 얻을 수 있다.

구체적인 학습 규칙의 도출을 위해서 상태천이확률행렬 $\Gamma(\theta)$을 파라미터화해야 한다. 먼저, 식 3.5와 같이 나타낼 수 있는 EFH의 모형분포 $p(\mathbf{v}|\theta) = \sum_{\mathbf{h}}p(\mathbf{v}, \mathbf{h}|\theta)$를 학습시킨다고 해보자. $p(\mathbf{v}|\theta)$가 정적분포가 되기 위해서는 이산시간에 대한 마르코프 과정에서와 마찬가지로 미세균형 조건을 만족하면 된다.

$$\Gamma_{ji}(\theta)p_i(\theta) = \Gamma_{ij}(\theta)p_j(\theta)$$ 식 3.29

이때 $\Gamma_{ji}(\theta)$는 상태천이확률행렬 $\Gamma(\theta)$의 (i, j) 성분으로서 상태 i에서 상태 j로 천이할 확률을 나타낸다. $p_i(\theta)$는 상태 i에 대한 모형분포의 확률을 나타낸다. 식 3.29를 만족하는 Γ는 그냥 결정하면 안 되고, 수렴이나 계산에 유리하도록 적절히 설정해야 한다. 이 식 3.29를 만족하는 $\Gamma(\theta)$의 예로 [51]에서 제안된 것을 뒤에 [50, 22]에서 확장하였다. 이렇게 파라미터화한 $\Gamma(\theta)$로부터 경사법을 통해 최소확률흐름법의 학습 규칙을 얻을 수 있다.

---

* 옮긴이 상태천이확률행렬은 행렬의 각 요소가 행을 나타내는 상태와 열을 나타내는 상태 간의 상태천이확률인 행렬이다.

이렇게 얻은 학습 규칙은 전형적인 CD-k 알고리즘과 같은 것이라는 지적도 있다. 다만 최소확률흐름법에서는 행렬 $\Gamma(\theta)$로 나타내던 것을, CD법에서는 다른 행렬로 치환한다는 차이가 있다. 이 차이로 인해 CD-k 알고리즘은 식 3.29와 같은 미세균형 조건을 만족하지 않는 $\Gamma(\theta)$를 사용한 학습규칙이라고 해석할 수 있다. MPF법의 학습 규칙은 손실함수를 최소화하는 과정으로부터 유도되므로 수렴성이 보장되거나 학습률을 적절하게 조정할 수 있다. 또한 MPF법의 손실함수 $C(\theta)$는 볼록함수이며, 이 손실함수를 관측 데이터 수에 선형인 계산량으로 평가할 수 있으므로 빠른 학습 속도를 기대할 수 있다. 실제로 이 기법을 적용하여 CD법에서 우도를 최대화하지 못하고 수렴하던 문제가 해소되거나, 문제에 따라 대폭적인 학습 속도 향상이 확인된 바 있다[51, 22]. 예를 들어, 2차원 그리드 형태의 이징 모형*의 결합상수에 대한 학습에서는 CD-1법이나 CD-10법과 비교하여 100배 이상 빠른 학습이 가능했으며, 숫자 손글씨 데이터베이스로 유명한 MNIST 데이터에 대한 자기부호화기의 학습에서도 재구성에서 CD법보다 높은 정확도를 보였다.

3.4.6 대조적 발산으로부터 파생한 학습 규칙

CD법을 기반으로 이를 개량한 학습 규칙을 소개한다.

지속적 CD법(Persistent Constrastive Divergence method)[57]**은 CD법의 근사 도함수(식 3.13)를 로그 우도의 기울기인 식 3.12에 가까워지도록 한 것이다. 식 3.12의 두 번째 항에 있는 기댓값 계산은 해석적인 계산이 어려우므로 깁스 샘플링을 반복하는 방법으로 샘플의 분포가 정적분포로 수렴하게끔 할 필요가 있었다. CD법의 근사 도함수(식 3.13)를 이용하면 초기분포를 경험분포로 삼아 깁스 샘플링을 k번 하여 얻은 샘플로 이 과정을 대체할 수 있었다. CD법에서는 파라미터를 업데이트할 때마다 초기분

---

* 통계물리에서 강한 자장의 단순 모형으로 쓰인다. 단순화시킨 모형이지만 실제 강한 자성체와 마찬가지로 온도에 의해 상전이 현상을 일으킨다는 것이 알려져 있다.

** 참고로 지속적 CD법과 완전히 같은 알고리즘이[57] 이전에도 제안한 바 있다[67, 54]. [67]은 딥 러닝의 콘텍스트와는 무관하게 15년 전 통계 분야에서 발표된 것으로, 알고리즘의 수렴에 대한 충분조건을 다루고 있다. 이 논문은 최근 기계학습 커뮤니티에 알려지게 되었다. [54]는 [57]보다 조금 빨리 제안되었으나, 일본 국내 학회 발표였던 탓에 해외에 알려지지 못했다.

포를 관측 데이터로 구성되는 경험분포로 되돌려 새로 깁스 샘플링을 하므로 정적분포에 가까워지지 않는다. 이와 달리 파라미터는 경사법에 의해 조금씩밖에 업데이트되지 않으므로 정적분포는 파라미터 업데이트에 의해서는 크게 변하지 않으리라 기대할 수 있다. 이때 지속적 CD법에서는 파라미터를 업데이트한 후에 관측 데이터로부터 구성한 경험분포로 초기분포를 되돌리는 것이 아니라 바로 직전 피리미터 업데이트에 사용한 샘플로 구성한 경험분포로 깁스 샘플링을 시작한다. 이에 따라 깁스 샘플링을 같은 횟수로 한다 하여도 정적분포에 보다 가까운 분포로부터 얻은 샘플로 식 3.12의 두 번째 항을 근사할 수 있다. 실제로도 일반적인 CD-10법과 비교하여 깁스 샘플링을 한 번 하는 지속적 CD법은 계산량은 더 적고 학습 능력은 동등하거나 약간 더 낫기 때문에 많이 사용되고 있다.

마르코프 연쇄에서 정적분포에 대한 수렴을 위해 실제로는 상태 공간을 마르코프 연쇄로 철저히 탐색해야 할 필요가 있다. 그러나 마르코프 연쇄는 항상 현재의 샘플에 기초한 조건부분포로 다음 샘플을 생성한다. 이 때문에 현재의 샘플 집단이 갖고 있는 치우침이 여간해서는 해소되지 않는다. 그래서 상태 공간 안의 치우침이 없는 넓은 영역을 탐색하도록 하기 위해서 여러 개의 서로 다른 무질서*를 갖는 마르코프 연쇄를 병렬로 이용한다. 이를 패러렐 템퍼링(parallel tempering) 혹은 교환 몬테카를로법(exchange Monte Carlo method)이라고 한다. 이들 기법은 학습 알고리즘을 설정하는 데 필요한 파라미터가 늘어난다는 결점이 있지만, 적절한 무질서 등의 파라미터를 설정하면 CD-1이나 CD-10, 지속적 CD법보다 뛰어난 학습 성능을 보인다.

비슷한 기법으로 결합 가중치 $\mathbf{W}$를 추가하고, 학습 계수를 크게 잡는 결합 가중치의 업데이트식 3.12의 두 번째 항을 계산하는 데 파라미터 $\mathbf{W}'$를 사용하여 마르코프 연쇄가 보다 빠르게 수렴하도록 한 패스트 웨이트(fast weight)라는 연구[58]도 제안되었다. 이들 기법은 각각의 논문[57, 58, 18, 10]에 기법 간의 비교 실험 결과가 실려 있으므로 관심 있는 독자는 이들 문헌을 참고하기 바란다.

---

* 이 무질서의 정도를 나타내는 파라미터를, 통계물리에서 담금질에 해당한다는 점에서 온도 파라미터(temperature parameter)라고 한다

3.4.7 확률적인 모형의 사전훈련과 자기부호화기 학습의 관계

지금까지 확률적 모형을 사용한 사전훈련, 그중에서도 특히 RBM을 포함하는 EFH의 학습법으로 사용되는 CD법 및 그 파생 알고리즘에 관하여 설명하였다. 이제 다층 NN으로 표현되는 자기부호화기와 EFH의 사전훈련이 갖는 관계에 관해서 미세균형 조건을 통해 정리해 보겠다.

다층 NN으로 나타내는 자기부호화기를 인접하는 두 층씩 분해하여 이 두 층짜리 부분 신경망으로 RBM 같은 소규모 통계 모형을 구성한다. 그 다음 이 통계 모형들을 아래층부터 순서대로 학습해 나가는 것이 사전훈련이라고 일단 정의하였다. RBM의 경우는 식 3.3에서 보았듯이 조건부분포 $p(\mathbf{h}|\mathbf{v}, \boldsymbol{\theta})$가 $p(\mathbf{h}|\mathbf{v}, \boldsymbol{\theta}) = \Pi_{j=1}^{n} p(h_j|\mathbf{v}, \boldsymbol{\theta})$처럼 독립이므로 $p(\mathbf{h}|\mathbf{v}, \boldsymbol{\theta})$의 조건부분포에 대한 기댓값 $\bar{\mathbf{h}}$는 $\bar{\mathbf{h}} = \mathrm{E}_{p(\mathbf{h}|\mathbf{v})}[\mathbf{h}] = \mathrm{sig}(\mathbf{W}^{\top}\mathbf{v} + \mathbf{b}^{(2)})$와 같이 계산한다고 설명했다. 이 $\bar{\mathbf{h}}$가 다층 NN을 이용한 자기부호화기의 중간층의 계산 과정인 (3.3.1항) $\mathbf{h}^{(1)} = \mathrm{sig}(\mathbf{W}^{(1)\top}\mathbf{x} + \mathbf{b}^{(1)})$과 같으므로 다층 NN으로 표현되는 자기부호화기의 학습이 RBM의 학습과 관련이 있다고 설명하였다. 또, L번째 층에서 가장 압축된 표현을 만드는 자기부호화기(그림 3.3 참고)에 $L + i$번째 층($i = 1, \cdots, L - 1$)에 있는 복호화기의 복호화 계산 과정 $\mathbf{h}^{(L+i)} = \mathrm{sig}(\mathbf{W}^{(L+i)\top}\mathbf{h}^{(L+i-1)} + \mathbf{b}^{(L+i)})$에서 파라미터 $\mathbf{W}^{(L+i)}$, $\mathbf{b}^{(L+i)}$가 $\mathbf{W}^{(L+i)\top} = \mathbf{W}^{(L-i+1)}$, $\mathbf{b}^{(L+i)} = \mathbf{b}^{(L-i+1)}$ ($i = 1, \cdots, L$)이 (적어도 자기부호화기의 초깃값은) 되도록 설정하는 이유는 RBM의 조건부분포 $p(\mathbf{v}|\mathbf{h})$에 대한 기댓값 $\bar{\mathbf{v}}$가 $\bar{\mathbf{v}} = \mathrm{E}_{p(\mathbf{v}|\mathbf{h})}[\mathbf{v}] = \mathrm{sig}(\mathbf{W}\mathbf{h} + \mathbf{b}^{(1)})$로 주어지기 때문이라고 설명하였다. 그러나 RBM을 학습시킴으로써 자기부호화기를 구성하는 학습이 이루어지는지는 명확하지 않다. 그래서 미세균형 조건을 도입하여 이 관계를 보다 명확히 보였다.

3.4.4항에서 RBM을 포함하는 EFH의 학습법으로 DBL을 이용할 수 있다고 설명하였다. DBL법은 마르코프 연쇄를 정의하는 조건부분포 $p(\mathbf{h}|\mathbf{v}, \boldsymbol{\theta})$와 $p(\mathbf{h}|\mathbf{v}, \boldsymbol{\theta})$의 파라미터 $\boldsymbol{\theta}$를 이 마르코프 연쇄의 정적분포 $p^{(\infty)}(\mathbf{v}, \mathbf{h}|\boldsymbol{\theta})$가 원하는 분포에 가까워지도록 학습시키는 것이다. $q(\mathbf{v}')$을 경험분포로서 식 3.21과 같은 미세균형 조건을 만족하도록 학습시키면 경험분포 $q(\mathbf{v}')$이 정적분포 $p^{(\infty)}(\mathbf{v}, \mathbf{h}|\boldsymbol{\theta})$와 일치하도록, 다시 말해 식 3.30이 성립하도록 학습이 수행된다.

$$\forall \mathbf{v}', \quad \sum_{\mathbf{h}, \mathbf{v}} p(\mathbf{v}'|\mathbf{h}, \boldsymbol{\theta}) p(\mathbf{h}|\mathbf{v}, \boldsymbol{\theta}) q(\mathbf{v}) = q(\mathbf{v}')$$

식 3.30

이는 초기분포를 $q(\mathbf{v})$로 하고, 부호화기 $p(\mathbf{h}|\mathbf{v}, \boldsymbol{\theta})$에 의한 부호화와 복호화기 $p(\mathbf{v}'|\mathbf{h}, \boldsymbol{\theta})$에 의한 복호화를 거쳐 확률적으로 재구성된 가시변수 $\mathbf{v}'$의 분포(좌변)가 원래 가시변수의 경험분포 $q(\mathbf{v}')$(우변)와 일치해야 한다. 이렇게 해보면 마르코프 연쇄 $p(\mathbf{h}|\mathbf{v}, \boldsymbol{\theta})$와 $p(\mathbf{h}|\mathbf{v}, \boldsymbol{\theta})$를 학습하여 (확률적인) 자기부호화기를 얻게 됨을 알 수 있다.

일반적으로 가시변수 $\mathbf{v}$에 대한 생성 모형은 우도 $p(\mathbf{v}|\mathbf{h}, \boldsymbol{\theta})$와 사전분포 $p(\mathbf{h}|\boldsymbol{\theta})$의 곱인 결합분포 $p(\mathbf{v}, \mathbf{h}|\boldsymbol{\theta})$로 나타낼 수 있다. 이때 조건부분포 $p(\mathbf{h}|\mathbf{v}, \boldsymbol{\theta})$는 사후분포라 불리는 분포가 되지만, 이 사후분포에 대한 해석적 계산은 특수한 경우를 제외하고는 어렵다. EFH는 결합분포 $p(\mathbf{v}, \mathbf{h}|\boldsymbol{\theta})$가 정의되고, 이 결합분포로부터 두 개의 조건부분포 $p(\mathbf{v}|\mathbf{h}, \boldsymbol{\theta})$와 $p(\mathbf{h}|\mathbf{v}, \boldsymbol{\theta})$를 해석적으로 계산할 수 있으며, 샘플링이 쉬운 특수한 분포를 이룬다. 이렇게 계산이나 최적화에 유리한 성질을 갖는 모형을 다층 NN으로 구축하는 것은 쉽지 않다. 다층 NN과 비슷한 구성을 갖는 DBN이나 DBM으로도 근사 계산을 해야 한다. 최근 변분 자기부호화기(variational autoencoder)라는 기법[32, 44, 24]이 제안되었으나, 이 기법으로는 사후분포 $p(\mathbf{h}|\mathbf{v}, \boldsymbol{\theta})$를 다층 NN으로 근사한다. 사후분포 $p(\mathbf{h}|\mathbf{v}, \boldsymbol{\theta})$, 즉 부호화기의 분포에 대한 근사가 변분법에 의한 근사와 형식적으로 같은 근사가 된다는 것과, 다층 NN으로 사후분포를 근사한다는 점에서 변분 자기부호화기라는 이름이 붙게 되었다. 결국 통계추정에서 어려움을 겪었던 사후분포의 계산은 딥러닝에서도 완전히 해결되지 않았으며, 이를 해결하기 위해서는 이전부터 쓰였던 근사적 기법이 필요하다.

3.5 결정적 모형을 사용한 사전훈련

사전훈련은 비지도학습 방식으로 관측 데이터 안의 잉여성을 제거하는 차원축소를 통해 그 뒤에 이어지는 지도학습 방식의 딥 뉴럴넷의 과적합을 방지하는 효과가 있다고 설명하였다. 그러나 그림 3.5 왼쪽에 나타낸 층 단위 탐욕학습에는 확률적 모형인 EFH가 사용된다. 이 EFH에서는 입력변수와 비가시변수 간의 관계가 확률적으로

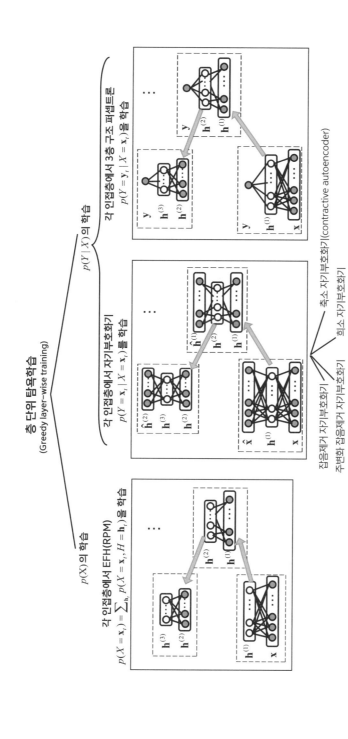

그림 3.5 층 단위 탐욕학습

인접한 두 층으로 된 신경망을 아래쪽부터 순서대로 학습한다. 모든 경우에서 아래의 층의 파라미터가 고정되며, 학습을 마친 하위 신경망 층 맨 위에 위치한 비가시 층의 학습할 신경망의 입력이 된다. 다음 학습 유형에는 비지도학습(왼쪽과 지도학습 방식을 택하는 것이 있다. 지도학습 방식을 택하는 신경망은 어떤 정답 신호를 사용하느냐에 따라 다시 자기부호화기(가운데)와 퍼셉트론(오른쪽) 등으로 나누어 볼 수 있다.

표현되므로 딥 뉴럴넷을 결정적 함수로 사용하는 지도학습의 손실함수와는 직접적인 관계를 갖지 않는다. 이에 비해 지도학습과 보다 직접적인 관계를 갖는 결정적 모형을 사용한 사전훈련 기법이 있다. 이번 절에서는 그림 3.5의 오른쪽에 해당하는 이들 결정적 모형을 사용한 층 단위 탐욕학습을 설명한다. 결정적인 모형을 사용한 사전훈련에는 결정적 모형을 비지도학습으로 학습시키는 것과 지도학습으로 학습시키는 것이 있는데, 이를 차례로 설명할 것이다.

3.5.1 비지도 학습을 통한 결정적 모형의 학습

적층 자기부호화기를 이용한 사전훈련

적층 자기부호화기(stacked autoencoder)는 인접하는 두 층씩 신경망을 구분지어 자기부호화기를 구성하고 학습시킨 것을 말한다. 그림 3.5 가운데 그림에서 보듯이 적층 자기부호화기[6]는 먼저, 입력층을 재현할 수 있도록 입력층을 압축 표현하는 중간층의 표현 $\mathbf{h}^{(1)}$을 학습한 뒤 $\mathbf{h}^{(1)}$을 압축 표현하는 한 층 위의 중간층 표현 $\mathbf{h}^{(2)}$를 학습하는 식으로 아래부터 순서대로 자기부호화기의 학습이 진행된다.

자기부호화기의 학습은 3.3.1항에서 설명했듯이 재구성 오차 $E_{q(\mathbf{x})}[C(\mathbf{x}, g(f(\mathbf{x})))]$를 최소화하는 과정이다. 그러나 이 과정을 EFH의 로그 우도에 대한 근사적 학습으로 해석할 수도 있다[4]. 이 점을, EFH의 로그 우도에 대한 근사식을 도출하고 이 근사식의 평균장 근사가 재구성 오차를 최소화한다는 것을 확인하는 과정을 통해 증명하도록 하겠다. 3.4.4항에서 로그 우도는 식 3.15와 같이 전개할 수 있다고 설명하였는데, 식 3.14의 마지막 항을 $p(\mathbf{v}^{(k+1)}|\boldsymbol{\theta})$가 아니라 $p(\mathbf{h}^{(k)}|\boldsymbol{\theta})$로 바꾸어 전개할 수 있다. $k = 0$으로 이 전개를 이용하면 파라미터에 대한 로그 우도의 도함수를 식 3.31과 같이 나타낼 수 있다.

$$\frac{\partial \log p(\mathbf{v}^{(0)})}{\partial \boldsymbol{\theta}} =$$

$$E_{p(\mathbf{h}^{(0)}|\mathbf{v}^{(0)})}\left[\frac{\partial \log p(\mathbf{v}^{(0)}|\mathbf{h}^{(0)})}{\partial \boldsymbol{\theta}}\right] + E_{p(\mathbf{h}^{(0)}|\mathbf{v}^{(0)})}\left[\frac{\partial \log p(\mathbf{h}^{(0)})}{\partial \boldsymbol{\theta}}\right]$$

식 3.31

이때 CD법과 마찬가지로 마지막 항을 무시하고, 가시변수 $\mathbf{v}^{(0)}$의 기댓값을 취하면 다음과 같은 파라미터 업데이트 식을 얻을 수 있다.

$$\Delta\boldsymbol{\theta} \propto \mathrm{E}_{p(\mathbf{h}^{(0)}|\mathbf{v}^{(0)})q(\mathbf{v}^{(0)})}\left[\frac{\partial \log p(\mathbf{v}^{(0)}|\mathbf{h}^{(0)})}{\partial\boldsymbol{\theta}}\right]$$

식 3.32

또한 자기부호화기의 파라미터 업데이트 식은 식 3.33과 같다.

$$\Delta\boldsymbol{\theta} \propto \mathrm{E}_{q(\mathbf{v}^{(0)})}\left[\frac{\partial \log p(\mathbf{v}^{(0)}|\bar{\mathbf{h}}^{(0)})}{\partial\boldsymbol{\theta}}\right]$$

식 3.33

단, 이때 $\bar{\mathbf{h}}^{(0)}$은 $\bar{\mathbf{h}}^{(0)} = \mathrm{E}_{p(\mathbf{h}^{(0)}|\mathbf{v}^{(0)})}[\mathbf{h}^{(0)}|\mathbf{v}^{(0)}]$이다.

그럼 EFH의 학습과 자기부호화기에 대한 학습의 관계를 자세히 알아보도록 하자. 위의 식 3.32와 식 3.33은 매우 비슷한 모양을 하고 있다. 식 3.33은 $p(\mathbf{v}^{(0)}|\mathbf{h}^{(0)})$에서 변수 $\mathbf{h}^{(0)}$ 대신 $\mathbf{v}^{(0)}$이 주어졌을 때의 평균 $\bar{\mathbf{h}}^{(0)}$을 대입한 것이다. 이렇듯 변수에 변수의 평균적인 값을 대입하여 변수 간의 상호작용을 무시하고 근사값을 계산하는 기법을 평균장 근사라고 한다. 그러나 식 3.33도 식 3.32에 평균장 근사를 적용한 것으로 해석할 수 있다. 이런 해석을 택하면 CD법이 EFH의 로그 우도의 전개를 1개 항 더 많이 한 것이며, 평균장 근사도 적용하지 않았다는 것을 알 수 있다. 따라서 경사법을 이용한 EFH의 로그 우도 학습 규칙으로는 CD법을 사용하는 쪽이 적층 자기부호화기를 사용하는 것보다 뛰어날 것이라 예상할 수 있다. 실제로 컴퓨터상에서 한 실험에서도 적층 자기부호화기는 CD법과 동등하거나 CD법이 약간 더 뛰어나다는 결과를 얻은 바 있다[6, 34].

잡음제거 자기부호화기를 이용한 사전훈련

앞서 설명한 적층 자기부호화기에서는 입력과 출력이 같은 것이었으나, 입력에 확률적 노이즈를 추가하는 방법이 새로이 제안되었다. 잡음제거 자기부호화기(denoising autoencoder)는 자기부호화기에 관측 데이터 $\mathbf{x}$에 인위적인 노이즈를 가하여 $\tilde{\mathbf{x}}$를 만들고, 이 $\tilde{\mathbf{x}}$를 입력으로 하여 원래의 $\mathbf{x}$를 복원하도록 학습을 수행한다. 관측 데이터에 추가하는 노이즈로는 무작위로 고른 일부 요소의 값을 0으로 하는 누락 노이즈와 가우스 노이즈가 쓰인다. 이런 방법으로 학습시키면 보다 효과적인 특징을 얻을 수 있다는 사실이 알려져 있다[60, 61]. 이 기법은 관측 데이터에 무작위 노이즈를 추가하여 학습 데이터 수를 늘릴 수도 있다.

잡음제거 자기부호화기는 학습 데이터 수를 늘리는 한편 그만큼 학습 비용이 증대되는 문제를 안고 있다. 이 문제를 해결하기 위해 제안된 것이 주변화 잡음제거 자기부호화기(marginalized denoising autoencoder)[9]이다. 이 기법은 인위적인 노이즈로 인한 기댓값 계산 부분을 해석적으로 수행하는 기법이다. 다시 말해서 노이즈가 추가된 입력 $\tilde{\mathbf{x}}$평균 주변에서 손실함수의 2차 오일리 전개를 취하여 노이즈의 기댓값을 해석직으로 근사 계산한다. 이 기법은 노이즈를 추가한 입력 데이터를 여러 개 생성하거나 이들 입력 데이터에 대한 비용함수 및 파라미터에 대한 비용함수의 도함수에 대해 평균을 계산할 필요가 없으므로 학습 속도를 어느 정도 향상시킬 수 있다. 자기부호화기의 학습 후 지도학습 결과를, 기존 잡음제거 자기부호화기를 사용한 경우와 비교해 보면 거의 동등하거나 조금 더 우수한 성능을 발휘한다는 것이 증명되었다. 단, 이 기법으로는 여러 층을 쌓았을 때의 성능 향상이 다른 방법에 비해 적어지는 경향이 있다.

그 외의 자기부호화기를 이용한 사전훈련

과적합이나 국소최적해 문제를 방지하기 위해 층 단위로 자기부호화기를 학습시킨다고 3.2.1항에서 설명하였다. 층 단위 자기부호화기에도 제약을 두어 과적합을 한층 더 억제해 보려는 시도가 있었다. 특히 이미지의 인코딩에서 입력의 차원보다 더 많은 수의 중간층 노드를 갖추었을 때, 이 중간층 노드는 대부분의 값이 0이 되는 희소한 인코딩이 가능하다는 것이 알려져 있다[40]. 층 단위 자기부호화기 학습에서도 마찬가지로 중간층의 변수가 희소해지도록 제약을 둔 희소 자기부호화기[40]의 학습 방법이 제안되었다. 축소 자기부호화기[45]는 입력 $\mathbf{v}$로부터 특징 $\mathbf{h}$를 출력하는 함수의 평활도를 장려하는 항을 규제화항으로 부여한다. 이 평활도 항을 도입하여 잡음제거 자기부호화기와 거의 동등한 학습 능력을 얻을 수 있다는 것을 보였다[45].

딥 러닝은 딥 뉴럴넷의 표현 능력을 발휘할 수 있는 학습 방법을 고안하는 것이 중요하지만, 층을 늘리지 않고 손실함수가 볼록함수가 되게 하여 최적화(학습)이 쉽도록 하는 신경망, 극단학습기계(ELM, Extreme Learning Machine)[31]가 제안되었다. ELM에서는 비가시변수 층 하나를 가지며, 입력과 비가시변수 사이의 가중치 $\mathbf{W}$와 바이어스 $\mathbf{b}$를 무작위로 생성하여, 비가시변수와 출력 사이의 가중치와 바이어스만을 추정한다.

ELM에서는 보통, 출력에 시그모이드 함수 같은 비선형 함수를 사용하지 않는다. 이를 통해 추정 대상이 되는 비가시변수와 출력 사이의 가중치 및 바이어스를 추정하는 문제가 단순한 제곱오차를 손실함수로 하는 선형회귀 문제로 귀착되어, 해석적으로 비가시변수와 출력 사이의 가중치 및 바이어스를 구할 수 있게 된다. 최적화를 쉽게 해주는 이러한 개념은 SVM과도 많이 닮아 있다. 또한 무작위로 기저를 생성하기 위해 비가시변수의 노드 수를 늘려 표현 능력을 높일 수 있으며, 상계 혹은 하계를 갖는 임의의 구분연속함수를 근사할 수 있는 능력을 갖는다[30]. SVM과 비교하면 대량의 데이터를 사용하는 경우에도 학습에 걸리는 시간이 줄어들며, 학습된 분류 성능도 높으므로 향후 응용 분야에서 중요한 위치를 차지하게 될 가능성이 있다.

이러한 ELM에 대해서도 층 단위 자기부호화기를 이용한 학습을 통해 성능 향상을 노려 볼 수 있다[7, 55]. 이 자기부호화기는 기본적으로는 적층 자기부호화기의 형태를 취하지만, 입력과 비가시층 사이의 파라미터가 무작위로 결정되며, 비가시층과 출력 사이의 파라미터만을 학습한다는 점이 이번 장에서 소개한 다른 자기부호화기와의 차이점이라 하겠다. 이런 학습 방법을 취하면 손실함수가 볼록함수가 되므로 최적화에 걸리는 계산시간이 줄어들거나 국소해가 사라진다는 장점이 있다. 또 성능적인 면에서도 다양한 이미지 인식 문제에서 DBN이나 DBM, 적층 자기부호화기, 잡음제거 자기부호화기 등과 비교하여 조금 더 뛰어난 성능을 보인 바 있다[55].

3.5.2 지도학습 방식을 이용한 결정적 모형의 학습

주어진 입력을 그대로 출력하도록 하는 자기부호화기의 비지도학습에 대하여 지금까지 설명하였다. 이제 애초의 목적이었던 자기부호화기 학습에 지도학습을 도입하는 연구를 소개하겠다. 이들은 음성인식 분야에서 식별적 사전훈련(6.4.3항)이라 불리는 기법이다.

3.5.1항의 적층 자기부호화기를 다루었던 벤지오(Bengio) 등의 논문[6]에서, 층 단위로 지도학습을 거친 결과를 보고한 바 있다. 이 지도학습은 다층 NN을 아래층부터 순서대로 구축하여 방식이다. 그림 3.5의 오른쪽에서 볼 수 있듯이 먼저 입력 **x**, 비가시

층 $\mathbf{h}^{(1)}$, 출력 $\mathbf{y}$로 구성된 3층 구조 앞먹임(feed-forward) 신경망을 학습한다. 학습이 끝나면 입력 $\mathbf{x}$와 비가시층 $\mathbf{h}^{(1)}$을 새로운 입력으로 삼아 여기에 비가시층 $\mathbf{h}^{(2)}$와 출력 $\mathbf{y}$를 더한 새로운 3층 NN을 학습한다. 이런 식으로 비가시층을 그다음 3층 NN의 입력으로 삼아 비가시층 1층을 갖는 3층 NN을 순서대로 학습한다. 이는 다층 NN의 비가시층에 출력과 관련된 입력의 특징이 표현되어 있다고 보고, 이 특징을 추출하기 위한 것이다.

그러나 이 식별적 사전훈련을 이미지 인식에 적용했을 때는 성능이 그리 좋지 못했다[6]. 이렇게 성능이 낮았던 원인은 어려운 지도학습 문제를 보다 쉬운 지도학습 문제로 분해하기가 쉽지 않았기 때문으로 추정된다. 그도 그럴 것이 지도학습에서는 출력을 설명할 수 있는 특징만이 학습으로 획득되며, 출력을 설명할 수 없는 특징은 추출되지 않기 때문이다. 그 때문에 대규모 다층 NN으로 출력을 설명할 수 있는 특징을 잘 나타낼 수 있다 하여도 이 특징을 매 학습에 쓰이는 소규모 통계 모형, 다시 말해 3층 NN으로 나타낼 수 없다면 이런 특징을 추출할 수 있는 방향으로 학습을 진행시키기가 어렵게 된다. 한편, 음성 인식 문제에서는 식별적 사전훈련이 DBN을 이용한 사전훈련에 필적할 만한 성능을 보였다[47]. 이렇듯 문제에 따라 식별적 사전훈련이 효과적인 경우도 있다.

3.6 Product of Experts 학습법으로 본 대조적 발산법

CD법은 본래 EFH를 포함하는 보다 일반적인 모형인 PoE(Product of Experts)에 대한 학습법으로 제안된 것이다[26]. 여기서 PoE의 모형을 간단히 소개하고 이에 대한 학습법으로 본 CD법을 설명한 다음, EFH와의 관련성을 밝힌다.

PoE는 이름 그대로 엑스퍼트라 불리는 함수 $f_i(\mathbf{v}|\boldsymbol{\theta})(i = 1, \cdots, M)$ 여러 개의 곱으로 우도를 정의하는 모형이다.

$$p(\mathbf{v}|\boldsymbol{\theta}) \propto \prod_{i=1}^{M} f_i(\mathbf{v}|\boldsymbol{\theta}_i)$$

식 3.34

여기서 $\boldsymbol{\theta}_i$는 엑스퍼트 $f_i(\mathbf{v}|\boldsymbol{\theta}_i)$마다 정의되는 파라미터로, $\boldsymbol{\theta}$는 $\boldsymbol{\theta}_1, \cdots, \boldsymbol{\theta}_M$을 합친 것이다. 모형의 우도는 각 엑스퍼트 $f_i(\mathbf{v}|\boldsymbol{\theta}_i)$가 규격화된 확률분포이어도 다시 규격화 상수를 계산할 필요가 있으므로 이 규격화 상수는 해석적으로 평가할 수 없는 경우도 있다.

CD법은 우도의 각 파라미터 $\boldsymbol{\theta}_i$에 대한 도함수를 다음과 같은 방법으로 근사한다.

$$\frac{\partial \mathrm{E}_{q(\mathbf{v})}\left[\log p(\mathbf{v}|\boldsymbol{\theta})\right]}{\partial \boldsymbol{\theta}_i}$$

$$= \mathrm{E}_{q(\mathbf{v})}\left[\frac{\partial \log f_i(\mathbf{v}|\boldsymbol{\theta}_i)}{\partial \boldsymbol{\theta}_i}\right] - \mathrm{E}_{p^{(\infty)}(\mathbf{v}|\boldsymbol{\theta})}\left[\frac{\partial \log f_i(\mathbf{v}|\boldsymbol{\theta}_i)}{\partial \boldsymbol{\theta}_i}\right]$$

식 3.35

$$\approx \mathrm{E}_{q(\mathbf{v})}\left[\frac{\partial \log f_i(\mathbf{v}|\boldsymbol{\theta}_i)}{\partial \boldsymbol{\theta}_i}\right] - \mathrm{E}_{p^{(k)}(\mathbf{v}|\boldsymbol{\theta})}\left[\frac{\partial \log f_i(\mathbf{v}|\boldsymbol{\theta}_i)}{\partial \boldsymbol{\theta}_i}\right]$$

이때 $p^{(\infty)}(\mathbf{v}|\boldsymbol{\theta})$은 식 3.34와 같이 주어진 PoE의 모형분포다. 이 식을 보면 알 수 있듯이 파라미터에 대한 PoE 우도의 도함수는 식 3.12와 마찬가지로 두 번째 항에 평가가 어려운 모형분포에 대한 기댓값을 포함하고 있다. 이 기댓값을 계산하려면 깁스 샘플링 등의 방법이 필요하지만, CD법은 이 모형분포에 대한 기댓값을 깁스 샘플링을 k번 하여 얻게 되는 분포의 기댓값으로 근사한다.

식 3.5와 같이 정의되는 EFH 역시 PoE의 일종이다. 이를 가시변수 $\mathbf{v}$와 비가시변수 $\mathbf{h}$의 결합분포가 정의되는 EFH로부터 비가시변수 $\mathbf{h}$에 대해 주변화해 보면 알 수 있다.

$$p(\mathbf{v}) = \sum_{\mathbf{h}} p(\mathbf{v}, \mathbf{h})$$

$$\propto \sum_{\mathbf{h}} \exp\left(\sum_{i,j} \phi_{ij}(v_i, h_j) + \sum_i \alpha_i(v_i) + \sum_j \beta_j(h_j)\right)$$

$$= \exp\left(\sum_i \alpha_i(v_i)\right) \prod_j \sum_{h_j} \exp\left(\phi_{ij}(v_i, h_j) + \beta_j(h_j)\right)$$

식 3.35에 나온 일반적인 PoE에 대한 CD법과 식 3.13에 나온 EFH에 대한 CD법을 비교해 보겠다. 식 3.35에서는 $\mathbf{v}$의 분포에 대한 기댓값인 $q(\mathbf{v})$와 $p^{(k)}(\mathbf{v}|\boldsymbol{\theta})$가 포함되어 있다. 이에 비해 식 3.13에는 $\mathbf{v}$와 $\mathbf{h}$의 결합분포인 $q(\mathbf{v})p(\mathbf{h}|\mathbf{v}, \boldsymbol{\theta})$와 $p^{(k)}(\mathbf{v}, \mathbf{h}|\boldsymbol{\theta})$에 대한 기댓값이 나온다는 차이가 있다. 이러한 차이는 우도를 얻기 위한 $\mathbf{h}$의 주변화 계산 부분을 명기할지 여부에서 오는 표면적인 것일 뿐이다.

3.7 정리

이번 장에서는 다층 NN의 사전훈련에 쓰이는 대조적 발산법을 중심으로 사전훈련의 입지와 구체적인 학습 방법을 다뤘다. 지도학습을 목적으로 하는 다층 NN은 학습하기가 어렵지만, 정답 신호를 제외한 관측 데이터만으로 비지도학습을 미리 거치면, 그 뒤의 지도학습 과정에서 사용할 파라미터의 좋은 초깃값을 얻을 수 있다. 그리고 이를 이용하면 다층 NN을 이용한 지도학습의 성능이 향상되는 경우가 있다고 알려져 있다. 합성곱 신경망처럼 적절한 제약을 가한 모형으로도 과적합을 방지할 수 있으나, 이렇게 파라미터의 자유도를 제약하기 위해서는 관측 데이터나 정답 신호에 대해 케이스 바이 케이스식의 지식이 필요하다. 이 때문에 관측에 잠재된 통계적 구조가 파악되지 않았거나 정답 레이블이 일부밖에 없는 경우 등에는 사전훈련이 유용하다고 여겨지고 있다. 관측 데이터의 잠재적 구조를 학습하는 비지도학습 기법에 대해서는 벤지오(Bengio)가 최근 리뷰 논문[3]에서 자세히 다루었다. 이 같은 토픽을 대학생이나 소프트웨어 엔지니어 등 비전문가를 위한 책으로 기획하고 있으며, 현재 온라인에서 원고를 읽을 수 있다[5]. 또한 사전훈련을 포함하여 딥 러닝 전반을 최신 문헌과 함께 소개하는 책[17]이 출판되어 있다. 관심 있는 독자는 이를 참고하기 바란다.

다층 NN은 파라미터 수가 매우 많기 때문에 지금까지 과적합을 억제하고 최적화하기가 어려웠다. 그러나 컴퓨터의 성능이 향상되고, 풍부한 학습 데이터를 이용할 수 있게 되었으며, 다층 NN에 ReLU 같은 비선형 노드를 적용하거나 합성곱 신경망이나 풀링 같은 구조적인 장치, 사전훈련, 드롭아웃 같은 학습 방법상의 트릭을 사용하게 되면서 복잡한 실제 문제에도 적용할 만한 도구가 되기에 이르렀다. 그러나 현재 사용되는 대량의 데이터, 강력한 컴퓨팅 자원과 비교하면 사람은 극히 제한된 경험으로부터도 충분히 빠르고 우수한 일반화 성능을 보이고 있다. 컴퓨터와 사람의 이러한 차이를 감안하면 모형 구조 및 학습 방법의 트릭에는 아직 한참 개선의 여지가 있다고 할수 있다.

참고 문헌

[1] Shun-Ichi Amari, Hyeyoung Park, and Kenji Fukumizu, Adaptive method of realizing natural gradient learning for multilayer perceptrons, *Neural Computation*, Vol. 12, No. 6, pp. 1399–1409, 2000.

[2] Shun-Ichi Amari, Hyeyoung Park, and Tomoko Ozeki, Singularities affect dynamics of learning in neuromanifolds, *Neural Computation*, Vol. 18, No. 5, pp. 1007–1065, 2006.

[3] Yoshua Bengio, Aaron Courville, and Pascal Vincent, Representation learning: A review and new perspectives, *Pattern Analysis and Machine Intelligence, IEEE Transactions on*, Vol. 35, No. 8, pp. 1798–1828, 2013.

[4] Yoshua Bengio and Olivier Delalleau, Justifying and generalizing contrastive divergence, *Neural Computation*, Vol. 21, No. 6, pp. 1601–1621, 2009.

[5] Yoshua Bengio, Ian J. Goodfellow, and Aaron Courville, Deep learning, Book in preparation for MIT Press, 2015.

[6] Yoshua Bengio, Pascal Lamblin, Dan Popovici, and Hugo Larochelle, Greedy layer-wise training of deep networks, In *Advances in Neural Information Processing Systems*, Vol. 19, p. 153. MIT Press, 2007.

[7] ErikCambria,Guang-BinHuang,LiyanaarachchiLekamalageChamara Kasun, Hongming Zhou, Chi Man Vong, Jiarun Lin, Jianping Yin, Zhiping Cai, Qiang Liu, and Kuan Li, Extreme learning machines trends & controversies], *Intelligent Systems*, IEEE, Vol. 28, No. 6, pp. 30–59, 2013.

[8] Miguel A Carreira-Perpinan and Geoffrey E Hinton, On contrastive divergence learning, In *Proceedings of the tenth international workshop on artificial intelligence and statistics*, pp. 33–40. Citeseer, 2005.

[9] MinminChen,KilianWeinberger,FeiSha,andYoshuaBengio,Marginalized denoising autoencoders for nonlinear representation, In *Proceedings of the 31th International Conference on Machine Learning*, 2014.

[10] KyungHyun Cho, Tapani Raiko, and Alexander Ilin, Parallel tempering is efficient for learning restricted Boltzmann machines, In *IJCNN*, pp. 1–8. Citeseer, 2010.

[11] Dan Ciresan, Alessandro Giusti, Luca M. Gambardella, and Jürgen Schmidhuber, Mitosis detection in breast cancer histology images with deep neural networks, In *Medical Image Computing and Computer-Assisted Intervention MICCAI 2013*, pp. 411–418. Springer, 2013.

[12] Dan Ciresan, UeliMeier, Luca Maria Gambardella, and Jürgen Schmidhuber, Deep, big, simple neural nets for handwritten digit recognition, *Neural Computation*, Vol. 22, No. 12, pp. 3207–3220, 2010.

[13] Dan Ciresan, Ueli Meier, Jonathan Masci, and Jürgen Schmidhuber, Multi-column deep neural network for traffic sign classification, *Neural Networks*, Vol. 32, pp. 333–338, 2012.

[14] Dan Ciresan, Ueli Meier, and Jürgen Schmidhuber, Multi-column deep neural networks for image classification, In *Computer Vision and Pattern Recognition (CVPR), 2012 IEEE Conference on*, pp. 3642–3649. IEEE, 2012.

[15] George E Dahl, Dong Yu, Li Deng, and Alex Acero, Context-dependent pre-trained deep neural networks for large-vocabulary speech recognition, *Audio, Speech, and Language Processing, IEEE Transactions on*, Vol. 20, No. 1, pp. 30–42, 2012.

[16] Jeffrey Dean, GregCorrado, Rajat Monga,Kai Chen, Matthieu Devin, Quoc V Le, Mark Z Mao, Marc' Aurelio Ranzato, Andrew W Senior, and Paul A Tucker, Large scale distributed deep networks, In *Advances in Neural Information Processing Systems*, pp. 1232–1240, 2012.

[17] Li Deng and Dong Yu, *Deep Learning: Methods and Applications*, Now Publishers, 2014.

[18] Guillaume Desjardins, Aaron C Courville, Yoshua Bengio, Pascal Vincent, and Olivier Delalleau, Tempered markov chain monte carlo for training of restricted Boltzmann machines, In *International Conference on Artificial In telligence and Statistics*, pp. 145–152, 2010.

[19] DumitruErhan,YoshuaBengio,AaronCourville,Pierre-AntoineManzagol, Pas-cal Vincent, and Samy Bengio, Why does unsupervised pre-training help deep learning?, *The Journal of Machine Learning Research*, Vol. 11, pp. 625–660, 2010.

[20] Kenji Fukumizu and Shun-ichi Amari, Local minima and plateaus in hierarchical structures of multilayer perceptrons, *Neural Networks*, Vol. 13, No. 3, pp. 317–327, 2000.

[21] Ian J Goodfellow, Jonathon Shlens, and Christian Szegedy, Explaining and har-nessing adversarial examples, In *International Conference on Learning Represen-tations*, 2015.

[22] Ian J Goodfellow, Jonathon Shlens, and Christian Szegedy, Understanding mini-mum probability flow for rbms under various kinds of dynamics, In *International Conference on Learning Representations*, 2015.

[23] Ian J Goodfellow, David Warde-Farley, Mehdi Mirza, Aaron Courville, and Yoshua Bengio, Maxout networks, In *Proceedings of the 30th International Conference on Machine Learning*, 2013.

[24] Karol Gregor, Ivo Danihelka, Andriy Mnih, Charles Blundell, and Daan Wierstra, Deep autoregressive networks, In *Proceedings of the 31st international conference on Machine learning*, 2014.

[25] WeiliGuo, Haikun Wei,Junsheng Zhao, and Kanjian Zhang,Theoretical and numerical analysis of learning dynamics near singularity in multilayer perceptrons, *Neurocomputing*, 2014.

[26] G. E. Hinton, Training products of experts by minimizing contrastive divergence, *Neural Computation*, Vol. 14(8), pp. 1771–1800, 2002.

[27] G. E. Hinton and R. R. Salakhutdinov, Reducing the dimensionality of data with neural networks, *Science*, Vol. 313(5786), pp. 504–507, 2006.

[28] Geoffrey E Hinton, Simon Osindero, and Yee-Whye Teh, A fast learning algorithm for deep belief nets, *Neural Computation*, Vol. 18, No. 7, pp. 1527–1554, 2006.

[29] Geoffrey E Hinton, Nitish Srivastava, Alex Krizhevsky, Ilya Sutskever, and Ruslan R Salakhutdinov, Improving neural networks by preventing coadaptation of feature detectors, *arXiv preprint arXiv:1207.0580*, 2012.

[30] Guang-Bin Huang, Lei Chen, and Chee-Kheong Siew, Universal approximation using incremental constructive feedforward networks with random hidden nodes, *Neural Networks, IEEE Transactions on*, Vol. 17, No. 4, pp. 879–892, 2006.

[31] Guang-Bin Huang, Qin-Yu Zhu, and Chee-Kheong Siew, Extreme learning machine: a new learning scheme of feedforward neural networks, In *Neural Networks, 2004. Proceedings. 2004 IEEE International Joint Conference on*, Vol. 2, pp. 985–990. IEEE, 2004.

[32] Diederik P Kingma and Max Welling, Auto-encoding variational bayes, In *International Conference on Learning Representations*, 2014.

[33] Hugo Larochelle and Yoshua Bengio, Classification using discriminative restricted Boltzmann machines, In *Proceedings of the 25th international conference on Machine learning*, pp. 536–543. ACM, 2008.

[34] Hugo Larochelle, Dumitru Erhan, Aaron Courville, James Bergstra, and Yoshua Bengio, An empirical evaluation of deep architectures on problems with many factors of variation, In *Proceedings of the 24th international conference on Machine learning*, pp. 473–480. ACM, 2007.

[35] 前田新一, 青木佑紀, 石井信, Detailed balance learning によるマルコフ連鎖の学習, 日本神経回路学会第 19回全国大会, pp.40–41, 2009.

[36] James Martens, Deep learning via hessian-free optimization, In *Proceedings of the 27th International Conference on Machine Learning*, pp. 735–742, 2010.

[37] Takeru Miyato, Shin-ichi Maeda, Masanori Koyama, Ken Nakae, and Ishii Shin, Distributional smoothing with virtual adversarial training, *arXiv preprint arXiv:1507.00677*, 2015.

[38] The mnist database. http://yann.lecun.com/exdb/mnist/.

[39] Masayuki Ohzeki, Statistical-mechanical analysis of pre-training and fine tuning in deep learning, *Journal of the Physical Society of Japan*, Vol. 84, No.3, 2015.

[40] BrunoA Olshausen, Emergenceofsimple-cell receptive field properties by learning a sparse code for natural images, *Nature*, Vol. 381, No. 6583, pp. 607–609, 1996.

[41] Manfred Opper and David Saad, *Advanced mean field methods: Theory and practice*, MIT press, 2001.

[42] Razvan Pascanu and Yoshua Bengio, Revisiting natural gradient for deep networks, *arXiv preprint arXiv:1301.3584*, 2013.

[43] Antti Rasmus, Harri Valpola, Mikko Honkala, Mathias Berglund, and Tapani Raiko, Semi-supervised learning with ladder network, *arXiv preprint arXiv:1507.02672*, 2015.

[44] Danilo Jimenez Rezende, Shakir Mohamed, and Daan Wierstra, Stochastic back-propagation and approximate inference in deep generative models, In *Proceedings of the 31st international conference on Machine learning*, 2014.

[45] Salah Rifai, Pascal Vincent, Xavier Muller, Xavier Glorot, and Yoshua Bengio, Contractive auto-encoders: Explicit invariance during feature extraction, In *Pro-ceedings of the 28th International Conference on Machine Learning*, pp. 833–840, 2011.

[46] Ruslan Salakhutdinov and Geoffrey E Hinton, Deep boltzmann machines, In *International Conference on Artificial Intelligence and Statistics*, pp. 448–455, 2009.

[47] Frank Seide, Gang Li, Xie Chen, and Dong Yu, Feature engineering in context-dependent deep neural networks for conversational speech transcription, In *Automatic Speech Recognition and Understanding (ASRU), 2011 IEEE Workshop on*, pp. 24–29. IEEE, 2011.

[48] Frank Seide, Gang Li, and Dong Yu, Conversational speech transcription using context-dependent deep neural networks, In *Interspeech*, pp.437–440, 2011.

[49] Patrice Y Simard, Dave Steinkraus, and John C Platt, Best practices for convolutional neural networks applied to visual document analysis, In *2013 12th International Conference on Document Analysis and Recognition*, Vol. 2, pp. 958–958. IEEE Computer Society, 2003.

[50] Sohl-Dickstein, Persistent minimum probability flow. http://redwood. berkeley.edu/jascha/pdfs/PMPF.pdf.

[51] Jascha Sohl-Dickstein, Peter B Battaglino, and Michael R DeWeese, New method for parameter estimation in probabilistic models: minimum probability flow, *Physical review letters*, Vol. 107, No. 22, p. 220601, 2011.

[52] Nitish Srivastava, Geoffrey Hinton, Alex Krizhevsky, Ilya Sutskever, and Ruslan Salakhutdinov, Dropout: A simple way to prevent neural networks from overfitting, *The Journal of Machine Learning Research*, Vol. 15, No. 1, pp. 1929–1958, 2014.

[53] Ilya Sutskever, James Martens, George Dahl, and Geoffrey Hinton, On the importance of initialization and momentum in deep learning, In *Proceedings of the 30th International Conference on Machine Learning*, pp. 1139–1147, 2013.

[54] 高畠一哉, 赤穂昭太郎, Progressive contrastive divergence法, 電子情報通信学会技術研究報告, 『NC,ニューロコンピューティング』, Vol. 106, No. 588, pp. 151–154, 2007.

[55] Jiexiong Tang, Chenwei Deng, and Guang-Bin Huang, Extreme learning machine for multilayer perceptron, *Neural Networks and Learning Systems, IEEE Transactions on*, No. 99, 2015.

[56] Yee Whye Teh, Max Welling, Simon Osindero, and Geoffrey E Hinton, Energy-based models for sparse overcomplete representations, *The Journal of Machine Learning Research*, Vol. 4, pp. 1235–1260, 2003.

[57] Tijmen Tieleman, Training restricted boltzmann machines using approximations to the likelihood gradient, In *Proceedings of the 25th international conference on Machine learning*, pp. 1064–1071. ACM, 2008.

[58] Tijmen Tieleman and Geoffrey Hinton, Using fast weights to improve persistent contrastive divergence, In *Proceedings of the 26th Annual International Conference on Machine Learning*, pp. 1033–1040. ACM, 2009.

[59] Nicolaas Godfried Van Kampen, *Stochastic processes in physics and chemistry*, Elsevier, third edition, 2007.

[60] Pascal Vincent, Hugo Larochelle, Yoshua Bengio, and Pierre-Antoine Manzagol, Extracting and composing robust features with denoising autoencoders, In *Proceedings of the 25th international conference on Machine learning*, pp. 1096–1103. ACM, 2008.

[61] Pascal Vincent, Hugo Larochelle, Isabelle Lajoie, Yoshua Bengio, and Pierre-Antoine Manzagol, Stacked denoising autoencoders: Learning useful representations in a deep network with a local denoising criterion, *The Journal of Machine Learning Research*, Vol. 9999, pp. 3371–3408, 2010.

[62] Li Wan, Matthew Zeiler, Sixin Zhang, Yann L Cun, and Rob Fergus, Regularization of neural networks using dropconnect, In *Proceedings of the 30th International Conference on Machine Learning*, pp. 1058–1066, 2013.

[63] 渡辺澄夫, 『データ学習アルゴリズム』, 共立出版, 2001.

[64] Sumio Watanabe, *Algebraic geometry and statistical learning theory*, Vol. 25. Cambridge University Press, 2009.

[65] Max Welling, Michal Rosen-Zvi, and Geoffrey E Hinton, Exponential family harmoniums with an application to information retrieval, In *Advances in Neural Information Processing Systems*, Vol. 17, pp. 1481–1488. MIT Press, 2005.

[66] Max Welling and Yee Whye Teh, Approximate inference in Boltzmann machines, *Artificial Intelligence*, Vol. 143, No. 1, pp. 19–50, 2003.

[67] Laurent Younes, Parametric inference for imperfectly observed Gibb-sianfields, *Probability Theory and Related Fields*, Vol. 82, No. 4, pp. 625–645, 1989.

4

대규모 딥 러닝을
실현하기 위한 기술

4.1 시작하며

딥 러닝은 최근 많은 경진대회 및 과제에서 놀라운 성과를 거두어 기존의 기법을 빠르게 대체하고 있다. 또한 딥 러닝은 산업계에서도 널리 이용되어서 마이크로소프트, 구글, 페이스북, 바이두 등의 기업이 이미지 인식이나 음성 인식에 이용하고 있다. 이를 가능케 하는 것이 바로 대규모 딥 러닝을 실현하기 위한 기술이다. 딥 러닝에 쓰이는 신경망은 그저 층수만 늘린 것이 아니라 여러 특징을 다루기 위해 각 층의 폭이 넓고, 파라미터 수가 수억에서 수백억까지 이르는 것이 특징이다. 이렇게 커다란 모형을 학습하기 위해서는 학습 데이터의 규모도 커야 한다. 수억 개의 학습 데이터를 이용하여 수백억의 파라미터를 갖는 신경망을 학습시키는 일은 지금까지의 신경망과 비교하여 규모의 차원이 다른 학습이다. 데이터나 모형의 규모를 키우는 것만으로 정밀도가 크게 향상되며, 지금까지 실용화의 벽을 넘지 못했던 이미지 인식이나 음성 인식 같은 기술이 속속 빛을 보고 있다. 양으로 질을 바꾸었다고 해도 좋을 정도다. 사람의 뇌가 약 1,000억 개에 이르는 뉴런으로 구성되어 있으며, 이들 각각이 1,000개의 뉴런과 시냅스로 연결되어 있다는 것을 감안하면 앞으로 훨씬 큰 신경망이 필요하게 될 것이다. 현재도 대규모 신경망의 학습을 실현한 것이 인공지능을 구현하는 데 큰 열쇠가 될 것으로 여겨진다.

이번 장에서는 대규모 딥 러닝을 실현하기 위한 기법을 소개한다. 4.2절에서는 딥 러닝의 최적화에 대해 복습한 뒤, 다음과 같은 내용을 다룬다.

먼저, 4.3절에서는 신경망의 구조에 의존하지 않는 일반적인 고속 계산 기법을 소개한다. 고속 계산 기법에는 몇 가지 접근법이 있는데, 여기서는 GPU나 인피니밴드 (InfiniBand) 등 특별한 하드웨어를 이용한 분산병렬학습, 배치 정규화로 신경망 내부의 공변량 이동을 방지하는 방법, 증류라 일컬어지는 모형의 전송 및 압축 기법에 대해 소개한다.

그다음 4.4절에서는 과적합을 방지하기 위한 대표적인 기법인 드롭아웃을 설명한다. 대규모 신경망은 매우 강력하고 학습 데이터를 쉽게 표현할 수 있으므로 과적합을 일으키기 쉽다. 이를 방지하기 위해 기존의 기계학습처럼 규제화에 기반을 둔 방법도 쓰이나, 드롭아웃이라는 기법은 과적합을 방지하는 효과가 커서 널리 쓰인다. 드롭아웃에 대한 직관적인 설명과 함께, 이론적 해석을 소개한다.

4.5절에서는 대규모 신경망에서 사용되는 활성화함수를 소개한다. 대표적인 예로 ReLU(Rectified Linear Unit)를 들 수 있다. ReLU는 구분선형함수이며, 기존의 활성화 함수와 달리 대부분의 값에서 기울기가 일정하다. 이런 성질로 인해 신경망의 충수가 늘어나도 오차가 감쇠되지 않고 아래층까지 전파될 수 있어서 이른바 기울기 소실 문제를 해결해 준다. 또한 MaxOut도 ReLU와 마찬가지로 구분선형함수의 성질을 가지며, 표현력을 높여 준다. 이들 활성화함수는 계산 비용도 적게 들므로 딥 러닝에서 널리 사용된다.

4.6절에서는 하이퍼파라미터(hyperparameter)의 자동조정을 다룬다. 대규모 신경망은 학습 시간이 매우 오래 걸리므로 하이퍼파라미터의 선택 또한 쉽지 않다. 하이퍼파라미터 중에서도 학습률의 자동제어는 학습시간 및 결과에 크게 영향을 미친다. 이 절에서는 학습률을 자동으로 제어하는 방법과 하이퍼파라미터를 탐색하는 일반적인 기법에 대해 설명한다.

4.7절에서는 구현을 위한 기술을 소개한다. 신경망은 많은 수의 요소로 구성되며 구현 자체도 복잡해졌으므로 소프트웨어 개발에 대한 난이도 역시 높다. 딥 러닝의 각

구성 요소는 단순하지만, 전체적으로는 복잡한 행동 패턴을 가지므로 디버깅과 테스트가 쉽지 않다. 일부분에 오류가 있어도 전체적으로는 정상적인 상태와 비슷하여 문제를 발견하기 어렵다. 디버깅 및 테스트를 위한 기법도 소개한다.

4.2 딥 러닝의 최적화

이번 절에서는 딥 러닝에서 어떤 처리가 이루어지는지를 간단히 훑어본다.

4.2.1 딥 러닝의 기본 연산

먼저, 딥 러닝에서 이용되는 네트워크 구조, 특히 계층형 신경망에 대하여 설명한다. 이 내용에 대해서는 1.3절을 참고하면 좋다. 각각의 노드는 다차원 입력 $\mathbf{x} = [x_1, ..., x_n]^\top$을 받아 y를 출력하는 처리를 수행한다. 이 처리의 구체적인 내용은 다음 식과 같다.

$$y = a\left(\sum_{i=1}^{n} w_i x_i\right) = a(\mathbf{w}^\top \mathbf{x}) \qquad \text{식 4.1}$$

이때 $\mathbf{w} = [w_1, ..., w_n]^\top$은 각 입력의 가중치다. 바이어스 항에 대해서는 식 1.1과 같이 취급한다. 함수 a로는 일반적으로 비선형함수가 쓰이는데, 이를 노드의 **출력함수**(output function) 또는 **활성화함수**(activation function)라고 한다.

딥 러닝에서는 이런 노드가 층을 이루고 있으며, k번째 층의 출력이 $k + 1$번째 층의 입력이 된다. 예를 들어, 어떤 층의 입력 벡터가 $\mathbf{x}$이고, 가중치 벡터를 가로로 열거한 가중치 행렬이 $\mathbf{W}$, 활성화함수를 a라고 했을 때, 출력 벡터는 $a(\mathbf{W}^\top\mathbf{x})$와 같이 나타낼 수 있다. 이때 벡터 $\mathbf{y}$에 대해 $a(\mathbf{y}) = [a(y_1), a(y_2), ...]^\top$이다. 이 처리를 층마다 수행하는 식으로 입력으로부터 최종적인 출력을 결정한다.

학습 시에는 파라미터 $\boldsymbol{\theta}$로 특징 지을 수 있는 목적함수 $L(\boldsymbol{\theta})$(손실함수(loss function)라고도 함)이 주어졌을 때 이 함수의 값이 최소가 되게 하는 $\boldsymbol{\theta}^* = \arg\min_\theta L(\boldsymbol{\theta})$을 구하는 최적화를 통해 학습을 수행한다.

최적화를 위해서는 경사하강법(gradient descent method)을 사용하는 경우가 많다. 현재의 파라미터 $\theta^{(t)}$에 대한 기울기 $\mathbf{v} = \frac{\partial L(\theta)}{\partial \theta}\big|_{\theta=\theta^{(t)}}$를 구하여 식 4.2와 같이 θ를 업데이트한다.

$$\theta^{(t+1)} \leftarrow \theta^{(t)} - \tau v \qquad \text{식 4.2}$$

이때 $\tau > 0$은 학습률이다. 학습률은 어떤 규칙을 따라 결정하든가 4.6절에서 설명할 AdaGrad나 Adam과 같은 기법을 이용하여 적응적으로 조정하기도 한다.

딥 러닝의 파라미터는 각 노드 사이의 가중치 또는 일부 활성화함수의 파라미터이며, 목적함수로는 학습 샘플에 대한 음의 로그 우도가 많이 사용된다. 딥 러닝에서 오차의 각 가중치에 대한 기울기를 일일이 직접 계산하는 것은 계산량이 너무 많으므로 다음에서 설명할 오차역전파법(backpropagation method)을 이용하여 이를 효율적으로 계산할 수 있다.

오차역전파법을 설명하기 전에 기울기 계산의 연쇄법칙(chain rule)을 복습하도록 하자. 예를 들어, $y = g(x)$와 $z = f(y)$라는 함수가 주어졌을 때 z에 대한 x의 기울기는 연쇄법칙으로 식 4.3과 같이 구할 수 있다.

$$\frac{\partial z}{\partial x} = \frac{\partial z}{\partial y}\frac{\partial y}{\partial x} \qquad \text{식 4.3}$$

직관적으로 설명하자면 x의 변화량이 Δx일 때 y의 변화량은 $\Delta y = \partial y \, \Delta x \, \partial x$이며, z의 변화량은 $\Delta z = \partial z \, \Delta y = \partial z \, \partial y \, \Delta x$와 같이 나타낼 수 있다. 각각의 $\partial y \, \partial y \, \partial x$ 변수를 조금씩 움직였을 때 최종적으로 움직인 양은 이들의 곱으로 나타낼 수 있다.

그다음으로 변수를 벡터로 확장한 경우를 살펴보자. 입력이 x이고, 이 값에 따라 벡터 y의 값이 결정되며, 이들 변수에 기초하여 z값이 결정되는 상황을 예로 들어 보자.

$$\mathbf{y} = g(x), \quad z = f(\mathbf{y}) \qquad \text{식 4.4}$$

이 경우 $\frac{\partial z}{\partial x} = \sum_i \frac{\partial z}{\partial y_i}\frac{\partial y_i}{\partial x}$가 된다. 이 역시 마찬가지로 x를 조금 변화시켰을 때의 각 y_i의 변화율은 $\Delta y_i = \frac{\partial y_i}{\partial x}\Delta x$이며, z의 변화량은 $\Delta z = \sum_i \frac{\partial z}{\partial y_i}\Delta y_i = \sum_i \frac{\partial z}{\partial y_i}\frac{\partial y_i}{\partial x}\Delta x$와 같

이 나타낼 수 있다.

이를 일반화하여 변수의 의존관계를 순환이 없는 유향 그래프로 나타낸 경우를 생각해 보자. 계층형 신경망을 이런 예로 볼 수 있다. 어떤 파라미터 x를 자손으로 하여 존재하는 파라미터 z의 기울기는 x의 직접적인 자식을 $y_1, y_2, ..., y_n$이라 했을 때 $\frac{\partial z}{\partial x} = \sum_i \frac{\partial z}{\partial y_i} \frac{\partial y_i}{\partial x}$이다. 오차역전파법은 이 관계를 이용하여 출력을 계산한 순서와 반대의 순서로 각 파라미터의 기울기를 차례로 구한다. 이때 계산에 필요한 정보가 모두 앞 단계에서 계산되어 갖춰지므로 효율적인 계산이 가능해진다. 이 오차역전파법은 자동미분 중에서도 후퇴형 자동미분에 속하며[10], 순환이 존재하는 일반적인 계산흐름에 대해서도 확장할 수 있다. 예를 들어, 순환결합 신경망과 같이 순환이 존재하는 경우에도 신경망의 상태를 시간 방향으로 전개하는 방법을 통해 순환이 없는 유향 그래프로 변환할 수 있으며, 여기에 다시 오차역전파법을 적용할 수 있다. 이 방법을 BPTT(Backpropagation Through Time) 방법이라고 부른다.

4.2.2 확률적 경사하강법

신경망의 학습 문제를 비롯하여 기계학습의 목적함수는 대부분 각 학습 샘플의 손실함수에 대한 총합으로 정의된다. 이 때문에 원래대로라면 기울기를 모든 학습 샘플을 이용하여 계산하지 않으면 안 된다. 이에 비해 확률적 경사하강법(SGD, Stochastic Gradient Descent method)은 적은 수의 학습 샘플로부터 기울기를 추정하여 파라미터를 반복적으로 업데이트한다[36].

SGD는 학습 샘플이 잉여적인 경우에 유효하다. 이를테면 극단적인 예로 모든 학습 샘플을 복제하여 데이터 집합의 크기가 두 배가 되었다고 하자. 이런 경우에도 두 데이터 집합으로부터 계산되는 기울기는 같다. 이렇게 학습 샘플이 잉여성을 갖는 경우에도 SGD는 적은 수의 학습 샘플로도 정확한 기울기 정보를 구할 수 있다. 또한 현재의 파라미터가 최적해로부터 멀리 떨어져 있는 경우에도 SGD가 유효하다. 어떤 학습 샘플을 사용하느냐에 상관없이 최적해에 가까운 위치에 도달할 수 있기 때문이다. 마치 서울에서 부산으로 갈 때 정확한 방향을 몰라도 남동쪽으로 가다 보면 도착하게 되는 것과 비슷한 이치다. 이런 특징과 함께 적절한 학습률을 설정하는 방법으로 목적함수가 볼록함수가 아니거나 국소최적해가 여럿 존재하는 경우에도 이런 지점으로부터 벗어날 수 있다.

그러나 학습 샘플이 너무 적으면 기울기의 추정값이 불안정해져서 결과적으로 수렴에 오랜 시간이 걸리게 된다. 이를 피하기 위한 절충안으로 적게는 수십 개 많게는 수백 개 정도의 학습 샘플로부터 기울기를 구하는 방법이 많이 사용된다. 이를 미니 배치법 (mini-batch method)이라고 한다. 병렬로 각 기울기를 계산하여 그 결과를 합친 뒤 업데이트하는 방식으로 빠르게 처리할 수도 있다.

4.3 속도 향상을 위한 기법

이번 장에서는 딥 러닝 아키텍처에 의존하지 않는 범용적 속도 향상 기법을 소개하겠다. 가장 먼저 소개할 방법은 분산병렬처리를 통해 속도를 향상시키는 기법이다. 그 다음, 특수한 하드웨어인 GPU와 인피니밴드를 이용하는 방법을 소개한다. 특히 딥 뉴럴넷의 긴 학습 시간은 각 층의 표현이 학습의 진행에 따라 변화하는, 이른바 내부공변량 이동이 일어나기 때문이다. 미니 배치 정규화를 통해 이를 방지하고 속도 향상을 실현하는 것을 보일 것이다. 마지막으로 증류라는 기법을 소개한다. 이 기법은 다른 신경망의 학습 결과를 힌트로 삼아 다른 신경망의 학습을 빠르게 하는 기법이다.

4.3.1 분산병렬처리: 디스트빌리프

분산병렬처리로 대규모 신경망을 실현한 예로 구글이 개발한 디스트빌리프(DistBelief) [17]를 소개하겠다.

먼저, 종래의 분산병렬계산이 어떤 방식이었는지를 간단하게 알아보도록 하자. 머신 1 대로 다 처리할 수 없거나 처리 능력이 충분치 않은 문제를 풀어야 하는 경우 여러 대의 머신을 이용하여 분산병렬처리를 할 필요가 있다. 분산병렬 계산의 대표적인 예로 맵리듀스(MapReduce)를 들 수 있다. 그러나 딥 러닝 학습에는 동기화된 반복 계산이 필요하므로 계산 과정의 병렬성이 분명하지 않으며, 또 머신 간의 통신이 수시로 필요하므로 맵리듀스는 적합하지 않았다.

이전에도 동기화된 분산처리를 적용한 SGD 최적화 기법이 몇 가지 제안된 바 있다. 예를 들면, SGD의 기울기 계산을 한 대 이상의 머신에서 분산계산하는 방법이 있으나, 머신 수가 많아지면 머신마다 계산 시간 및 통신 시간이 들쭉날쭉하여 가장 느린 머신에 전체 클러스터가 발목을 잡히는 현상으로 인해 성능 향상에 한계가 있었다. 더욱 문제가 되었던 것은 머신 여러 대가 제각기 같은 파라미터에 읽고 쓰기를 할 때 배타적 처리가 필요했는데, 머신 수가 늘어날수록 이 배타적 처리의 대기 시간이 길어지는 것이었다. 이 때문에 머신 간의 동기화 없이, 즉 파라미터의 배타적 처리 없이 업데이트하는 방법도 제안되었다[8]. 언뜻 보면 엄밀하지 못해 보이는 이러한 최적화로도 특징 벡터 및 기울기가 희소(sparse)하다면 업데이트가 서로 충돌할 확률이 낮아 문제가 발생하지 않았다는 보고가 있었다. 그러나 딥 러닝의 최적화에서는 특징 벡터 및 기울기 벡터가 희소하지 않으므로 분산병렬화가 어렵다.

구글 파일 시스템(Google File System)이나 맵리듀스를 개발했던 제프 딘(Jeff Dean) 등이 2012년에 디스트빌리프[17]를 제안하였다. 이 시스템은 신경망, 층을 이루는 그래피컬 모델의 학습을 지원하며, 학습 기법으로 온라인 학습과 배치 학습을 모두 지원한다. 디스트빌리프는 뒤에 설명할 GPU나 인피니밴드 같은 특수한 하드웨어를 이용하는 대신 일반적인 계산 노드를 늘려 가며 스케일 아웃하는 방식을 취한다.

병렬화에도 모형 병렬화와 데이터 병렬화 두 가지 유형이 존재한다. 모형 병렬화(model parallelism)는 하나의 모형을 학습할 때 모형을 분할하여 속도를 향상시킨다. 데이터 병렬화(data parallelism)는 원본 모형으로부터 모형의 사본을 만들고, 학습 샘플을 분할하여 각 모형의 사본에서 기울기를 구하고 이 기울기 정보를 원본 모형에 보내는 방식으로 속도를 향상시킨다. 데이터 병렬화에서는 각 머신이 모형의 사본을 갖게 되므로 머신 간의 잦은 통신 없이 독립적으로 기울기를 계산할 수 있으며, 머신 간의 통신 성능이 전체 클러스터 성능의 병목으로 작용하지 않게 된다. 디스트빌리프는 모형 병렬화와 데이터 병렬화를 함께 사용하여 빠른 처리를 가능하게 한다.

사용자는 신경망의 각 노드에서 어떤 계산을 할 것인지, 그리고 그 위 아래 노드로 어떤 정보를 전파할 것인지를 정의한다. 디스트빌리프는 이들 정보를 받아 여러 대의 머신에 어떻게 계산을 분배할 것인지, 그리고 정보를 전파할 것인지를 자동으로 조정한다. 맵리듀스와 마찬가지로 모형 병렬화, 데이터 병렬화, 머신 및 네트워크 장애의 자동 복구 등 세세한 부분에 사용자가 신경 쓸 필요가 없다.

이전 절에서 설명한 SGD는 기울기를 모든 학습 샘플로부터 계산하는 대신 무작위로 선택한 적은 수(1~100 정도)의 학습 샘플에서 계산하여 이 기울기를 기반으로 최적화를 수행한다. 예를 들어, 학습 샘플 하나만으로 기울기를 계산하고, 이 기울기로부터 파라미터를 업데이트할 수 있다. SGD는 머신 1대에서는 속도를 향상시키는 게 가능하지만, 파라미터 업데이트가 순차적이므로 분산병렬처리에는 적합하지 않았다.

Downpour SGD와 Sandblaster L-BFGS

디스트빌리프의 SGD는 기울기 계산, 파라미터 업데이트 계산에는 모형 병렬화를 적용하고, 여기에 모형 사본을 이용하여 속도를 향상시켰다. 시스템은 파라미터 서버를 관리하여 전체 파라미터의 원본 데이터를 관리한다. 학습 데이터는 몇 개의 그룹으로 분할되어 각각의 모형 사본에서 이들 부분집합으로 기울기를 계산한다. 기울기 계산이 끝나면 결과를 다시 파라미터 서버로 보내 파라미터를 업데이트한다. 각 모형 사본은 항상 파라미터 서버에 최신 파라미터 정보를 문의하여 반영한다. Downpour SGD는 이 중 어떤 모형 사본이 망가졌을 때 다른 사본으로부터 복구하므로 전체 과정이 멈추는 일이 발생하지 않는다. 또한 파라미터 서버는 데이터를 분할 저장하여 고장에 대비해 둔다.

디스트빌리프에서 쓰이는 배치학습인 Sandblaster L-BFGS는 각 머신에서 기울기 계산의 일부를 담당하여 이들 기울기 정보를 정리한 뒤 파라미터 업데이트를 수행한다. 기울기를 이용하여 파라미터를 업데이트하는 L-BFGS 알고리즘(Limited-memory Broyden-Fletcher-Goldfarb-Shanno method)은 메모리를 제한하는 유사 뉴턴법으로서 기존에도 기계학습 분야에서 널리 쓰여 왔다. 디스트빌리프에서 쓰이는 L-BFGS는 데이터 병렬화를 적용한 것으로서 기울기를 업데이트하기 위해 동기화된 처리를 필요로 한다. 이 때문에 머신 간의 서로 다른 처리 시간에 속도 향상이 제한을 받는다. 많은 수의 머신을 사용하는 경우 하드웨어 고장 등으로 인해 일부 머신이 매우 속도가 느리게 될 확률을 무시할 수 없다. 이로 인해 전체 클러스터의 속도가 느려지는 경우가 많다[6]. 계산의 중복성을 늘려 이 중 가장 빨리 계산이 끝난 것을 사용하는 방법으로 지연 문제를 극복할 수 있다. 기울기 계산 역시 작은 단위로 분할하여 이들 작업 단위를 노드마다 분배한 뒤 계산이 빨리 끝난 노드가 있으면 다음 작업 단위를 할당해 나가는 방법으로 전체 클러스터의 속도 저하를 방지한다. 이런 아이디어는 맵리듀스 등에도 쓰이고 있는데, 대규모 분산 시스템에서는 고가용성이 가장 중요한 과제인데, 기본적으로 노드나 네트워크가 고장으로 정지 또는 계산 시간이 지나치게 길어지는 경우를 감안하여 시스템을 구성한다.

디스트빌리프의 평가 실험

디스트빌리프를 음성 인식 및 이미지 인식 과제로 평가하였다. 음성 인식은 희소하지 않은(dense) 신경망을 이용하였으며, 이미지 인식은 5.5.2항에서 알아볼 재구성형 TICA를 이용하였다. 일반적으로 희소하지 않은 신경망일수록 머신 간의 통신이 증가하므로 분산화를 통한 속도 향상이 어렵다.

음성 인식 과제에서 사용된 신경망은 5층 구조로서 각 비가시층의 활성화함수는 시그모이드이며 2,560개의 노드를 갖는다. 출력층은 8,192개의 노드로 구성되어 있다. 각 층 사이는 완전히 연결(fully-connected)되어 있어서 약 4,200만 개의 파라미터가 있다. 코어가 20개인 머신 8대를 이용한 실험 결과, 1대일 때와 비교하여 2.2배의 속도 개선을 달성하였다. 머신을 더 늘려도 머신 간 통신에 따른 오버헤드로 인해 그 이상 향상되지 않았다.

한편, 이미지 인식 과제에 쓰인 합성곱 신경망은 크게 3층 구조이며, 각각의 층은 합성곱, 풀링, 국소정규화 층이다. 합성곱 연산은 10×10 크기의 패치에 대응하며, 출력층은 2만 1,000개의 원 핫(one-hot) 인코딩으로 표현된 멀티 클래스 분류용 로지스틱 회귀가 사용되었다. 이미지 인식에서는 81대의 머신을 사용하여 12배 이상의 속도 향상을 달성하였다. 머신을 이 이상 늘려도 속도 향상은 제한적이었으며, 머신 간의 통신 대역폭이 병목이 되었다.

또한 동영상 서비스 유튜브로부터 얻은 200×200 크기의 이미지 1,000만 장에 대해서 4,000노드, 1만 6,000코어로 병렬학습을 수행하였다. 당시로서는 이 정도 규모의 신경망 학습은 최초였다. 학습 결과 비지도학습만으로도 사람의 모습이나 얼굴 또는 고양이에 반응하는 노드를 학습할 수 있었다.

노드를 늘리는 데 대한 확장성이 높지 않고, 서로 다른 머신 간의 통신 비용이 병목이 되므로 딥 러닝의 분산 처리는 아직 갈 길이 멀다는 것을 알게 되었다. 딥 러닝을 스케일 아웃(scale-out)으로 속도를 향상시키려면 학습 자체는 독립적으로 수행하면서 학습 모형을 혼합하는 기법[13, 33, 11]이 필요하게 될 것이다.

디스트빌리프는 대규모 신경망의 효시가 되는 연구로 언론에서 다루어졌다. 그 후 딥 러닝은 다음에서 설명할 GPU 및 인피니밴드의 사용 등에 진전을 이루어 이보다 100배 내지 1,000배가 넘는 규모의 신경망학습이 가능하게 되었다.

4.3.2 GPU를 이용한 대규모 신경망학습

딥 러닝의 고속 계산을 위한 또 다른 접근법은 GPU를 사용하는 것이다. 클록 주파수를 통한 속도 향상에 한계가 오면서 소프트웨어에서 아무것도 하지 않고도 속도가 향상되는 시대는 끝났다[29]. 최근에는 코어 수를 늘리거나 노드 수를 늘리는 방식으로 속도를 향상시키는 것이 주류가 되었다. 또한 기계학습에서 다루는 문제의 설정도 딥 러닝에 와서 크게 바뀌었다. 예를 들어, 자연어 처리에서는 기존에 단어 i를 나타내는 특징 벡터가 i번째 차원만 1이고 나머지 차원에는 0인 이른바 원 핫(one-hot) 표현을 사용했다. 그리고 학습 시와 추론 시에 특징 벡터가 희소하다는 점을 이용하여 위치 인덱스처럼 색인을 구축하고 이를 이용하여 빠른 계산을 수행하였다. 구체적인 수치를 들면 문서 분류에서 특징 벡터의 차원 수가 100만이라고 하면 실제로 발화(성분의 값이 0이 아님)하는 특징 수는 수십 개에서 수백 개 정도로, 학습 시 및 추론 시에는 이렇게 발화하는 특징 수에 비례하는 계산량으로도 처리가 가능해진다. 또한 딥 러닝에서는 각 단어가 연속값을 갖는 빽빽한(dense) 벡터인 이른바 분산 표상(distributed representation)과 대응하는데, 이때 차원 수는 100 내지 4,000 정도다. 그리고 계산은 4,000차원의 벡터와 4,000×4,000 크기 행렬의 곱 형태가 된다. 분기나 검색이 많았던 시대부터, 거의 분기가 없으며 비슷한 종류의 연산은 병렬 처리로 수행해 왔다. 이런 종류의 계산에는 GPU가 유리하다.

딥 러닝에서 GPU는 거의 필수 불가결이라 할 수 있으며, 현재는 거의 모든 딥 러닝 라이브러리에서 GPU를 이용한 학습 및 추론을 지원하고 있다. 실제로 2012년에 딥 러닝이 여러 경진대회에서 큰 성과를 거뒀던 것은 크리제프스키(Krizhevsky)가 GPU를 이용하여 대규모 신경망 학습에 성공했던 것이 계기가 되었다.

GPU는 본래 컴퓨터 그래픽스에서 그래픽 전용 장치로 만들어졌지만, 현재 GPU의 용도는 거의 범용적이라 할 수 있다. GPU는 동작 주파수는 CPU보다 느리지만, 코어 수가 몇 십, 몇 백 배로 많아서 병렬성을 갖는 계산 처리에 유리하다. CPU는 코어의 대부분을 분기 처리에 쓰고 있지만, GPU는 분기 처리를 할 필요가 거의 없으므로 코어 하나당 면적이 작고 그래서 많은 수의 코어를 집적할 수 있기 때문이다. 현재는 CPU도 멀티코어 CPU가 주종이 되었지만, GPU를 사용하는 쪽이 수천 개의 연산 유닛을 사용할 수 있으므로 병렬연산 능력이 압도적으로 높다. 그리고 GPU는 CPU에 비해 레지스터 수가 훨씬 많으므로 레지스터의 값을 메모리로 돌리지 않아도 막대한 수의 스레드를 처리할 수 있다. 또한 일반적인 PC의 부품으로 대량 생산되므로 전용 프로세서에 비해 값이 저렴하여 가격 대비 성능 또한 우수하다. 이 차이는 앞으로 더 벌어질 것으로 예상된다. GPU에 대한 프로그래밍도 CUDA(Compute Unified Device Architecture)나 OpenCL(Open Computing Language) 등을 이용하여 C/C++을 확장한 언어로 쉽게 구현이 가능하여 GPU를 활용할 수 있다.

GPU를 사용할 때 주의해야 하는 점은, GPU는 CPU와 별개의 컴퓨터 같은 구성을 가지므로 메모리를 공유하지 않는다*는 점이다. 또한 GPU 1대로는 수억 개 정도의 파라미터밖에 다루지 못하므로 이보다 큰 규모의 신경망을 다뤄야 하는 경우에는 여러 개의 GPU를 사용해야만 한다. 그러나 I/O 대역폭, 전력, 발열, CPU 속도 등의 문제로 인해 컴퓨터 1대에 GPU를 8개 정도밖에 사용할 수 없으며, PCI Express 같은 내

---

* AMD 사의 hUMA(heterogeneous Uniform Memory Access) 등 메모리가 공유되는 아키텍처도 출시되어 있다.

부 버스를 거치는 통신(8~16Gbps)은 GPU 안의 메모리 전송 속도(100Gbps)에 비해 매우 느리다*. 또한 머신을 여러 대 이용하는 경우 인터넷을 이용한 일반적인 통신은 스루풋, 레이턴시 성능이 불충분하므로 이들 통신 성능이 병목이 된다.

GPU를 사용한 계산 비용 및 통신 성능을 나타낸 예를 소개한다. 2015년 즈음에 일반적인 컴퓨터 환경이었던 CPU가 PCI-Express 2.0 레인을 장비하여 GPU와의 통신 속도가 6Gbps인 경우를 생각해 보자. 이 경우 4,096×4,096 크기의 빽빽한 행렬의 곱셈(2.09×10^{-6}초)과 GPU가 4,096개의 부동소수형(float) 타입 실수를 받는 데 필요한 시간(2.73×10^{-6}초)은 거의 비슷한 성능을 발휘한다. 이보다 크기가 큰 행렬이라면 계산 시간이 병목이 되며, 작은 경우에는 통신이 병목이 된다.

딥 러닝에도 GPU를 이용한 속도 향상 시도가 계속 있어 왔다[19]. 딥 러닝이 지금처럼 널리 보급된 요인이 되었던 2012년의 각종 경진대회에서의 크리제프스키(Krizhevsky)[15] 등의 우승 역시 기존의 신경망 연구를 GPU에 적용할 수 있도록 철저히 튜닝하여 대규모 신경망을 학습할 수 있었기 때문이다.

그 후 크리제프스키는 단일 머신에 여러 개의 GPU를 이용한 속도 향상을 추구하였다[14]. 일반적인 합성곱 신경망으로는 먼저 같은 가중치를 공유하는 합성곱층이 하나 이상 반복된 다음, 전결합층이 뒤를 잇는다. 이런 구성을 갖는 신경망은 계산 시간 소요는 주로 합성곱층에서 나오지만, 대부분의 파라미터는 전결합층에 존재하게 된다. 그래서 앞부분의 합성곱층은 데이터 병렬의 이점을 살리고, 후반부의 전결합층은 모형 병렬화의 이점을 살리는 방식으로 병렬처리를 수행한다. 이들은 8개의 NVIDIA K20 GPU를 장착한 단일 머신으로 실험한 결과를 보고하였으며, 8대의 GPU로도 6.1배의 속도 향상을 달성할 수 있었다고 보고하였다.

---

* 2016년경에 등장한 NVLink는 GPU와 GPU 사이, 그리고 CPU와의 사이에서 80Gbps 정도의 성능을 내므로 이들 문제는 어느 정도 해결될 것이다.

4.3.3 인피니밴드의 이용

이번 항에서는 머신을 여러 대 이용하는 딥 러닝의 예로, Ng 등이 구현한 GPU와 고속 버스인 인피니밴드를 이용한 딥 러닝을 소개한다[5]. 최근 GPU와 인피니밴드의 가격 대비 성능이 충분히 향상되어 과학기술 컴퓨팅 목적뿐만 아니라 기업에서도 이를 채택하는 경우가 늘고 있다. 이 구성은 현재의 수퍼 컴퓨터가 택하고 있는 구성과 비슷하다. 앤드류 Ng 등은 GPU를 이용한 경우의 분산병렬처리에서 통신 성능이 병목을 일으키는 문제를 해결하기 위해 인피니밴드를 적극적으로 활용하였다. 인피니밴드는 머신과 머신 사이를 최대 56Gbps(bits per second)로 연결하며, 레이턴시는 1마이크로초 이하다. 또한 머신 사이의 병렬 계산에는 MVAPICH2라는 MPI(Message Passing Interface)를 이용하여 메모리나 CPU를 거치지 않고 GPU끼리 데이터를 직접 주고받을 수 있도록 최적화하였다.

또한 GPU는 희소한(sparse) 행렬끼리의 곱셈은 잘 처리하지 못하고, 성능이 CPU와 비슷한 정도로 떨어지는 문제가 있었다. 이들은 이러한 문제에 대해서도 신경망에서 나타나는 행렬 내 규칙성에 착안하여 희소한 행렬로부터 빽빽한 부분 행렬을 오려내어, 이들 행렬끼리에 대한 연산으로 변환하는 방법으로 GPU의 성능 저하를 방지하였다.

이들이 실시한 실험은 유튜브에서 추출한 200×200 크기의 이미지 1,000만 장을 대상으로 학습을 수행하였다. 클러스터는 16대의 컴퓨터로 구성되었으며, 각각의 컴퓨터는 쿼드코어 프로세서 2개와 NVIDIA GTX680 GPU 4개 그리고 인피니밴드 어댑터를 장착하였다. 학습에는 110억 개의 파라미터로 구성된 신경망이 사용되었다. 이 신경망은 4.3.1항에서 소개했던 예보다 약 6.5배 큰 것이다. 미니배치 1번(학습 샘플 이미지 96장에 해당)을 학습하는 데 0.6초 미만, 1,000만 장의 이미지 전체에 대해서는 약 17시간 정도로 학습할 수 있음을 증명하였다.

Ng는 이 연구를 더욱 진전시켜[34], 36개 노드, 144개의 Tesla K40m을 갖추고, 이들 계산 노드를 인피니밴드로 연결한 수퍼 컴퓨터 Minwa를 구축하였다. Minwa는 총 메모리 6.9TB와 GPU 메모리 1.7TB를 갖추고 있으며, 총 0.6 PFlops의 계산 성능을 가졌다. 이를 이용하여 학습한 이미지 인식 시스템은 당시의 ILSVRC 2014에서 매우 높은 정확도를 달성하였다.

4.3.4 학습수렴 속도를 향상시키는 방법

이번 항에서는 신경망 전체에 적용할 수 있는 학습수렴 속도를 향상시키는 기법을 소개한다.

배치 정규화

딥 뉴럴넷의 학습이 오래 걸리는 이유 중 하나로, 학습이 진행됨에 따라 각 층의 입력이 변화하는 이른바 내부 공변량 이동(internal covariate shift)이 일어난다는 것을 들 수 있다. 본래 공변량 이동은 학습할 때와 테스트할 때 입력의 분포가 서로 다른 경우를 가리킨다. 여기서는 어떤 층의 입력이, 그보다 아래층의 학습이 진행됨에 따라 달라지면서 일어나는 문제를 말한다. 이를 내부 공변량 이동이라고 한다. 각 층의 학습은 내부 공변량 이동에 따르는 힘이 가해지므로 이 층 자체에 대한 학습은 그 다음에야 일어나게 된다. 만약 내부 공변량 이동을 방지할 수 있다면 각 층의 학습이 빨라질 것이다. 그리고 각 층의 입력을 백색화, 다시 말해 입력의 각 차원의 분포가 평균 0, 분산 1이 되도록 하면 학습이 촉진된다*.

배치 정규화(batch normalization)[12]는 이 두 가지 아이디어에 기초하여, 각 층의 입력을 다음과 같이 변환한다. 어떤 층의 미니배치 입력이 $\{x_1, x_2, ..., x_m\}$이라고 하자. 이때 이들 입력을 다음과 같은 변환 규칙을 적용하여 $\{y_1, y_2, ..., y_m\}$으로 변환한다.

$$\mu_B \leftarrow \frac{1}{m} \sum_{i=1}^{m} x_i \qquad \text{식 4.5}$$

$$\sigma_B^2 \leftarrow \frac{1}{m} \sum_{i=1}^{m} (x_i - \mu_B)^2 \qquad \text{식 4.6}$$

$$\hat{x}_i \leftarrow \frac{x_i - \mu_B}{\sqrt{\sigma_B^2 + \epsilon}} \qquad \text{식 4.7}$$

$$y_i \leftarrow \gamma \hat{x}_i + \beta \qquad \text{식 4.8}$$

---

* 원래 백색화란, 각 차원의 상관을 없애는 것을 가리키지만, 배치 정규화에서는 이를 계산량 문제로 적용하지 않는다.

이때 γ와 β는 학습 대상이 되는 파라미터다. 백색화만이 목적이라면 $\hat{x}_i$를 사용해도 되지만, 입력이 그대로 변화하지 않는 경우에도 표현할 수 있도록 γ와 β를 사용하여 변환한다. γ와 β 역시 오차역전파법으로 학습한다.

배치 정규화에 쓰이는 변환은 학습 시에는 다른 활성화함수나 전결합층과 달리 미니 배치에 포함된 학습 샘플의 영향을 받는다. 이와 달리 추론 시에는 주어진 입력만으로 계산하는 것이 바람직하므로 학습 샘플 전체로부터 추정한 평균과 분산을 이용하여 각 층의 입력을 정규화한다.

이오페(Ioffe) 등은 배치 정규화를 사용하여 기존 방법에 비해 17배의 속도 향상이 가능했다고 보고하였다[12]. 이를 통해 보다 규모가 큰 신경망의 학습이 가능해져서 2015년 2월에 열린 ILSVRC(ImageNet Large Scale Visual Recognition Challenge) 2014에서 가장 높은 성능을 달성하였다. 또한 배치 정규화는 배치에 포함되는 학습 샘플 간의 차이로 인해 드롭아웃과 같은 규제화 효과를 가지며, 드롭아웃을 사용하지 않아도 과학습을 일으키지 않는다는 보고가 있었다. 배치 정규화는 활성화함수나 신경망의 구조에 의존하지 않으며, 미니배치를 사용하는 SGD에도 적용할 수 있는 기법이다.

증류

힌튼(Hinton) 등은 증류(distillation)[11]라는 기법을 제안하여, 큰 규모의 모형에 대한 정보를 작은 규모의 모형으로 압축할 수 있다는 것을 증명하였다. 기계학습에서, 여러 모형의 평균을 추론하여 이용하는 앙상블 기법은 정확도를 높이는 데도 유효한 방법이어서 경진대회에서는 빠지지 않고 사용된다. 그러나 이를 적용하려면 여러 개의 모형을 추론해야 하므로 계산 자원이 많이 필요하다는 문제가 있다. 또한 신경망은 각 층의 노드 수가 많으며 층 수가 적은 신경망의 학습이 쉬우며, 노드 수가 적고 층 수가 많은(깊은) 신경망의 학습은 어렵다. 그러나 후자의 경우가 일반화 성능이 더 뛰어난 경우가 많다. 전자로 학습한 결과를 힌트로 삼아 후자를 학습할 수는 없을까? 증류는 이러한 과제를 해결하기 위한 기법이다.

지금부터, 신경망의 맨마지막 층에서 소프트맥스를 사용하여 확률분포를 나타내는 경우를 살펴보도록 하겠다.

$$q_{i,T} = \frac{\exp(z_i/T)}{\sum_j \exp(z_j/T)}$$

식 4.9

이때 z_i는 마지막 층에 대한 입력, T는 온도이며, 온도가 높아짐에 따라 분포는 평평해지며 균등분포에 가까워진다. 일반적으로 $T = 1$을 이용한다. 어떤 신경망을 학습하고, 모형 M을 얻었다고 하자. 이 모형 M은 각 학습 샘플에 대해 정답 레이블에는 높은 확률을 부여하고, 정답이 아닌 레이블에는 0이 아닌 확률을 부여한다.

이렇게 학습된 분포에는 다음과 같은 정보가 담겨 있다고 해석할 수 있다. 먼저, 힌튼(Hinton) 등은 오류 유형에 주목하였다. 예를 들어, 이미지 분류학습을 통해 얻은 모형 M이, 'apple'이 정답인 학습 샘플에 대해 $q_{apple,1} = 0.99$, $q_{orange,1} = 0.009$, $q_{banana,1} = 0.001$과 같은 확률을 얻었다고 하자. 이 결과가 의미하는 바를, "이 학습 샘플은 'banana'보다는 'orange'와 비슷하다"라고 해석할 수 있다. 또한 이 오류 유형에는 규제화 정보도 포함되어 있다. 학습 시에 학습 샘플의 오차항 L과 규제화항 R의 합을 최적화하는 문제인 $\min_\theta L(\theta) + R(\theta)$를 푸는 경우 최적해 θ^*에 대해서 학습 샘플의 오류로부터 나오는 기울기와 규제화항으로부터 얻는 기울기가 같아진다.

$$\left.\frac{\partial L(\theta)}{\partial \theta}\right|_{\theta=\theta^*} = -\left.\frac{\partial R(\theta)}{\partial \theta}\right|_{\theta=\theta^*}$$

식 4.10

즉, 이 학습 샘플의 오류 유형을 흉내내면 규제화항과 같은 효과를 기대할 수 있다. 이런 레이블의 오류 유형에 담긴 정보를 힌튼 등은 암흑 지식(dark knowledge)이라고 이름 지었다.

이미 학습이 끝난 모형을 교사 모형이라고 하고, 앞으로 학습할 새로운 모형을 학생 모형이라 부르기로 하자. 원래 학습 샘플에 따라 결정되는 1-of-n 표현으로 나타낸 벡터의 확률분포를 하드 타깃이라고 하고, 교사 모형이 출력하는 확률분포를 소프트 타깃이라고 하자. 이때 소프트 타깃은 온도를 올려(이를테면 $T = 2$) 정답 레이블의 확률을 낮추고, 틀린 레이블의 확률을 높인다. 학생 모형을 학습시킬 때는 하드 타깃 확률분포와의 교차 엔트로피와, 소프트 타깃 확률분포와의 교차 엔트로피의 가중합을 최소화하도록 학습한다.

소프트 타깃의 역할이 커서 교사 모형과 동등한 정확도를 달성하는 모형이 훨씬 짧은 시간에 학습됨을 보고하였다. 즉, 소프트 타깃에서 얻은 기울기는 최적화를 위한 힌트를 제공한다. 또한 교사 모형과 학생 모형은 서로 다른 통계 모형이나 기법을 사용해서 학습할 수도 있다. 이 때문에 교사 모형을 앙상블 모형으로 삼아 이 앙상블 모형의 소프트 타깃을 기반으로 하나로 학생 모형을 학습하면, 앙상블과 동등한 정확도를 달성하는 단일한 신경망을 만들 수 있다.

이 종류의 아이디어를 응용하여, 이를테면 학습 시에는 폭은 넓고 얕은 학습이 이루어지기 쉬운 신경망을 이용하여, 다시 폭이 좁고 깊은 학습이 어려운 신경망을 증류하여 학습하는 기법이 제안되었다[20].

4.4 과적합 억제: 드롭아웃

신경망은 표현력이 높은 모형이므로 과적합이 일어나기 쉽다. 이 때문에 과적합을 억제하기 위한 보다 정교한 방법이 필요하다. 과적합을 억제하기 위해서 지금까지는 입력에 노이즈를 가하여 학습하거나 학습 시에 규제화를 적용하는 방법 등이 제안되었다. 그중에서도 드롭아웃(DropOut)[28]은 과적합을 방지하는 강력한 학습 기법으로서 최근 대규모 신경망이 성공적인 결과를 거두는 데 큰 요인 중 하나가 되었다.

드롭아웃은 여러 개의 모형을 학습하여 이들 모형의 예측 결과의 기하평균을 이용하는 방법으로 과적합을 방지한다. 기존에도 서로 다른 모형을 학습한 결과를 여러 개 저장하고, 추론 시에 이들 모형의 추론 결과를 평균 내어 이용하는 방법이 사용된 바 있다. 드롭아웃은 이들 방법과 마찬가지로 여러 모형의 추론값에 대한 평균을 이용하여 과적합을 방지하는 것을 목적으로 한다. 그러나 모형을 여러 개 이용하려면 학습과 예측 모두에 계산 비용이 커진다는 문제가 생긴다.

이런 문제를 해결하기 위해 드롭아웃은 매번 무작위로 일정한 비율 $0 \leq \alpha < 1$에 해당하는 노드를 무효화하여 학습을 수행한다. 이 α는 층마다 다른 값으로 설정하는 하이퍼파라미터로, 입력층에는 $\alpha = 0.2$, 중간층에는 $\alpha = 0.5$가 많이 사용된다. 또한

순환결합 신경망(recurrent)에서는 드롭아웃의 효과가 지나치게 강하여서 순환결합 이외의 부분만 적용하는 것이 낫다고 보고된 바 있다[35]. 그림 4.1에 드롭아웃을 실행한 예를 실었다. 어떤 층의 노드 {1, 2, 3, ...}가 있을 때, 첫 번째 학습 샘플에는 {2, 5, 6, 7, 9, ...}가, 두 번째 학습 샘플에는 {1, 2, 4, 6, 8, ...}과 같이 절반 정도의 노드를 무효화한 부분 신경망으로 학습을 수행한다. 이렇게 무효화된 노드는 해당 학습 샘플에 대해서는 파라미터를 업데이트하지 않는다. 이를 다른 말로 표현하면 H개의 노드가 존재한다고 할 때 드롭아웃을 이용해 학습할 때는 2^H개의 모형으로부터 샘플링하고, 그 다음 각 학습 샘플마다 서로 다른 신경망 모형을 이용하여 그 모형을 학습 샘플 하나로만 학습시키는 것과 같다고 볼 수 있다. 혹시 유효한 정보를 갖고 있던 노드가 드롭아웃된 경우에는 다른 노드가 그 역할을 담당하여 학습하리라 기대할 수 있다.

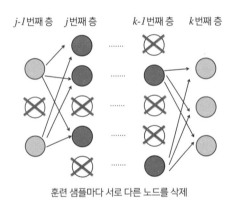

훈련 샘플마다 서로 다른 노드를 삭제

그림 4.1 드롭아웃의 예

학습이 끝나면 각 모형의 예측 결과에 대한 기하평균을 최종적인 예측 결과로 삼는다. 그러나 학습 시에 모든 학습 결과를 저장하고, 이들의 기하평균을 실제로 계산하려면 계산 비용이 지나치게 커진다. 이런 문제를 회피하기 위해 드롭아웃은 추론 시에 각 노드의 출력에 α를 곱한 뒤 추론을 수행한다. 이것만으로도 학습 시의 각 모형으로 추론한 결과에 대한 기하평균으로 구한 해를 얻을 수 있다.

여기에 대해서 다음과 같이 직관적인 설명을 덧붙인다. 다음과 같은 1층 구조 신경망에 활성화함수는 소프트맥스 함수를 사용하고 있다고 가정한다.

$$f(\mathbf{x}, \mathbf{w}) = \frac{\exp(\mathbf{w}^{\mathrm{T}}\mathbf{x})}{\sum_{\mathbf{x}'} \exp(\mathbf{w}^{\mathrm{T}}\mathbf{x}')}$$

식 4.11

$$\propto \exp(\mathbf{w}^{\mathrm{T}}\mathbf{x})$$

식 4.12

또한 m차원 가중치 벡터 $\mathbf{w}$의 각 요소를 낱낱이 0으로 한, 모두 합해 2^m개의 가중치 벡터 집합을 $\mathcal{W}_{\mathrm{do}}$라고 하자. $\mathcal{W}_{\mathrm{do}}$에 대한 기하평균은 다음 식에 비례한다.

$$\left(\prod_{\tilde{\mathbf{w}} \in \mathcal{W}_{\mathrm{do}}} \exp(\tilde{\mathbf{w}}^{\mathrm{T}}\mathbf{x}) \right)^{1/|\mathcal{W}_{\mathrm{do}}|}$$

식 4.13

이 값에 로그를 취하면 다음 식이 된다.

$$\frac{1}{|\mathcal{W}_{\mathrm{do}}|} \sum_{\tilde{\mathbf{w}} \in \mathcal{W}_{\mathrm{do}}} \tilde{\mathbf{w}}^{\mathrm{T}}\mathbf{x}$$

식 4.14

$$= \frac{1}{|\mathcal{W}_{\mathrm{do}}|} \left(\sum_{\tilde{\mathbf{w}} \in \mathcal{W}_{\mathrm{do}}} \tilde{\mathbf{w}}^{\mathrm{T}} \right) \mathbf{x}$$

식 4.15

$$= \frac{1}{2} \mathbf{w}^{\mathrm{T}}\mathbf{x}$$

식 4.16

그리고 식 4.15 ~ 식 4.16의 등호가 성립하는 것은 각 요소 단위로 $\mathcal{W}_{\mathrm{do}}$ 중에서 절반에 해당하는 요소가 0이기 때문이다. $\mathcal{W}_{\mathrm{do}}$의 각 요소가 독립으로 α의 비율을 따라 확률적으로 0이 되는 경우 식 4.16을 $1/2 \rightarrow \alpha$로 바꾼 식이 기대적으로 성립한다. 이렇듯 한 층인 경우에는 α를 각 가중치로 삼은 모형은 기하평균에 대한 근사로서 다룰 수 있다. 또한 신경망이 여러 층이며, 활성화함수가 소프트맥스 함수가 아닌 경우에도 정확한 평균은 아니지만 이에 가까운 결과를 얻을 수 있다.

그리고 드롭아웃의 효과는 평균화를 통해 과적합을 제어하는 것뿐만이 아니다. 통상적인 신경망의 학습에서 각각의 노드는 다른 노드의 존재를 가정하고 이들에 의존하여 정확한 식별을 위한 학습을 수행한다. 이 때문에 각 노드가 특정한 역할을 한다기보다는 다른 노드가 하지 않는 일을 하도록 학습되는 경향이 있다. 이와 달리 드롭아웃을 이용한 경우에는 다른 노드에 의존할 수가 없다. 그러므로 각 노드는 다른 노드의 활동을 전제로 하지 않고 독립적으로 식별을 수행하도록 학습된다. 드롭아웃을 사용하여 학습된 노드가 어떤 데이터 특징을 포착하는지를 살펴보면 실제로 각각의 노드가 보다 분명한 데이터의 특징을 포착하고 있음을 알 수 있다[28].

드롭아웃의 성질에 대해 다른 관점에서 이론적으로 해석해 보려는 시도 역시 진행 중이다. 한 층만으로 구성된 일반화 선형 모형의 경우에는 특징값을 대각 피셔(Fisher) 정보행렬의 역수로 스케일링한 후 L_2 규제화를 적용한 것과 동등하다는 것이 알려져 있다[32]. 또한 딥 뉴럴넷에 적용한 경우에 관찰할 수 있는 거동에 대해서도 이론적 해석이나 시뮬레이션이 시도되고 있다[2].

여기서는 간단한 선형회귀를 예로 들어 드롭아웃을 적용했을 때 어떤 효과를 거둘수 있는지를 소개하겠다[28]. $\mathbf{X} \in \mathbb{R}^{N \times D}$를 D차원 공간 안의 N개 점인 입력변수, $y \in \mathbb{R}^N$을 목적변수로 할 때 선형회귀에서는 다음과 같은 함수를 최소화하여 $\mathbf{w} \in \mathbb{R}^D$를 구한다.

$$||\mathbf{y} - \mathbf{Xw}||^2 \qquad \text{식 4.17}$$

이에 비해 드롭아웃을 적용하면 $\mathbf{X}$의 각 요소를 확률 α로 0으로 치환한다. 좀 더 구체적으로 설명하면 $\mathbf{R}$을 $R_{ij} \sim \text{Bernoulli}(\alpha)$인 무작위 행렬 $\mathbf{R} \in \{0, 1\}^{N \times D}$라고 하고, $\mathbf{R} \circ \mathbf{X}$를 입력으로 한다. 여기서 $\circ$는 요소 단위 곱을 뜻한다. 이렇게 할 때 최소화의 대상은 식 4.18이 된다.

$$\mathrm{E}_{\mathbf{R} \sim \text{Bernoulli}(\alpha)} ||\mathbf{y} - (\mathbf{R} \circ \mathbf{X})\mathbf{w}||^2 \qquad \text{식 4.18}$$

이 함수는 다음 식과 같이 변형할 수 있다.

$$||\mathbf{y} - \alpha \mathbf{Xw}||^2 + \alpha(1 - \alpha)||\mathbf{\Gamma w}||^2 \qquad \text{식 4.19}$$

이때 $\mathbf{\Gamma} = (\text{diag}(\mathbf{X}^T \mathbf{X}))^{1/2}$이다. 이 $\mathbf{\Gamma w}$는 가중치의 비용값이 데이터의 i번째 차원에 대한 표준편차에 비례하는 형태를 갖는다. 이로 인해 어떤 차원이 크게 변화한다면 규제화항에서 보다 큰 페널티를 부여하게 되리라 볼 수 있다. 즉, 드롭아웃은 각 차원의 분산을 따르는 규제화를 수행한다고 기대적으로 간주할 수 있다.

드롭아웃은 다른 규제화 기법과도 조합하여 사용할 수 있다. 드롭아웃과 함께 사용할 때 가장 효과적이라 알려진 규제화 기법으로 노드 가중치를 제약하는 기법이 있다[28]. 이 방법은 어떤 노드로 이어지는 모든 가중치로부터 계산되는 L_2노름 $\|\mathbf{w}\|$가 상수 c 보다 작도록 억제하는 규제화 기법이다. 이어서 최적화를 수행할 때 가중치의 노름이 c를 넘지 않는다면 반지름이 c인 구체상에 대한 매핑을 통해 규제화가 이루어진다.

4.5 활성화함수

지금까지 살펴본 신경망에서는 식 4.20, 식 4.21 같은 활성화함수를 주로 사용하였다.

$$a_{\text{tanh}}(x) = \tanh(x)$$ 식 4.20

$$a_{\text{sigmoid}}(x) = (1 + \exp(-x))^{-1}$$ 식 4.21

그러나 이런 활성화함수에는 계산 비용이 높다는 문제가 있었다. 미리 계산해 둔 표를 참고하는 방법을 사용할 수도 있지만, 현재는 캐시 미스(cache miss)로 인한 페널티 역시 중요해졌으므로 이 방법이 그리 유효하지 않다.

또한 이들 활성화함수는 구간의 많은 부분에서 기울기가 0에 가까우므로 딥 뉴럴넷의 얕은 층*에서는 오차역전파(backpropagation) 시 기울기가 소실되는 문제를 겪게 된다.

딥 러닝에서 최근 많이 사용되는 활성화함수인 ReLU와 MaxOut은 구분선형함수여서 이러한 문제를 회피할 수 있다.

4.5.1 ReLU

ReLU(Rectified Linear Unit)[18]는 다음 식과 같이 정의되는 활성화함수다.**

---

* 옮긴이 입력에 가까운

** 문헌 [18]에서는 식 4.22의 두 번째 식의 근사로서 세 번째 식을 도입하고 있으나, 현재는 세 번째 식 max(0, x)만이 사용되고 있다.

$$a_{ReLU}(x) = \log(1 + \exp(x)) \simeq \max(0, x) \qquad \text{식 4.22}$$

이 함수를 이용하면 출력값 계산, 기울기 계산이 빨라진다는 이점이 있다. 또한 $\max(0, x)$로 인한 함수의 성질로 인해 대부분의 값이 0이 되며, 희소한 출력을 얻거나 기울기도 0이 되기 쉽다. ReLU를 사용한 신경망은 이러한 성질 덕분에 소수의 노드만이 0이 아닌 값을 갖게 되는 희소한 신경망이 된다. 또한 딥 뉴럴넷에서도 오차가 소실되지 않고 잘 전파된다. 그렇기 때문에 20층 가까운 딥 뉴럴넷에 특별한 트릭을 가하지 않아도 기울기 소실 문제에 대처하여 학습을 수행할 수 있다[23]. ReLU는 적절한 초기화와 함께 사용하면 순환결합 신경망에서도 효과적이라는 사실이 보고된 바 있다[16].

4.5.2 MaxOut

소프트맥스층 하나만으로 구성된 신경망의 경우 드롭아웃의 추정 결과는 출력에 대한 기하평균에 해당한다고 볼 수 있다. 그러나 층 수가 하나 이상인 경우나 그 외의 활성화함수를 사용하는 경우에는 이론적인 근거가 빈약해진다. MaxOut은 드롭아웃을 적용하기에 적합한 활성화함수로 제안되었다.

복잡한 함수를 나타내고, 드롭아웃을 효과적으로 활용하기 위한 기법이 MaxOut[9]이다. MaxOut은 다음과 같은 식으로 정의된다.

$$a_{MaxOut}(\mathbf{x}) = \max_k \mathbf{w}_k^\top \mathbf{x} \qquad \text{식 4.23}$$

즉, 여러 선형함수의 값 중에서 최댓값을 함숫값으로 취한다. 달리 표현하면 활성화함수로서 구분선형적인 볼록함수를 이용하고, 이 볼록함수 역시 최적화를 통해 결정한다. MaxOut이나 ReLU 모두 선형구분함수의 형태를 취하고 있으나, ReLU보다 더 복잡한 함수를 표현할 수 있게 된다.

그림 4.2에 MaxOut의 예를 실었다. MaxOut에는 여러 가지 장점이 있다. 첫 번째로 MaxOut은 거의 모든 점에서 선형함수가 된다. 그 때문에 드롭아웃을 적용할 때의 근사 결과가 산술평균과 거의 일치한다. 이런 연유로 드롭아웃과 MaxOut을 조합하면

높은 일반화 성능을 얻을 수 있다. 두 번째 장점은 구현이 단순하며 비선형 계산이 없으므로 순전파 계산 및 오차역전파 계산 모두를 빠르게 수행할 수 있다는 점이다. 세 번째 장점은 가중치를 업데이트할 때에 식 4.23에서 최대가 되는 가중치 $\mathbf{w}_k$만 업데이트하게 되므로 분산병렬처리 과정에서 중복되는 쓰기 작업이 적다는 점이나, 업데이트 시 헤세 행렬(Hessian matrix)이 갖는 비대각 성분의 값이 작으므로 학습이 효율적으로 이루어진다는 점이다. 분류 과업에 MaxOut을 적용했을 때 최고 성능을 달성한 경우가 많다.

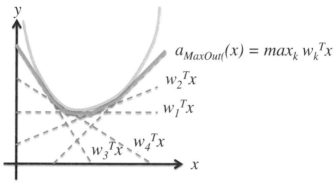

그림 4.2 MaxOut의 예

4.6 학습률을 조정하는 기법

SGD를 이용한 최적화에서 식 4.2에 나오는 학습률 τ를 잘 조정하는 것이 학습의 정확도 면에서 매우 중요하다. 다양한 기법이 제안된 바 있으나, 그중에서도 단순하고 범용성이 높다는 점에서 AdaGrad[7]와 Adam[1]이 주목을 받고 있다. 그리고 이 장에서는 다루지 않지만, 데이터의 변화에 따라 학습률을 조정하는 기법이 몇 가지 제안되어 있다[22, 21].

4.6.1 AdaGrad

AdaGrad[7]은 t번째 반복에서 기울기의 i번째 성분에 대한 학습률을 다음 식과 같이 결정한다.

$$\tau_{i,t} = \gamma \left[\sqrt{\sum_{j=1}^{t} \left(\frac{\partial L(\theta)}{\partial w_i} \bigg|_{\theta=\theta^{(j)}} \right)^2} \right]^{-1}$$

식 4.24

이때 γ는 모든 학습률 계산에 쓰이는 상수이며, 1.0처럼 일반적인 학습률보다 상당히 큰 값을 설정한다. AdaGrad는 차원마다 데이터 값이 들쭉날쭉한 경우에도 대응할 수 있으므로 학습 결과의 빠른 수렴을 기대할 수 있다.

4.6.2 Adam

Adam[1]은 기울기의 평균과 분산을 온라인 추정하여 이들 정보를 통해 학습률을 자동조정하는 기법이다. Adam은 AdaGrad의 기울기가 희소해지기 쉬운 경우에 강하다는 성질과, RMSProp[31]의 비정상(unsteady) 문제 설정에 강하다는 두 가지 장점을 함께 갖고 있다.

Adam이 관리하는 t번째 단계에서 평균에 대한 추정값을 $m^{(t)}$, 분산의 추정값을 $v^{(t)}$라고 하자. 이들에 대한 추정은 비정상 상태를 다룰 수 있도록 이동 평균 및 분산을 사용한다. 이 Adam을 사용한 온라인 예측에서 시각 T에서의 리그렛(regret)*의 상계는 $O(1/\sqrt{T})$이므로 AdaGrad와 같다.

실험에서는 기울기가 희소한 경우에는 AdaGrad와 마찬가지이고 비정상(unsteady)인 경우에는 RMSprop과 비슷한 정도의 수렴 성능을 보였으며, Adam은 다양한 문제 설정에서 최적의 수렴 성능을 달성할 수 있음을 보였다[1].

---

* 이상적 가중치를 가진 학습기가 시각 T까지 얻게 될 누적 손실과, 실제 학습기에서 추가로 얻게 될 누적 손실의 차이.

알고리즘 4.1 Adam을 이용한 최적화

1:   **procedure** ADAM($\alpha, \beta1, \beta2, \epsilon, \lambda$)   ▷ 추천값은 α=0.001, β_1=0.9, β_2=0.999,

ϵ=10^{-8}, λ=$1-10^{-8}$

2:      $m^{(0)} \leftarrow 0$

3:      $v^{(0)} \leftarrow 0$

4:      $\beta_1^{(0)} \leftarrow \beta_1$

5:      $t \leftarrow 0$

6:      **while** $\theta^{(t)}$ is not converged **do**

7:          $t \leftarrow t + 1$

8:          $\beta_1^{(t)} \leftarrow \beta_1^{(t-1)}\lambda$

9:          $g^{(t)} \leftarrow \frac{\partial L_t(\theta)}{\partial \theta}\big|_{\theta=\theta^{(t-1)}}$

10:          $m^{(t)} \leftarrow \beta_1^{(t)}m^{(t-1)} + (1 - \beta_1^{(t)})gt$

11:          $v^{(t)} \leftarrow \beta_2 v^{(t-1)} + (1 - \beta_2)g^{(t)2}$ ▷ $g^{(t)2}$는 요소 단위 제곱

12:          $\hat{m}^{(t)} \leftarrow m^{(t)}/(1 - \beta_1^{(t)})$

13:          $\hat{v}^{(t)} \leftarrow v^{(t)}/(1 - \beta_2)$

14:          $\theta^{(t)} \leftarrow \theta^{(t-1)} - \alpha\hat{m}^{(t)}/(\sqrt{v^{(t)}} + \epsilon)$

15:      **end while**

16: **end procedure**

4.6.3 하이퍼파라미터의 최적화

신경망에는 여러 가지 하이퍼파라미터가 존재하며, 이들에 대한 최적화가 매우 중요하다. 적절한 하이퍼파라미터를 사용하지 않으면 학습이 전혀 불가능한 경우도 많다. 가장 중요한 학습률 말고도 미니배치의 크기나 반복 수, 은닉층의 수, 규제화항의 가중치, 활성화함수, 파라미터의 초깃값 등도 학습의 효율뿐만 아니라 학습 결과를 크게 좌우한다.

기존에는 이렇게 하이퍼파라미터를 최적화하기 위해 그리드 탐색(grid search)을 이용하였다. 그리드 탐색은 각각의 하이퍼파라미터마다 정해진 후보값을 두고 이들 중 최적의 조합을 찾는다. 최근에는 이와 다르게 모든 하이퍼파라미터의 값을 무작위로 설정

한 다음 그중 가장 나은 조합을 채택하는 무작위 탐색(random search)이 더 뛰어나다는 사실이 보고되었다[4]. 이러한 이유로는 몇 가지 하이퍼파라미터는 영향이 크지만 그 외의 파라미터는 그리 영향이 크지 않다는, 이른바 low effective dimension이라는 성질 때문이라고 추측되고 있다. 예를 들어, x와 y가 모두 하이퍼파라미터이고, 학습기의 성능지표를 나타내는 함수 $f(x, y)$를 상정하되 실제로는 x민이 힘숫값과 관계가 있다고 하자. 즉, 함수 f의 입력은 2차원이지만 실제로 유효한 것은 1차원뿐인 low effective dimension 상태가 된다. 이때 그리드 탐색을 이용하여 $x = 0, 0.1, 0.2, ..., 1$, $y = 0, 0.1, ..., 1$과 같이 $11 \times 11 = 121$개 조합을 시험해 보았다고 할 때 유효한 값은 x뿐이므로 실제 유효한 조합도 11개밖에 되지 않는다. 이에 비해 무작위 탐색을 사용하면 모든 조합에서 x의 값이 달라지므로 121개의 조합을 시험해 볼 수 있어 효율적이다. 지금 설명한 예는 한 가지 사례이지만, 실제로도 많은 실험에서 같은 시행 횟수를 반복한다면 무작위 탐색 쪽이 높은 효율을 보인다고 보고되고 있다. 또한 이 외에 더 뛰어난 하이퍼파라미터 최적화 기법도 구현이 용이하지 않으며, 무작위 탐색을 통해 병렬로 수행하는 쪽이 더 낫다는 보고도 있다.

이와 달리 하이퍼파라미터 역시 최적화의 대상으로 포함하여 베이즈 최적화와 같은 얼개로 하이퍼파라미터를 자동적으로 조정하는 연구[25, 27, 30, 26, 24]도 빠르게 진전을 보이고 있다. 하이퍼파라미터를 자동적으로 찾는 방법은 하이퍼파라미터 조합에 대한 한 가지 평가(이를테면 테스트 데이터에 대한 정확도) 함숫값으로, 적은 횟수의 평가로도 목적함수를 추정한 다음 이 함수를 최소화하는 방법으로 하이퍼파라미터를 찾는 문제 형태를 갖는 경우가 많다. 이때 추정하는 함수로 가우시안 프로세스(Gaussian process)를 이용하는 기법이 많이 사용되었으나, 이 평가함수 자체도 신경망으로 추정하는 기법[24]이 가우시안 프로세스와 동등한 정확도를 보이면서도 데이터 수에 따른 스케일링이 가능하다는 보고가 있었다.

4.7 구현을 위한 기법

딥 러닝을 구현하는 과정은 각각의 구성 요소는 단순해도 전체적인 작동이 복잡하므로 정상 동작 여부에 대한 확인 및 디버깅이 까다롭다. 이번 장에서는 이런 문제를 회피하면서 어떻게 딥 러닝 기법을 구현할 것인가를 설명하겠다. 또한 구현 시에 고려해야 할 점에 대해 벤지오(Bengio) 등이 수행한 멋진 조사 자료가 있다[3].

4.7.1 구현이 올바른지 확인하기

오차역전파법은 구현이 복잡하여 버그가 발생하기 쉽다. 이번 항에서는 구현이 올바르게 되었는지를 확인할 수 있는 방법을 몇 가지 소개한다.

먼저, 오차역전파법으로 기울기가 제대로 계산되었는지를 1차 차분근사로 구한 기울기와 비교하여 확인한다. 목적함수 L에 대한 파라미터 θ의 편미분에 대한 1차 차분근사는 다음과 같이 구할 수 있다.

$$\frac{\partial L(\theta)}{\partial \theta} \simeq \frac{L(\theta + \epsilon) - L(\theta)}{\epsilon} + o(\epsilon) \qquad \text{식 4.25}$$

이 식에 다음과 같은 중심차분(central difference)을 이용하여 오차항을 작게 할 수 있다.

$$\frac{L(\theta + \epsilon) - L(\theta - \epsilon)}{2\epsilon} + o(\epsilon^2) \qquad \text{식 4.26}$$

기울기가 제대로 계산되었는지 확인하고 나면 그 다음으로는 소규모 데이터 집합으로 훈련오차가 줄어드는지를 확인한다. 신경망은 높은 표현력을 가지므로 소규모 데이터 집합이라면 어떤 데이터를 사용해도 훈련오차를 줄여 나갈 수 있을 것이다. 따라서 훈련오차가 줄어들지 않는다면 학습 과정에 오류가 있다고 볼 수 있다.

또한 은닉층에 포함된 각각의 노드가 어떤 가중치 열에 대응하고 있는지를 분석하는 방법도 효과적이다. 은닉층에 포함된 각각의 노드는 어떤 입력에 가장 강하게 반응하는지를 구하여 분석할 수 있다. 합성곱 신경망을 사용하는 이미지 인식을 예로 들면 은닉층에 포함된 각각의 뉴런은 입력 이미지의 이미지 패턴에 대응한다. 자연어와 같은 응용 분야에서도 은닉층에 대응하는 입력벡터를 주성분 분석한 뒤 2차원에 플로팅하여 비슷한 단어끼리 가까워지고 있는지를 확인할 수 있다.

4.8 정리

이번 장에서는 대규모 딥 러닝 시스템을 구현하기 위해 필요한 프레임워크, 학습 기법, 속도향상 기법, 구현 기법 등을 소개하였다. 딥 러닝 기술은 나날이 개량이 이루어지고 있으며, 그 이용 역시 산업 전반으로 확산되고 있으므로 실용화를 위한 기법이 잘 공유되고 있지 않다. 앞으로 딥 러닝의 성공 요인에 대한 규명과 함께 더욱 큰 규모의 강력한 딥 러닝 구현이 이루어져 여러 분야에서 활용될 수 있기를 기대한다.

참고 문헌

[1] Jimmy Ba and Diederik P. Kingma, Adam: A method for stochastic optimization, In *In Proceedings of International Conference on Learning Representations*, 2015.

[2] Pierre Baldi and Peter Sadowski, The dropout learning algorithm, *Artifical Intelligence*, pp. 78–122, 2014.

[3] Yoshua Bengio, Practical recommendations for gradient-based training of deep architectures, In *Neural Networks: Tricks of the Trade*, pp. 437–478. Springer, 2012.

[4] James Bergstra and Yoshua Bengio, Random search for hyper-parameter optimization, *The Journal of Machine Learning Research*, Vol.13, pp.281–305, 2012.

[5] Adam Coates, Brody Huval, Tao Wang, David J. Wu, Andrew Y. Ng, and Bryan Catanzaro, Deep learning with COTS HPC systems, In *International Conference in Machine Learning*, 2013.

[6] Jeffrey Dean and Luiz André Barroso, The tail at scale, *Communications of the ACM*, Vol. 56, pp. 74–80, 2013.

[7] John Duchi, Elad Hazan, and Yoram Singer, Adaptive subgradient methods for online learning and stochastic optimization, *Journal of Machine Learning Research*, Vol. 12, pp. 2121–2159, 2011.

[8] Benjamin Recht Feng Niu, Christopher Ré, and Stephen J. Wright, Hogwild!: A lock-free approach to parallelizing stochastic gradient descent, In *NIPS*, 2011.

[9] Ian Goodfellow, David Warde-Farley, Mehdi Mirza, Aaron Courville, and Yoshua Bengio, Maxout networks, In *Proceedings of The 30th International Conference on Machine Learning*, pp. 1319–1327, 2013.

[10] A. Gunes Baydin, B. A. Pearlmutter, and A. Andreyevich Radul, Automatic differentiation in machine learning: a survey, *ArXiv e-prints*, February 2015.

[11] G. Hinton, O. Vinyals, and J. Dean, Distilling the knowledge in a neural network, In *NIPS2014 Workshop: Deep Learning and Representation Learning*, 2014.

[12] S. Ioffe and C. Szegedy, Batch Normalization: Accelerating Deep Network Training by Reducing Internal Covariate Shift, *ArXiv e-prints*, February 2015.

[13] jubatus offisite website. http://jubat.us/ja/.

[14] Alex Krizhevsky, One weird trick for parallelizing convolutional neural networks, *arXiv preprint arXiv: 1404.5997v2*, 2014.

[15] Alex Krizhevsky, Ilya Sutskever, and Geoff Hinton, Imagenet classification with deep convolutional neural networks, In *Advances in Neural Information Processing Systems 25*, pp. 1106–1114, 2012.

[16] Q. V. Le, N. Jaitly, and G. E. Hinton, A Simple Way to Initialize Recurrent Networks of Rectified Linear Units, *ArXiv e-prints,* April 2015.

[17] Quoc Le, Marc' Aurelio Ranzato, Rajat Monga, Matthieu Devin, Kai Chen, Greg Corrado, Jeff Dean, and Andrew Ng, Building high-level features using large scale unsupervised learning, In *International Conference in Machine Learning*, 2012.

[18] Vinod Nair and Geoffrey E Hinton, Rectified linear units improve restricted boltzmann machines, In *Proc. 27th International Conference on Machine Learning*, pp. 807–814. Omnipress Madison, WI, 2010.

[19] Rajat Raina, Anand Madhavan, and Andrew Y Ng, Large-scale deep unsupervised learning using graphics processors, In *Proceedings of the 26th Annual International Conferenceon Machine Learning*, Vol.382, pp.873–880. ACM, 2009.

[20] Adriana Romero, Nicolas Ballas, Samira Ebrahimi Kahou, Antoine Chassang, Carlo Gatta, and Yoshua Bengio, Fitnets: Hints for thin deep nets, *CoRR*, Vol. abs/1412.6550, 2014.

[21] Tom Schaul and Yann LeCun, Adaptive learning rates and parallelization forstochastic, sparse, non-smooth gradients, *arXiv preprint arXiv:1301.3764*, 2013.

[22] Tom Schaul, Sixin Zhang, and Yann LeCun, No more pesky learning rates, *arXiv preprint arXiv: 1206.1106*, 2012.

[23] Karen Simonyan and Andrew Zisserman, Very deep convolutional networks for large-scale image recognition, *CoRR*, Vol. abs/1409.1556, 2014.

[24] J. Snoek, O. Rippel, K. Swersky, R. Kiros, N. Satish, N. Sundaram, M. M. A. Patwary, Prabhat, and R. P. Adams, Scalable Bayesian Optimization Using Deep Neural Networks, *ArXiv e-prints*, February 2015.

[25] Jasper Snoek, *Bayesian Optimization and Semiparametric Models with Applications to Assistive Technology*, PhD thesis, University of Toronto, 2013.

[26] JasperSnoek, HugoLarochelle, and Ryan P Adams, Practical bayesian optimization of machine learning algorithms, In *Advances in Neural Information Processing Systems*, pp.2951–2959, 2012.

[27] Jasper Snoek, Kevin Swersky, Richard S Zemel, and Ryan P Adams, Input warping for bayesian optimization of non-stationary functions, In *International Conference on Machine Learning*, 2014.

[28] Nitish Srivastava, Geoffrey Hinton, Alex Krizhevsky, Ilya Sutskever, and Ruslan Salakhutdinov, Dropout: A simple way to prevent neural networks from overfitting, *Journal of Machine Learning Research*, Vol.15, pp. 1929–1958, 2014.

[29] Herb Sutter, The free lunch is over.

[30] Kevin Swersky, Jasper Snoek, and Ryan P Adams, Multi-taskbayesian optimization, In *Advances in Neural Information Processing Systems*, pp. 2004–2012, 2013.

[31] T. Tieleman and G. Hinton, Lecture 6.5 -rmsprop, coursera: Neural networks for machine learning, 2012.

[32] Stefan Wager, Sida Wang, and Percy Liang, Dropout training as adaptive regularization, In C.J.C. Burges, L. Bottou, M. Welling, Z. Ghahramani, and K.Q. Weinberger, editors, *Advances in Neural Information Processing Systems 26*, pp. 351–359. Curran Associates, Inc., 2013.

33 Xiangyu Wang, Peichao Peng, and David B Dunson, Median selection subset aggregation for parallel inference, In Z. Ghahramani, M. Welling, C. Cortes, N.D. Lawrence, and K.Q. Weinberger, editors, *Advances in Neural Information Processing Systems 27*, pp. 2195–2203. Curran Associates, Inc., 2014.

34 Ren Wu, Shengen Yan, Yi Shan, Qingqing Dang, and Gang Sun, Deep image: Scaling up image recognition, *CoRR*, Vol. abs/1501.02876, 2015.

35 Wojciech Zaremba, Ilya Sutskever, and Oriol Vinyals, Recurrent neural network regularization, *CoRR*, Vol. abs/1409.2329, 2014.

36 海野裕也, 岡野原大輔, 得居誠也, 徳永拓之, 『オンライン機械学習』, 講談社, 2015.

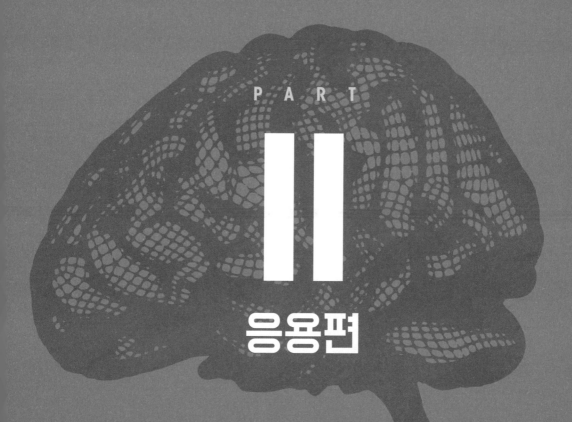

PART

II

응용편

5

이미지 인식을 위한 딥 러닝

5.1 시작하며

인공지능과 관계된 여러 분야에서 딥 러닝[47]의 유효성이 확인되었지만, 이미지 인식은 그중에서도 가장 큰 진보가 있었던 분야라 할 만하다. 이미지 인식에 대한 딥 러닝의 유효성이 알려지게 된 계기는 한 가지는 아니지만, 누구나 딥 러닝을 알게 된 계기는 2012년 9월에 열린 일반물체 인식 콘테스트 ILSVRC(ImageNet Large Scale Visual Recognition Challenge)에서 크리제프스키(Alex Krizhevsky)가 제안한 다층 신경망(AlexNet)이 1위를 차지한 것이다[31].

일반물체 인식(general object recognition)이란, 이미지 한 장에 포함된 물체의 카테고리명을 예측하는 과업이다. ILSVRC는 비슷한 주제의 콘테스트나 벤치마크 테스트 중에서 물체 카테고리의 종류 및 각 종류의 학습 샘플 수와 같은 면에서 가장 난이도가 높다. 이 콘테스트에서 크리제프스키 등이 제안한 다층 신경망은 당시 표준적으로 사용되던 기법에 비해 대폭적인 성능 향상을 달성하였다.

또한 같은 해 6월에는 르(Le)의 연구진이 9층으로 구성된 신경망을 사용하여 이미지 특징을 학습하는 데 성공하였다고 발표하여[36], 폭넓은 관심을 모았다(이른바 '구글의 고양이'). 유튜브 동영상으로부터 거의 무작위로 추출한 이미지 1,000만 장을 사용하여 학습을 수행하면서 이 신경망의 중간층에 할머니 세포(grandmother cell)*가 재현되었다고 보고하였다.

5.1.1 합성곱 신경망의 재발견

그 후 이에 대한 연구가 폭발적으로 확산되었다. 그 결과로 딥 러닝은 이미지 인식에 대한 표준적인 기법으로 여겨지게 되었다. 여기에 주요한 역할을 했던 것이 합성곱 신경망(CNN, Convolutional Neural Network)이다. CNN은 합성곱층과 풀링층 두 가지의 층을 번갈아가며 쌓아올린 구조를 갖는 앞먹임 신경망으로, 그 뿌리를 후쿠시마(Fukushima) 등이 제안했던 네오코그니트론[19]에 두고 있다. 여기에 오차역전파법에 기초한 학습 방법을 적용한 러쿤(LeCun) 등의 LeNet[37]이 CNN의 직접적인 조상이다.

CNN은 층수가 많아도 기본적으로는 사전훈련이 필요하지 않는 성질을 갖는다. 즉, 초기 상태로부터 지도학습(확률적 경사하강법)을 문제없이 수행하며, 이를 통해 좋은 성능을 달성할 수 있다. 실제로 1980년대 말에 러쿤(LeCun) 등이 다층 CNN을 학습시키는 데 성공했고, 이를 문자인식 과업에 적용하여 높은 성능을 거둔 바 있다[37, 38]. 딥 러닝 붐이 극히 최근에 시작되었다는 점을 생각하면 조금 이상하게 생각되겠지만, 앞에서 소개한 크리제프스키(Krizhevsky)의 다층 신경망으로 대표할 수 있는 현재의 CNN은 그 구조와 학습 방법에서 1980년대의 것과 크게 차이가 없다. 양자의 차이점은 문자 인식에서 이미지 인식 전반으로 적용 범위가 확장되었다는 것과, 학습 샘플 수와 신경망의 규모가 커진 것이다**. 다시 말해서 딥 러닝의 연구가 활발해지면서 CNN이 다시 주목을 받게 되었다고 보는 것이 정확하다.

---

* 물체에 대한 뇌내 표현과 관계된 고전적인 가설 중 하나로, 각각의 물체에 대해 그 물체에만 반응하는 뉴런이 있어서 그 뉴런이 활성화되는 것이 해당 물체를 인식하는 것으로 보는 아이디어. 그리 유력한 가설은 아니지만, 이런 행동 패턴을 나타내는(적어도 그렇게 보이는) 뉴런이 존재하는 것은 분명하다.
** 드롭아웃[23]을 적용하거나 뒤에 설명할 최대 풀링, 정규화함수로 rectified linear 함수[44]를 사용하게 된 것도 당시와의 차이점이지만, 이들은 본질적인 차이라고까지 볼 수 있을지는 논의의 여지가 있다.

5.1.2 후속 연구

일반물체 인식에서 큰 성공을 거둔 것을 계기로 지금까지 많은 연구가 수행되었다. 이들 연구의 방향성은 크게 세 가지로 분류할 수 있었는데, 각각 CNN의 적용 범위 확대, 학습의 대규모화, 그리고 성능이 높은 이유는 무엇인지에 대한 연구였다.

첫 번째 방향성 적용 범위의 확대부터 설명하겠다. 다 같은 이미지 인식이라 해도, 앞서 설명한 물체 인식이나 고전적인 문자 인식 외에도 다양한 과업이 있다. 최근까지 거의 모든 과업에 대해 CNN의 적용을 시도해 왔다. 예를 들어, 사람의 안면 인식 [61], 물체나 인체 탐지[21, 59], 인체의 자세 추정[63], 또는 도로표지판 인식이나 의료 등과 같은 특정 분야에 대한 응용[12, 11] 등이 있었다. 동영상을 대상으로 하는 인식, 이를테면 스포츠 종류에 대한 인식[30]이나 사람의 행동 인식[2, 28, 16]에도 적용된 바가 있다. 인식 과업뿐만 아니라 영상 처리 문제에도 활발히 적용되었다([65]를 예로 들 수 있다). 이들 연구에서는 거의 예외 없이 CNN이 기존 방법의 성능을 웃도는 결과가 보고되었다.

CNN은 기본적으로 지도학습을 적용하며, 지도학습에는 어노테이션(클래스 레이블)이 주어진 대량의 학습 데이터가 필요하다. 실제로 앞서 언급했던 일반물체 인식에서 거둔 성공은 WordNet에서 착안하여 각 개념마다 대량의 이미지를 수집한 ImageNet*의 공이 컸다. 그러나 이런 학습 데이터를 수집하는 데는 상당한 비용이 들므로 과업에 따라서는 상당한 장해 요소가 되기도 한다. 이를 완화하기 위한 방법으로 일반물체인식을 학습한 다층 CNN을 또 다른 이미지 인식 과업(예를 들면, 장면 분류나 인체의 자세 인식 등)에서 빌어 쓰자는 아이디어(전이학습)가 제안되어[17], CNN의 이용 범위가 확장되는 원동력 중 하나가 되었다.

연구의 두 번째 방향성은 학습 규모의 대규모화, 즉 CNN의 층수를 보다 늘리거나 또는 더 많은 데이터를 사용하여 CNN을 학습하려는 경향이다. 2014년 ILSVRC에는 층수가 20이 넘는 CNN이 등장하여 크리제프스키(Krizhevsky)가 2012년에 제안한 CNN의 성능을 큰 폭으로 웃도는 성능을 보였다[59, 58]. 또한 페이스북이나 구글 같은

---

* http://www.image-net.org

기업은 자사의 서비스를 통해 얻은 대량의 데이터를 이용하여 얼굴 이미지 인식[61]이나 장면에 포함된 문자 인식[22] 같은 과업에서도 큰 성능 향상을 얻을 수 있음을 보였다. 이들 과업에서 나타난 CNN의 인식 성능은 사람의 시각에 비견할 만한 것으로 때로는 사람의 시각을 뛰어넘는 일조차 있었다.

이렇게 CNN은 이미지 인식의 연구 성과를 크게 진전시켰다. 그러나 다른 딥 러닝 기법이 그랬듯이 어떻게 해서 그 정도의 성능을 보일 수 있었는지에 대한 원리의 규명이 되어 있지 않다. 세 번째 연구 방향성이 이런 비밀을 풀기 위한 연구다. 이들 연구는 수학적인 방법을 동원하는 것[8, 1]과 실험적인 방법을 사용하고 있는 것(예를 들면, [60, 68])으로 나누어 볼 수 있다.

이번 장에서는 이미지 인식에 대한 딥 러닝 응용을 다룬다. 그러한 논의의 중심에 CNN이 있다. 먼저, 5.2절에서 CNN의 구조 및 학습 방법을 설명한다.

5.3절에서는 주로 일반물체 인식을 대상으로 CNN 적용 이전의 기존 기법을 요약한 다음, CNN이 어떤 면에서 비교우위를 갖는지 살펴볼 것이다. 5.5절에서 CNN 이외의 기법으로 이미지 특징에 대한 비지도학습을 다룬다. 5.6절에서는 이 장의 내용을 정리한다.

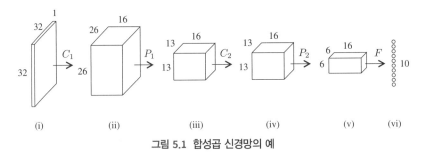

그림 5.1 합성곱 신경망의 예

합성곱 연산(C_1 및 C_2)과 풀링 연산(P_1 및 P_2)을 교대로 수행하며, 마지막 층에 분류할 클래스 수와 같은 수의 노드를 배치하고, 이 층과 가장 마지막 풀링 결과를 출력하는 층 사이에 전결합층(F)으로 연결한다. 그리고 그림 안의 (i)부터 (vi)는 그림 5.4의 기호에 대응한다.

5.2 합성곱 신경망

1.6절에서도 합성곱 신경망(CNN, Convolutional Neural Network)의 역사와 아이디어를 설명하였다. 여기서는 CNN의 구조와 학습 방법에 대해 더 상세히 설명한다.

5.2.1 기본 구조

CNN의 특징은 합성곱층 및 풀링층이라 불리는 특수한 층을 교대로 연결한 구조를 갖는 것이다(그림 5.1). 이 구조를 제외하면 CNN은 평범한 앞먹임 신경망에 지나지 않는다.

어떤 층에 속하는 j번째 노드는 그 바로 이전 층의 노드 m개로부터 각각 입력 $x_i(i = 1, ..., m)$을 전달받으며, 다음 식에 따라 이들 입력의 가중합에 바이어스를 더한 값을 계산한다.

$$u_j = b_j + \sum_{i=1}^{m} w_{ij} x_i$$

식 5.1

이 u_j를 활성화함수에 통과시킨 y_j가 이 노드의 출력이 되어 다음 층으로 전파된다.

$$y_j = \text{a}(u_j)$$

식 5.2

활성화함수 a에는 수렴 성능과 학습 속도의 향상을 위해 $\text{a}(x_j) = \max(x_j, 0)$과 같이 정의되는 함수(ReLU 활성화함수)가 많이 사용된다[44].

일반적으로 CNN의 출력층 주변에는 인접층과 모든 노드가 연결된 층(전 결합층(fully connected layer))을 한층 이상 배치한다. 그림 5.1에서는 (v)와 (vi) 사이의 결합 F가 이에 해당한다. (vi)의 노드 수가 10이고, (v)는 $6 \times 6 \times 16 = 576$이며, 이들이 모두 연결되므로 모든 결합의 수는 10×576이 된다.

CNN의 출력값이 출력되는 마지막 층은 일반적인 신경망과 마찬가지로 설계된다. 클래스 분류를 목적으로 한다면 목적하는 클래스 수와 같은 수 n개의 노드를 배치하고, 활성화함수로 소프트맥스 함수(softmax function)를 사용한다. 구체적인 방법은 위와 같이 계산한 노드에 대한 입력 $u_j(j = 1, ..., n)$으로부터 다음 식을 계산한다.

$$p_j = \frac{e^{u_j}}{\sum_{k=1}^{n} e^{u_k}}$$

식 5.3

인식을 목적으로 할 때는 p_j가 최댓값을 갖는 노드의 인덱스 $\hat{J} = \mathrm{argmax}_j\, p_j$를 추정 클래스로 삼는다. 회귀 과업을 목적으로 할 경우에는 설명하려는 변수와 같은 수의 노드를 배치하고, 변수의 치역에 적합한 활성화함수를 선택하면 된다.

5.2.2 합성곱층

합성곱층(convolution layer)의 기본적인 구조를 그림 5.2에 실었다. 입력은 가로세로 크기가 $S{\times}S$ 픽셀인 이미지 N장의 형태를 갖는다*. 지금부터는 이를 $S{\times}S{\times}N$이라 표기한다. 가장 처음에 위치한 입력층에서 채널 수는 입력 이미지가 그레이스케일이라면 $N = 1$, 컬러 이미지라면 RGB를 합해 $N = 3$이 된다. 이후에 나오는 중간층에서는 바로 앞의 합성곱층 출력의 채널 수(즉, 뒤에 설명할 필터의 수 $\tilde{N}$)와 일치하게 된다. 앞으로는 이 $S{\times}S{\times}N$ 크기의 입력을 $x_{ijk}((i, j, k) \in [0, S-1] \times [0, S-1] \times [1, N])$와 같이 표기한다**.

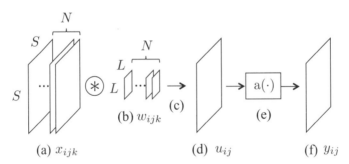

(a) x_{ijk} (b) w_{ijk} (c)   (d) u_{ij} (e)   (f) y_{ij}

그림 5.2 합성곱층에서 필터 하나에 대해 일어나는 계산 내용

필터의 계수는 CNN의 가중치가 되며 학습에 의해 결정된다.

---

*   설명의 편의를 위해 여기서는 이미지의 가로세로 크기가 같다고 가정하였으나, 물론 같지 않아도 무방하다. 그러나 모든 이미지 샘플들은 동일한 규격을 가져야 한다(그렇지 않으면 fully connected layer로 들어가기 전 flatten layer에서 추가적인 작업이 필요하다).

**   식을 간소화하기 위해 픽셀에 해당하는 인덱스를 0부터 시작하도록 하였다.

합성곱층에서는 이 입력과 필터를 합성곱 연산한다. 이 연산은 일반적인 이미지 처리에서 말하는 필터의 합성곱, 즉 작은 크기의 이미지를 입력 이미지에 2차원적으로 합성곱하여 이미지를 흐릿하게 하거나 또는 모서리를 강조하는 것과 기본적으로 같은 것이다.

구체적으로 밝히면 입력(그림 5.2 (a))의 크기 $S \times S$ 픽셀인 각 채널 ((a)의 N개 중 k번째)마다 크기가 $L \times L$인 2차원 필터(그림에서 (b)의 N개 중 k번째)를 합성곱하여, 그 연산 결과를 N개 채널 전체에 걸쳐 더하는(그림에서 (c)의 화살표) 방법이 일반적이다. 이 계산의 결과는 1채널 이미지 형식 u_{ij}을 갖는다(그림 5.2에서 (d)). 필터를 $w_{ijk}((i, j, k) \in [0, L-1] \times [0, L-1] \times [1, N])$로 나타낼 때 u_{ij}는 다음 식과 같이 계산된다.

$$u_{ij} = \sum_{k=1}^{N} \left[\underbrace{\sum_{(p,q) \in \mathcal{P}_{ij}} x_{pqk} w_{p-i,q-j,k}}_{\text{필터와 합성곱}} \right] + b_k \qquad \text{식 5.4}$$

이때 $\mathcal{P}_{ij}$는 식 5.5와 같이 정의되는, 이미지 안의 픽셀 (i, j)를 정점으로 하는 $L \times L$ 크기의 정사각형 영역이다.

$$\mathcal{P}_{ij} = \{(i + i', j + j') \mid i' = 0, \ldots, L-1, \ j' = 0, \ldots, L-1\} \qquad \text{식 5.5}$$

식 5.4 마지막의 b_k는 바이어스로, 각 채널 k마다 모든 출력 노드끼리 같도록 하는(다시 말해, $b_{ijk} = b_k$) 경우가 많다.

그리고 필터를 모든 픽셀이 아니라 몇 픽셀씩 간격을 두면서 적용하기도 한다. 즉, 어떤 픽셀 수 s에 대하여, 식 5.4에 나온 $\mathcal{P}_{ij}$가 다음 식과 같다고 하고, $w_{p-i,q-j,k}$를 $w_{p-si,q-sj,k}$로 치환하여 u_{ij}를 계산한다.

$$\mathcal{P}_{ij} = \{(si + i', sj + j') \mid i' = 0, \ldots, L-1, \ j' = 0, \ldots, L-1\}$$

이때 출력층의 노드 수는 입력층 노드 수의 $(1/s)^2$배로 한다. 이 픽셀 간격 s를 스트라이드(stride)라고 부르며, 입력 이미지 크기가 큰 경우 신경망의 크기가 지나치게 커지는 것을 방지하기 위해 스트라이드 값을 2 이상으로 설정하는 경우가 있다. 다만 이런 경우에는 특징을 망가뜨릴 수 있으므로 일반적으로 성능이 저하되는 경향이 있다.

이렇게 계산한 u_{ij}는 활성화함수 a(·)를 통과시켜서(그림 5.2 (e)) 다음 식과 같은 합성곱
층의 출력(그림 5.2 (f))이 된다.

$$y_{ij} = a(u_{ij})$$

식 5.6

이를 통해 하나의 필터 w_{ijk}마다 입력 x_{ijk}와 가로세로 크기 $S{\times}S$로 같은 1채널 출
력 y_{ij}를 얻게 된다*. 이와 같은 필터를 N'개 준비하여 각각 독립적으로 위와 같은 계
산을 수행하면, N' 채널 갯수만큼의 $S{\times}S$ 크기의 출력, 다시 말하면 $S{\times}S{\times}N'$ 크기의
$y_{ijk}((i, j, k) \in [0, S - 1] \times [0, S - 1] \times [1, N'])$을 얻게 된다. 이 출력이 다시 다음
층에 대한 입력(다시 말해 이번 층의 x_{ijk})가 된다. 그림 5.2는 N'개의 필터 중 하나에 대
한 계산을 나타낸 것이다.

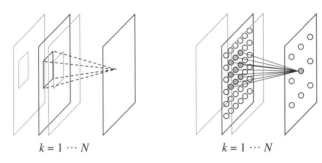

$k = 1 \cdots N$ $k = 1 \cdots N$

그림 5.3 합성곱 및 풀링층의 수용영역 구조

왼쪽: 수용영역을 사각형으로 나타낸 것, 오른쪽: 노드를 사용하여 수용영역을
구체적으로 나타낸 것. 각각 입력 쪽에 있는 흐린 복사본은 다른 채널을 나타낸다.

지금까지 설명한 계산을 층과 층 사이의 노드가 특수한 형태로 결합된 단층 신경망으
로 나타낼 수 있다(그림 5.3). 구체적으로 밝히면 위층의 각 노드가 아래층의 노드 중
일부와만 결합하고, 다시 그 결합의 가중치는 노드끼리 공유하는 구조를 말한다**. 전
자와 같은 결합 양상을 **수용영역(receptive field)**이 국소적이라고 표현하며, 후자와 같은

---

* 필터의 합성곱 범위를 입력의 크기 S×S보다 작도록 제한하면 출력의 크기는 입력 크기보다 필터 크기만
  큼 작아지게 된다. 입력의 크기를 늘려 추가된 부분에 이를테면 0을 채워 넣는(zero-padding이라고 한다)
  방법으로 입력과 출력의 크기를 맞춰 주기도 한다.
** 각 노드의 입력 쪽 결합 가중치가 필터 하나를 결정한다.

구조를 가중치 공유(weight sharing)라고 한다. 학습을 수행할 때에는 합성곱층의 이들 가중치, 다시 말해 필터의 계수 w_{ijk}와 출력 노드의 바이어스 b_k를 결정하게 된다.

5.2.3 풀링층

풀링 연산을 수행하는 풀링층(pooling layer)은 합성곱층과 쌍으로 사용되는데, 기본적으로는 합성곱층의 출력이 풀링층의 입력이 되는 형태를 취한다. 따라서 이 입력 역시 $S \times S \times N$의 형태를 갖는다. 풀링층의 목적은 풀링(pooling), 다시 말해 이미지의 어떤 위치에서 필터의 반응이 강했는가에 대한 정보를 일부 포기하고, 이미지 내에 나타나는 특징의 아주 작은 위치 변화에 대한 불변성을 얻는 것이다.

풀링층의 노드 (i, j)는 합성곱층의 노드와 마찬가지로 입력 쪽으로 인접한 층에 국소적 수용영역 $\mathcal{P}_{ij}$를 갖는다. 이 노드 (i, j)의 출력은 $\mathcal{P}_{ij}$의 내부 노드 $(p, q) \in \mathcal{P}_{ij}$의 출력 y_{pq}를 뒤에 설명할 방법으로 집약한 것이다. 그리고 $\mathcal{P}_{ij}$의 크기는 합성곱층의 크기(= 필터 크기)와는 일반적으로 관계없는 값으로 설정한다. 또한 입력의 채널이 여러 개인 경우 채널마다 위와 같은 처리를 따로따로 수행하는 것이 일반적이다. 즉, 합성곱층의 출력 채널 수와 풀링층의 출력 채널 수는 같다.

일반적으로 이 풀링 처리는 이미지의 가로세로 (i, j) 방향으로 간격을 두고 수행된다. 다른 말로 하면 2 이상의 스트라이드 값을 설정한다. 예를 들어, $s = 2$로 설정하면 출력은 입력의 크기가 가로세로 절반이 된다. s와 $\mathcal{P}_{ij}$의 크기에 따라서 인접한 출력 노드의 수용영역 $\mathcal{P}_{ij}$이 서로 겹치기도 한다. 이렇게 풀링층의 출력 노드 수는 입력 노드 수의 $1/s^2$배가 된다.

수용영역 $\mathcal{P}_{ij}$안의 노드로부터 입력을 합쳐 하나의 값으로 집약하는 방법에도 여러 가지가 있다. 평균 풀링(average pooling)은 식 5.7과 같이 $\mathcal{P}_{ij}$에 속하는 노드로부터 들어온 입력의 평균을 해당 노드의 출력으로 삼는 방법이다.

$$y_{ijk} = \frac{1}{|\mathcal{P}_{ij}|} \sum_{(p,q) \in \mathcal{P}_{ij}} x_{pqk} \qquad \text{식 5.7}$$

최대 풀링(max pooling)은 식 5.8과 같이 $\mathcal{P}_{ij}$에 속하는 노드로부터 들어온 입력 중 최대값을 출력으로 한다.

$$y_{ijk} = \max_{(p,q)\in\mathcal{P}_{ij}} x_{pqk}$$

식 5.8

또한 이 두 가지 방법의 절충적인 방법인 L_p 풀링(L_p pooling)이 있다. L_p 풀링은 식 5.9와 같이 계산한다.

$$y_{ijk} = \left(\frac{1}{|\mathcal{P}_{ij}|} \sum_{(p,q)\in\mathcal{P}_{ij}} x_{pqk}^P\right)^{\frac{1}{P}}$$

식 5.9

이들 풀링에 대한 계산은 평균 풀링을 제외하면 식 5.1과 식 5.2 같은 일반적인 노드의 입출력 관계만으로는 나타낼 수 없으며, 기본적으로 합성곱층과 마찬가지로 한층짜리 신경망으로 나타낼 수 있다. 또한 합성곱층과 달리 풀링층에는 학습에 따라 변화할 가중치가 존재하지 않는다. 그리고 풀링층에는 활성화함수도 적용하지 않는(위의 식에서 y_{ijk}가 그대로 출력이 된다) 것이 일반적이다.

러쿤(LeCun) 등의 CNN[37, 38]을 시작으로 하는 초기 연구에서는 평균 풀링이 주로 사용되었으나, 세레(Serre)의 연구진이 제안한 HMAX 모델[57]이나 란차토(Ranzato)의 연구[51]를 계기로 최대 풀링이 일반적으로 사용되었다[12, 31]. 한편, 식 5.9에서 $p = 2$로 한 L_2 풀링은 비지도 특징학습 기법 중 하나인 토포그래픽(topographic) 독립 성분 분석(5.5.2항)에서도 사용된다.

5.2.4 예제: 숫자 필기 인식을 위한 합성곱 신경망

그림 5.1의 CNN을 사용하여 숫자 필기인식 데이터 집합 MNIST*를 학습하여 실제로 인식을 위해 동작하는 양상을 그림 5.4에 실었다.

---

* http://yann.lecun.com/exdb/mnist/

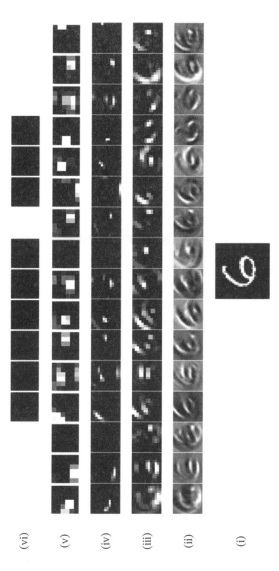

그림 5.4 숫자 필기 인식을 예제로 학습한 CNN의 동작

(i) 입력 이미지 (ii) 첫 번째 합성곱층의 출력. (iii) 첫 번째 풀링층의 출력. (iv) 두 번째 합성곱층의 출력. (v) 두 번째 풀링층의 출력. (vi) 소프트맥스 출력층(10개 노드의 출력값(구간 [0,1])을 농담으로 나타낸 것, 여기서는 '0'부터 세어 7번째인 '6'에 해당하는 노드가 1.0이고 나머지 노드는 모두 0.0이다.)

이 예제에서는 28×28 크기의 본래 이미지 둘레를 0으로 메워 변환한 32×32×1 크기의 입력 이미지 (i)에 대해 11×11×1 크기의 필터 16개를 합성곱 연산한 다음, ReLU 활성화함수를 적용하여 26×26×16 크기의 출력 (ii)를 얻는다. 그다음 26×26 크기의 16개 맵 각각에 3×3 크기 영역 단위로 콘트라스트 정규화(5.2.6항)를 수행하여 전부 합쳐 13×13×16 크기의 출력 (iii)을 구한다. 여기에 5×5×16 크기의 16가지 필터를 합성곱하고 ReLU 활성화함수를 적용하여 13×13×16 크기의 출력(iv)을 얻는다. 이 출력에 다시 첫 번째 단계와 같은 종류의 풀링을 적용하여 6×6×16 크기의 출력(v)을 얻는다. 마지막으로, 6×6×16 = 576 크기의 출력을 가장 위의 출력층(vi)에 10개 노드(0, 1, ..., 9의 숫자에 각각 대응)와 전결합하고, 소프트맥스 함수를 적용하여[0, 1] 구간의 값을 취해 그 합이 1이 되는 10개의 출력을 얻게 된다.

그림에 나온 합성곱층의 출력((ii)와 (iv))을 자세히 보면 가로 혹은 세로 방향의 스트로크 외에도 선의 교차점 등이 각각의 위치에서 추출되는 것을 알 수 있다. 또한 풀링층의 출력((iii)과 (v))은 최대 풀링에 의해 해상도가 저하되었다. 일반물체 인식에서도 CNN의 구조 및 동작은 기본적으로 동일하다.

5.2.5 학습

CNN의 학습은 기본적으로 지도학습이며 학습 방법 역시 표준적인 앞먹임 신경망의 학습과 별 차이가 없지만, 이번 항에 그 방법을 정리하고자 한다. 그리고 CNN에서 사전훈련이 일반적이지 않은 이유 중 하나로, 풀링 연산으로 인해 생기는 입출력 방향의 비대칭성 때문에 자기부호화기를 곧바로 구성할 수 없다는 점을 들 수 있다. 다만 층수가 적은 CNN으로부터 시작하여 서서히 층수를 늘려 나가며 지도학습을 반복하는 기법은 여기서도 유효성이 확인된 바 있다[58].

CNN의 학습은 레이블이 포함된 샘플을 학습 데이터로 하여 각 샘플의 분류 오차를 최소화하는 방식으로 수행된다. 그리고 출력층의 노드는 소프트맥스 함수로 정규화(식 5.3)하여, 대응하는 클래스에 대한 확률 $p_1, ..., p_n$을 출력한다. 분류 오차는 입력 샘플에 대한 이상적 출력 $d_1, ..., d_n$과 실제 출력 $p_1, ..., p_n$의 괴리를 식 5.10과 같이 정의되는 교차 엔트로피(cross entropy)로 측정한다.

$$C = -\sum_{j=1}^{n} d_j \log p_j$$

식 5.10

목표출력 $d_1, ..., d_n$은 1-of-n 표현, 다시 말해 정답 클래스 j의 값 $d_j = 1$이고, 나머지 모든 k($\neq j$)는 dk = 0의 형태를 갖는다. 이 C의 값이 작아지도록 각 합성곱층 필터의 계수 w_{ijk} 및 각 노드의 바이어스 b_k, 출력층(부근)에 배치한 전결합층의 가중치와 바이어스를 조정한다.

C를 최소화하는 데는 확률적 경사하강법을 사용하는 것이 가장 일반적이다[33]. 가중치 및 바이어스에 대한 오차 기울기($\partial C/\partial w_{ij}$ 등)는 오차역전파법(BP, Backpropagation method)으로 계산한다. CNN은 그저 특수한 구조를 갖는 신경망에 지나지 않으며, BP 계산 과정 역시 일반적인 신경망과 같다(자세한 계산 과정은 1.4.2항 참고). 예외는 최대 풀링에 대한 역전파 계산이다. 이 계산에서는 학습 샘플에 대한 순전파 계산을 할 때 풀링 영역의 어느 픽셀(노드)의 값을 골랐는지를 기록해 두고, 역전파 계산 시에 이 노드와만(가중치 1로) 결합한 것으로 간주한다.

그리고 오차 C에 대한 평가 및 이에 따른 파라미터의 업데이트는 모든 학습 샘플을 사용하는 것이 아니라 수렴성 및 계산속도 향상을 위해 적게는 몇 개부터 많게는 몇 백 개 정도의 샘플 집합(이를 미니배치라고 한다) 단위로 수행한다. 가중치의 업데이트 값은 식 5.11과 같이 결정하는 것이 가장 일반적이다.

$$\Delta w_{ij}^{(t)} = -\epsilon \frac{\partial C}{\partial w_{ij}^{(t-1)}} + \alpha \Delta w_{ij}^{(t-1)} - \epsilon \lambda w_{ij}^{(t-1)}$$

식 5.11

이 식의 첫 번째 항은 경사하강법의 주요 항이며 ϵ는 학습률, 두 번째 항은 모멘텀 (momentum), 세 번째 항은 가중치 감쇠(weight decay)를 위한 항이다. 모멘텀은 앞서 업데이트한 값의 α배를 더해 주는 방법으로 파라미터의 업데이트에 관성을 따르도록 하여 학습을 빠르게 해준다. 가중치 감쇠는 가중치가 너무 커지지 않도록 하는 규제화 기법이다. 바이어스의 업데이트 방법 역시 기본적으로 같다.

5.2.6 콘트라스트 조정과 데이터 정규화

이미지 인식에서는 보통 입력 이미지에 대해 어떤 방법으로든 정규화를 하게 된다. 어떤 경우든 CNN에는 입력 이미지에서 학습 샘플의 평균을 뺀 것을 입력으로 사용하는 경우가 많다[31]. 입력 이미지뿐만 아니라 풀링층의 출력처럼 CNN의 중간 결과를 대상으로 하는 경우도 있다. 이런 처리 중 가장 일반적으로 사용되는 것이 국소 콘트라스트 정규화(LCN, Local Contrast Normalization)이다[27, 50].

합성곱층 혹은 풀링층의 출력을 y_{ijk}라고 하자. 여기서 k란, 앞서 설명한 바와 같이 채널을 가리킨다. 어떤 픽셀 (i, j) 주변의 작은 영역 $\mathcal{P}_{ij}$에서 모든 채널에 걸쳐 평균을 구한 뒤 이 평균을 빼는 처리, 즉 다음 식과 같은 처리를 ($\mathcal{P}_{ij}$의 크기를 $S \times S$ 픽셀, 채널 수는 N이라고 했을 때) 감산 정규화(subtractive normalization)라고 한다.

$$\bar{y}_{ijk} = y_{ijk} - \sum_{p=0}^{S-1}\sum_{q=0}^{S-1}\sum_{k=1}^{N} h_{pq} y_{i+p, j+q, k} \qquad \text{식 5.12}$$

위의 식에서 h_{pq}는 $\sum_{pq} h_{pq} = 1$을 만족하는 가중치다. 자렛(Jarrett)은 정점에서 감쇠하는(이미지 평면상에서) 가우스 함수를 (i, j)로 삼았으며[27], 핀토(Pinto)는 언저리를 3×3 픽셀 크기의 작은 영역으로 나누어 $h_{pq} = 1$이 되는 단순 평균을 적용하였다[50].

또한 평균을 구했던 이미지와 채널의 범위에 대해 식 5.13과 같이 정의되는 y_{ijk}의 표준편차를 구하여, $\bar{y}_{ijk}$를 다시 이 표준편차로 식 5.14와 같이 나누는 처리도 있다.

$$\sigma_{ij} = \sqrt{\sum_{p=0}^{S-1}\sum_{q=0}^{S-1}\sum_{k=0}^{N} h_{pq} \bar{y}_{i+p, j+q, k}^2} \qquad \text{식 5.13}$$

$$\tilde{y}_{ijk} = \bar{y}_{ijk} / \max(c, \sigma_{ij}) \qquad \text{식 5.14}$$

이를 제산 정규화(divisive normalization)라고 한다. 분모에 쓰인 max 함수를 무시하면, 이 계산 과정은 이미지상에서 주변의 모든 필터 출력에 대한 분산이 1이 되도록 하는 것에 해당하며, 분산은 이미지의 콘트라스트에 해당하므로 여기에서 국소 콘트라스트 정규화라는 이름이 유래하였다. 다만 max 함수가 있으므로 상수 c의 값에 따라 콘트라스트가 작은 경우에는 이와 같이 정규화되지 않는다. 이렇게 하는 이유는 작은 영역 안의 명암(intensity)이 거의 일정하여 노이즈 정도의 차이밖에 되지 않을 때 이 미세한 차이를 크게 확대하게 되는 것을 방지하기 위함이다. 그리고 식 5.14 대신 $\tilde{y}_{ijk} = \bar{y}_{ijk}/\sqrt{c + \sigma_{ij}^2}$를 사용하기도 한다. 콘트라스트 σ_{ij}가 충분히 클 때에는 $\tilde{y}_{ijk}$는 분산이 1로 정규화되고, 반대로 작을 때에는 아무 일도 일어나지 않는다는 것은 식 5.14와 같지만, σ_{ij}가 그 사잇값을 갖는 경우에는 이 두 가지 방법 사이의 절충을 택하게 된다.

$y_{ijk} \rightarrow \bar{y}_{ijk} \rightarrow \tilde{y}_{ijk}$에 이르는 일련의 처리를 국소 콘트라스트 정규화라고 한다. 이 전체를 가리켜 제산 정규화라고 부르는 경우도 있다[62, 56, 43].

본래 이 처리 과정은 포유류의 초기 시각피질의 뉴런이 보이는 행동 패턴을 설명하기 위한 모형으로 제안된 것이었다[62, 64]. 뉴런의 반응 강도에는 상한이 있으므로 큰 다이내믹 레인지를 갖는 입력을 다루려면 적응적 게인(gain) 조정이 필요하다. 또 특정한 주기 혹은 방향을 갖는 줄무늬 패턴에 선택적으로 반응하는 뉴런 및 이 뉴런이 보이는 선택성은 입력 패턴의 콘트라스트에 의존하지 않는다는 점, 특히 반응 출력이 포화하여도 이 성질이 유지된다는 점이 알려져 있다[20]. 이 생체 뉴런의 행동 패턴을 모형화한 것이 위에서 설명한 국소 콘트라스트 정규화다. 이 정규화를 각 채널별로 따로 하는 것이 아니라 여러 채널의 값을 함께 사용한다는 점에 의미가 있다. 국소 콘트라스트 정규화와 자연 이미지 통계의 유관성을 지적한 연구도 있다[56, 43].

이미지 인식을 위한 다층 신경망에는 이 국소 콘트라스트 정규화가 그대로 적용되어 있다[27, 36, 50]. 다만 현재에 와서는 단순한 적응적 국소 게인 조정 이상의 효과를 얻고 있는지 분명치 않은 면이 있다. 또 최근에는 국소 콘트라스트 정규화를 적용하지 않고 CNN을 구성하는 경우도 적지 않다.

뒤에 설명할 비지도 특징학습에서도 학습 샘플 집합을 정규화하는 경우가 많다. 이 중 한 가지 방법은 학습 샘플을 모종의 방법으로 변환하여 모든 샘플의 공분산 행렬이 단위 행렬이 되도록 하는 백색화(whitening)다(예를 들어, [3]). 이 백색화의 유무가 국소 특징학습에 미치는 영향은 [13]에 잘 설명되어 있다. 입력이 연속값을 갖는 경우에는 6.4.1항의 가우스-베르누이형 RBM으로 학습 샘플은 상정하는 확률 모형에 걸맞은 분포를 갖도록 평균 및 분산을 보정하는데, 이 역시 정규화의 범주에 속한다.

5.3 합성곱 신경망의 동작

다층 CNN은 일반물체 인식 콘테스트나 벤치마크에서 신경망을 사용하지 않은 기존 방법의 성능을 압도하였다. 이번 절에서는 CNN이 어째서 이런 높은 성능을 보일 수 있었는지 기존 방법과의 비교를 통해 살펴보려고 한다.

5.3.1 일반물체 인식의 어려움

일반물체 인식(general object recognition)에 대한 연구 자체는 1990년대까지 거슬러 올라가지만, 당시에는 너무 어려운 문제여서 해결에 상당한 시일이 걸릴 것으로 예상되었다. 그 어려움의 원인은 같은 카테고리 안에서도 이미지의 차이가 매우 크다는 것이었다(그림 5.5).

같은 카테고리인 물체가 외견상 크게 다를 수 있다는 데 일반물체 인식의 어려움이 있다. 시각적인 큰 차이에도 같은 카테고리로 인식할 수 있으려면 그러한 변동에도 불변하는(무시해야 하는 이미지의 변동에 대해 둔감한) 특징을 추출해야 할 필요가 있다. 동시에 비슷한 카테고리와 구별해 내기 위해서는 식별력(차이에 대한 민감도)이 필요하다. 외관의 차이에 대한 불변성과 식별력이라는 서로 상반되는 목표를 어떻게 양립시키느냐가 열쇠라고 할 수 있다[15, 52].

2004년, 텍스트 처리에서 쓰이는 bag-of-words 모형을 도입한 bag-of-features가 제안되어[14], 이 방법이 기존의 예상을 뒤엎는 성능을 보임에 따라 일반물체 인식은 이미지 인식 분야에서 큰 관심을 모으게 되었다. 매년 조금씩 개량이 계속되어 이에 따라 인식 성능도 조금씩 향상되었다. 이 개량에 대한 내용을 다음 두 항에 걸쳐 요약하도록 한다.

그림 5.5 ImageNet(http://image-net.org/)**에서 추출한 'Television' 카테고리의 이미지 예(책머리 컬러 페이지 참고)**

5.3.2 일반물체 인식의 기존 방법

일반물체 인식에서 기존에 쓰이던 방법은 그림 5.6(a)에서 보듯이 문제를 특징 추출과 분류 두 단계로 나누어 보는 관점을 취했다. 주로 서포트 벡터 머신에 정답이 달린 샘플을 사용하는 지도학습 방식이 쓰였으며, 이 과정에 특별히 난해한 부분은 없었다. 문제의 초점은 전반부에 해당하는 특징 추출에서 앞절에서 설명한 불변성과 식별력 두 가지 서로 상반되는 성질을 갖는 특징을 어떻게 이미지로부터 뽑아낼지에 있었다.

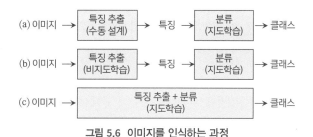

그림 5.6 이미지를 인식하는 과정

(a) 기존 방법: 사람이 설계한 특징값을 사용한다. (b) NN을 사용하여 특징값을 비지도학습. 분류기는 별도로 학습된다. (c) CNN을 이용한 지도학습: 특징값과 분류기가 함께 학습된다.

이를 위한 방법이 여럿 연구되었는데, 이들의 기본적인 얼개는 그림 5.7에 나온 세 단계, 즉 국소특징 추출, 부호화, 풀링으로 정형화할 수 있었다. 국소특징(local feature)이란, 이미지의 국소적인 작은 영역을 상정하고 이에 속하는 이미지의 농담을 특징값으로 추출한 것을 말한다. 이미지상에서 선택된 여러 개의 작은 영역에 대해 각각 국소특징을 계산한 뒤, 이들을 부호화 및 풀링 2단계에 걸쳐 합쳐서 입력 이미지 한 장 전체에 해당하는 특징값을 얻는다. 이렇게 얻은 특징값을 전역특징(global feature)이라고 한다.

국소특징 추출하기

국소특징을 추출하는 방법에도 여러 가지가 있지만, 그중에서도 SIFT(Scale Invariant Feature Transform)[42]가 가장 오래전부터 많이 사용되어 왔다. SIFT 기법은 2단계로 구성된다. 첫 단계는 이미지 안에서 가장 두드러지게 구별되는 특징을 가진 점을 골라내고, 이와 동시에 그 주변의 국소적 명암 구조의 크기에 따라 주목 영역의 크기와 방향을 결정한다. 그다음 단계에서는 이 영역 안의 농담 구조를 나타내는 특징값(이를 디스트립터라 한다)을 추출한다. 단, 물체 인식에서는 작은 국소영역의 형태(위치, 크기, 방향)는 이미지상에 매긴 그리드를 따라 기계적으로 고르는 경우가 많다(그림 5.7).

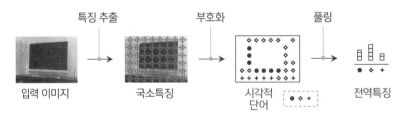

그림 5.7 일반물체 인식에서 기존의 방법을 통한 특징 추출

이미지로부터 국소특징을 (촘촘히) 추출하여 부호화하고 풀링을 거쳐
입력 이미지 1장 전체에 대한 특징값을 얻는다.

작은 국소영역으로부터 특징값을 추출하는 2번째 단계의 개요를 그림 5.8에 나타내었다. 같은 영역 안에서 농담의 차이를 촘촘한 그리드 점에서 샘플링하여 이를 부분 블록 단위로 합쳐 이 차이의 히스토그램을 만들어 특징으로 삼는다. 이 과정을 그림 5.9(b)에 다이어그램으로 나타내었다.

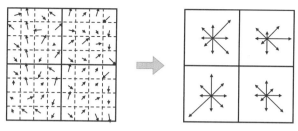

그림 5.8 SIFT를 이용한 국소특징 추출 과정

특징점을 중심으로 하는 정사각형 영역을 2×2 블록으로 나누어 각 블록 안의 4×4의 샘플점에서 농담의 기울기(엣지에 수직인 방향), 강도 및 방향을 구한다. 이들 방향은 8방향으로 양자화되며 각 블록마다 8방향 히스토그램으로 정리한다. 그 결과로 2×2×8=32개 값으로 구성되는 국소특징을 얻게 된다. 실제로는 4×4블록으로 분할하여 128개 값을 만드는 경우가 많다.

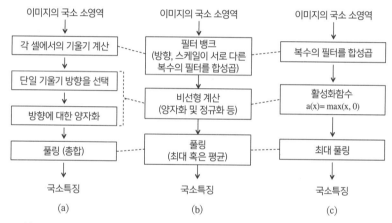

그림 5.9 (a) SIFT를 이용한 국소특징 계산 과정의 흐름. (b) 여러 가지 국소특징 추출 방법 중 공통되는 계산 과정의 흐름. (c) CNN을 이용한 1쌍의 합 성곱층 풀링층에서 일어나는 계산(그림의 점선은 서로 내용이 비슷한 과정을 연결한 것이다.)

그리고 SIFT를 대체하는 국소특징이 지금까지 여럿 제안되었지만, 성능 향상이 그리 크지 않았다. 이 과정에서 알게 된 성능 향상보다 더 중요한 사실은 그림 5.9(b)처럼 몇 단계에 걸쳐 특징을 추출해야 한다는 것을 알게 된 것이었다[50]. 다시 말해서 입력 이미지의 국소영역에 대해 여러 개의 필터를 병렬로 적용하고, 그 결과에 다시 모종의 비선형함수를 적용한 다음, 여기에 다시 풀링을 수행하는 구조다. SIFT 계산 과정(같은 그림(a)) 역시 기본적으로는 같은 구조를 갖는다.

부호화

위와 같은 방법을 거쳐 얻은 국소특징을 다시 부호화한다(그림 5.7). 여기에는 시각적 단어(visual word)라는 아이디어가 쓰인다. 자연 이미지의 다양성은 매우 크지만, 각각의 국소적 부분에서는 다양성이 그리 크지 않으며, 유한한(수백 내지 수천 규모) 개수의 전형적인 형태로 유형화할 수 있다고 가정한다. 이러한 전형적인 형태를 시각적 단어라고 이름 붙였다. 구체적으로 밝히면 이미지 여러 장의 여러 곳에서 추출한 특징값의 집합에 클러스터링을 수행하여 얻어진 수백 내지 수천 정도의 클러스터 중심을 얻고, 이를 대표하는 벡터 하나하나를 시각적 단어로 삼는다.

이런 방법으로 미리 준비해 둔 시각적 단어를 사용하여 이미지 한 장 전체에 대한 표현을 만든다. 여기에도 몇 가지 방법이 있지만, 가장 기본적이라 할 수 있는 bag-of-feature 모형(BoF 모형 혹은 bag-of-visual-words 모형)에서는 이 이미지의 각 점에서 얻은 국소특징을 같은 특징 공간의 대표점이 되는 시각적 단어 중 가장 가까운 것과 치환하여 양자화한다. BoF 외에도 희소 부호화 등을 사용하여 '소프트한' 양자화를 수행하는 방법[67]이나 피셔 커널(Fisher kernel)에 기초한 전역적 특징(피셔 벡터(Fisher vector)라고 한다)를 만드는 방법[49, 48]이 있다.

풀링

이 처리 과정의 마지막 단계는 풀링으로, 부호화된 이미지의 특징을 합쳐 하나의 전역특징을 만드는 과정이다(그림 5.7). BoF에서는 이미지의 각 지점에 대한 국소특징을 양자화하여 얻은 시각적 단어를 이미지 전체에서 센 뒤, 시각적 단어의 히스토그램을 만들어 전역특징으로 삼는다. 그다음, SIFT에서 사용하는 블록 분할을 이미지 전체에 적용하는 방법, 다시 말해 이미지 전체를 가로세로로 분할하여 부분 블록을 만들고, 그 안에서 히스토그램을 생성하는 방법(pyramid match kernel)이 제안되어[32] 인식 성능을 향상시킬 수 있었다. 또 부분 블록의 적절한 위치 및 형상을 학습에 의해 결정하는 방법도 제안되었다[29]. 그리고 풀링 방법 자체도 다시 검토되었다. 평균 풀링이나 총합 풀링에 이어 최대 풀링의 유효성이 알려지게 되었으며[67, 7], 여기서부터 일반물체 인식이 CNN이 관계짓는 데 이르게 된다[27, 55, 6].

기존의 방법이 성공했던 이유

지금까지 설명한 방법은 일반물체 인식에서 이전의 예상을 뛰어넘는 성공을 거뒀다. 그 이유는 마지막의 풀링 단계에서 국소특징의 위치 정보(전역적 형상 정보)를 모두 버렸다는 데 있다. 같은 카테고리 안에서 시각적 변동에 대한 불변성을 실현하는 데 이 점이 공헌한 바가 크다. 다만 불변성과 쌍을 이루는 식별력에는 국소특징에 의존하는 경우가 많으므로 이대로는 한계도 명확히 존재했다.

5.3.3 기존의 방법과 합성곱 신경망의 비교

앞절에서 설명한 기본의 방법은 특징값을 추출하는 과정에 CNN과 몇 가지 공통점이 있다. 즉, 첫 번째 단계에서 국소특징을 추출한다는 것과 세 번째 단계에서 풀링을 거친다는 점이다.

먼저, 국소특징의 추출은 그림 5.9(b)와 같은 구조를 가지며, 이 구조는 CNN 내부에서 합성곱층(및 활성화함수 적용)과 풀링층 한 쌍에서 일어나는 계산(같은 그림 (c))과 매우 비슷하다. CNN의 합성곱층에서는 여러 개의 필터와 합성곱 연산이 수행되는데, 이 필터의 계수 w_{ijk}(식 (5.4))가 합성곱층의 가중치이며 학습의 대상이 된다는 것을 상기하기 바란다. 기존의 방법과 CNN의 가장 큰 차이는 이미지에 적용하는 필터를 기존 방법에서는 사람이 설계해야 하지만, CNN에서는 학습을 통해 획득한다는 점이다(그림 5.6(c)). 그런데 CNN이 첫 번째 층에서 학습하는 필터는 경험적으로 설계된 기존 방법의 것과 크게 다르지 않다.

CNN은 다양한 과업에 대한 학습을 통해 얻은 첫 번째 합성곱층의 필터의 예를 그림 5.10에 실었다. 특히 일반물체 인식처럼 자연 이미지를 입력으로 받는 경우에 학습되는 필터는 게이버 필터와 비슷한 흑백 필터, 색이나 색의 변화에 대한 필터, 두 가지로 나뉘는 경우가 많다. 게이버 필터(Gabor filter)는 1차원 코사인파와 2차원 가우스함수의 곱으로 생성되는 필터로 그림 5.10(d)와 같은 것을 가리킨다. 코사인파의 방향과 주파수를 변화시킴에 따라 다양한 필터를 만들 수 있으며, 이미지에 이들 필터를 적용하면 농담의 국소적 공간 주파수 성분을 추출할 수 있다. 그리고 포유류의 초기 시각피질(V1)에서는 방향과 공간 주파수를 변화시킨 게이버 필터의 집합과 비슷한 방법으로 특징 추출이 일어난다는 것이 알려져 있다.

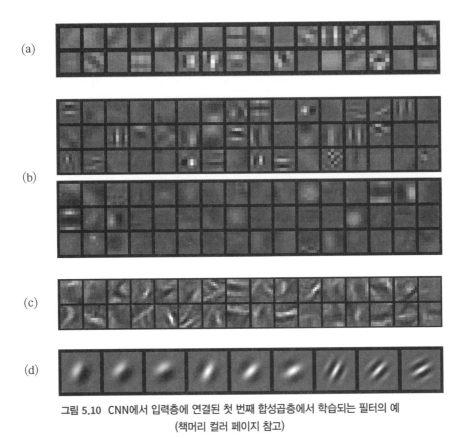

그림 5.10 CNN에서 입력층에 연결된 첫 번째 합성곱층에서 학습되는 필터의 예
(책머리 컬러 페이지 참고)

(a) 일반물체 인식(데이터 집합: CIFAR-10). (b) 일반물체 인식(ImageNet).
(c) 숫자필기 인식(MNIST). (d) 게이버 필터(서로 다른 방향에 대한 여러 가지 예).

CNN은 학습을 통해 이 게이버 필터와 비슷한 필터를 획득하는데, 그것도 몇 가지 방향과 공간주파수로 튜닝된 필터를 자동적으로 얻게 된다. 서로 다른 방향에 대응하는 필터는 입력 이미지 안에서 대응하는 방향의 모서리에 대해서 각각 높은 반응을 보이도록 동작하므로 SIFT에서 사용되는 8방향의 기울기 방향 계산과 마찬가지 작용을 한다고 생각할 수 있다. 그리고 CNN에서는 색에 대한 필터도 함께 얻을 수 있지만, 기존의 방법으로도 SIFT와는 별도로 색에 대한 특징(색분포)을 추출하여 이 두 가지 정보를 합쳐 사용하는 것이 일반적이다. 즉, 기존의 방법에서 국소특징을 추출하는 방법과 CNN의 첫 번째 층에서 일어나는 계산은 큰 차이가 없는 것으로 보인다.

한편, 기존 방법의 세 번째 단계, 다시 말해 부호화한 국소특징을 풀링하는 과정은 CNN의 각 층에서 일어나는 풀링과 기본적으로 같은 처리다. 그러나 이 두 가지는 수용영역의 크기 면에서 크게 다르다. 기존의 방법에서는 풀링의 수용영역을 입력 이미지 전체 혹은 1/4, 1/8 등과 같이 항상 대체로 단순한 방법으로만 나눌 수 있다[32]. 이 이상 분할 수를 늘리면 일반적으로 성능이 저하된다고 알려져 있다.

이와 달리 CNN에서는 각 층의 풀링 대상이 되는 수용영역의 크기가 매우 작다. 다만 풀링을 몇 번씩 반복한 위층의 노드는 해당 노드가 갖는 수용영역을 이미지 전체에 대해 역산해 보면 그 크기가 상당히 커서 기존 방법의 크기와 비슷해진다*.

지금까지의 내용을 정리해 보면 기존의 방법에서 입력 이미지로부터 전역 특징을 추출하는 과정은 여러 개의 필터를 이용하여 한 번 특징을 추출한 다음, 풀링을 두 번 하는 얕은 CNN에 비유할 수 있다. CNN은 합성곱층과 풀링층을 번갈아 쌓아올려서 특징 추출과 풀링을 여러 번 반복할 수 있다. 간단하게 말하면 이 횟수(층수)와 CNN의 성능은 (층수가 좌우하는 자유도에 걸맞은 규모의 학습 샘플과 학습 비용이 제공되어야 한다는 조건이 있지만) 비례관계에 있다고 할 수 있다. 기존의 방법은 입력에 가까운 아래층(국소특징 추출)은 공학적으로 설계할 수 있었지만, CNN이 학습에 의해 발견한 중위층 이상의 특징도 비슷하게 설계할 수는 없었다. 바로 여기에 기존 방법과 CNN의 성능 차이가 있다고 할 수 있다.

5.3.4 네트워크 구조와 인식 성능

이렇게 기존의 방법과의 차이에서 CNN이 높은 성능을 보이는 이유를 찾게 되면 자연스럽게 CNN이 갖는 다층 구조, 그리고 이미지로부터 추출하는 특징을 학습에 의해 획득할 수 있다는 유연성에 대한 논의에 이르게 된다. 이 중 어느 것이 보다 본질

---

* 다층 CNN을 기준으로 하면 기존 방법에서 사용되는 풀링의 수용영역이 더 큰(클 수밖에 없다) 것은, 국소특징 추출 후 풀링을 한 번밖에 할 수 없기 때문이다.

적인 것일까? 전자보다는 후자, 그러니까 CNN의 구조 자체가 보다 중요한 것이 아닌가 여겨진다[27].

자렛(Jarrett) 등은 CNN의 합성곱층의 필터를 무작위로 만드는 방법으로, 그러니까 식 5.4의 w_{ijk}를 무작위값으로 설정하고 전결합층만 학습(다항 로지스틱 회귀)한 경우에도 상당히 좋은 인식율을 달성할 수 있다는 것을 보였다. 구체적으로 밝히면 Caltech-101을 데이터 집합으로 사용한 일반물체 인식에서, 합성곱(활성화함수는 tanh를 사용)과 풀링을 한 번씩만 하도록 구성한 구조로 필터를 무작위값으로 고정하여 전결합층만 학습하면 53.3%의 인식율을 달성한 데 비하여, 필터를 함께 학습하여도 54.8%밖에 개선되지 않았음을 보고하였다.*

자렛은 여기에 그치지 않고, 최종적인 인식 성능은 필터를 학습하는 여부보다도 네트워크 자체의 구조(필터 크기 및 풀링의 종류, 콘트라스트 정규화 등의 비선형처리 적용 여부)에 오히려 더 크게 좌우된다는 실험 결과를 보고하였다. 이들 연구 결과는 CNN의 네트워크 구조(아키텍처) 자체가 필터에 대한 학습보다 중요하다는 가능성을 시사한다.

다만 이들이 논문에서 언급하였듯이 필터의 학습 유무가 인식 성능에 그다지 영향을 끼치지 않는 것은 학습 샘플 수가 그리 많지 않은 경우뿐이다. 샘플 수가 어느 정도 된다면 필터를 학습하는 효과가 매우 커진다. 또 애초에 이들이 실험에서 사용한 것은 고작 2층 정도의 합성곱층이다. 실세계의 과업에서 높은 성능을 달성하려면 샘플 수를 일정 이상 확보하고, 과업의 난이도에 걸맞은 규모의 CNN을 확실히 학습시키지 않으면 안 된다.

그리고 필터를 잘 학습시켰어도 네트워크 구조가 인식 성능을 크게 좌우하는 것이 사실이다. 따라서 인식 성능을 향상시키기 위해서는 학습률 등의 하이퍼파라미터 외에도 네트워크 구조 자체도 최적화해야 할 필요가 있다. 여기에는 통계적인 방법을 사용할 수 없으므로 일반적으로 시행착오를 거치는 수밖에 없다. 여기에 대해 색스

---

* 151×151 픽셀 크기의 그레이스케일 이미지에 대해 콘트라스트 정규화 등 전처리를 거친 것을 학습 및 인식 대상으로 한다. 이 이미지에 9×9 픽셀 크기의 필터를 64개 합성곱한 뒤, 몇 가지 종류의 풀링(및 정규화)을 수행하는 구조. 이를 1단 내지 2단 거치게 한다.

(Saxe)의 연구진은 무작위 필터를 사용하여 이 시행착오에 필요한 수고를 줄이기 위한 방법을 제안하였다[54]. 같은 CNN에 대하여 무작위 필터를 사용한 경우와 필터를 학습한 경우에 인식 성능에 강한 상관관계가 있다는 점에서 앞서 쓰인 CNN의 구조를 점찍어 두고 이 중 우수한 것을 선택하여(필터를 학습시켜) 사용하는 방법이다.

그리고 정확도가 한정적이라 해도 무작위 필터에서도 일단 인식이 된다는 점이 놀라운데, 그 이유를 다음과 같이 해석할 수 있다. 합성곱층 및 풀링층을 하나의 세트로 보았을 때 풀링층의 각 노드를 가장 크게 활성화시키는 '최적 입력 패턴'을 생각해 볼 수 있다. 필터를 학습한 경우 얻게 되는 전형적인 필터는 그림 5.10에서 보듯 게이버 필터다. 이때 풀링층의 노드에 대한 최적 입력 패턴은 이 게이버 필터 고유의 방향과 공간 주파수를 갖는 줄무늬가 된다. 이와 달리 필터를 무작위로 한 경우에 풀링층의 최적 입력 패턴은 무작위성에 기인하는 공간의 방향과 주파수에 대한 흔들림이 원인으로, 역시 줄무늬 모양에 상당히 가까운 패턴을 취하게 된다. 즉, 필터가 무작위인 경우의 최적 입력 패턴은 패턴을 학습한 경우(줄무늬)와 적어도 어느 정도 근접하게 되므로 이것이 앞서 말한 수수께끼의 답이 될 수 있을 것이다.

5.3.5 합성곱 신경망의 확장을 위한 시도

CNN은 일반물체 인식처럼 어려운 과업에서 매우 높은 성능을 보였지만, 앞서 설명한 대로 CNN의 구조는 1980년대 후반에 문자 인식을 위해 고안된 것과 크게 차이가 없다[37]. 신경망의 규모와 적용하는 과업이 달라졌을 뿐이라고 말해도 지나치지 않다. 이렇게 오래전에 고안된 구조를 개량하여 성능 향상을 노리는 시도가 몇 가지 있었다. 그중 하나가 CNN이 풀링층을 통해 얻는 불변성을 보다 자유도가 높은 입력 패턴의 변동에 대한 것으로 바꾸기 위한 시도이다.

일반적으로 CNN이 풀링층 1층으로 얻을 수 있는 불변성은 특징의 미소평행이동에 대한 것 정도다. 예를 들어, 회전이나 어파인 변환(affine transformation)처럼 좀 더 복잡한 변화에 대한 불변성을 얻을 수 있다면 이상적일 것이다. 이미 Tiled CNN[35]나 토포그래픽 독립성분분석(TICA, Topographic Independent Component Analysis)[24, 25, 36]에서 시도된 바 있다. 이들은 서로 조금씩 다른 여러 개의 필터의 출력을 풀링하여 평행

이동 불변성 이상의 복잡한 불변성을 얻으려는 시도다. 뒤에 설명하겠지만, 좋은 학습 방법을 적용하는 방법으로 이런 필터를 학습할 수 있다. 또한 마찬가지 목적으로 동영상에서 이동하는 장면에서의 동일 점을 이미지상에서 추적하는 방법으로, 이 점 주위의 국소영역의 변동을 학습하는 방법(slow feature analysis)[5]도 알려져 있다.

다만 이들 기법은 모두 실제 적용에서는 그리 성공적이지 못했다. 현재 벤치마크 테스트 등에서 높은 성능을 얻는 지름길은 오로지 대량의 데이터로 대규모의 신경망을 학습시키는 것뿐이다. 이런 방법은 좋지 않은 효율성에 따른 어려움이 불리하게 작용한다. 이전의 CNN은 구조가 단순한 만큼 학습 효율이 높아 유리할 것이다.

5.4 합성곱 신경망의 내부 표현

앞절에서 설명하였듯이 CNN의 성공의 열쇠는 여러 층으로 된 구조에 있다. 그러나 합성곱과 풀링을 여러 번 반복하도록 된 이 구조가 어째서 이렇게 유용한지에 대해서 설득력 있는 설명을 하지 못하고 있다. 첫 번째 층은 SIFT의 국소특징과 매우 비슷하여 그 작용을 이해할 수 있지만, 두 번째 이후의 전체 동작이 어떻게 되는지는 알 수 없다. CNN은 입력 데이터로부터 무언가를 추출하여, 이를 내부에서 어떻게 표현하는 것일까? 이러한 의문과 관계 깊은 연구를 몇 가지 소개한다.

5.4.1 시각화

학습이 끝난 CNN이 각각의 층에서 어떤 특징을 추출하고 있는지를 시각화를 통해 알아보려는 시도가 몇 가지 있었다. 입력층의 필터는 입력 이미지에 직접 작용하게 되므로 그림 5.10처럼 간단히 이미지로 나타내 볼 수 있다. 그러나 그 이후의 중간층에는 여러 채널의 입출력을 다루고 있어서 여기에 적용되는 필터를 그대로 이미지로 나타내어도 무언가를 눈으로 알아보기 어렵다.

질러(Zeiler)의 연구진은 이 점에 착안하여 역합성곱 신경망(deconvolutional network)이라는 독자적인 아이디어를 기반으로 다층 CNN의 중간층에 속한 각 노드가 무엇을 '보고 있는'지를 시각화하였다[68]. 구체적으로 밝히면 이미지 한 장을 CNN에 입력했을 때 지금 주목하고 있는 한 노드의 출력값을 입력 이미지의 어떤 성분이 결정하였는지를 추출하여 표시하는 방법이다. ILSVRC의 일반물체 인식을 학습한 CNN을 사용하여, 대규모 이미지 집합에서 신경망의 각 층의 노드가 가장 활성화되는 입력 이미지를 골라내어 이들에 대해 이 시각화를 적용하였다. 그 결과로 CNN이 이미지로부터 추출한 특징에는 네트워크층 구조와 대응한 계층성이 있다는 것을 알 수 있었다. 다시 말해 입력층에서 상위층으로 올라감에 따라 각 노드가 가장 활성화되는 이미지의 성분이 노드의 입력 이미지 안에 수용영역이 확대됨에 따라 그 크기가 커지고 구조역시 복잡해짐을 알 수 있었다. 구체적으로 밝히면 아래층에서는 가장 활성화되는 입력 패턴이 선분처럼 단순한 기하학 구조였지만, 위로 올라갈수록 복잡해져서 소용돌이 모양이나 동물의 눈, 개의 얼굴 같은 패턴으로 변해 간다. 이런 계층성은 다층 NN의 비지도학습 연구[41, 36]를 통해 어느 정도 예상되던 것으로, 실제 과업에서 높은 성능을 얻은 CNN의 지도학습에서 이를 확인할 수 있었던 것은 그 의의가 크다.

5.4.2 뇌신경계와의 관계

질러(Zeiler) 등이 제시한 CNN의 내부 표현에 존재하는 계층성은 생물(주로 포유류)의 뇌의 시각피질에서 볼 수 있는 계층 구조[46]와 닮은 점이 많아서 CNN과 뇌의 시각피질의 유사성에 대한 궁금증을 자아낸다. 최근 신경과학 분야에서 이 유사성을 보다 명확하게 확인할 수 있는 보고가 있었다[66]. 이 연구에서는 영장류의 고차 시각피질과 다층 CNN의 상위층 간의 유사성을 실험적으로 알아보았는데, 그 결과 원숭이의 고차 시각피질에 전극을 꽂고, 원숭이에게 자연 이미지를 보여 주며, 이때의 신경세포의 활동 패턴을 전극으로 기록하였다. 동시에 물체 인식을 학습한 다층 CNN에 같은 이미지를 입력하고 상위층의 노드가 보이는 활동 패턴을 추출하였다. 이렇게 CNN에서 추출한 활동 패턴을 사용하여 앞서 준비한 원숭이의 신경세포의 행동 패턴을 회귀로 정확도 높게 예측할 수 있었다(회귀의 목표는 각 전극의 출력값). 이 실험은 저자들이 독자적으로 만든 CNN을 사용하였으나, ILSVRC 콘테스트에서 우승한 CNN을 사용하면 이 유사도가 더욱 향상되었다는 보고도 있었다[9].

5.4.3 전이학습

CNN을 포함하여 다층 NN의 매력은 학습을 통해 입력 데이터로부터 좋은 특징을 추출할 수 있다는 것이다. 다층 NN의 학습에는 또 한 가지 매력적인 점이 있다. 서로 다른 인식 과업 사이에 학습되는 특징에 공통점이 있다는 것이다.

앞서 설명한 특징학습의 유연성과 서로 모순되는 것처럼 보이지만, 다층 NN에서 학습되는 특징(또는 표현)의 계층성으로부터 어떤 일이 일어나고 있는지 생각해 보자. 다층 NN이 학습하는 특징은 신경망의 구조에 따라 계층성을 가지는데, 하위층으로 내려갈수록 보편성을 갖는 특징을 학습하며, 상위층으로 올라갈수록 학습된 특징에 과업에 대한 의존성이 커진다. 즉, 하위층의 특징은 서로 다른 과업 간에 공유될 수 있다. 이런 성질을 이용하여 어떤 인식 과업에 대해 다층 NN으로 학습된 특징을 다른 인식 과업에서 빌려와 사용하는, 이른바 전이학습(transfer learning)이 가능해지는 것이다. 딥 러닝에 대한 연구 이전부터 NN에 이런 성질이 있다는 것이 지적된 바 있으며 [10], 딥 러닝 연구 초기부터도 이 점을 강하게 의식하고 있었다[4, 41].

이는 여러 여러 층으로 된 CNN에도 그대로 적용된다. 예를 들어, 대량의 자연 이미지를 사용하여 일반물체 인식을 학습한 CNN을 서로 다른 이미지 인식 과업, 이를테면 이미지를 보고 장면 카테고리(부엌, 해안 따위)를 인식하는 과업이나 새의 종을 구별하여 인식하는 과업에 가져와 사용하면 매우 높은 인식 성능을 얻을 수 있다[17].

이 방법의 구체적인 순서는 다음과 같다. 먼저, 일반물체 인식을 학습한 CNN을 준비한다. 이 CNN에 목적하는 이미지를 입력하여 순전파 계산을 하여 이때 중간층에 나타나는 활성 패턴을 해당 이미지의 특징값으로 추출한다. 추출한 특징값을 이용하여 다른 분류기, 예를 들면 서포트 벡터 머신 등을 이용하여 분류한다. 이 서포트 벡터 머신 자체는 새로운 인식 과업을 위해 정답 레이블이 달린 샘플을 이용하여 학습한다.

이 방법에서 특기할 만한 점이 두 가지 있다. 하나는 새로운 인식 과업의 학습에 대규모 학습 데이터를 필요로 하지 않는다는 점이다. CNN 자체에 대한 학습은 일반물체 인식을 목적으로 하므로 네트워크와 학습 데이터가 모두 상당한 규모여야 한다. 한편 새로운 인식 과업에 대한 학습은 이렇게 학습한 CNN에서 추출한 특징을 서포트 벡터 머신으로 분류하기만 하면 되므로 말하자면 CNN의 마지막 출력층만을 다시 학습한다고 보면 될 것이다. 이 재학습의 대상이 되는 파라미터는 자유도가 작으므로 필요한 데이터의 규모 역시 클 필요가 없다.

또 한 가지는 이 방법으로 다양한 인식 과업에서 기존 방법을 뛰어넘는 높은 성능을 얻었다는 것이다. 이 사실은 CNN이 학습을 통해 얻은 특징에 어느 정도 보편성이 있다는 것을 시사한다. 즉, 1,000가지 카테고리에 걸친 다양한 물체를 100만 이상의 다양한 자연 이미지를 사용하여 학습한 CNN은 어떠한 '자연 이미지'라도 잘 나타낼 수 있는 보편성을 띠고 있을 가능성이 있다.

5.5 이미지 특징에 대한 비지도학습

이번 절에서는 딥 러닝의 또 다른 핵심인 이미지 특징의 비지도학습에 대하여 설명한다. 먼저, 기본이 되는 단층 자기부호화기를 사용한 국소특징 학습을 설명한 다음, 다층 신경망을 이용하는 전역특징에 대한 비지도학습을 다룬다.

5.5.1 단층 자기부호화기를 이용한 국소특징 학습

비지도 특징 학습 중에서 가장 간단한 예가 이미지의 국소영역(10×10 픽셀 정도의 크기, 앞으로 패치라고 부르겠다)을 대상으로 이 정도 크기의 입력 패턴을 대상으로 하는 특징(국소특징)을 학습하는 것을 말한다. 전형적인 예로 자연 이미지의 집합으로부터 이렇게 작은 크기의 패치를 무작위로 여러 개 추출하여 패치의 집합 $\{\mathbf{x}_i\}$를 만들고, 이를 학습 샘플로 사용한다.

구체적인 방법은 희소 부호화, 토포그래픽 독립성분분석, 재구성형 TICA, 희소 자기부호화기 등 여러 가지 비슷한 방법이 있다[34]. 학습 최적화 계산 패러다임은 다르지만, 희소 RBM도 여기에 속한다. 이들은 각각 미묘한 차이가 있으면서도 자연 이미지를 입력으로 삼는 한은 결과적으로 같은 특징을 학습하게 된다. 또한 학습 샘플로 사용하는 패치 집합을 백색화하면 K-means 클러스터링이나 혼합 기우시안 분포 모형(EM 알고리즘을 이용한 클러스터링)에서도 거의 비슷한 특징이 학습된다는 보고가 있다[13].

여기서는 희소 자기부호화기를 사용하는 가장 대표적인 방법을 소개하겠다. 먼저, 기본이 될 신경망으로, 패치의 픽셀 수와 같은 수의 노드를 갖는 입력층과 적당한 규모의 출력층으로 구성된 단층 신경망*을 가정하자. 층과 층 사이는 전결합이고, 입력 $\mathbf{x}$에 대해 로지스틱 함수를 활성화함수로 하여 출력 $\mathbf{y}(\mathbf{x}) = a(\mathbf{W}\mathbf{x} + \mathbf{b})$를 계산하도록 한다.

자기부호화기(autoencoder)는 1.7절에서 다루었지만, 다시 간단하게 요약하면 다음과 같다. 이 단층 NN에 대해 순방향의 전파 계산을 뒤집은 $\hat{\mathbf{x}}(\mathbf{x}) = \tilde{a}(\widetilde{\mathbf{W}}\mathbf{y}(\mathbf{x}) + \tilde{\mathbf{b}})$이 있다고 하자**. 그리고 위에서 언급한 패치의 집합 $\{\mathbf{x}_i\}$에 대해 각각의 샘플 $\mathbf{x}_i$를 입력했을 때 자기부호화기의 출력 $\hat{\mathbf{x}}(\mathbf{x}_i)$가 처음 입력했던 $\mathbf{x}_i$에 가능한 한 가까워지도록(즉 재구성 오차 $\sum_i \|\mathbf{x}_i - \hat{\mathbf{x}}(\mathbf{x}_i)\|^2$가 최소가 되도록) 신경망의 가중치와 바이어스를 결정한다.

희소 자기부호화기(sparse autoencoder)는 여기에 희소 규제화를 추가한 것으로 단층 NN의 출력층(자기부호화기의 중간층에 해당)의 노드가 입력 샘플마다 되도록 희소하게 활성화하도록 제약을 건다. 주로 다음 식과 같은 형태의 규준을 최소화한다[45, 65].

$$\min \frac{1}{N} \sum_{i=1}^{N} \|\mathbf{x}_i - \hat{\mathbf{x}}(\mathbf{x}_i)\|^2 + \beta \sum_{j=1}^{\text{\# of units}} \mathrm{D_{KL}}\left(\hat{\rho}_j \parallel \rho\right) \qquad \text{식 5.15}$$

이 식의 두 번째 항은 자주 사용되는 희소 규제화항으로 다음 식과 같다(제약 볼츠만 머신에서 사용되는 경우에 대해서는 [18]).

---

*   신경망의 층수를 나타내기 위해 여기서는 계산이 일어나지 않는 입력층을 계산에 넣지 않는다.
**   경험적으로 학습 후에는 $\widetilde{\mathbf{W}} \approx \mathbf{W}^{\mathsf{T}}$가 된다고 알려져 있으며, 처음부터 $\widetilde{\mathbf{W}} \equiv \mathbf{W}^{\mathsf{T}}$로 제한을 거는 경우도 있다.

$$D_{KL}\left(\hat{\rho}_j \parallel \rho\right) = \rho \log\left(\frac{\rho}{\hat{\rho}_j}\right) + (1 - \rho) \log\left(\frac{1 - \rho}{1 - \hat{\rho}_j}\right)$$

$\hat{\rho}_j$는 모든 학습 샘플에 대한 노드 j의 평균활성도 $\hat{\rho}_j = \sum_{i=1}^{N} y_j(\mathbf{x}_i)/N$을 의미한다*. 노드의 활성화함수에 로지스틱 함수를 선택하였으므로 y_j 및 $\hat{\rho}_j$는 0 이상 1 이하의 값을 갖게 된다. 그리고 ρ는 이 평균활성도의 목푯값이다. ρ의 값을 작은 값으로 설정하면 $\hat{\rho}_j$가 이 값에 가까워지도록 학습이 수행되며, 결과적으로 희소한 특징을 얻을 수 있게 된다.

그림 5.11에 일반물체 인식 데이터 집합 CIFAR-10**을 대상으로 희소 자기부호화기로 학습한 국소특징을 실었다. 그림은 $\mathbf{W}$의 각 행 벡터를 표시한 것이다(각각의 행 벡터에 각 패치를 벡터 $\mathbf{X}_i$로 만드는 변환의 역변환을 적용한 다음, 농담의 범위가 [0, 255]가 되도록 정규화하였다). 위의 그림은 희소 규제화를 적용한 것이고, 아래 그림은 규제화를 적용하지 않은 상태에서 각각 학습한 결과다. 그리고 이들 결과는 이미지로부터 잘라 낸 패치를 백색화[3]하여 얻은 것이다. 희소 정칙화를 적용한 쪽에서 게이버 필터 형상의 특징 및 색에 대한 특징이 학습된 것을 알 수 있다. CNN의 지도학습에서 얻어진 특징(그림 5.10)과의 유사성에 주목하기 바란다.

이렇게 비지도 방식으로 학습한 특징을 사용하여 이미지 인식을 수행할 수 있다. 그림 5.6(b)에서 볼 수 있듯이 학습한 특징을 사용하여 이미지로부터 특징값을 추출하고 이를 지도학습과 조합하여 목적 과업을 실행한다. 그 예로 위에서 얻은 국소특징을 기반으로 bag-of-feature의 관점에서 이미지 전체에 대한 풀링을 수행하여 전역특징을 만든다. 그리고 다시 이를 서포트 벡터 머신에 입력하여 10카테고리 물체인식을 수행해 보았다. 그 결과 희소 규제화를 적용한 특징을 사용하면 인식율이 50%대 후반에 달하는 한편 희소 규제화를 적용하지 않고 학습한 특징에서는 인식율이 10% 이상 저하되었다. 희소 규제화는 학습되는 특징의 외견상의 차이를 낳을 뿐만 아니라

---

* $\hat{\rho}_j$를 미니배치에 포함된 샘플만으로 평균활성도를 계산하면 정확도가 좋지 않으므로 최근 참고한 하나 이상의 미니배치에 대한 이동평균을 사용한다.
** http://www.cs.toronto.edu/~kriz/cifar.html. 10개 카테고리에 대해 32×32 크기의 이미지 수만 장으로 구성된 데이터 집합이다.

실제 인식 과업에서 유용한 특징을 학습할 수 있게 한다.

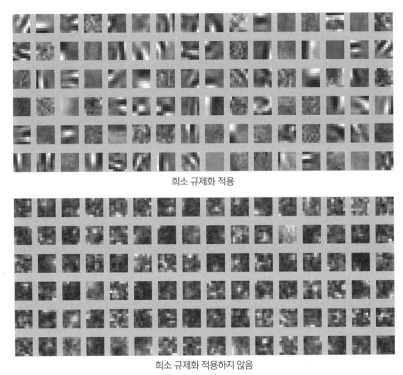

희소 규제화 적용

희소 규제화 적용하지 않음

그림 5.11 학습된 필터의 예(책머리 컬러 페이지 참고)
일반물체 인식 데이터 집합 CIFAR-10으로부터 무작위로 크롭한 8×8 크기의 패치 수만 장을 이용한
비지도 특징학습의 결과. 단층 NN의 출력층에 속한 각 노드의 가중치를 시각화한 것이다.

5.5.2 다층 신경망을 이용한 특징학습

앞항에 나온 전결합층을 몇 층 쌓아올린 적층 자기부호화기를 사용하여 역시 비지도
학습으로 특징을 학습하는 방법을 생각해 볼 수 있다. 이런 연구 중 하나로 시각피질
의 V2 영역의 뉴런이 추출한다고 알려져 있는 코너 혹은 교차점 모양의 이미지 특징
[26]을, 2층으로 구성된 딥 빌리프넷을 학습하여 얻을 수 있었다고 보고한 리(Lee) 등의
연구가 있었다. 또한 살라쿠트디노프(Salakhutdinov)의 연구진은 RBM을 두 개 혹은 세
개 쌓아올린 딥 볼츠만 머신(DBM)을 사용하여 특징을 학습하고, 이를 사전훈련으로

삼아 순전파 NN을 지도학습 방식으로 학습시켜서 MNIST 및 NORB(스테레오 이미지로 된 일반물체 인식 데이터 집합)에 대해 당시 최고 수준의 인식 성능을 달성하였다[53]. 그리고 적층 자기부호화기를 이미지 복원에 응용한 연구[65]도 있다.

이들 연구는 흥미롭게도 모두 기껏해야 2층이나 3층 정도의 신경망을 사용하였으며, 그것도 층수에 따른 성능 차이가 거의 나타나지 않는다. 오히려 2층 신경망 쪽이 성능이 뛰어나거나 아예 성능 비교를 하지 않는 등 층수를 늘린 효과가 확실히 나타난다고는 말하기 어렵다. 전결합층을 그저 쌓아올린 다층 신경망을 사용한 비지도 특징학습에서는 획기적인 성과를 얻었다는 보고는 없었다.

CNN과 같은 합성곱층(또는 뒤에 설명할 국소 수용영역층)과 풀링층을 갖는 신경망을 사용하여 얻은 결과는 더욱 흥미롭다. 그 대표적인 예로 Ng의 연구진의 연구를 두 가지 소개한다. 하나는 합성곱 딥 빌리프넷이며, 또 하나는 재구성형 토포그래픽 독립성분 분석이다.

합성곱 딥 빌리프넷

합성곱 딥 빌리프넷(CDBN, Convolutional Deep Belief Network)은 CNN과 마찬가지로 합성곱층과 풀링층을 교대로 쌓은 구조를 갖는 볼츠만 머신이다[41, 39]. CDBN의 합성곱층은 노드 간의 결합이 희소하며, 노드 사이에 가중치를 공유하는 형태의 특수한 RBM으로 표현된다. 또 이 RBM에는 희소 규제화가 적용된다. 여기다 각 노드의 행동 패턴을 확률적으로 기술하는 확률적 최대 풀링(probabilistic max pooling)이라는 모형을 새로이 도입한다. 이런 합성곱·풀링 구조를 최대 3단 쌓은 모형을 사용하여 자연 이미지를 대상으로 비지도 학습을 수행하자 계층적인 특징이 학습되었다고 한다. 예를 들어, 사람의 얼굴 이미지 집합을 학습 샘플로 삼은 경우, 첫 번째 층에서는 (상대적으로 간단한 모형으로도 얻을 수 있는) 게이버 필터와 유사한 특징이 학습되며, 두 번째 층에서 눈, 코, 입, 귀 등 얼굴을 구성하는 부분에 해당하는 특징, 세 번째 층에서는 얼굴 전체를 나타내는 특징이 학습되는 것이다.

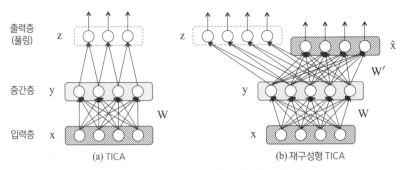

그림 5.12 토포그래픽 독립성분분석(TICA)과
재구성형 토포그래픽 독립성분분석(reconstruction TICA)

재구성형 토포그래픽 독립성분분석

토포그래픽 독립성분분석(TICA, Topographic Independent Component Analysis)[24, 25]은 입력층, 중간층, 출력층으로 구성된 2층 구조의 신경망을 사용한 특징학습 기법이다. 그림 5.12(a)에서 볼 수 있듯이 입력층과 중간층 사이에는 전결합, 중간층과 출력층 사이에는 L_2 풀링(식 5.9에서 $p = 2$인 경우)을 수행한다. 입력층 노드의 출력을 $\mathbf{x}$, 중간층의 출력을 $\mathbf{y}$라고 할 때 $\mathbf{y} = \mathbf{Wx}$이며, 출력층의 출력 $\mathbf{z}$는 $\mathbf{y}$를 풀링한 결과가 된다. 이 NN에 대해 패턴을 입력했을 때 출력층의 노드가 희소하게 활성화되도록 중간층의 가중치 $\mathbf{W}$를 최적화한다. 이때 가중치가 직교하도록 ($\mathbf{WW}^\top = \mathbf{I}$)와 같은 제약을 건다. 즉, 다음 식과 같이 한다.

$$\min_{\mathbf{W}} \sum_k \sqrt{\varepsilon + z_k^2} \ \ \text{subject to} \ \ \mathbf{WW}^\top = \mathbf{I}$$

이때 ε은 작은 값을 갖는 양의 상수이며, k는 출력층 노드의 인덱스다. $\mathbf{W}$의 직교성에 대한 제약은 중간층의 노드 수가 입력층의 노드 수보다 작다는 것을 전제로 하고 있는데, 이를 다른 말로 하면 TICA에서는 잉여적 특징을 표현할 수 없다[34].

재구성형 TICA(reconstruction TICA)는 자기부호화기 같은 재구성 오차의 최소화를 TICA와 결합한 기법이다[36]. 그림 5.12(b)와 같이 앞서 설명한 2층 NN의 입력층과 중간층을 단층 자기부호화기처럼 사용하여 입력 패턴 $\mathbf{x}$를 $\hat{\mathbf{x}} = \mathbf{W}'\mathbf{Wx}$와 같이 재구성한

다고 하자. 그리고 이 재구성 오차 $\|\mathbf{x} - \hat{\mathbf{x}}\|^2$가 되도록 작아지도록, 그리고 TICA와 마찬가지로 출력층의 노드가 희소하게 활성화되도록 가중치 $\mathbf{W}$(와 $\mathbf{W}'$)를 구한다. 다시 말해 다음 식과 같이 한다.

$$\min_{\mathbf{W}, \mathbf{W}'} \|\mathbf{x} - \mathbf{W}'\mathbf{W}\mathbf{x}\|^2 + \lambda \sum_k \sqrt{\varepsilon + z_k^2}$$

TICA에서 가중치에 직교성을 부여하기 위한 제약을, 재구성 오차의 최소화 부분과 치환한 것과 정확히 일치하는 형태를 취함으로써 잉여적인 기저를 학습할 수 있게 된다[34].

이러한 구조로 인해 재구성형 TICA는 중간층에서 서로 가까이 위치한 노드는 비슷한 특징을 학습하게 된다. 이는 중간층을 풀링한 한 층 위의 희소 규제화가 적용되어 있기 때문이다. 이 층의 활성 패턴을 좀 더 희소하게 하려면, 풀링의 수용영역 안에 있는 중간층의 각 노드는 비슷한 특징을 추출하는 것이 더 유리하기 때문이다. 재구성형 TICA는 단층 희소 자기부호화기와 비슷하지만, 여기에 차이점이 있다*. 희소 자기부호화기에서는 중간층 각 노드가 학습하는 특징은 일반적으로 해당 노드의 위치와는 관계없게 된다(그림 5.11에 나온 특징의 순서에는 의미가 없다).

TICA는 이렇게 위치상으로 가까운 노드가 비슷한 특징을 학습하게 되는 성질을 갖는데, 본래 뇌의 초기 시각피질에서 볼 수 있는 유사한 성질인 **토포그래픽 매핑**(topographic mapping)을 재현하기 위해 제안된 것이다. 뇌의 초기 시각피질에는 특정한 입력 패턴에 선택적으로 반응하는 뉴런이 무수히 있는데, 이들 하나하나가 서로 다른 입력 패턴에 대한 선택성을 갖는다. 이런 뉴런은 뇌피질상에서 가까이 위치하면 선택적으로 반응하는 입력 패턴도 비슷해지는데, 다시 말해 유사한 특징은 뇌피질에 비슷한 곳에서 추출되는 성질이 있다.

TICA의 이런 성질은 CNN보다도 고도의 불변성을 얻을 수 있게 해주리라 기대되고 있다. CNN은 같은 필터의 합성곱과 풀링을 통해 단일 특징의 미소한 평행이동에 대

---

* 　재구성을 선형사상($\hat{\mathbf{x}} = \mathbf{W}'\mathbf{W}\mathbf{x}$)만으로 한다는 것도 차이점 중 하나다.

한 불변성을 얻고 있는데, TICA는 학습 결과로 중간층의 인접 노드가 서로 비슷하지만, 조금씩 다른 특징(이를테면 서로가 회전한 결과)을 추출하게 된다. 따라서 이 결과를 풀링한 출력층에 출력도 그냥 평행이동 이상의 입력패턴 변동(입력 이미지의 국소적 회전 등)을 흡수하여 이들에 대해 불변성을 갖게 된다. 이런 식으로 복잡한 패턴에 대한 불변성을 얻을 수 있다.

5.1절에서도 설명했던 르(Le)의 연구[36]는 위와 같은 재구성형 TICA의 아이디어를 채용하였다. 이미지 1,000만 장을 사용한 비지도학습에 국소 수용영역의 구조를 갖는 층*, 풀링층, 국소 콘트라스트 정규화층 등 세 개 층을 한 세트로 하여 이를 3세트 쌓아올린 9층 신경망을 이용하였다. 국소 수용영역의 구조를 갖는 층과 풀링층에 앞서 설명한 TICA가 적용되었다.

비지도학습에서 합성곱 및 풀링의 필요성

이렇게 비지도학습에서도 의미 있는 결과를 얻으려면 신경망에 합성곱 또는 국소적 수용영역, 그리고 이와 함께 풀링 구조를 내장시키는 것이 필수적이라 여겨진다. 이러한 구조를 갖지 않는 전결합 신경망에서는 큰 이미지를 다층 신경망으로 다루려고 하면 신경망의 규모가 지나치게 커져서 사실상 실험이 불가능한 기술적인 문제도 존재한다. 다만 이런 구조가 필요한 이유는 이것뿐만은 아닐 것으로 보인다.

5.6 정리

이미지에 대한 여러 문제에 응용되고 있는 딥 러닝 기법 몇 가지를 살펴보았다. 현재로서는 일반물체 인식을 시작으로 하여 이미지 인식 전반에 대해 성능의 관점에서 보면 CNN을 이용한 지도학습이 거의 유일한 선택지라 할 수 있다. 이를 디딤돌로 CNN의 구성 방법과 학습 방법을 어느 정도 자세히 설명한 다음, CNN 외의 화제를

---

* 여기서 말하는 국소 수용영역의 구조를 갖는 층은 CNN의 합성곱층과 층간 결합 형태는 같지만 가중치를 공유하지 않는다. 즉, 합성곱층의 두 가지 특징(국소 수용영역과 가중치 공유) 중 국소 수용영역만을 갖는다.

소개하였다. 또한 왜 다층 CNN이 일반물체 인식 과업에서 기존의 방법을 능가할 수 있었는지에 대해, 기존 방법에 대한 요약과 함께 비교하여 논의하였다. 마지막으로, 이미지의 비지도 특징학습 방법을 설명하였다. 비지도학습에서도 이미지의 전역적 특징을 학습하려면 역시 합성곱층이나 국소 수용영역 구조를 갖는 층과 풀링층을 조합해야 한다는 사실을 지적하였다.

아직도 남아 있는 의문과 문제가 몇 가지 있다. 먼저 다층 CNN의 구조, 다시 말해 합성곱과 풀링이 교대로 반복되는 구조가 어떻게 이런 성능을 보이게 되는지에 대한 의문이다. 더욱이 이 구조의 유효성은 비지도 및 지도학습을 가리지도 않는 것으로 보인다.

이와 연관된 의문으로 CNN을 이용한 지도학습에서 학습된 초기층의 특징이 (희소 자기부호화기 등에서 볼 수 있는) 비지도학습에서 얻을 수 있는 것과 거의 일치하는 이유는 무엇인지, 즉 분류에서 유효한 특징과 이미지 자체를 재현하기 위한 특징이 일치한다는 것이다. 그 이유는 무엇일까? 덧붙이자면 비지도학습에서는 희소 규제화가 적용되는 데 비해 지도학습에서는 명시적으로 희소 규제화를 하지 않는다는 차이가 있음에도 그러하다.

지금까지 설명하였듯이 이미지 인식에서 쓰이는 딥 러닝은 현재 많은 의문과 과제를 안고 있다. 지금도 전 세계의 연구자들이 이들 문제에 골몰하고 있으므로 앞으로 차차 해결될 것이다.

참고 문헌

1. S Arora, A Bhaskara, R Ge, and T Ma, Provable bounds for learning some deep representations, *arXiv*, 2013.

2. M.Baccouche, F. Mamalet, C. Wolf, C. Garcia, and A. Baskurt, Sequential deep learning for human action recognition, In *Proc. Human Behavior Understanding*, pp. 29–39, 2011.

3. A Bell and T Sejnowski, The "independent components" of natural scenes are edge filters, *Vision research*, Vol. 37, No. 23, pp. 3327–3338, 1997.

4. Yoshua Bengio, Aaron C. Courville, and Pascal Vincent, Unsupervised feature learning and deep learning: A review and new perspectives, *CoRR*, Vol. abs/1206.5538, 2012.

5. P. Berkes and L. Wiskott, Slow feature analysis yields a rich repertoire of compelx cell properties, *Journal of Vision*, Vol. 5, No. 6, pp. 579–602, 2005.

6. Y-Lan Bouerau, Francis Bach, Yann LeCun, and Jean Ponce, Learning mid-level features for recognition, In *Proc. CVPR*, 2010.

7 Y-Lan Boureau, Jean Ponce, and Yann LeCun, A theoretical analysis of feature pooling in visual recognition, In *Proc. ICML*, 2010.

8 Joan Bruna and Stéphane Mallat, Invariant scattering convolution networks, *IEEE transactions on pattern analysis and machine intelligence*, Vol. 35, No. 8, pp. 1872–1886, 2013.

9 C. F. Cadieu, Hong Ha, D. L. K. Yamins, Pinto N., Ardila D., E. A. Solomon, N. J. Majaj, and J. J. DiCarlo, Deep neural networks rival the representation of primate IT cortex for core visual object recognition, *CoRR*, Vol. abs/1406.3284, 2014.

10 Rich Caruana, Multitask learning, *Mach. Learn.*, Vol. 28, No. 1, pp. 41–75, July 1997.

11 D. C. Cireşan, U. Meier, and J. Schmidhuber, Multi-column deep neural networks for image classification, In *Proc. CVPR*, 2012.

12 Dan C. Cireşan, Ueli Meier, Jonathan Masci, Luca M. Gambardella, and Jürgen Schmidhuber, Flexible, high performance convolutional neural networks for image classification, In *Proc. IJCAI*, 2011.

13 A. Coates, H. Lee, and A. Y. Ng, An analysis of single-layer networks in unsupervised feature learning, In *Proc. AISTATS*, 2011.

14 Gabriella Csurka, Christopher Dance, Lixin Fan, Jutta Willamowski, and Cédric Bray, Visual categorization with bags of keypoints, In *Proc. ECCV*, Vol. 1, 2004.

15 James J. DiCarlo, Davide Zoccolan, and Nicole C. Rust, How does the brain solve visual object recognition?, *Neuron*, Vol. 73, pp. 415–434, 2012.

16 Jeff Donahue, Lisa Anne Hendricks, Sergio Guadarrama, Marcus Rohrbach, Subhashini Venugopalan, Kate Saenko, and Trevor Darrell, Long-term recurrent convolutional networks for visual recognition and description, In *Proc. CVPR*, 2015.

17 Jeff Donahue, Yangqing Jia, Oriol Vinyals, Judy Hoffman, Ning Zhang, Eric Tzeng, and Trevor Darrell, DeCAF: A deep convolutional activation feature for generic visual recognition, *JMLR W&CP*, Vol. 32, No. 1, pp. 647–655, 2014.

18 Geoffrey E. Hinton, A practical guide to training restricted Boltzmann machines, 2010.

19 Kunihiko Fukushima and Sei Miyake, Neocognitron: A new algorithm for pattern recognition to leran to deformations and shifts in position, *Pattern Recognition*, Vol. 15, pp. 455–469, 1982.

20 Wilson S. Geisler and Duane G. Albrecht, Cortical neurons: Isolation of contrast gaincontrol, *Vision Research*, Vol. 32, No. 8,pp. 1409–1410,1992.

21 Ross Girshick, Jeff Donahue, Trevor Darrell, and Jitendra Malik, Rich feature hierarchies for accurate object detection and semantic segmentation, In *Proc. CVPR*, 2014.

22 Ian J Goodfellow, Yaroslav Bulatov, Julian Ibarz, Sacha Arnoud, and Vinay Shet, Multi-digit number recognition from street view imagery using deep convolutional neural networks, arXiv preprint *arXiv:1312.6082*, 2013.

23 Geoffrey E. Hinton, Nitish Srivastava,Alex Krizhevsky, IlyaSutskever, and Ruslan Salakhutdinov, Improving neural networks by preventing coadaptation of feature detectors, *CoRR*, Vol. abs/1207.0580, 2012.

24 Aapo Hyvärinen and Patrik O. Hoyer, A two-layer sparse coding model learns simple and complex cell receptive fields and topography from natural images, *Vision Research*, Vol. 41, No. 18, pp. 2413–2423, 2001.

25 Aapo Hyvärinen, Jarmo Hurri, and Patrik O. Hoyer, *Natural Image Statistics*, Springer, 2009.

26 Minami Ito and Hidehiko Komatsu, Representation of angles embedded within contour stimuli in area V2 of macaque monkeys, *The Journal of Neuroscience*, Vol. 24, No. 13, pp. 3313–3324, 2004.

27 Kevin Jarrett, Koray Kavukcuoglu, Marc' Auerlio Ranzato, and Yann LeCun, What is the best multi-stage architecture for object recognition, In *Proc. ICCV*, 2009.

[28] S. Ji, W. Xu, M. Yang, and K. Yu, 3d convolutional neural networks for human action recognition, *IEEE Trans. Pattern Analysis and Machine Intelligence*, Vol. 35, No. 1, pp. 221–231, 2013.

[29] Yangqing Jia, Chang Huang, and Trevor Darrell, Beyond spatial pyramids: Receptive field learning for pooled image features, In *Proc. CVPR*, pp. 3370–3377. IEEE, 2012.

[30] Andrej Karpathy, George Toderici, Sanketh Shetty, Thomas Leung, Rahul Sukthankar, and Fei-Fei, Li, Large-scale video classification with convolutional neural networks, In *Proc. CVPR*, pp. 1725–1732. IEEE, 2014.

[31] Alex Krizhevsky, Ilya Sutskever, and Geoffrey E Hinton, ImageNet Classification with Deep Convolutional Neural Networks, In *Proc. NIPS*, 2012.

[32] Svetlana Lazebnik, Cordelia Schmid, and Jean Ponce, Beyond bags of features: Spatial pyramid matching for recognizing natural scene categories, In *Proc. CVPR*, Vol. 2, pp. 2169–2178. IEEE, 2006.

[33] Quoc V Le, Adam Coates, Bobby Prochnow, and Andrew Y Ng, On OptimizationMethodsforDeepLearning,InLiseGetoorandTobiasScheffer, editors, *Proc. ICML*, ICML' 11, pp. 265–272. ACM, 2011.

[34] Quoc V. Le, Alexandre Karpenko, Jiquan Ngiam, and Andrew Y. Ng, ICA with reconstruction cost for efficient overcomplete feature learning, In *Proc. NIPS*, 2011.

[35] Quoc V. Le, Jiquan Ngiam, Zhenghao Chen, Daniel Chia, Pang Wei Koh, and Andrew Y. Ng, Tiled convolutional neural networks, In *Proc. NIPS*, 2010.

[36] Quoc V. Le, Marc' Auerlio Ranzato, Rajat Monga, Matthieu Devin, Kai Chen, Greg S. Corrado, Jeff Dean, and Andrew Y. Ng, Building high-level features using large scale unsupervised learning, In *Proc. ICML*, 2012.

[37] Y. Lecun, B. Boser, J. S. Denker, D. Henderson, R. E. Howard, W. Hubbard, and L. D. Jackel, Backpropagation applied to handwritten Zip code recognition, *Neural Computation*, Vol. 1, No. 4, pp. 541–551, 1989.

[38] Yann LeCun, Léon Bottou,Yoshua Bengio, and Patrick Haffner, Gradientbased learning applied to document recognition, In *Proc. IEEE*, 1998.

[39] By Honglak Lee, Roger Grosse, Rajesh Ranganath, and Andrew Y Ng, Unsupervised learning of hierarchical representations with convolutional deep belief networks, *Communications of the ACM*, Vol. 54, No. 10, pp. 95–103, 2011.

[40] Honglak Lee, Chaitanya Ekanadham, and Andrew Y. Ng, Sparse deep belief net model for visual area V2, In *Proc. NIPS*, 2008.

[41] Honglak Lee, Roger Grosse, Rajesh Ranganath, and Andrew Y. Ng, Convolutional deep belief networks for scalable unsupervised learning of hierarchical representations, In *Proc. ICML*, 2009.

[42] David G. Lowe, Distinctive image features from scale-invariant key-points, *International Journal of Computer Vision*, Vol. 60, No. 2, pp. 91–110, 2004.

[43] Siwei Lyu and Eero P. Simoncelli, Nonlinear image representation using divisive normalization, In *Proc. CVPR*, 2008.

[44] V Nair and GEHinton, Rectified linear units improve restricted Boltzmann machines, In Johannes Fürnkranz and Thorsten Joachims, editors, *Proc. ICML*, pp. 807–814. Citeseer, 2010.

[45] Andrew Ng, Sparse autoencoder, https://web.stanford.edu/class/cs294a/ sparseAutoencoder_2011new.pdf.

[46] N. Krüger, P. Janssen, S. Kalkan, M. Lappe, A. Leonardis, J. Piater, A. J. Rodríguez-Sánchez, and L. Wiskott, Deep hierarchies in the primate visual cortex: what can we learn for computer vision?, *IEEE transactions on pattern analysis and machine intelligence*, Vol. 35, No. 8, pp. 1847–1871, 2013.

[47] 岡谷貴之, 『深層学習』, 機械学習プロフェッショナルシリーズ, 講談社, 2015.

48 F. Perronnin, J. Sánchez, and T Mensink, Improving the Fisher kernel for large-scale image classification, In *Proc. ECCV*, 2010.

49 Florent Perronnin and Christopher Dance, Fisher kernels on visual vocabularies for image categorization, In *Proc. CVPR*, pp. 1–8. IEEE, 2007.

50 Nicolas Pinto, David D. Cox, and James J. DiCarlo, Why is real-world visual object recognition hard?, *PLoS computational biology*, Vol. 4, No. 1, pp. 0151–0156, 2008.

51 Marc' Auerlio Ranzato, Y-Lan Bouerau, and Yann LeCun, Sparse feature learning for deep belief networks, In *Proc. NIPS*, 2007.

52 Nicole C. Rust and James J. DiCarlo, Selectivity and tolerance ("Invariance") both increase as visual information propagates from cortical area V4 to IT, *The Journal of Neuroscience*, Vol. 30, No. 39, pp. 12978–12995, 2010.

53 Ruslan Salakhutdinov and Geoffrey Hinton, Deep Boltzmann machines, In *AISTATS*, Vol. 5, pp. 448–455, 2009.

54 Andew M. Saxe, Pang Wei Koh, Zhenghao Chen, Maneesh Bhand, Bipin Suresh, and Andrew Y. Ng, On random weights and unsupervised feature learning, In *Proc. ICML*, 2010.

55 Dominik Scherer, Andreas Müller, and Sven Behnke, Evalutaion of pooling operations in convolutional architectures for object recognition, In *Proc. ICANN*, 2010.

56 Odelia Schwartz and Eero P. Simoncelli, Natural signal statistics and sensory gain control, *Nature Neuroscience*, Vol. 4, No. 8, pp. 819–825, 2001.

57 Thomas Serre, Lior Wolf, and Tomaso Poggio, Object recognition with features inspired by visual cortex, In *Proc. CVPR*, 2005.

58 Karen Simonyan and Andrew Zisserman, Very deep convolutional networks for Large-Scale image recognition, *arXiv*, 2014.

59 Christian Szegedy, Wei Liu, Yangqing Jia, Pierre Sermanet, Scott Reed, Dragomir Anguelov, Dumitru Erhan, Vincent Vanhoucke, and Andrew Rabinovich, Going deeper with convolutions, In *Proc. CVPR*, pp.1-9, 2015.

60 Christian Szegedy, Wojciech Zaremba, Ilya Sutskever, Joan Bruna, Dumitru Erhan, Ian Goodfellow, and Rob Fergus, Intriguing properties of neural networks, In *Proc. ICLR*, 2015.

61 Y. Taigman, M. Yang, M. Ranzato, and L. Wolf, Deepface: Closing the gap to human-level performance in face verification, In *Proc. CVPR*, pp. 1701–1708, 2014.

62 Patrick C. Teo and David J. Heeger, Perceptual image distortion, In *Proc. SPIE, Human Vision, Visual Processing, and Digital Display V*, Vol. 2179, pp. 127–141, 1994.

63 A. Toshev and C. Szegedy, Deeppose: Human pose estimation via deep neural networks, In *Proc. CVPR*, 2014.

64 Andrew B. Watson and Joshua A. Solomon, Model of visual contrast gain control and pattern masking, *J. Opt. Soc. Am. A*, Vol. 14, No. 9, pp. 2379–2391, 1997.

65 Junyuan Xie, Linli Xu, and Enhong Chen, Image denoising and in-painting with deep neural networks, In *Proc. NIPS*, 2012.

66 Daniel L K Yamins, Ha Hong, Charles F Cadieu, Ethan A Solomon, Darren Seibert, and James J DiCarlo, Performance-optimized hierarchical models predict neural responses in higher visual cortex, *Proceedings of the National Academy of Sciences of the United States of America*, 2014.

67 Jianchao Yang, Kai Yu, Yihong Gong, and Thoman Huang, Linear spatial pyramid matching using sparse coding for image classification, In *Proc. CVPR*, 2009.

68 Matthew D. Zeiler and Rob Fergus, Visualizing and understanding convolutional networks, In *Proc. ECCV*, 2014.

6

음성 인식을 위한
딥 러닝

6.1 시작하며

이번 장에서는 인간의 음성을 텍스트로 변환하는 기술인 음성 인식 기술을 다루며, 음성 인식을 위한 딥 러닝에 대해 기본적인 기술부터 최신 기술까지 설명한다. 5장에서 이미지 인식에 대한 응용 예를 살펴보았듯이 딥 러닝은 다양한 패턴 인식 분야에서 기존의 기법을 크게 웃도는 성능을 달성하고 있다. 이러한 경향은 음성 패턴 인식 기술에서도 예외가 아니어서 딥 러닝의 도입을 통해 음성 인식의 정확도가 대폭 향상되었다. 오늘날에는 딥 러닝 기술은 음성 인식기를 구성하는 데 필수 불가결이라 할 수 있지만, 딥 러닝이 지금처럼 주목을 받기 전에 있었던 두 가지 인상적인 사례를 살펴보려고 한다.

첫 번째 사례는 2009년에 NIPS Workshop on "Deep Learning for Speech Recognition and Related Applications"에서 발표된 논문에 있었던 음성 인식 실험에 대한 보고[15]다. 이 논문에서는 음성 인식 연구자 사이에서 간단한 벤치마크로 알려져 있었던 TIMIT 음소 인식 과업에서 딥 러닝에 기초한 음성 인식기가 그 당시 일반적이었던 기술을 크게 앞서는 결과를 내었다고 발표하였다. 이 보고에서도 오늘날의 음성 인식 시스템에서나 볼 수 있는 대폭적인 정확도 향상이 이뤄졌지만, 이 보고 하나만으로는 지금과 같은 큰 흐름은 일어나지 않았을 것이다. 그 이유는 이 TIMIT 음소 인식 과업의 규모 때문이다. TIMIT 음소 인식 과업은 음성 신호에 대응하는 음소

(phoneme)*의 연속열을 인식하여 정확도를 측정하는데, 음소 연속열에 대한 인식은 애초의 목적인 단어 연속열과 비교하면 크게 단순화된 문제다. 이 때문에 지금도 가장 중요한 음성 인식 문제라 할 수 있는 대규모 어휘 연속 음성 인식에 음소 연속열 인식의 결과를 그대로 활용할 수 있을지에 대해서 의문이 있었다.

두 번째 인상적인 사례는 대규모 어휘 연속 음성 인식에 딥 러닝이 적용된 것이다. 2011년에 열린 INTERSPEECH 2011에서 지금까지 불가능하다고 여겨졌던 전화 대화에 대한 음성 인식에서 딥 러닝을 이용한 음성 인식기로 오류율을 크게 낮출 수 있었다는 보고[22]가 있었다. 그 이후 음성 인식과 관련된 국제학회에서는 딥 러닝에 대한 세션이 빠짐 없이 열리게 되었다. 음성 인식 연구는 그 긴 역사 동안 점점 더 어려운 문제에 도전해 왔다. TIMIT 과업처럼 비교적 잘 통제된 환경에서 녹음된 음성에 효과가 있었던 기법을, 스스로 말할 내용을 생각하며 전화 너머로 발화하는 음성의 단어 인식에 거의 그대로 이용할 수 있으리라고는 생각지 않았겠지만, 이 보고는 음성 인식 연구 분야에 큰 영향을 미쳤다.

이렇듯 음성 인식은 다른 응용 분야보다 앞서 딥 러닝의 유효성이 증명된 분야 중 하나다. 위에서 언급한 우여곡절은 있었지만, 음성 인식 분야에서 딥 러닝이 비교적 매끄럽게 받아들여진 배경에는 딥 러닝 등장 이전부터 음성 인식에 신경망을 도입했던 연구가 여럿 있었기 때문에 신경망의 유효성이 일찍이 검증되었던 점도 있다. 이번 장에서는 딥 러닝 등장 이전의 기술을 살펴본 후 음성 인식에 딥 러닝이 어떻게 적용되었는지를 설명하고, 이 책을 집필하는 시점에서 가장 새로운 화제까지 짚어 보려고 한다. 6.2절에서는 음성 인식 기술이 어떻게 구현되어 있는지를 설명한다. 6.3절에서는 앞절에서 설명한 기본적인 방법 중 어떤 신경망이 응용에 쓰이고 있는지, 딥 러닝 등장 이전의 기술을 중심으로 설명한다. 6.4절에서는 음성 인식의 구성 요소 중 하나인 음향 모형에 대한 딥 러닝을 다루고, 여기서 사전훈련이 어떻게 활용되었는지를 설명한다.

6.5절에서는 음향 모형에 대한 딥 러닝에서 시계열 연속열의 입출력을 다루는 기법의 발전 과정을 소개한다. 6.6절에서는 음성 인식의 또 한 가지 구성 요소인 언어 모형에

---

* 음성 언어를 구성하는 최소 단위에 해당하는 개념.

서 딥 러닝이 어떻게 사용되고 있는지 설명한다. 마지막으로, 6.7절에서는 이 장의 내용을 정리하고, 앞으로의 전망을 살펴본다.

6.2 음성 인식

이번 절에서는 먼저 6.2.1항에서 음성 인식 문제를 형식화하여 소개한다. 그다음 6.2.2항에서 실제 음성 인식 시스템이 어떻게 구현되었는지 설명한다. 음성 인식 기술에 대한 본격적인 입문서로는 [18], [24] 등이 있지만, 이 책에서는 딥 러닝과의 관계를 설명하는 데 필요한 부분만을 골라 설명할 것이다.

6.2.1 음성 인식에 사용되는 모형

음성 인식은 입력 신호를 음성 특징 벡터로 변환하여 이음성 특징 벡터의 연속열로부터 이에 대응하는 단어 연속열을 추정하는 방법으로 구현된다(그림 6.1).

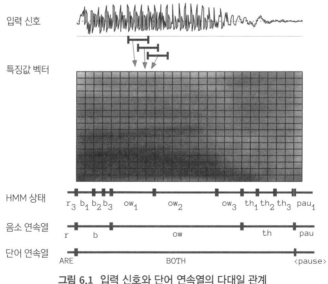

그림 6.1 입력 신호와 단어 연속열의 다대일 관계

음성 특징 벡터는 입력 신호를 프레임이라는 일정 구간마다 분석하여 D차원 특징값 벡터로 변환하는 방법으로 얻을 수 있다. 단어 연속열을 추정하기 위해서는 음성 특징 벡터를 시간축에 따라 늘어놓은 연속열 $\mathbf{X} = \{\mathbf{x}_1, \mathbf{x}_2, ..., \mathbf{x}_t ...\}$으로부터 이에 대응하는 단어 연속열 $\hat{\ell} = \{\ell_1, \ell_2, ..., \ell_m ... | \ell_m \in \mathcal{L}\}$ (이때 $\mathcal{L}$은 출현할 수 있는 모든 단어의 집합)을 추정한다. 입력 특징값 벡터 연속열 $\mathbf{X}$가 주어졌을 때 가장 출현 확률이 높은 단어의 연속열 $\hat{\ell}$을 다음 식과 같이 나타낼 수 있다.

$$\hat{\ell} = \underset{\ell}{\mathrm{argmax}}\, p(\ell|\mathbf{X}) = \underset{\ell}{\mathrm{argmax}}\, \frac{p(\mathbf{X}|\ell)p(\ell)}{p(\mathbf{X})}$$ 식 6.1

위 식의 argmax 안의 분모 $p(\mathbf{X})$는 변수 ℓ의 값과 무관한 상수이므로 실제로 argmax를 평가할 때는 분자만 고려하면 된다. 분자인 $p(\mathbf{X}|\ell)$, 다시 말해 단어 연속열을 이미 알고 있을 때의 특징값 벡터 연속열의 확률 밀도를 나타내는 모형을 음향 모형(acoustic model)이라고 한다. 그리고 대상이 되는 단어 연속열이 어떤 확률로 출현하는지를 나타낸 모형 $p(\ell)$을 언어 모형(language model)이라고 한다.

전형적인 음성 인식 시스템에서 음향 모형은 은닉 마르코프 모형(HMM, Hidden Markov Model)[18]이라는 확률 프로세스를 사용하여 다음과 같이 나타낼 수 있다.

$$p(\mathbf{X}|\ell) \stackrel{\mathrm{def}}{=} \sum_{\mathbf{q}} p(\mathbf{X}|\mathbf{q})p(\mathbf{q}|\ell) \stackrel{\mathrm{def}}{=} \sum_{\mathbf{q},\mathbf{m}} \left(\prod_t p(\mathbf{x}_t|q_t) \right) p(\mathbf{q}|\mathbf{m})p(\mathbf{m}|\ell)$$ 식 6.2

이 식에서 $\mathbf{m}$은 음소 연속열을 나타내는 변수이고, $\mathbf{q}$는 HMM의 잠재변수(latent variable)인 HMM 상태 연속열을 나타내는 변수다. $p(\mathbf{m}|\ell)$은 발음 사전 모형(pronunciation model)이라고 하며, 대부분 사전을 기반으로 하여 사람이 정의한다.

$p(\mathbf{q}|\mathbf{m})$은 일반적인 HMM과 마찬가지로 다음 시각에 어떤 HMM 상태로 천이할 것인가를 나타내는 상태 천이 확률로 정의되는데, HMM 상태 연속열이 음소 연속열에 의존하는 단순한 HMM과는 조금 다른 정의를 사용한다. 구체적인 차이점은 그림 6.2(a)에서 보듯이 음소 m_j와 그 앞뒤 음소로 나타낼 수 있는 음소 문맥(phoneme context)이라는 변수 c_j 단위로 세 개의 서로 다른 HMM 상태를 나타낼 수 있도록 설

계된 HMM을 준비한다*. 어떤 음소 연속열에 대응하는 HMM 상태 연속열의 천이 확률은 이들 음소 HMM의 앞뒤 음소를 고려하며 연결하는 식으로 구성된다(그림 6.2 (a)). 길이가 가변적인 특징값 벡터 연속열을 나타내기 위해 각각의 은닉 상태가 음소에 일대일로 대응하는 대신 각각의 음소 m_j 및 그에 따른 음소 문맥 c_j 단위로 정의되는 3상태 HMM의 상태 그룹 내에서 상태 천이하는 동안에는 동일한 음소 상태가 이어진다고 가정한다. 상태 천이 확률을 이렇게 정의하면 길이가 서로 다른 연속열, 그러니까 HMM의 상태 연속열 $\mathbf{q}$와 음소 연속열 $\mathbf{m}$의 관계를 나타낸다. 이 표현의 특징은 HMM 상태 연속열이 주어졌을 때, 음소 연속열이 결정론적으로 정해진다는 점이다. 뒤에 설명할 신경망과 HMM의 절충적인 접근법에서는 음소나 단어를 추정하는 문제를 HMM 상태를 추정하는 문제로 단순화하는데, 이러한 성질 덕분에 이렇게 문제를 단순화할 수 있는 것이다.

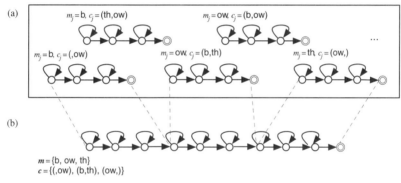

그림 6.2 HMM의 연결

(a) 음소와 그 앞뒤 음소를 나타내는 변수의 쌍(m_j, c_j)마다 각각 3개의 상태를 갖는 HMM을 정의.
(b) 음소 연속열("b ow th")의 HMM 상태 천이 확률을 연결 조작으로 정의.

$p(\mathbf{x}_t|q_t)$는 HMM의 출력 확률밀도함수에 해당하는 모형으로, 딥 러닝이 도입되기 전에는 혼합 가우시안 모형(GMM, Gaussian Mixture Model)을 사용하여 다음 식과 같이 정의되는 것이 일반적이었다.

---

* 가능한 모든 음소 문맥에 대해 서로 다른 음소 문맥 변수 c_j를 부여하면 음소 수의 세제곱 개나 되는 HMM을 도입하지 않으면 안 된다. 이런 조합의 폭발로 인한 과적합을 방지하기 위해 실제로는 몇 개 음소 문맥은 같은 음소 문맥의 값을 공유하도록 설계한다.

$$p(\mathbf{x}_t | q_t) \overset{\text{def}}{=} \sum_k \pi_{q_t,k} \mathcal{N}(\mathbf{x}_t ; \boldsymbol{\mu}_{q_t,k}, \boldsymbol{\Sigma}_{q_t,k})$$

식 6.3

이 식에서 $\mathcal{N}(\mathbf{x}_t ; \boldsymbol{\mu}_{qt,k}, \boldsymbol{\Sigma}_{qt,k})$는 평균 벡터 $\boldsymbol{\mu}_{qt,k}$, 공분산 행렬 $\boldsymbol{\Sigma}_{qt,k}$로 나타내는 다변량 정규분포의 확률밀도함수를 나타낸다. 혼합 가우시안 분포를 출력분포로 하는 HMM에 대한 최대우도 추정은 EM 알고리즘의 일종인 바움 웰치(Baum-Welch) 알고리즘으로 할 수 있다. 그러나 실제 응용에서는 학습 데이터 안의 입력 연속열 $\mathbf{X}$에 대해 최대우도를 갖는 $\mathbf{q}$를 추정하고, 이를 관측 데이터의 일부로 간주하여 GMM을 EM 알고리즘으로 학습하는 비터비(viterbi) 학습이라는 기법이 널리 쓰여 왔다. 이런 경우 각각의 입력 연속열에 대응하는 $\mathbf{q}$를 최적화 과정에서 자주 업데이트해야 정확도가 높은 모형을 얻을 수 있다. 그러나 계산 비용과의 상충 관계를 고려하여 생략하는 경우도 있다.

딥 러닝을 이용하지 않는 음향 모형에는 음향 특징값 벡터, 즉 $\mathbf{x}_t$로 멜 주파수 켑스트럴 계수(MFCC, Mel-Frequency Cepstral Coefficient)에 기초한 것이 널리 사용된다. MFCC는 음성 신호의 로그 스펙트럴의 대략적인 형태(스펙트럴 포락)을 표현하도록 설계된 특징값이다. 전형적인 음성 인식 시스템에서는 12차원 MFCC에 신호가 해당하는 구간의 에너지를 나타내는 특징값을 추가한 13차원 벡터를 음성 신호 10밀리초마다 계산하여 이에 대한 1계 및 2계 시간미분을 수치적으로 계산한 스펙트럴을 결합하여 만든 39차원 특징값을 사용한다[*].

음성 인식의 언어 모형으로 다음과 같은 N그램(N-gram) 언어 모형이 널리 사용된다 (다음의 예에서는 N = 3).

$$p(\boldsymbol{\ell}) = \prod_m p(\ell_m | \ell_{m-1}, \ell_{m-2}, \ell_{m-3}, \dots) \approx \prod_m p(\ell_m | \ell_{m-1}, \ell_{m-2})$$

식 6.4

N그램 언어 모형에서는 문맥, 다시 말해 위 식에서 $(\ell_m | \ell_{m-1}, \ell_{m-2})$마다 서로 다른 유형적 분포를 사용하여 $p(\ell_m | \ell_{m-2}, \ell_{m-1})$을 정의하여 이를 학습 데이터로부터 최대우

---

[*] 여기서 예로 든 특징값 벡터 분석법은 시스템을 구성하는 한 예로, 이용할 환경에 대해 선험적 지식 및 실험적 검토에 따라 특징값 벡터 구성 방법을 바꾸는 경우도 많다.

도추정하는 방법으로 학습을 수행한다. 단순히 모든 문맥에서 단어의 분포를 갖추려고 하면 문맥 길이의 증가에 따라 파라미터의 수가 지수적으로 증가하여 학습 데이터가 부족해지는 0-빈도 문제(zero-frequency problem)가 자주 발생한다. 이 때문에 다양한 평활화 기법과 조합하여 사용되는 경우가 많다. 언어 모형의 평활화에 대해서는 [13]을 참고하기 바란다.

6.2.2 대규모 어휘 연속 음성 인식 시스템의 구성

이번 항에서는 앞서 설명한 모형에 기초하여 현실적인 대규모 어휘 연속 음성 인식(large vocabulary continuous speech recognition) 시스템이 어떻게 구성되는지를 소개한다. 대규모 어휘 연속 음성 인식이란, 자유롭게 발화된 문장을 단어의 연속으로 인식하는 것을 말한다. 발화 내용에 대한 제약이 거의 없으므로 인식을 정확히 하기 위해서는 정밀한 음향 모형/언어 모형과 대규모의 어휘를 갖는 발음 사전 모형이 필요하다.

전형적인 음향 모형에서는 30 내지 70종 정도의 음소를 사용하여 그 음소 문맥에 따라 2,000 내지 5,000 정도의 HMM 상태가 존재한다. 각각의 HMM 상태는 16에서 64개 정도의 요소를 갖는 GMM으로 표현되며, 음향 모형 전체적으로 다 합하여 3만에서 30만 정도의 다변량 정규분포를 내포한다. MFCC 특징값 벡터는 각 요소 사이의 상관이 작다고 간주하므로 다변량 정규분포에서 각 차원이 독립이라 가정하여 공분산 행렬이 대각 행렬, 다시 말해 분산 벡터로 나타낼 수 있다. MFCC 특징값 벡터를 39차원으로 구성했다면 각각의 정규분포는 39차원 평균 벡터와 39차원 분산 벡터 그리고 혼합 가중치까지 모두 합하여 79개 파라미터로 기술된다. 예를 들어, 음향 모형에 정규분포가 5만 개 사용된다면 학습해야 할 파라미터의 갯수는 약 400만이 된다.

언어 모형으로는 어휘 수가 1만에서 100만 정도, 문맥의 길이 다시 말해 N그램 모형의 N은 2에서 5 정도의 값이 많이 사용된다. 어떤 평활화 기법을 사용하느냐에 따라 다르지만, 언어 모형은 20만에서 200만 개 정도의 파라미터로 표현된다.

이렇게 많은 수의 파라미터를 갖는 확률 모형을 학습하기 위해 대규모 어휘 연속 음성 인식에 대한 학습 데이터는 매우 규모가 크다. 음향 모형 학습에는 100시간 내지 1,000시간 정도의 입력 신호로부터 3,000만에서 3억 개 정도의 MFCC 관측 벡터를 계산하고, 이들을 학습 데이터로 사용하여 학습을 수행한다. 언어 모형 학습에는 100만에서 1,000만 단어를 포함하는 텍스트 데이터를 이용한다. HMM 및 N그램 모형을 위한 학습 알고리즘은 구조가 간단하여 쉽게 병렬화시킬 수 있으므로 이런 음성 인식 시스템을 학습시키는 데는 병렬 계산 자원을 유용하게 활용할 수 있다.

이렇듯 현재의 음성 인식 기술이 매우 커다란 통계 모형에 대한 학습 문제를 안고 있는 반면 앞서 딥 러닝의 최초 성공 예[15]로 소개했던 TIMIT 과업에서 사용되는 음성 인식 시스템의 규모는 매우 작다. TIMIT 과업에서는 학습 데이터의 분량이 약 3시간 정도밖에 안 되며, GMM 음향 모형의 파라미터가 40만에서 60만 정도, 언어 모형의 파라미터는 2,000 내지 3,000 정도로 모형의 크기가 작다. 이 때문에 TIMIT 과업에서 유효했던 딥 러닝 기술을 그대로 대규모 음성 인식 시스템에 적용할 수 있을지가 의문스러웠다. 게다가 딥 러닝을 고속으로 실현하기 위해서는 4장에서 소개한 것처럼 GPU 등 특수한 하드웨어를 사용하거나 고도의 병렬화 기술을 사용해야 하므로 학습에 대규모 데이터를 사용하려면 실용적인 시간 내에 동작시킬 수 있을까 하는 점도 딥 러닝을 도입하는 데 장해가 되었다. 이것이 INTERSPEECH 2011의 딥 러닝 도입 보고가 있기까지 딥 러닝이 사용되지 않았던 이유였다.

6.3 음성 인식에서 사용되는 신경망

신경망을 이용하여 음성 인식을 수행할 때 고려해야 할 중요한 문제가 있다. 이전 절, 특히 그림 6.1을 통해 설명했듯이 음성 인식은 연속열을 다른 연속열, 다시 말해 음성 특징값 벡터 연속열로부터 단어 연속열로 변환하는 문제로, 입력 연속열에 포함된 요소의 수와 출력 연속열에 포함되는 요소의 수가 일치하지 않는다. 전형적인 설계에서는 특징값 벡터의 수는 단어의 수보다 훨씬 많다. 반면 신경망(특히 다층 퍼셉트론)은 기본적으로 하나의 벡터를 하나의 레이블에 대응시키는 식별기이므로 신경망을 음성 인식에 응용하려면 연속열 입력/연속열 출력을 어떻게 다룰 것인지가 중요하다.

딥 러닝이 등장하기 이전부터 신경망을 음성 인식에 이용하기 위한 시도가 여럿 있었다. 이번 절에서는 이런 기법 중 몇몇을 소개한다. 표 6.1에 이번 장에서 소개할 신경망의 목록을 실었다. 연속열 입력을 처리하기 위한 방법으로 시간 지연 신경망이 사용되었고, 일반적인 신경망을 단어열 출력으로 확장하기 위해 신경망과 은닉 마르코프 모형을 조합한 절충적인 방식과 탠덤 방식이 제안되었다.

표 6.1 6.3절에서 다루는 신경망과 음성 인식을 조합한 기법

	NN의 입력	NN의 출력	단어열을 계산하는 방법
TDNN	음성 특징의 세그먼트	음소의 출현을 나타내는 점수	별도의 분석 알고리즘이 필요
절충적 방식	음성 특징값[*]	HMM 상태의 조건부 확률 $p(q_t|\mathbf{x}_t)$	$p(\mathbf{x}_t|q_t)$로 변형하여 HMM의 출력분포로 삼는다
탠덤 방식	음성 특징값[*]	인식 결과와 관련된 어떤 정보라도 이용 가능	NN의 상태 $\mathbf{z}_t$를 꺼내어, $p(\mathbf{z}_t|q_t)$를 GMM으로 모형화 및 학습하여 HMM의 출력분포로 삼는다

이번 절의 나머지 부분에서는 U층을 갖는 다층 퍼셉트론 타입의 신경망(1.4 절)의 파라미터로 $\mathbf{\Theta} = \{w_{i,j}^{(u)}, b_i^{(u)} | \forall i \in \{1, 2, ..., D^{(u)}\}, j \in \{1, 2, ..., D^{(u-1)}\}, u \in \{1, 2, ..., U\}\}$을 사용한다. 여기서 $D^{(u)}$는 u번째 중간층의 노드를 가리키는데, 편의상 입력 벡터의 차원을 $D^{(0)} = D$, 출력층의 노드 수를 $D^{(U)}$로 나타내기로 한다. 또 신경망의 입력이 $\mathbf{x}$로 주어졌을 때 u번째 중간층의 출력을 나타내는 함수 $h^{(u)}(\mathbf{x})$를 다음과 같이 재귀적으로 정의한다.

$$h_i^{(0)}(\mathbf{x}) = x_i$$
$$h_i^{(u)}(\mathbf{x}) = \mathrm{sig}\left(z_i^{(u)}(\mathbf{x})\right)$$
$$z_i^{(u)}(\mathbf{x}) = b_i^{(u)} + \sum_j w_{i,j}^{(u)} h_j^{(u-1)}(\mathbf{x})$$

식 6.5

---

[*] 4시간 지연 신경망처럼 입력을 음성 특징값 연속열의 세그먼트로 가정하는 처리는 하지 않지만, 세그먼트가 입력으로 사용되는 형태가 전형적이다.

보조를 위해 도입한 $z_i^{(u)}$는 u번째 중간층의 i번째 노드에 들어오는 입력에 대한 가중합이다. 여기서는 시그모이드 함수(sig)를 활성화함수로 사용하고 있지만, 다른 함수를 사용해도 된다(4.5절).

학습 데이터 집합 $\mathcal{Z}$는 n번째 특징값 벡터 연속열 $\mathbf{X}_n$과 대응하는 정답 레이블 연속열 $\boldsymbol{\ell}_n$의 집합을 이용하여 $\mathcal{Z} \overset{\text{def}}{=} \{(\mathbf{X}_n, \boldsymbol{\ell}_n)\}$와 같이 정의된다. 학습 데이터 중 특징값 벡터 연속열 $\mathbf{X}_n$은 $\mathbf{X}_n = \{\mathbf{x}_{n,1}, \mathbf{x}_{n,2}, ..., \mathbf{x}_{n,t}, ... \}$와 같이 시각 t에 대한 특징값 벡터 $\mathbf{x}_{n,t} \in \mathbb{R}^D$의 연속열로 나타내고, 학습 데이터의 레이블 연속열 $\boldsymbol{\ell}_n$도 마찬가지로 $\{\ell_{n,1}, \ell_{n,2}, ..., \ell_{n,m}, ...\}$와 같이 인덱스 m을 붙여 열거한 연속열로 나타내기로 한다.

6.3.1 시간 지연 신경망

시간 지연 신경망(TDNN, Time-Delay Neural Network)[32]은 음성 인식에 대한 신경망의 응용 중 가장 오래된 기법 가운데 하나다. 당시에는 아직 HMM을 사용한 음성 인식이 등장한 지 얼마 되지 않은 때여서 TDNN을 이용한 음성 인식에 대한 검토는 HMM과 별도로 이루어졌다. HMM이나 HMM과 신경망을 조합한 기법(뒤에 설명)을 사용하지 않는 경우 비선형으로 길이가 변화하는 입력에 어떻게 대처할지가 중요한 문제가 된다.

TDNN은 이미지 인식에 사용되는 합성곱 신경망(5.2절)과 유사한 구조를 가진 신경망이다. 그림 6.3에 TDNN의 전형적인 구조를 실었다. TDNN의 입력은 일반적으로 음성특징 연속열에서 잘라낸 고정 길이 세그먼트이며, 출력은 이 세그먼트에 포함된 음소를 나타내는 벡터다. TDNN은 합성곱 신경망의 합성곱층에 해당하는 층을 하나 이상 갖고(그림 6.3의 2층) 있으며, 마지막 층의 바로 앞에 있는 중간층의 필터 수가 음소 클래스 수와 같도록($D^{(2)} = K$) 설계한 것이다. 일반적인 합성곱 신경망과 달리 TDNN의 합성곱층에는 시간 방향으로만 합성곱 연산이 일어난다. 마지막 층의 바로 이전 층의 필터 출력의 시간 방향에 대한 합을 마지막 층 노드의 출력으로 삼아서 입력 세그먼트에 포함된 단일 음소를 추정한다(CNN의 합 풀링에 해당). 이전 장(5.2절)에서 논의하였듯이 이 합을 구하는 이유는 입력 세그먼트의 어느 시각 부분에서 필터 노드가 강하게 반응했는지에 대한 정보를 버리고, 시간 방향에 대한 입력의 흔들림에 대해 견고성을 획득하는 것을 목적으로 한다.

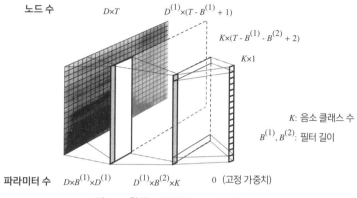

노드 수 $D{\times}T$ $D^{(1)}{\times}(T-B^{(1)}+1)$

$K{\times}(T-B^{(1)}-B^{(2)}+2)$

$K{\times}1$

K: 음소 클래스 수

$B^{(1)},B^{(2)}$: 필터 길이

파라미터 수 $D{\times}B^{(1)}{\times}D^{(1)}$ $D^{(1)}{\times}B^{(2)}{\times}K$ 0 (고정 가중치)

그림 6.3 합성곱 신경망으로 나타낸 TDNN

TDNN은 기본적으로 하나의 입력에 대해 하나의 음소만을 추정할 수 있다. 즉, 단어나 문장처럼 음소 개수가 분명하지 않은 대상을 출력할 수 없다. 그 때문에 이 시기에 검토했던 바로는 TDNN의 출력 패턴을 단어 사전을 참조하는 기술과 함께 조합하여 단어를 출력하는 방식이 일반적이었다. 반면 같은 시기에 제안되었던 HMM을 이용한 음성 인식은 생성 모형을 이용하는 구조로 자연스럽게 언어 모형이나 사전을 결합할 수 있었으므로 단어의 연속열을 출력하는 모형으로서의 성질을 애초부터 갖고 있었다고 할 수 있다. 특히 이 시기의 신경망은 소프트맥스 출력층을 사용하여 출력을 조건부 확률로 다루는 기법[4]도 확립되어 있지 않았으므로 확률적 언어 모형과 신경망 음향 모형을 통합하기 곤란했을 것이라 짐작된다.

6.3.2 은닉 마르코프 모형과 조합한 신경망: 절충적 방식

절충적 방식[3]이라 불리는 기법은 TDNN에 대한 검토를 통해 얻게된 지식, 즉 NN은 식별 성능이 높은 대신 확률적 언어 모형과 통합이 어렵다는 문제를 HMM의 구조를 사용하여 해소하는 기법이다. 이 방식에서는 입력 음성 신호에 대응하는 HMM 상태의 확률분포를 표현하기 위해 신경망을 사용한다.

앞서 설명한 TDNN에서는 음소를 식별하는 데 신경망을 사용했으나, 절충적 방식에서는 그 대신 HMM 상태의 식별을 수행한다. 절충적 방식[3]에서는 NN의 출력층으로

소프트맥스 출력층(softmax output layer)을 사용하는 방법으로 HMM 상태의 조건부 확률을 추정하고, 다른 확률 모형과 통합을 꾀한다. 소프트맥스 출력층이 출력하는 벡터의 k번째 요소, 다시 말해 k번째 클래스가 출현할 확률 $p(k|\mathbf{x})$는 다음 식과 같이 나타낼 수 있다.

$$p(k|\mathbf{x}) = \frac{1}{Z} \exp \left\{ z_k^{(U)}(\mathbf{x}) \right\}$$

식 6.6

여기서 $z_k^{(U)}(\mathbf{x})$는 식 6.5에서 정의한 k번째 출력 노드에 대한 입력의 총합이다. 또 Z는 정규화 상수이며, 다음 식과 같다.

$$Z = \sum_{k'} \exp \left\{ z_{k'}^{(U)}(\mathbf{x}) \right\}$$

식 6.7

소프트맥스 출력층은 마지막 중간층의 출력 $h_j^{(U-1)}(\mathbf{x})$를 특징값으로 하는 멀티 클래스 로지스틱 회귀이지만, 그 출력의 총합이 1이 되도록 정규화하였으므로 확률로 간주할 수 있다.

이 소프트맥스 출력층을 갖는 신경망에 $\mathbf{x}_{n,t}$을 입력했을 때의 출력을 $p(q_{n,t}|\mathbf{x}_{n,t})$를 나타낸다고 볼 수 있다. 이때 식 6.2에 대한 $p(\mathbf{x}_{n,t}|q_{n,t})$을 베이즈 정리를 이용하여 변형하면 다음과 같이 나타낼 수 있다.

$$p(\mathbf{x}_{n,t}|q_{n,t}) = \frac{p(q_{n,t}|\mathbf{x}_{n,t})}{p(q_{n,t})} p(\mathbf{x}_{n,t})$$

식 6.8

여기서 $p(\mathbf{x}_{n,t})$의 값은 인식을 수행할 시점에서는 상수이므로 무시할 수 있다. $p(q_{n,t}|\mathbf{x}_{n,t})$는 소프트맥스 출력층이 출력하는 확률값을 사용한다. $p(q_{n,t})$는 미리 학습된 유형분포로 나타낸다. 이렇게 변형함으로써 출력분포의 확률값 $p(\mathbf{x}_{n,t}|q_{n,t})$에 비례하는 값을 두 개의 확률분포(신경망 $p(q_{n,t}|\mathbf{x}_{n,t})$와 유형분포 $p(q_{n,t})$)의 비로써 나타내는 것이 절충형 방식이다.

신경망의 학습은 HMM 상태 $q_{n,t}$의 추정값을 모종의 방법으로 구한 다음 교차 엔트로피를 규준으로 삼아 학습을 수행한다. 구체적인 방법은 다른 음향 모형의 파라미터

Θ'(GMM 음향 모형도 무방하다)을 사용하여 $\mathbf{q}_n \overset{\text{def}}{=} \text{argmax}_{\mathbf{q}'} p(\mathbf{q}'|\mathbf{X}_n, \ell_n, \Theta')$과 같이 추정한 잠재변수의 값을 HMM 상태로 삼는다. 절충적 방식의 학습에서는 이렇게 계산한 $\mathbf{q}_n$을 사용하여 교차 엔트로피 규준(cross entropy criterion)을 나타낸 다음과 같은 손실함수를 최소화한다.

$$\underset{\Theta}{\text{argmin}} \sum_n L_n^{\text{CE}}(\Theta; \mathbf{q}_n, \mathbf{X}_n)$$

식 6.9

이때 다음 식과 같이 정의한다.

$$L_n^{\text{CE}}(\Theta; \mathbf{q}_n, \mathbf{X}_n) \overset{\text{def}}{=} -\sum_t \log p(q_{n,t}|\mathbf{x}_{n,t})$$

식 6.10

또 $q_{n,t}$는 $\mathbf{q}_n$의 t번째 요소를 의미한다.

앞서 설명했듯이 음성 인식에서는 HMM 상태의 연속열을 결정하면 음소 연속열이 함께 결정된다. 그러므로 동음이의어 이외에 출력 후보의 흔들림이 없게 된다. 동음이의어로 인한 흔들림은 언어 모형에 따라 해소할 수도 있으므로 이 학습 방법의 손실함수를 충분히 작게 할 수 있다면 적어도 학습 데이터에 적합한 모형을 얻을 수 있게 된다.

6.3.3 은닉 마르코프와 조합한 신경망: 탠덤 방식

신경망을 이용한 음성 인식 연구가 앞서 설명한 절충적 방식을 사용하여 진행되던 중 GMM과 HMM을 이용한 생성 모형에 기초한 음성 인식 연구에도 진전이 있었다. 탠덤 방식[9]은 특징 추출, 다시 말해 인식을 위한 전처리에만 신경망을 사용하므로 그 당시 GMM과 HMM을 위해 개발된 화자적응 및 연속열 식별학습 기법을 직접 적용할 수 있었다. 화자적응(speaker adaptation)[25]은 특정한 화자로부터 얻은 소량의 데이터를 기반으로 GMM 파라미터에 대한 MAP 적응을 수행하거나, 파라미터의 부분집합을 재추정하는 방식으로 여러 화자의 음성으로부터 학습된 불특정 화자 음향 모형을 특정 화자에 대한 보다 정확도 높은 음향 모형으로 변환하는 기술이다. 연속열 식별학습은 이후 절에서 자세히 설명하겠지만, GMM의 파라미터를 학습 데이터의 오류율이 최소가 되도록 다시 최적화하는 방법으로 최대우도추정을 이용한 해보다 오류가 적은 음향 모형을 얻는 기법이다.

신경망을 특징을 추출하는 수단으로써 사용한다는 아이디어는 현재의 딥 러닝에도 통용되는 접근법이며, 딥 러닝이 등장하기 이전에도 음성 인식에서는 탠덤 방식의 관점에서 신경망을 사용하려는 시도가 있어 왔다.

탠덤 방식에서는 먼저 학습 데이터의 특징값 벡터마다 신경망이 출력해야 할 레이블을 결정한다. 절충적 방식과는 달리 탠덤 방식에서는 신경망의 출력이 인식을 위한 통계 모형과는 관계가 없다. 이 때문에 음성 인식 결과와 관계가 있다고 할 수 있는 레이블이라면 무엇이든 사용할 수 있다. 처음 탠덤 방식이 제안되었던 때에는 각 특징값 벡터가 어떤 음소에 속하는지에 대한 정보를 사람이 직접 레이블링하거나 자동 추정을 통해 얻은 뒤 이를 레이블 삼아 사용하는 방법이 쓰였다. 지금은 절충적 방식과 마찬가지로 HMM 상태를 레이블로 사용하는 경우가 많다. 학습은 절충적 방식과 마찬가지다. 특징값 벡터마다 부여되는 레이블을 얻은 후 시계열임을 무시하고 입력 벡터를 레이블로 변환하는 식별기로써 교차 엔트로피를 규준으로 학습을 수행한다.

그림 6.4에 탠덤 방식의 개요를 실었다. 탠덤 방식에서는 이렇게 학습된 신경망의 출력을 그대로 사용하는 대신 여기에서 GMM을 위한 특징 벡터 $\mathbf{x}$를 추출한다. 가장 단순한 구현 방법은 출력층 또는 중간층의 출력을 특징값 벡터로 보고 GMM으로 모형화하는 방법이다. 그러나 이렇게 얻은 특징값 벡터는 요소 간의 서로 의존성을 갖는 고차원 벡터이고, 분포가 비대칭이므로 GMM을 이용한 모형화에 적합하지 않다. 그래서 특징을 추출하는 층의 비선형함수를 무시하고 이를 선형출력으로 간주한 다음, 출력된 값에 주성분 분석 등의 방법으로 차원 축소를 수행하고, GMM-HMM 음향 모형에 대한 관측 벡터로 다루는 방식이 사용되었다*.

---

* 출력층의 출력은 확률분포이므로 혼합 디리클레(Dirichlet) 분포로 직접 이를 모형화하는 방법도 검토되었다[1].

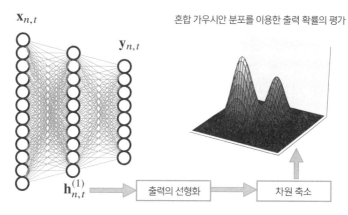

$\mathbf{x}_{n,t}$

$\mathbf{y}_{n,t}$

$\mathbf{h}_{n,t}^{(1)}$ → 출력의 선형화 → 차원 축소

그림 6.4 탠덤 방식을 통한 출력 확률 $p(q_{n,t}|\mathbf{x}_{n,t})$의 평가 과정

6.4 음향 모형을 위한 딥 러닝: 사전훈련

음향 모형에 딥 러닝을 적용하는 기본적인 방법은 앞서 설명한 절충적 방식에 기초하고 있다. 다시 말하면 HMM 상태를 추정하는 계층형 신경망에 그대로 층수를 늘린 딥 뉴럴넷-은닉 마르코프 모형(DNN-HMM)의 절충적 방식이다. 딥 러닝을 음성 인식에 응용하기 위한 구조는 딥 러닝 등장 이전에 이미 고안되어 있었고, 층수를 늘린 신경망과 이에 적합한 학습법을 그대로 이 구조에 도입하는 것만으로도 성능이 크게 향상되었다는 점이 딥 러닝의 놀라운 점이었다.

층수를 크게 늘린 신경망에 적합한 학습 방법이란, 실제 학습에 앞서 수행되는 사전훈련을 말한다. 이번 절에서는 절충적 방식에 기초한 음향 모형에 대한 딥 러닝에 쓰이는 사전훈련 방법을 소개한다.

6.4.1 제약 볼츠만 머신을 이용한 사전훈련을 적용한 딥 뉴럴넷 — 은닉 마르코프 모형

1장에서 설명한 바와 같이 딥 뉴럴넷(DNN, Deep Neural Network)을 위한 학습법으로 사전훈련(pre-training)이 있다.

현재까지 딥 러닝을 위한 사전훈련 기법으로 다양한 방법이 제안되어 왔지만, 이 중 가장 대표적인 사전훈련 기법은 제약 볼츠만 머신(RBM, Restricted Boltzmann Machine)을 사용한 것이다. 특히 이번 장머리에서 언급했던 딥 러닝이 확산되는 계기가 되었던 두 논문에서 RBM을 이용한 사전훈련이 사용되었으므로 지금도 RBM을 이용한 사전훈련을 사용하는 경우가 많다. 학습 데이터가 충분하고 모든 중간층 노드의 추가 충분하다면 사전훈련이 효과가 크지 않은 경우도 있다는 것이 알려져 있지만, 여전히 많은 응용에서 사전훈련이 효과적임이 확인되고 있다.

절충적 방식에 사용되는 DNN의 입력은 실수값으로 표현되므로 RBM을 이용한 사전훈련도 가시층에서 실수 벡터를 표현 가능한 RBM을 사용하지 않으면 안 된다. 이 때문에 다음 식과 같은 에너지 함수로 정의되는 가우스-베르누이 RBM(Gaussian-Bernoulli RBM)이 사용된다.

$$\Phi(\mathbf{v}_{n,t}, \mathbf{h}_{n,t}; \mathbf{W}, \mathbf{b}, \mathbf{c}) = \frac{1}{2\sigma^2}||\mathbf{v}_{n,t} - \mathbf{c}||_2^2 - \mathbf{h}_{n,t}^\top \mathbf{W} \mathbf{v}_{n,t} - \mathbf{b}^\top \mathbf{h}_{n,t} \quad \boxed{식 6.11}$$

이때 $\mathbf{c}$와 σ^2는 각각 평균과 분산을 의미하는 하이퍼파라미터이고, $\mathbf{v}_{n,t}$와 $\mathbf{h}_{n,t}$는 학습 데이터 중 n번째 특징값 벡터 연속열의 t번째 요소에 해당하는 가시변수, 은닉변수 벡터다. 이 에너지 함수에 기초하는 RBM에서 가시층에 속하는 변수의 확률분포는 다음 식과 같이 나타낼 수 있다.

$$p(\mathbf{v}_{n,t}|\mathbf{h}_{n,t}, \mathbf{W}, \mathbf{b}, \mathbf{c}) = \mathcal{N}\left(\mathbf{v}_{n,t}; \mathbf{W}^\top \mathbf{h}_{n,t} + \mathbf{c}, \sigma^2 \mathbf{I}\right) \quad \boxed{식 6.12}$$

여기서 $\mathcal{N}(\mathbf{x};$ 평균, 분산)은 정규분포의 확률밀도함수를 의미한다. 비가시층 변수의 확률분포는 2.7절에 나온 일반적인 베르누이-베르누이형 RBM과 마찬가지로 다음 식과 같이 나타낼 수 있다.

$$p(h_{n,t,d}|\mathbf{v}_{n,t}, \mathbf{W}, \mathbf{b}, \mathbf{c}) = \mathcal{B}\left(h_{n,t,d}; \mathrm{sig}\left(b_d + \sum_i w_{d,i} v_{n,t,i}\right)\right) \quad \boxed{식 6.13}$$

이때 $h_{n,t,d}$는 비가시변수 벡터 $\mathbf{h}_{n,t}$의 d번째 요소이고, $v_{n,t,i}$는 가시변수 벡터 $\mathbf{v}_{n,t}$의 i번째 요소, $w_{d,i}$는 가중치 행렬 파라미터 $\mathbf{W}$의 (d, i) 요소, b_d는 비가시층 바이어스 벡터 $\mathbf{b}$의 d번째 요소, $\mathcal{B}(h_{n,t,d};p) = p^{h_{n,t,d}} (1-p)^{h_{n,t,d}}$는 베르누이 분포의 확률분포함수다.

가우스-베르누이형 RBM은 베르누이-베르누이형 RBM과 거의 같은 방법으로 학습시킬 수 있다. 위의 에너지 함수로 정의되는 가우스-베르누이형 RBM은 다른 RBM과 마찬가지로 대조적 발산(3.4.3항) 기법으로 학습을 수행한다. 특히 음성 인식에서는 샘플링 단계를 한 번만 수행하는 CD-1이 널리 쓰이고 있다. 첫 번째 층의 사전훈련에 사용되는 가우스-베르누이형 RBM을 학습시키는 데는 다른 종류의 RBM과 비교하여, 특히 최적화 중에 파라미터가 발산 혹은 진동하기 쉬우므로 학습률을 베르누이-베르누이형 RBM보다 작게 설정하는 것이 중요하다. 또한 하이퍼파라미터인 분산 σ^2를 0으로 수렴시키는 것과 등치이지만, 가시변수 $\mathbf{v}$의 샘플링을 생략하고 샘플값 대신 기댓값 $\mathbf{W}^{\mathsf{T}}\mathbf{h}_{n,t} + \mathbf{c}$를 사용하기도 한다. 두 번째 이후 층부터는 일반적인 딥 볼츠만 머신의 사전훈련(2.8.1항)과 마찬가지로 베르누이-베르누이형 RBM을 쌓아올리는 방법으로 DNN의 초깃값을 얻는다. 1DNN을 음향 모형으로 사용하는 경우 해당 프레임의 데이터를 기반으로 계산된 특징값 벡터뿐만 아니라, 이를테면 시각 $t - 5$부터 $t + 5$까지의 특징값 벡터를 연결한 것처럼 좀 더 긴 시간에 대한 분석 결과를 $\mathbf{X}_t$로 연결하여 동시에 입력하는 방법이 일반적이다. 사용하는 특징 분석법도 기존에 사용하던 MFCC와 달리 MFCC의 계산 단계에 차원 축소와 상관 제거를 위한 단계를 생략하여 좀 더 원시적인 특징값 벡터인 로그 멜 필터뱅크 특징 벡터(log Mel-filterbank feature vector)를 사용하기도 한다. GMM에 기초한 기존 음향 모형에서는 관측 벡터의 요소 간에 상관을 갖지 않는다는 가정을 사용하거나 공분산 행렬을 낮은 rank로 근사하는 기법이 사용되었으므로 시간 방향으로 연결한 특징값 벡터나 로그 멜 필터뱅크 출력 벡터처럼 차원이 크고 요소 간의 상관이 강한 특징을 직접 다루기가 어려웠다. 딥 러닝으로 입은 수혜 중 하나는 이러한 고차원 특징을 직접 효율적으로 다룰 수 있게 된 것이라 할 수 있다.

6.4.2 잡음제거 자기부호화기를 이용한 사전훈련

RBM처럼 확률적으로 동작하는 신경망을 사용하지 않고, 결정적 신경망을 사용하여 오차역전파법과 같은 얼개로 사전훈련을 수행하는 방법도 여러 가지가 검토되었다. 이번 항과 다음 항에서는 이러한 결정적 신경망을 사용한 사전훈련법을 소개한다. 특히 이번 항에서는 노이즈를 제거하는 기능을 가진 결정적 신경망을 쌓아 올려서 DNN의 초깃값을 얻는 방법인 잡음제거 자기부호화기를 이용한 사전훈련을 다룬다. 사전훈련 방법의 차이로 인한 최종적 음성 인식 성능의 차이는 무시해도 좋을 만큼 작으며, 어떤 방법을 사용해야 하는지 본질적인 의문은 아직 밝혀지지 않았다.

자기부호화기는 입력 벡터와 동일한 벡터를 출력하도록 하는 학습을 통해 중간층을 거치는 특징 추출을 포함하면서도 입력 벡터의 정보를 유지하는 신경망을 얻기 위한 기법이다[30]. 잡음제거 자기부호화기(denoising autoencoder)는 노이즈를 가한 신호를 부호화하고, 이를 다시 노이즈를 가하기 이전의 신호에 가깝도록 복호화하도록 하는 학습을 통해 노이즈에 대한 견고성을 갖는 자기부호화기를 만드는 방법이다.

잡음제거 자기부호화기를 사용한 사전훈련은 2층 신경망(식 6.5에서 $U = 2$)을 하나하나 학습하여 그 결과를 쌓아 올리는 방식으로 이루어진다. 각 신경망의 입력은 입력 벡터 $\mathbf{x}_{n,t}$에 확률적 노이즈를 가하는 함수 Ψ을 사용하여 $\Psi(\mathbf{x}_{n,t})$로 정의된다. 출력 $\mathbf{y}_{n,t}$는 선형 출력층을 갖는 신경망과 마찬가지로 다음 식과 같이 정의된다.

$$\mathbf{y}_{n,t} = \mathbf{b}^{(2)} + \mathbf{W}^{(2)}\mathbf{h}^{(1)}(\Psi(\mathbf{x}_{n,t}))$$ 식 6.14

여기서 $\mathbf{h}^{(1)}$은 식 6.5의 정의를 사용한다. 또 자기부호화기의 중간층 노드의 수는 사전훈련을 통해 최종적으로 구성하려는 DNN의 첫 번째 중간층의 노드 수와 일치하도록 한다. 중간층에서 일어나는 계산, 즉 부호화와 다시 이어지는 복호화 계산이 대칭이 되도록 $\mathbf{W}^{(2)} = \left(\mathbf{W}^{(1)}\right)^{\mathsf{T}}$과 같은 제약을 두는 경우도 많다. Ψ는 입력에다 정규분포를 따르는 노이즈를 추가하는 함수(가우시안 노이즈)가 사용된다.

이 신경망을 다음과 같은 최소제곱 오차 규준으로 학습시키면 노이즈가 포함된 입력 $\Psi(\mathbf{x_{n,t}})$에서 원래의 입력 $\mathbf{x}_{n,t}$를 추정하는 신경망을 만들 수 있다.

$$\operatorname*{argmin}_{\Theta} \sum_{n,t} \|\mathbf{y}_{n,t} - \mathbf{x}_{n,t}\|_2^2 \qquad \text{식 6.15}$$

DBM을 이용한 사전훈련과 마찬가지로 이렇게 얻어진 $\mathbf{W}^{(1)}$ 및 $\mathbf{b}^{(1)}$을 DNN의 첫 번째 층에 대한 초깃값으로 이용한다.

두 번째 이후 층에 대한 사전훈련에서는 $\mathbf{W}^{(1)}$과 $\mathbf{b}^{(1)}$을 사용하여 변환한 학습 데이터 집합을 사용한다. 구체적으로 밝히면 첫 번째 층에서 얻은 특징 추출기의 파라미터 ($\mathbf{W}^{(1)}$, $\mathbf{b}^{(1)}$)을 사용하여 데이터 집합을 다음과 같이 업데이트한다.

$$\mathbf{x}'_{n,t} \leftarrow \mathbf{h}^{(1)}(\mathbf{x}_{n,t}) \qquad \text{식 6.16}$$

이런 방법으로 업데이트된 새로은 학습 데이터를 사용해서 식 6.15와 같이 $\mathbf{x}'_{n,t}$에 노이즈를 추가한 벡터 $\Psi(\mathbf{x}'_{n,t})$을 입력으로 하여 $\mathbf{x}'_{n,t}$를 출력하도록 학습을 수행한다.

단, 두 번째 층 이후부터는 입력 벡터의 성질의 차이가 있으므로 학습 설정을 조금 조정할 수 있다.

예를 들어, 최적화의 손실함수로 $\mathbf{x}'_{n,t}$를 베르누이 분포에 대한 파라미터로 해석 가능한 것을 이용하여 자기부호화기의 출력에 시그모이드 함수를 적용한 값인 $\mathrm{sig}(y_{n,t,d})$으로 정의되는 베르누이 분포로부터 정답 출력 $\mathbf{x}'_{n,t,d}$에 의해 정의되는 베르누이 분포에 대한 KL 발산을 최소화하는 방법으로 학습을 수행하기도 한다. 또, 두 번째 층 이후부터는 Ψ로 정규분포를 따르는 노이즈 대신 일정한 확률로 벡터의 특정 요소를 0으로 만드는 누락 노이즈, 역시 일정한 확률로 벡터의 특정 요소를 0 혹은 1로 만드는 점잡음을 사용하는 경우도 많다.

세 번째 층의 학습도 마찬가지로 데이터 집합을 변환하고, 여기에 다시 노이즈를 추가한 벡터를 원래 벡터로 복원을 시도한다. 이를 원하는 층수까지 반복하면 입력 정보를 잃지 않고도 노이즈를 억제하면서 출력층까지 정보를 전파할 수 있는 DNN의 초깃값을 얻게 된다.

6.4.3 식별적 사전훈련

앞항에 이어 결정적 신경망을 이용한 사전훈련 기법으로 식별적 사전학습을 소개한다. RBM이나 자기부호화기에 기초한 사전훈련 방법에서는 입력 벡터만을 사용하여 이에 대한 재구성 오차 등을 규준 삼아 DNN의 초깃값을 결정하였다. 이와 달리 사전훈련 단계에서 레이블 정보를 추가하여 이 단계부터 식별적인 규준에 따라 초깃값을 최적화하는 접근법을 식별적 사전훈련이라고 한다. 식별적 사전훈련은 통상적으로 교차 엔트로피학습을 중간층이 1층인 DNN으로 수행하여 그 다음 층수를 늘려가며 교차 엔트로피학습을 이어가는 방법으로 원하는 층수의 DNN을 구성하는 기법이다[2, 21].

식별적 사전훈련에서 층을 늘려가는 방법을 그림 6.5에 실었다. 식별적 사전훈련에서는 먼저 그림 6.5(a)와 같은 구조를 갖는 모형에 대한 학습을 수행해서 어느 정도 학습이 진행되면 출력층 바로 앞의 가중치 $\mathbf{W}'$의 값을 다시 랜덤하게 초기화하고, 새로운 층과 $\mathbf{W}^{(2)}$를 추가하여 그림 6.5(b)와 같은 형태로 변형한다. 같은 방법으로 $\mathbf{W}^{(3)}$, $\mathbf{W}^{(4)}$를 더해 가며 원하는 층수를 갖는 DNN의 초깃값을 얻는다. 이때 그림 6.5(b)의 학습을 예로 들면 $\mathbf{W}^{(1)}$에 대한 최적화는 하지 않는다. 다시 말해 마지막 가중치 행렬과 그 바로 앞의 가중치 행렬 이외에는 고정해 두어 계산 속도를 개선하는 것이 [21]에서 쓰인 방법이고, 따로 고정하는 값 없이 모든 값을 재학습하는 것이 [2]에서 쓰인 방법이다. 최종적인 학습에 앞서 수행하게 되는 사전훈련의 성질상, 어느 방법을 선택해도 큰 차이가 없으므로 두 가지 방법이 모두 널리 쓰이고 있다.

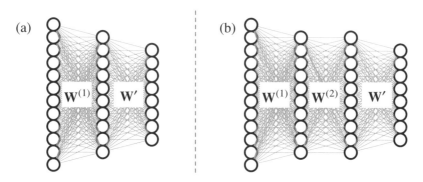

그림 6.5 식별적 사전훈련을 위한 신경망의 변형

이렇게 층 단위 탐욕학습은 음성 인식 분야에서는 탠덤 방식/절충형 방식의 상황에서 딥 러닝보다 앞서 사용되고 있었으므로(문헌 [16]), 음성 인식 분야의 식별적 사전훈련이 매끄럽게 받아들여질 수 있었다.

6.5 음향 모형을 위한 딥 러닝: 학습과 모형의 진전

음성 인식에 대한 신경망의 응용에서 중요한 문제는 6.3절에서 소개했듯이 시계열 입력을 어떻게 활용하고 시계열 출력을 어떻게 추정할 것인지였다. 딥 러닝이 발전함에 따라 사용되는 신경망의 층이 늘어난 후에도 이렇게 연속열 입력/연속열 출력을 모형화하는 것은 중요한 과제였다. 더불어 최근에는 DNN이 입출력을 확장하기 좋다는 점을 이용하여 기존보다 다양한 입력 신호를 사용하려는 접근법인 멀티스트림 학습이나 기존보다 다양한 출력 레이블 정보를 보조적으로 이용하는 멀티태스크 학습 같은 접근법도 검토되고 있다.

이번 절에서는 먼저 연속열 출력이라는 관점에서 DNN을 학습하는 연속열 식별학습을 소개한 다음, 연속열 입력 신호를 기억하며 예측을 수행하는 순환결합 신경망을 소개한다. 그리고 장단기기억(LSTM)이라고도 불리는 순환결합 신경망을 확장한 신경망을 소개한다. 마지막으로, 보다 다양한 정보를 신경망의 입력 신호와 출력 신호로 사용하는 멀티스트림/멀티태스크(multi-stream/multi task) 학습도 소개한다.

6.5.1 연속열 식별학습

이번 항에서는 연속열 안의 단어나 HMM 상태를 단독이 아닌 연속열 전체를 정확도 높게 예측하는 기법을 다룬다. 음성 인식은 벡터 연속열을 레이블(단어)의 연속열로 변환하는 문제이므로 이에 대한 정확도는 정답 레이블 연속열과 식별기가 출력한 응답 레이블 연속열 사이의 편집 거리를 이용한 단어 오류율(word error rate)을 사용하여 평가하는 경우가 많다. 절충적 방식에서는 HMM의 구조를 도입하여 음성 인식 문제를 정답 HMM 상태에 대한 식별 문제로 단순화하는 방법으로 쓰기 편한 학습 알고리즘을 도출하였다. 그러나 절충적 방식에 기초한 교차 엔트로피학습에서는 되도록 많은 정답 단어를 출력하는 음성 인식 본래의 학습 목적에 대해 직접적으로 최적화되었다고 보기 어렵다. 정답 단어가 출력되는 확률이 오답 단어가 출력되는 확률보다 높도록 음성 인식기를 조정하는 학습방법은 연속열 식별학습(sequencediscriminative learning)이라고 하며, GMM을 사용하여 음성 인식기의 학습 기법으로서도 오래전부터 연구되었다[7]*. 딥 러닝을 이용한 음성 인식기가 일반화됨에 따라 신경망을 이용한 음향 모형에 어떻게 연속열 식별학습을 적용할 것인지에 대한 연구가 활발해졌다.

연속열 식별학습은 다음 식과 같은 형태로 최적화를 수행하여 구현하는 형태가 전형적이다.

$$\underset{\Theta}{\mathrm{argmin}} \sum_n L_n(\Theta)$$

식 6.17

이때 L_n은 n번째 발화(특징값 벡터 연속열 $\mathbf{X}_n$과 정답 레이블 연속열 $\boldsymbol{\ell}_n$의 쌍)에 대응하는 손실함수다.

최대 상호정보량 규준

가장 기본적인 손실함수는 최대 상호정보량 규준(MMI criterion, Maximum Mutual Information criterion)을 구현한 다음과 같은 함수다.

$$
\begin{aligned}
L_n^{\mathrm{MMI}}(\Theta; \boldsymbol{\ell}_n, \mathbf{X}_n) &\overset{\text{def}}{=} -\log p(\boldsymbol{\ell}_n | \mathbf{X}_n, \Theta) \\
&= -\log \frac{p(\mathbf{X}_n | \boldsymbol{\ell}_n, \Theta) p(\boldsymbol{\ell}_n)}{\sum_{\boldsymbol{\ell}'} p(\mathbf{X}_n | \boldsymbol{\ell}', \Theta) p(\boldsymbol{\ell}')} \\
&= -\log \frac{\sum_{\mathbf{q}} p(\mathbf{X}_n | \mathbf{q}, \Theta) p(\mathbf{q} | \boldsymbol{\ell}_n) p(\boldsymbol{\ell}_n)}{\sum_{\boldsymbol{\ell}'} \sum_{\mathbf{q}'} p(\mathbf{X}_n | \mathbf{q}', \Theta) p(\mathbf{q}' | \boldsymbol{\ell}') p(\boldsymbol{\ell}')} \\
&= -\log \frac{\sum_{\mathbf{q}} \prod_t p(\mathbf{x}_{n,t} | q_t, \Theta) p(\mathbf{q} | \boldsymbol{\ell}_n) p(\boldsymbol{\ell}_n)}{\sum_{\boldsymbol{\ell}'} \sum_{\mathbf{q}'} \prod_t p(\mathbf{x}_{n,t} | q_t', \Theta) p(\mathbf{q}' | \boldsymbol{\ell}') p(\boldsymbol{\ell}')}
\end{aligned}
$$

식 6.18

---

* GMM 음향 모형의 연속열 식별 인식을 식별 모형의 학습과 구별하여 '생성 모형의 연속열 식별학습'이라고 불렀으나, 딥 러닝을 이용한 음향 모형의 연속열 식별학습은 식별 모형인 DNN과 생성 모형인 HMM의 절충형 방식으로 구성된 음향 모형의 학습이므로 이를 정확하고 간결하게 나타내는 용어가 없다. 이번 절에서는 문헌 [29] 등에서 널리 사용되는 표현인 '연속열 식별학습'으로 이 절충적 방식의 연속열 식별학습을 지칭할 것이다.

여기서 $p(\mathbf{x}_{n,t}|q_t, \mathbf{\Theta})$ 및 $p(\mathbf{x}_{n,t}|q_t', \mathbf{\Theta})$는 식 6.8과 같이 절충형 방식에 기반하여 나타낸다. 이 손실함수는 상호정보량 $I(\ell;\mathbf{X}|\mathbf{\Theta}) = H(\ell) - H(\ell|\mathbf{X}, \mathbf{\Theta})$에서 $H(\ell)$을 상수*로 보고, $-H(\ell|\mathbf{X}, \mathbf{\Theta})$를 경험분포에 의한 기댓값으로 근사한 값을 최대가 되게 하는 방법이므로 최대 상호정보량 추정이라는 이름이 붙었다. MMI 규준을 통해 학습하는 DNN-HMM은 conditional neutral field[17]의 일종이라 할 수 있다. 그러나 MMI로 학습된 DNN-HMM은 언어 모형이나 HMM 상태천이확률 등의 영향을 고려한 손실함수를 사용한다는 점이 그냥 단순한 conditional neutral field와 다르다.

비터비(Viterbi)학습 및 교차 엔트로피학습처럼 잠재변수인 HMM 상태 연속열 변수 $\mathbf{q}_n$을 추정해서 학습 데이터에 추가하는 경우에는 다음과 같은 유사 손실함수를 사용한다.

$$L_n^{\mathrm{MMI}}(\mathbf{\Theta}; \ell_n, \mathbf{X}_n) \approx L_n^{\mathrm{MMI'}}(\mathbf{\Theta}; \mathbf{q}_n, \mathbf{X}_n) \stackrel{\text{def}}{=} -\log \frac{p(\mathbf{X}_n|\mathbf{q}_n, \mathbf{\Theta})p(\mathbf{q}_n)}{\sum_{\mathbf{q}'} p(\mathbf{X}_n|\mathbf{q}', \mathbf{\Theta})p(\mathbf{q}')} \qquad \boxed{\text{식 6.19}}$$

이 식에서 $p(\mathbf{q}')$는 $\sum_{\ell'} p(\mathbf{q}'|\ell')p(\ell')$로 계산할 수 있다. 이 손실함수는 정답 HMM 상태변수 연속열의 사후확률을 최대가 되도록 하는 형태를 취하고 있으므로 연속열 레이블, 다시 말해 언어 모형 및 사전, HMM 상태천이의 영향을 고려한 교차 엔트로피학습이라고 볼 수도 있다**.

로지스틱 회귀학습의 손실함수와 마찬가지로 이 손실함수도 식별기의 출력 연속열이 정답 연속열과 완전히 일치할 때 0이 되고, 그렇지 않을 때 1이 되도록 0-1 손실함수의 상계를 갖는다. 그러나 MMI 규준은 어디까지나 정답 연속열과 그 외의 것을 구별하는 학습을 위한 규준이므로 실제 음성 인식에 대한 평가척도인 단어 오류율에는 관여하지 않는다.

---

*   이 규준이 음향 모형학습을 위한 것이라 가정하고 있다.

**   교차 엔트로피학습에서는 정답 HMM 상태의 사후확률을 최대화하지만, MMI 학습(식 6.19)에서는 정답 HMM 상태 연속열의 사후확률을 최대화한다.

오류 척도를 도입한 최적화 규준

단어 오류율처럼 출력과 정답의 유사도를 고려하는 학습을 위해서는 출력과 정답의 차이를 나타내는 오류 척도함수 $\mathcal{D}(\mathbf{q}_n, \mathbf{q}') \geq 0$을 도입하여 다음과 같이 정의되는 boosted MMI 손실함수를 사용하여 최적화한다.

$$L_n^{\text{bMMI}}(\mathbf{\Theta}; \boldsymbol{\ell}_n, \mathbf{X}_n) \overset{\text{def}}{=} - \log \frac{p(\mathbf{X}_n | \mathbf{q}_n, \mathbf{\Theta}) p(\mathbf{q}_n)}{\sum_{\mathbf{q}'} p(\mathbf{X}_n | \mathbf{q}', \mathbf{\Theta}) p(\mathbf{q}') e^{D(\mathbf{q}_n, \mathbf{q}')}} \qquad \text{식 6.20}$$

앞서 설명한 MMI 손실함수가 0-1 손실함수의 상계가 되듯이 이 손실함수도 $\mathbf{q}'$를 식별기의 출력이라고 보았을 때의 $\mathcal{D}(\mathbf{q}_n, \mathbf{q}')$를 상계로 갖는다. 따라서 이 손실함수를 최소화하면 간접적이기는 하지만 식별기 출력의 $\mathcal{D}(\mathbf{q}_n, \mathbf{q}')$의 값을 작아지게 할 수 있다. $\mathcal{D}(\mathbf{q}_n, \mathbf{q}')$의 정의로 $\mathbf{q}_n$과 $\mathbf{q}'$ 연속열 길이가 같다는 점을 이용하여 정답이 아닌 HMM 상태가 출현한 횟수에 정비례하도록 한 것이 널리 사용되고 있다[29, 12].

연속열 식별학습에서 어려운 점은 손실함수 정의 안에서 합 $\sum_{\mathbf{q}'}$를 구하는 것이다. MMI 손실함수를 근사한 것(식 6.19)을 계층적 신경망으로 나타낸 경우를 예로 들면 출력층의 바이어스 $L_n^{\text{MMI}'}$에 대한 손실함수 $b_i^{(u)}$의 편미분 계수를 계산하면 다음과 같다.

$$\frac{\partial L_n^{\text{MMI}'}}{\partial b_i^{(U)}} = \mathrm{E}_{p(\mathbf{q}'|\mathbf{\Theta}, \mathbf{X}_n)}\left[\sum_t \delta(i; \mathbf{q}_t')\right] - \sum_t \delta(i; q_{n,t}) \qquad \text{식 6.21}$$

이 식에서 δ는 크로네커 델타(Kronecker delta) 함수, q_t'의 t번째 요소를 가리킨다. 연속열 식별학습의 기울기에는 이런 식으로 확률분포 $p(\mathbf{q}'|\mathbf{\Theta}, \mathbf{X}_n)$에 대한 기댓값이 포함되는 경우가 많다.

이 기댓값을 효율적으로 계산하기 위해 음성 인식 알고리즘의 결과로 얻은 래티스를 이용한 근사 방법이 자주 쓰인다. 래티스(lattice)란, 확률 $p(\mathbf{q}'|\mathbf{X}, \mathbf{\Theta})$이 높은 후보 $\mathbf{q}'$의 집합을 효율적으로 나타내기 위한 그래프로서 그림 6.6에서 보듯 비순환 그래프로 나타낸다. 그래프의 엣지에는 그 엣지가 가리키는 q_t와, 그 엣지를 통해 천이하는 확률이 기술되어 있다. 이 그래프로 정의되는 확률분포를 따랐을 때의 기댓값 계산

은 동적 계획법을 이용하여 효율적으로 구할 수 있다. 지금 설명한 래티스는 실제로 음성 인식기를 동작시켜서 해 ℓ'을 탐색하는 과정에서 근사적으로 얻을 수 있지만, 래티스를 계산하는 데만도 큰 계산 비용이 필요하다. 기존의 음향 모형에서는 일반적으로 GMM을 이용한 최대우도추정을 이어가며 연속열 식별학습을 했었으므로 최대우도추정에 쓰인 음향 모형을 사용하여 한 번 계산한 래티스를 연속열 식별학습에 따르는 여러 번의 기울기 계산에 재활용해 왔다.

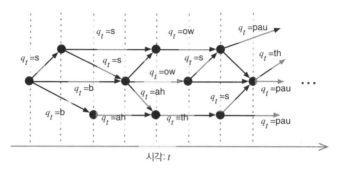

그림 6.6 래티스의 예

이 예에서는 표기의 편의를 위해 HMM 상태를 음소로 나타내고 있으나,
실제 HMM 상태는 음소보다 좀 더 자잘한 단위다.

딥 러닝을 이용한 연속열 식별학습도 음향 모형에 대한 기존 방법과 마찬가지로 먼저 기본적인 학습 알고리즘으로 교차 엔트로피학습을 수행한 뒤, 그 결과로 얻은 음향 모형을 사용하여 래티스를 생성한다. 그 다음 다시 이 래티스를 사용하여 연속열 식별학습을 하는 식으로 진행한다. 그러나 딥 러닝 특유의 문제로, 파라미터가 래티스의 재사용이 불가능한 영역까지 도달해 버리는 경우 등을 들 수 있다. 이는 자유도가 높은 파라미터를 확률적 경사하강법을 이용하여 통계적으로 최적화하므로 훈련 샘플 중 아웃라이어(outlier) 값의 영향을 받아 최적화 도중 잘못된 방향으로 업데이트될 수 있기 때문이다. 래티스는 확률 $p(\mathbf{q}'|\mathbf{X}, \boldsymbol{\Theta})$가 높은 HMM 상태 연속열 $\mathbf{q}'$를 미리 구해 둔 것이지만 이러한 이유로 래티스가 나타내는 상태 연속열 q'가 그리 높은 확률을 갖지 못하는 상태에 도달하기도 한다. 래티스를 이용한 근사로 부정확한 손실함수, 기울기가 되었으므로 한번 이러한 상태에 다다르면 다시 올바른 최적화로 돌아가기 어렵다. 현재는 이 문제를 해결하기 위한 다양한 평활화 기법이 제안되어 있다[29, 26].

6.5.2 순환결합 신경망을 이용한 음향 모형

연속열 식별학습은 DNN을 내장한 HMM을 연속열 식별기로 삼아 학습하는 기법이었다. 이는 DNN의 출력에 앞뒤 시각으로 인한 영향을 고려하여 학습하는 기법이라고 볼 수 있다. 연속열 식별학습에 의해 학습 단계에서는 앞뒤 시각의 영향을 고려할수 있지만, DNN을 실제로 이용하는 단계에서는 매 시각마다 독립된 추정을 수행하므로 앞뒤 시각의 영향을 충분히 나타내는 모형이라고는 보기 어렵다. 이 문제를 해결하려 고안된 것이 순환결합 신경망(RNN, Recurrent Neural Network)이다. RNN은 노드의 출력이 자신의 다음 시각에 대한 입력이 되도록 한 신경망을 통틀어 부르는 말로, 입력 및 중간층 출력의 시간적 의존성을 직접 모형화하는 신경망이라 할 수 있다.

음성 인식에서는 주로 엘만 네트워크(Elman network)라는 이름을 가진 유형의 RNN이 많이 사용된다. 엘만 네트워크는 이전 시각의 중간층 노드의 출력이 현재 시각의 중간층 노드의 입력으로 다시 연결되는 유형의 RNN으로, 벡터 연속열을 입력하여 이와 같은 수의 요소를 갖는 벡터 연속열을 출력할 수 있다. 지금부터는 이 엘만 네트워크를 RNN이라 부를 것이다. 또 이번 항에서는 편의상 1스텝 이전 시각의 상태로부터이어진 결합을 갖는 RNN에 대한 학습을 예로 들지만, 뒤에 설명할 RNN의 전개 표현에서 층의 결합이 순환하지 않는 범위 내에서는 다양한 구성을 취할 수 있다. 예를 들어, [6]에서는 1스텝 뒤의 시각과 앞의 시각으로부터 이어지는 결합을 모두 갖는 양방향 RNN(bidirectional RNN)이 사용된다.

RNN은 앞절에서 소개한 DNN의 파라미터 집합에 중간층에서 중간층으로 이어지는 결합의 가중치를 나타내는 파라미터인 $r_{i,i'}^{(u)}$를 추가하여, $\mathbf{\Theta} = \{w_{i,j}^{(u)}, b_i, r_{i,i'} \mid \forall i \in \{1, 2, ..., D^{(u)}\}, \forall i' \in \{1, 2, ..., D^{(u-1)}\}, \forall j \in \{1, 2, ..., D^{(u-1)}\}, \forall u \in \{1, 2, ..., U\}\}$로 한다. 그리고 시각 t에 대한 u번째 중간층의 출력 $h_{t,i}^{(u)}$을 이 파라미터를 써서 다음과 같이 나타낼 수 있다.

$$h_{t,i}^{(u)}(\mathbf{X}) = a\left(z_{t,i}^{(u)}(\mathbf{X})\right)$$
$$z_{t,i}^{(u)}(\mathbf{X}) = b_i^{(u)} + \sum_j w_{i,j}^{(u)} h_{t,j}^{(u-1)}(\mathbf{X}) + \sum_{i'} r_{i,i'}^{(u)} h_{t-1,i'}^{(u)}(\mathbf{X})$$

식 6.22

여기서는 중간층의 출력을 나타내는 함수를 입력 연속열 전체에 대한 함수로서 $h_{t,j}^{(u)}(\mathbf{X})$와 같이 나타내고 있다. 이는 시각 t에 대한 중간층의 출력이 입력 연속열의 t번째 요소 $\mathbf{x}_t$뿐만 아니라 입력 연속열 전체, 좀 더 구체적으로 말하면 시각 t 이전의 모든 입력에 의해 결정된다는 것을 의미한다. 또 $a(\cdot)$은 활성화함수를 가리킨다. 위 식의 $z_{t,i}^{(u)}$은 식 6.5의 $z_i^{(u)}$와 마찬가지로 중간층 유닛에 대한 입력의 가중합을 나타내기 위해 도입한 것이다. $z_{t,i}^{(u)}$의 첫 번째 항은 바이어스항, 두 번째 항은 해당 시각의 인접한 층으로부터 들어오는 입력, 세 번째 항은 바로 이전 시각 $t-1$의 해당 층으로부터 들어오는 입력을 가리킨다. 또 $h_{t,i}^{(0)}(\mathbf{X})$을 t번째 입력 벡터의 i번째 요소를 사용하여 $x_{t,i}$로 고정한다. 회귀 연결을 갖지 않는 층(u'번째 층)을 도입하는 경우에는 $r_{t,i}^{(u')} = 0(\forall i, \forall i')$와 같이 고정하면 된다.

RNN을 사용한 음향 모형을 적용한 예로 [31]을 들 수 있다. 문헌 [31]에는 탠덤 방식을 사용하여 RNN으로 추출한 특징값으로부터 음성 인식을 수행하는 방법으로 노이즈에 견고한 인식을 할 수 있음을 보였다. 기존에는 RNN 음향 모형으로 음성 특징값의 고정 길이 세그먼트로 표현한 시간 변화에 대한 정보를 RNN의 구조로 표현할 수 있으므로 세그먼트의 길이를 기존보다 짧게 잡고 파라미터 수를 줄여도 종전과 동등하거나 그 이상의 인식 성능을 달성할 수 있다. 또 노이즈가 심한 환경이나 소리가 울리는 환경에서의 음성 인식에서는 발화가 일어나는 환경의 정보를 긴 시간에 걸친 정보로부터 분석하여 환경의 영향을 배제하면서 인식을 수행하는 처리를 신경망 내부에 갖추어 두어야 하므로 RNN처럼 기억을 유지할 수 있는 신경망은 필연적이라 할 수 있다.

회귀 결합 신경망의 학습

회귀 결합 입력이 갖는 RNN은 다음에 소개할 통시적 오차역전파법(BPTT, Back-Propagation Through Time) 방법으로 학습한다. RNN의 교차 엔트로피학습은 다음과 같은 최적화 문제로 나타낼 수 있다.

$$\operatorname*{argmin}_{\mathbf{\Theta}} \sum_n L_n^{\text{BPTT}}(\mathbf{\Theta}; \mathbf{q}_n, \mathbf{X}_n)$$

식 6.23

이때 다음 정의를 따른다.

$$L_n^{\text{BPTT}}(\mathbf{\Theta}; \mathbf{q}_n, \mathbf{X}_n) \overset{\text{def}}{=} \sum_t L_{n,t}^{\text{BPTT}}(\mathbf{\Theta}; \mathbf{q}_n, \mathbf{X}_n)$$

$$L_{n,t}^{\text{BPTT}}(\mathbf{\Theta}; \mathbf{q}_n, \mathbf{X}_n) \overset{\text{def}}{=} -\log p(q_{n,t}|\mathbf{x}_{n,t}, \mathbf{x}_{n,t-1}, \mathbf{x}_{n,t-2}\cdots)$$

$$= -\log h_{t,q_{n,t}}^{(I^J)}(\mathbf{X}_n)$$

식 6.24

그리고 $\mathbf{x}_{n,t}$는 학습 데이터의 n번째 연속열의 시각 t에서의 입력 벡터, $q_{n,t}$는 학습 데이터의 n번째 연속열의 시각 t에 대한 출력 레이블이다. RNN을 절충적 방식의 일부로서 HMM과 함께 사용하는 경우에 $\mathbf{x}_{n,t}$는 음성 특징 벡터이며, $q_{n,t}$는 HMM 상태가 된다.

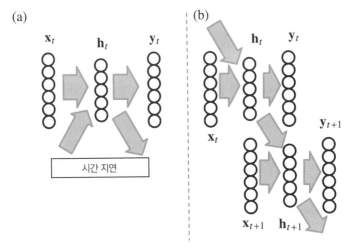

그림 6.7 RNN의 전개 표현

절충적 방식에 기초하여 RNN을 사용하는 경우 그림의 출력 벡터 $\mathbf{y}_t$는 HMM 상태변수 q_t의
1-on-n 표현, 다시 말해 q_t번째 요소만 $\mathbf{y}_{t,q_t} = 1$이고, 나머지 차원 d에 대해 $\mathbf{y}_{t,d} = 0$인 벡터다.

이 방법은 그림 6.7과 같이 RNN을 거대한 DNN으로 전개한 뒤 전개된 신경망에 대한 교차 엔트로피학습이라고 해석할 수 있다. RNN은 이렇게 전개된 신경망으로 보면 단순한 다입력 다출력을 갖춘 DNN으로 볼 수 있으므로 오차역전파법과 마찬가지 알고리즘으로 최적화할 수 있다. 확률적 경사하강법을 이용해 이를 최적화하는 알고리즘을 통시적 오차역전파법(BPTT)이라고 한다[19, 33].

식 6.24에 나온 손실함수의 순환결합 가중치 파라미터 $r_{i,i'}^{(u)}$에 대한 기울기는 다음 식과 같이 나타낼 수 있다.

$$\frac{\partial L_n^{BPTT}}{\partial r_{i,i'}^{(u)}} = \sum_t \frac{\partial L_{n,t+1}^{BPTT}}{\partial z_{t+1,i}^{(u)}} h_{t,i'}^{(u)}(\mathbf{X})$$

식 6.25

여기서 u는 순환결합을 갖는 층의 인덱스를 가리킨다.

순환결합을 갖는 층의 바이어스 계수에 대한 편미분계수 $\partial L_{n,t}^{BPTT}/\partial z_{t,j}^{(u)}$는 t가 연속열의 길이보다 큰 경우에는 0으로 한다. 그 외의 경우 RNN을 전개한 표현으로부터 유추하여 다음과 같이 나타낸다.

$$\frac{\partial L_{n,t}^{BPTT}}{\partial z_{t,j}^{(u)}} = a'(z_{t,j}^{(u)}(\mathbf{X}_n)) \left(\sum_i w_{i,j}^{(u+1)} \frac{\partial L_{n,t}^{BPTT}}{\partial z_{t,j}^{(u+1)}} + \sum_{i'} r_{i',j}^{(u)} \frac{\partial L_{n,t+1}^{BPTT}}{\partial z_{t+1,j}^{(u)}} \right)$$

식 6.26

여기서 $a'(\cdot)$은 활성화함수의 도함수이다.

이렇듯 BPTT 알고리즘의 기울기 계산에서는 $z_{t,i}^{(u)}(\mathbf{X}_n)$을 계산하기 위해 과거의 모든 입력에 해당하는 활성화 상태를, 또 $\partial L_{n,t}^{BPTT}/\partial z_{t,j}^{(u)}$를 계산하기 위해서는 미래의 모든 입력에 해당하는 기울기 계수를 계산해야 한다. 이 때문에 길이가 긴 연속열에 대한 학습이나, 스트림 데이터처럼 연속열의 요소가 시시각각 추가되는 경우의 학습은 일정한 시간 이상 미래의 입력 벡터 및 출력 레이블로부터 계산되는 기울기의 요소를 0으로 쳐서 근사하는 형태로 BPTT를 실행하는 방법도 제안된 바 있다(Truncated BPTT)[33].

6.5.3 장단기 기억

그림 6.7에서 보았듯이 RNN에 대한 BPTT 학습은 깊은 신경망(예를 들면, $\mathbf{x}_t$과 $\mathbf{y}_{t+1}$의 관계를 기술하는 신경망)과 얕은 신경망($\mathbf{x}_t$와 $\mathbf{y}_t$의 관계를 기술한 신경망)을 결합하여 파라미터를 공유하는 형태를 취하고 있다. 이런 깊은 신경망에서는 기울기 소실 문제(vanishing gradient problem), 다시 말해 오차 역전파법을 수행할 때 오차 신호가 의도하는 크기

로 전파되지 않고 중간층을 거칠 때마다 기울기가 작아지는 문제가 생기게 된다. 이 때문에 얕은 신경망으로 표현할 수 있는 부분은 학습 초기 단계에서 얻을 수 있지만, 깊은 신경망에 해당하는 부분을 현실적으로 얻기 어렵게 된다. 즉, RNN은 모형의 이론상으로는 무한 길이의 기억을 유지할 수 있지만, 실제로 이를 학습하기 어렵다는 단점이 있다.

신경망의 기울기 소실 문제는 오차역전파법 과정에서 활성화함수의 작은 함숫값이 여러 번 곱해지면서 일어나는 문제다. 활성화함수의 함숫값이 1보다 작으면 파라미터의 기울기는 층을 거칠 때마다 지수적으로 줄어들며, 함숫값이 1보다 큰 경우에는 마찬가지로 지수적으로 커지게 된다. 어떤 경우든 기울기의 스케일이 서로 큰 차이가 나므로 결과적으로 경사법을 이용한 최적화를 어렵게 한다.

장단기기억(LSTM)은 이를 해결하기 위해 특수한 비가시 노드를 도입한다[10]. LSTM은 간격이 긴 공기(co-occurence) 관계를 학습할 때 기울기가 극단적인 값을 갖게 되는 것을 피하기 위해 재귀적인 입력을 받는 노드에 대해 항등함수를 활성화함수로 사용한다. 또 재귀적 입력에 대한 가중행렬을 단위행렬로 고정한다. 시각 t에 대한 이러한 노드의 출력 $m_{t,i}^{(u)}$는 다음과 같이 나타낼 수 있다.

$$m_{t,i}^{(u)} = m_{t-1,i}^{(u)} + z_{t,i}^{(u)}$$

식 6.27

여기서 $z_{t,i}^{(u)}$는 시각 t에 대한 i번째 메모리 노드에 대해 인접한 층($u-1$층)으로부터 들어오는 입력의 총량이다. 이 노드의 출력 $m_{t,i}^{(u)}$의 입력(예를 들어, $m_{t-1,i}^{(u)}$)에 대한 편미분 계수는 정확히 1이므로 기울기 소실 문제를 피할 수 있다. 이 때문에 순환결합하는 노드로 이런 노드를 사용한 RNN에서는 충분히 긴 시간차를 가진 공기 관계를 고려하여 최적화하는 것이 가능하다.

그러나 중간층의 표현을 크게 간략화하였으므로 시간 방향의 영향은 식 6.27에서 보듯 단순한 덧셈 형태로밖에 주어지지 않는다. 그래서 LSTM은 보조적인 게이트 노드인 판단 노드를 도입한 여러 노드의 집합체를 하나의 메모리셀로 다루는 방법으로 표현력을 향상시키고 있다. 그림 6.8에 메모리셀의 구성을 실었다.

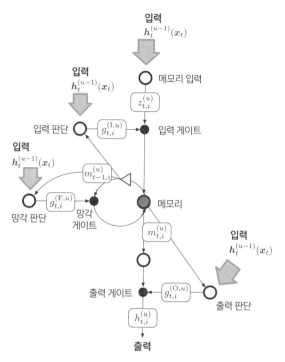

입력
$h_t^{(u-1)}(\boldsymbol{x}_t)$

○ 메모리 입력

$z_{t,i}^{(u)}$

입력
$h_t^{(u-1)}(\boldsymbol{x}_t)$

입력 판단 ○ — $g_{t,i}^{(\mathrm{I},u)}$ — ● 입력 게이트

입력
$h_t^{(u-1)}(\boldsymbol{x}_t)$

$m_{t-1,i}^{(u)}$

망각 판단 ○ — $g_{t,i}^{(\mathrm{F},u)}$ — ● 메모리

망각
게이트

$m_{t,i}^{(u)}$

입력
$h_t^{(u-1)}(\boldsymbol{x}_t)$

○

출력 게이트 ● — $g_{t,i}^{(\mathrm{O},u)}$ — ○ 출력 판단

$h_{t,i}^{(u)}$

출력

그림 6.8 LSTM 셀의 구성 예

실선 화살표는 결합 가중치 하나의 결합을 나타낸다. 블록 화살표는 조정 가능한
가중치 계수를 가진 결합을 나타낸다. 회색 원은 항등 노드를 의미하며, 검은 원은 입력의
곱을 취하는 노드를 의미하고, 삼각형은 순환결합을 위한 시간 지연 노드를 의미한다.

판단 노드(그림 6.8에서 입력 판단/망각 판단/출력 판단에 해당)는 각 시각으로부터의 덧셈
처리를 할지 여부, 그리고 인접층으로부터의 입력을 덧셈 처리 할지 여부, 출력을 할
지 여부를 메모리 셀의 현재 및 직전 값과 인접층으로부터 들어온 입력 벡터로부터
판단하는 시그모이드 노드다. 판단 노드의 출력은 두 입력의 곱을 취하는 게이트 노
드(그림 6.8에서 검정색 원)에 입력된다. 이 게이트 노드는 단순한 곱셈만을 수행하므로
판단 노드의 출력이 0이 되면 입력 신호를 끌 수 있다. 이런 방법으로 판단 노드와 게
이트 노드는 메모리 셀의 입력을 무시/메모리 삭제/출력의 억제를 한다. 판단 노드는
메모리 셀의 현재 혹은 바로 직전 상태, 인접층으로부터 들어온 입력에 의해 즉각적
으로 판단을 내릴 뿐 판단 노드의 학습은 기울기 소실 문제의 영향을 받지 않을 수
있다.

메모리 셀의 출력 $h_{t,i}^{(u)}$와 메모리 셀에 대한 입력 $z_{t,i}^{(u)}$는 다음과 같이 나타낼 수 있다.

$$h_{t,i}^{(u)} = g_{t,i}^{(O,u)} \mathrm{sig}\left(m_{t,i}^{(u)}\right),$$

$$z_{t,i}^{(u)} = \mathrm{sig}\left(\sum_j w_{i,j}^{(u)} h_{t,j}^{(u-1)}(\mathbf{x}_t)\right)$$

식 6.28

또 메모리 노드의 값은 입력 게이트와 망각 게이트를 추가하여 식 6.27은 다음 식과 같이 변경된다.

$$m_{t,i}^{(u)} = g_{t,i}^{(F,u)} m_{t-1,i}^{(u)} + g_{t,i}^{(I,u)} z_{t,i}^{(u)}$$

식 6.29

입력, 출력 및 망각 게이트의 값 $g_{t,i}^{(I,u)}$, $g_{t,i}^{(O,u)}$, $g_{t,i}^{(F,u)}$는 각각 앞층의 출력과 메모리 값을 입력으로 하여 시그모이드 활성화함수를 사용한 노드로 나타낸다*.

$$g_{t,i}^{(I,u)} = \mathrm{sig}\left(b_i^{(I,u)} + \sum_j w_{i,j}^{(I,u)} h_{t,j}^{(u-1)}(\mathbf{x}_t) + \sum_{i'} w_{i,i'}^{(I',u)} m_{t-1,i'}^{(u)}\right)$$

$$g_{t,i}^{(F,u)} = \mathrm{sig}\left(b_i^{(F,u)} + \sum_j w_{i,j}^{(F,u)} h_{t,j}^{(u-1)}(\mathbf{x}_t) + \sum_{i'} w_{i,i'}^{(F',u)} m_{t-1,i'}^{(u)}\right)$$

식 6.30

$$g_{t,i}^{(O,u)} = \mathrm{sig}\left(b_i^{(O,u)} + \sum_j w_{i,j}^{(O,u)} h_{t,j}^{(u-1)}(\mathbf{x}_t) + \sum_{i'} w_{i,i'}^{(O',u)} m_{t,i'}^{(u)}\right)$$

여기서 $b_i^{(I,u)}$, $b_i^{(F,u)}$, $b_i^{(O,u)}$, $w_{i,j}^{(I,u)}$, $w_{i,i'}^{(I',u)}$, $w_{i,j}^{(F,u)}$, $w_{i,i'}^{(F',u)}$, $w_{i,j}^{(O,u)}$, $w_{i,i'}^{(O',u)}$는 각 판단 노드의 파라미터이며 다른 파라미터와 마찬가지로 오차역전파법으로 학습된다.

LSTM을 음향 모형에 적용하면 **TIMIT** 음소 인식 과업의 정확도를 더욱 향상시킬 수 있다는 것을 보인 바 있다[6]. 또 잡음제거 자기부호화기처럼 환경적인 잡음을 포함한 음성의 특징값 벡터 연속열로부터 깨끗한 음성의 특징값 벡터 연속열에 대한 매핑을 학습하여, 음성 인식 이전 단계에 적용할 잡음 제거 알고리즘을 얻는 기법[34]과, 뒤에

---

* 이전 시각의 $h_{t-1,j}^{(u)}$를 추가로 고려에 넣는 경우도 있다.

설명할 RNN 언어 모형처럼 언어 모형을 이용하는 기술 등도 제안되었다[27].

신경망에 대한 학습의 관점에서 기울기 소실 문제를 처음 언급한 것은 LSTM에 대한 논문이며[10], RNN의 문맥에서는 일찍부터 딥 러닝의 중요성이 지적되어 왔다. LSTM 은 최적화의 어려움을 사전훈련 대신 새로운 모형의 구조를 고안하는 방법으로 해소 한 예로서 흥미롭다 하겠다.

6.5.4 멀티스트림/멀티태스크 학습

신경망은 층과 층을 연결하는 방법과 식별기를 구성하는 방법에서 기존의 방법보다 훨씬 높은 자유도를 갖는다. 어떤 구성을 선택하든지 다층 퍼셉트론의 구조로부터 벗 어나지 않는 한, 단순한 오차역전파법으로 학습할 수 있다. 이러한 성질을 활용하여 음성 인식의 입력/출력을 확장하여 정확도 향상을 꾀하는 방법이 검토되었다. 여러 정보원을 입력으로 이용하는 접근법을 멀티스트림 학습(multi-stream learning)이라고 한 다. 또 여러 가지 정보를 출력, 다시 말해 레이블로 주어서 동시에 하나 이상의 식별 문제를 해결하는 신경망을 학습하려는 접근법을 멀티태스크 학습(multitask learning)이 라고 한다. 멀티스트림 접근법처럼 여러 가지 정보원을 모두 입력으로 이용하는 접근 법은 기계학습 분야, 특히 식별적 접근법을 따르는 기계학습 기법에서는 필연적으로 사용되었다. 그렇지만 제약이 강한(요소 간의 상관이 없다는 가정을 내린) GMM-HMM 을 사용하는 것이 일반적이었던 음성 인식 연구의 맥락에서는 특별히 멀티스트림이라 고 불린다.

멀티스트림에서 가장 오래전부터 검토되었던 방법은 딥 러닝 등장 이전부터 연구되었 던 음성 분석법에 대한 다중화였다. 음성 인식에서 환경 잡음의 영향을 무시할 수 없 다. 그러나 환경 잡음의 종류에 따라 적절한 음성 분석법이 서로 다르므로 다중화된 음성 분석법을 사용하는 것이 중요했다[11]. 최근에는 화자에 대한 적응과 비슷한 효 과를 얻기 위한 목적으로 화자 정보를 추출하도록 설계된 특징값 벡터를 입력에 추가 하는 방법을 사용한다. 이런 방법을 통해 화자 정보에 대한 정규화를 포함하여 신경 망에 학습시키는 구조를 볼 수 있다[20]. 이 예에서처럼 음성 인식의 본래 입력 형태인 시계열 입력과, 화자정보처럼 시간에 따라 변화하지 않는 벡터를 병렬로 입력할 수 있게 된다. 또한 입력 형태를 변화시켜도 학습 알고리즘에 큰 변화를 가할 필요가 없다는 것도 신경망이 갖는 장점 중 하나다.

멀티태스크 학습으로 앞뒤의 음소나 HMM 상태를 식별 대상에 추가하는 연구[23]나, 하나 이상의 언어에 대한 식별기를 동시에 학습하는 방법[8, 28, 5] 등이 제안되었다. 어떤 경우든지 기본적인 오차역전파법을 적용할 수 있는 범위 안에서 새로운 레이블 정보를 도입하여 정확도를 향상시킬 수 있다. 여러 언어에 대한 동시 학습에 대한 검토는 어떤 언어에 대한 음성 인식도 입력층에 가까운 중간층은 공통적일 것이라는 가정에 따라 이뤄지고 있다. 이 가정은 입력층에 가까운 중간층은 출력 언어와는 관계없는 표현을 학습할 것이라는 생각에 따른 것으로 음성에 대한 표현학습이 특정 언어에 의존하지 않고 이뤄진다는 것을 시사하고 있다.

6.6 언어 모형에 대한 딥 러닝

이번 절에서는 음성 인식의 언어 모형, 다시 말해 식 6.1에서 $p(\ell)$을 획득하기 위해 딥 러닝을 적용하는 기술에 대해 설명하겠다. 자연어를 다루는 딥 러닝 기술 전반에 대해서는 7장을 참고하기 바란다. 그리고 자연어 처리에서 사용되는 언어 모형과 비교하여, 음성 인식에서 쓰이는 언어 모형의 특징은 구문 트리에 기초한 모형화보다 단순한 언어 문맥에 따른 방법이 널리 사용된다는 점이다. 그 이유 중 하나로, 음성언어에는 필러(filler, '아-, 음-'과 같은 무의미한 단어)나 얼버무림/잘못 말함/고쳐 말함 같은 것이 자주 일어나기 때문에, 줄글보다 노이즈가 많이 섞여 있어 이를 엄밀하게 분석하기 어렵다는 점이 있으리라 생각할 수 있다. 이번 절에서는 이런 언어 문맥에 기초한 언어 모형 중 하나로, 음성언어의 언어 모형으로 높은 정확도를 보이고 있는 회귀 결합 신경망을 이용한 언어 모형을 소개한다.

6.6.1 회귀 결합 신경망을 이용한 언어 모형

음향 모형을 다룬 절에서 설명했던 RNN은 언어 모형에도 이용된다[14]. 언어 모형은 다음 식과 같이 문맥에서 다음 단어를 예측하기 위한 조건부 확률분포의 곱으로 분해할 수 있다.

$$p(\boldsymbol{\ell}) = \prod_m p(\ell_m | \ell_{m-1}, \ell_{m-2}, \dots)$$

식 6.31

RNN을 이용하여 이 조건부 확률을 예측하는 것이 RNN 언어 모형이다. 이를 적용한 단순한 예로, 소프트맥스 출력층 출력을 단어의 발생 확률로 다음과 같이 나타내는 방법이 있다.

$$p(\ell_m | \ell_{m-1}, \ell_{m-2}, \dots) \stackrel{\text{def}}{=} \frac{1}{Z} \exp \left\{ z_j^{(U)} \left(\boldsymbol{\phi}(\ell_{m-1}) \right) \right\}$$

식 6.32

여기서 $z_j^{(U)}$는 j번째 출력 노드에 입력되는 노드의 가중합(식 6.5)이며, $\boldsymbol{\phi}(\ell_{m-1})$은 단어 ℓ_{m-1}의 1-of-N 표현, 다시 말해 단어 ℓ_{m-1}에 대응하는 요소만 1이고 나머지 모든 요소가 0이 되는 벡터다. 이 RNN을 이용한 모형화는 바로 앞 단어만을 명시적으로 RNN의 입력으로 이용하며, 그보다 앞에 나온 단어의 정보는 중간층에 부호화된 상태로 들어 있도록 의도한 것이다.

이 표현의 최대 결점은 정규화 상수 Z를 평가하는 데 필요한 계산량이다. 단어 하나의 출현 확률을 계산할 때마다 정규화 상수에 대한 계산이 필요하며, 여기에는 어휘 수에 비례하는 시간이 걸리므로 이대로는 어휘가 작은 시스템에서만 단어열의 확률값을 계산할 수 있다. 이런 문제에 대해 문헌 [14]에서는 클래스 베이스의 기법을 사용한다. 단어 ℓ_m이 어떤 특정한 클래스 k_{ℓ_m}에 속하며, 모든 단어에 대해 단어가 대응하는 클래스를 이미 알고 있다고 가정한다. 이 클래스 표현을 사용하면 예측분포 $p(\ell_m | \ell_{m-1}, \ell_{m-2}, \dots)$을 다음과 같이 분해한 형태로 정의한다.

$$p(\ell_m | \ell_{m-1}, \ell_{m-2}, \dots)$$
$$\approx p(\ell_m | k_{\ell_m}, \ell_{m-1}, \ell_{m-2}, \dots) p(k_{\ell_m} | \ell_{m-1}, \ell_{m-2}, \dots)$$

식 6.33

이렇게 분해함으로써 클래스 출현 확률과, 클래스를 이미 알고 있는 경우의 단어의 출현 확률의 곱으로 단어의 출현 확률을 나타낼 수 있게 된다. 이 정의를 이용하여 단어 ℓ_m의 확률을 평가할 때 필요한 정규화 상수의 계산을 클래스의 확률 $p(k_{\ell_m}|\ell_{m-1}, \ldots)$에 대한 것, 단어 ℓ_m이 속하는 클래스 안에서 단어의 확률 $p(\ell_m|k_{\ell_m}, \ell_{m-1}, \ldots)$에 대한 것으로 분해할 수 있다.

이렇게 분해한 확률을 각각 별도의 소프트맥스 출력층으로 출력한다. 즉, 같은 RNN 안에 클래스의 출현 확률을 출력하는 출력층과, 특정 클래스의 단어에 대한 확률을 평가할 때만 사용되는 클래스 단위의 출력층을 도입한다. 예를 들면, 단어 전체를 K 클래스로 나눈 경우에는 클래스를 예측하는 출력층과, 클래스마다 단어의 출현 확률을 예측하는 K개의 출력층을 합쳐서 $K + 1$개의 서로 다른 소프트맥스 출력층을 갖는 RNN을 사용하여 이들 각각의 분포를 정의하는 방법을 생각해 볼 수 있다. 클래스의 출현 확률 $p(k_{\ell_m}| \ldots)$은 다음과 같이 나타낼 수 있다.

$$p(k_{\ell_m}|\ell_{m-1}, \ell_{m-2}, \ldots)$$
$$\stackrel{\text{def}}{=} \frac{1}{Z_0} \exp\left\{ b_{\ell_m}^{(U,0)} + \sum_j w_{\ell_m,j}^{(U,0)} h_j^{(U-1)}\left(\boldsymbol{\phi}(\ell_{m-1})\right) \right\} \qquad \text{식 6.34}$$

이 식에서, $(U-1)$번째 중간층에서 클래스를 출력하는 출력층에 대한 결합의 가중치 계수 행렬 (i, j)번째 요소를 $w_{i,j}^{(U,0)}$로 나타내며, 클래스를 출력하는 출력층의 i번째 요소의 바이어스 파라미터를 $b_i^{(U,0)}$으로 나타내기로 한다.

클래스가 주어졌을 때 단어의 확률을 출력하는 출력층은 다음과 같이 나타낸다.

$$p(\ell_m|k_{\ell_m}, \ell_{m-1}, \ell_{m-2}, \ldots)$$
$$\stackrel{\text{def}}{=} \frac{1}{Z_{k_{\ell_m}}} \exp\left\{ b_{I_{k_{\ell_m}}(\ell_m)}^{(U,k_{\ell_m})} + \sum_j w_{I_{k_{\ell_m}}(\ell_m),j}^{(U,k)} h_j^{(U-1)}\left(\boldsymbol{\phi}(\ell_{m-1})\right) \right\} \qquad \text{식 6.35}$$

여기서, $(U-1)$번째 중간층에서 k번째 클래스에 속하는 단어의 확률을 출력하는 출력층으로 이어지는 결합의 가중치 계수 행렬의 (i, j) 요소를 $w_{i,j}^{(U,k)}$ 로 나타내고, 마찬가지로 k번째 클래스에 속하는 단어의 확률을 출력하는 출력층의 i번째 요소에 대한 바이어스 파라미터를 $b_i^{(U,k)}$와 같이 나타낸다. 또한 클래스 k 안에서 단어 ℓ의 일련번호를 $I_k(\ell)$로 나타낸다. 이러한 표현을 사용하면 클래스를 결정하기 위한 정규화 상수 Z_0의 계산 시간은 클래스 수에 비례하게 되며, 클래스 k의 정규화 상수 Z_k는 해당 클래스에 속하는 단어의 수에 비례하는 계산 시간을 갖게 된다.

RNN을 이용한 언어 모형은 특히 N그램 빈도에 기반을 둔 확률분포와의 선형보간과 조합하여 이용한 경우에 높은 효과를 거둘 수 있다. 이렇게 조합한 형태의 언어 모형은 언어 모형의 좋고 나쁨을 단독으로 측정하는 평가 척도인 퍼플렉시티(perplexity)에서의 개선은 물론이고, 음향 모형과 조합하여 음성인식을 수행한 결과로 얻은 단어 오류율도 크게 개선된다. 이렇듯 음성 인식은 음향 모형/언어 모형 양쪽에서 딥 러닝의 수혜를 입고 있다. 또한 양쪽 모두 딥 러닝이 단독으로 거둔 성과가 아니라 기존의 생성 모형과 융합함으로써 실현되었다는 것이 흥미롭다.

6.7 정리

이번 장에서는 음성 인식에 딥 러닝을 적용한 사례와 함께 현재 활발히 연구되고 있는 기술을 소개하였다. 음성 인식의 입력과 출력은 서로 성질이 크게 다른 시계열 데이터이므로 다른 응용 분야와 조금 다른 구조를 갖는 모형을 이용하는 경우가 많다. 그러나 이렇게 성질이 서로 다른 응용 분야에서도 딥 러닝 기술이 도입됨으로써 전문가가 세심하게 설계한 특징 추출 과정이 학습 가능한 구성 요소가 이어지는 형태로 치환될 수 있었다.

음성은 이미지나 자연어에 비해 물리적인 발생 프로세스가 잘 알려져 있다고 여겨왔다. 실제로도 지금까지의 특징 추출 기술 역시 발성 메커니즘을 고려하면서도 계산 효율이 뛰어난 특징을 갖는 세련된 음성 분석법이 사용되었다. 이렇게 뛰어난 특징 추출법을 훨씬 뛰어넘는 성능을 낼 수 있는 딥 러닝의 잠재 능력은 그저 놀라울 뿐이다. 기존 특징 분석 기법의 포인트는 혼합 가우시안 분포를 이용한 모형화가 유용했듯이 되도록 유용한 저차원 특징을 추출하는 방침을 따르는 것이었다. 반면 딥 러닝을 이용한 특징 추출은 중간층 노드의 수나 DNN의 입력 특징의 수로 보아도 기존 방법 대비 10배 이상의 차원을 사용하고 있다. 이는 세련된 저차원 특징 추출을 지향 하던 시대의 방침과는 큰 괴리가 있다. 앞으로 특징값은 설계를 통해 얻는 것이 아니 라 학습의 대상이 되는 시대로 바뀌어 가게 될까 아니면 특징을 학습하는 시대에 적 합하도록 특징을 재설계할 필요가 생기게 될까?

음성 인식에 적용된 딥 러닝 역시 이미지에 적용된 딥 러닝과 마찬가지로 인식 정확도 에서 대폭적인 향상이 있었다. 이런 배경으로부터 딥 러닝 기술은 다양한 연구기관으 로부터 큰 주목을 받았고, 최근 단기간 동안 다양한 연구보고가 있었다. 현재는 많은 음성 인식 시스템에 딥 러닝 기술이 탑재되어 실생활에서 사용되는 기술로서의 입지 를 이미 확립하였다고 할 수 있다. 그러나 여전히 중요한 문제가 많이 남아 있다. 예 를 들면 거대한 신경망 구조를 어떻게 결정할 것인가 하는 문제가 있다. 신경망의 구 조는 여러 가지 변수에 의해 결정되는데, 이를 교차 확인을 통해서는 현실적 시간 내 에 결정하기 어렵다. 특히 학습 데이터의 규모가 큰 경우 학습 한 번에도 많은 시간이 필요하므로 되도록 실제 학습에 앞서 모형 구조를 결정하는 것이 유리하다. 여기에 학습을 위한 하이퍼파라미터(규제화 가중치 및 학습률) 값을 설정하는 것도 아직 어려움 이 많다. 현재 실정은 이런 문제에 여러 번의 시행착오를 해야 한다. 전형적인 음성 인 식을 위한 설정이라면 앞선 연구자들의 시행착오를 통해 해결되는 부분도 많겠지만, 새로운 종류의 문제를 발견하게 되었을 때에는 다시 많은 노력을 하게 될 것이다. 이 런 문제를 해소하고, 딥 러닝의 성질을 깊게 이해하여 시행착오 없이 적용할 수 있는 날이 과연 오게 될 것인가, 아니면 좀 더 다루기 쉬운 다른 접근법이 딥 러닝을 뛰어 넘게 될 것인가? 딥 러닝이 제시한 지금까지의 의문은 앞으로의 음성 인식 기술을 넘 어 인공지능에 대한 응용 전체를 생각하여도 중요한 문제가 될 것이다.

참고 문헌

[1] Balakrishnan Varadarajan, Sivaram Garimella, and Sanjeev Khudanpur, Dirichlet mixture models of neural net posteriors for HMM-based speech recognition, In *Proc. ICASSP*, pp. 5028–5031, May 2011.

[2] Yoshua Bengio, Pascal Lamblin, *Dan* Popovici, and Hugo Larochelle, Greedy layer-wise training of deep networks, In *Advances in Neural Information Processing Systems (NIPS)*, 2006.

[3] Hervé A. Bourlard and Nelson Morgan, *Connectionist speech recognition: a hybrid approach*, Vol. 247. Springer, 1994.

[4] John S Bridle, Probabilistic interpretation of feedforward classification network outputs, with relationships to statistical pattern recognition, In *Neurocomputing*, pp. 227–236. Springer, 1990.

[5] Arnab Ghoshal, Pawel Swietojanski, and Steve Renals, Multilingual training of deep neural networks, In *Proc. ICASSP*, 2013.

[6] Alex Graves, Abdel-rahman Mohamed, and Geoffrey Hinton, Speech recognition with deep recurrent neural networks, In *Proc. ICASSP*, pp. 6645–6649, 2013.

[7] Xiaodong He, Li Deng, and Wu Chou, Discriminative learning in sequential pattern recognition, *IEEE Signal Processing Magazine*, Vol. 25, No. 5, pp. 14–36, September 2008.

[8] Georg Heigold, Vincent Vanhoucke, Andrew Senior, Patrick Nguyen, M Ranzato, Matthieu Devin, and Jeff Dean, Multilingual acoustic models using distributed deep neural networks, In *Proc. ICASSP*, pp. 8619–8623, 2013.

[9] Hynek Hermansky, Dan P. Ellis, and Sangita Sharma, Tandem connectionist feature extraction for conventional HMM systems, In *Proc. ICASSP*, Vol. 3, 2000.

[10] Sepp Hochreiter and Jürgen Schmidhuber, Long short-term memory, *Neural computation*, Vol. 9, No. 8, pp. 1735–1780, 1997.

[11] Adam Janin, Daniel P.W. Ellis, and Nelson Morgan, Multi-stream speech recognition: Ready for prime time?, In *Proc. EUROSPEECH*, 1999.

[12] Brian Kingsbury, Lattice-based optimization of sequence classification criteria for neural-network acoustic modeling, In *Proc. ICASSP*, pp. 3761–3764, 2009.

[13] 北研二, 『確率的言語モデル』, 東京大学出版会, 1999.

[14] Tomas Mikolov, Martin Karafiát, Lukas Burget, Jan Cernocky, and Sanjeev Khu'danpur, Recurrent neural network based language model, In *Proc. INTERSPEECH*, pp. 1045–1048, 2010.

[15] Abdel-rahman Mohamed, George E. Dahl, and Geoffrey E. Hinton, Deep belief network for phone recognition, In *NIPS Workshop on DeepLearning for Speech Recognition and Related Applications*, 2009.

[16] Nelson Morgan, Zhu Qifeng, Andreas Stolcke, Kemal Sonmez, Sunil Sivadas, Takahiro Shinozaki, Mari Ostendorf, Pratibha Jain, Hynek Hermansky, Dan Ellis, George Doddington, Barry Chen, Özgür Çetin, Hervé Bourlard, and Marios Athineos, Pushing the envelope – aside, *IEEE Signal Processing Magazine*, pp. 81–88, September 2005.

[17] Jian Peng, Liefeng Bo, and Jinbo Xu, Conditional neural fields, In Advances in *Neural Information Processing Systems (NIPS)*, 2006.

[18] Lawrence Rabiner and Biing-Hwang Juang, *Fundamentals of Speech Recognition*, Prentice Hall, 1993.

[19] David E. Rumelhart, Geoffrey E. Hinton, and Ronald J. Williams, *Learning internal representation by error propagation*, Vol. 1, chapter 8, pp. 318–362. MIT Press, 1986.

[20] George Saon, Hagen Soltau, David Nahamoo, and Michael Picheny, Speaker adaptation of neural network acoustic models using i-vectors, In *Proc. IEEE Workshop on Automatis Speech Recognition and Understanding (ASRU)*, 2013.

[21] Frank Seide, Gang Li, Xie Chen, and Dong Yu, Feature engineering in contextdependent deep neural networks for conversational speech transcription, In *Proc. IEEE Workshop on Automatis Speech Recognition and Understanding (ASRU)*, 2011.

[22] Frank Seide, Gang Li, and Dong Yu, Conversational speech transcription using context-dependent deep neural networks, In *Proc. Interspeech*, pp. 437–440, 2011.

[23] Mike L. Seltzer and Jasha Droppo, Multi-task learning in deep neural networks for improved phoneme recognition, In *Proc. ICASSP*, 2013.

24 鹿野清宏, 河原達也, 山本幹雄, 伊藤克亘, 武田一哉, *Fundamentals of Speech Recognition*, Prentice Hall, 1993.

25 篠田浩一, 音声認識における転移学習: 話者適応, 『人工知能学会誌』, Vol. 27, No. 4, pp. 359–364, 2012.

26 Hang Su, Gang Li, Dong Yu, and Frank Seide, Error back propagation for sequence training of context-dependent deep networks for conversational speech transcription, In *Proc. ICASSP*, pp. 6664–6668, 2013.

27 Martin Sundermeyer, Ralf Schlüter, and Hermann Ney, LSTM neural networks for language modeling, In *Proc. INTERSPEECH*, 2012.

28 Zoltán Tüske, Joel Pinto, Daniel Willett, and Ralf Schluter, Investigation on cross-and multilingual MLP features under matched and mismatched acoustical conditions, In *Proc. ICASSP*, pp. 7349–7353, 2013.

29 Karel Vesely, Arnab Ghoshal, Lukás Burget, and Daniel Povey, Sequence discriminative training of deep neural networks, In *Proc. INTERSPEECH*, pp. 2345–2349, 2013.

30 Pascal Vincent, Hugo Larochelle, Isabelle Lajoie, Yoshua Bengio, and PierreAntoine Manzagol, Stacked denoising autoencoders: Learning useful representations in a deep network with a local denoising criterion, *The Journal of Machine Learning Research*, Vol. 11, pp. 3371–3408, 2010.

31 Oriol Vinyals, Suman V. Ravuri, and Daniel Povey, Revisiting recurrent neural networks for robust ASR, In *Proc. ICASSP*, 2012.

32 Alexander Waibel, Toshiyuki Hanazawa, Geoffrey Hinton, Kiyohiro Shikano, and Kevin J. Lang, Phoneme recognition using time-delay neural networks, *IEEE Transactions on Acoustics, Speech and Signal Processing*, pp. 328–339, March 1989.

33 Ronald J. Willams and Jing Peng, An efficient gradient-based algorithm for on-line training of recurrent network trajectories, *Neural computation*, Vol. 2, No. 4, pp. 490–501, 1990.

34 Martin Wöllmer, Zixing Zhang, Felix Weninger, Björn Schuller, and Gerhard Rigoll, Feature enhancement by bidirectional LSTM networks for conversational speech recognition in highly non-stationary noise, In *Acoustics, Speech and Signal Processing (ICASSP), 2013 IEEE International Conference on*, pp. 6822–6826. IEEE, 2013.

7

자연어 처리를 위한 딥 러닝

7.1 시작하며

자연어 처리(natural language processing)는 문서상의 텍스트 정보(textual information)를 주된 처리 대상으로 한다. 한마디로 텍스트 정보라고는 하지만, 전자서적, 신문기사, 웹 페이지, 블로그, 마이크로블로그, 메신저 등 다양한 종류의 텍스트를 포함하고 있다. 사람이 직접 규칙이나 사전을 작성하는 규칙 기반(rule-based) 자연어 처리 시스템을 대신하여 최근에는 기계학습이나 통계적 기법을 사용한 자연어 처리 시스템이 정확도 및 비용 측면에서 크게 주목을 받고 있다. 특히 규칙만으로는 커버가 불가능한 언어 현상이나 규칙을 작성할 전문지식을 가진 사람, 다시 말해 도메인 전문가의 수급이 어려운 경우에는 규칙 기반 언어처리 시스템을 구축하거나 유지하기가 어렵다.

이전 장들에서 설명했듯이 딥 러닝은 이미지 인식, 음성 인식 등 다양한 인식 과제에 널리 응용되고 있다. 자연어 처리 분야도 예외가 아니어서, 언어 모형(language model)의 학습, 품사 태깅(part-of-speech tagging)*, 의존관계 파싱(dependency parsing)**, 그리고 단어의 의미표현(semantic representation)[28, 32] 학습(7.3절 참고), 구성적 의미론(compositional semantics)에 기초한 구의 의미표현 구축[36](7.4절 참고). 감성 분석(sentiment

---

* 단어가 명사인지 동사인지 구분하는 품사를 추정한다.
** 어절 간의 의존관계를 추정하여 의미적 의존관계 구조를 분석한다.

analysis)*[38, 16] 등 다양한 과업에서 응용되고 있다. 이번 장에서는 자연어 처리를 위한 딥 러닝의 예를 몇 가지 소개한다.

이미지 처리에서는 픽셀, 음성처리에서는 음성 신호가 기본 입력으로 정해져 있던 데 비하여 자연어에는 처리 대상이 되는 텍스트를 어떻게 표현해야 할지 따로 정해진 방법이 없으며, 과업에 따라 서로 다른 표현을 사용한다. 예를 들면, 정보 추출에서는 텍스트를 단어의 집합으로 나타내는 bag-of-words 모형이 주로 쓰이며, 감성 분석, 문서 자동 요약, 기계 번역처럼 좀 더 수준 높은 언어처리 과업에서는 품사 분석, 의존관계 분석, 참조 해소, 의미 레이블 등을 사용하는 보다 복잡한 표현 방법이 사용된다[23]. 이렇게 통계 자연어 처리에서 자연어 처리 전문가가 해야 할 가장 중요한 일은 텍스트를 어떤 특징값으로 나타낼 것인지라고 해도 과언이 아니다.

기존에 전문가가 고안하던 이 효과적인 특징의 조합을 자동으로 학습하려는 연구 주제가 표현 학습(representation learning)이다. 딥 러닝에서는 신경망의 층을 늘리는 방법으로 특징값에 대한 더 복잡한 조합을 만들 수 있다[6, 7]. 예를 들면, 입력층에서는 단어의 출현(여부를 나타내는 이진 표현)을 인식하는 입력 노드를 준비한다면, 두 번째 층에서는 두 단어의 가중 조합으로 구성된 특징값이 생성되는 식이다. 이 외에도 개별적인 단어만으로 판단할 수 없는 부정 표현을 포함하는 감성 분석 과업에서는 단어의 조합을 특징값으로 사용하여 좀 더 높은 정확도를 얻을 수 있다. 따라서 자연어 처리 분야에서는 단어의 조합을 특징값으로 하여 기계학습을 수행하는 방법이 이전부터 사용되었다. 가장 간단한 방법으로 문서를 단어 유니그램(unigram)만으로 나타내는 대신 연속하여 출현하는 단어의 조합(바이그램 혹은 트라이그램)으로 나타내는 기법이 있다. 그러나 단어 연속열의 길이가 길어질수록 단어 조합의 수가 폭발적으로 증가하여 특징값의 출현 빈도가 줄어들게 된다. 이 때문에 충분한 학습 샘플을 확보할 수 없는 문제가 생긴다. 여기에 목적하는 과업에 어떤 단어의 조합이 적합한지도 알기 어렵다.

---

* 상품 및 아티클 등의 대상에 대한 의견을 나타낸 문서가 해당 대상에 대해 긍정적인지 부정적인지를 식별한다.

딥 러닝은 자연어 처리의 이러한 문제를 사전훈련(pre-training)으로 해결한다. 이 사전훈련을 통해 노드 간의 어떤 결합이 어떤 가중치를 가져야 하는지 결정한다. 중요하지 않은 특징의 조합에 대한 가중치는 값이 작아지거나 0으로 만들어서 간결하고도 과업과 관련된 특징만을 우선적으로 남길 수 있다. 사전훈련은 주어진 입력과 신경망을 통해 복원된 출력의 차를 최소화하도록 학습을 수행한다는 점에서 구조예측(structure prediction) 분야에서 제안된 상호 구조 최적화(alternating structural optimization)[1]의 아이디어와 유사하다. 즉, 입력을 바르게 재현할 수 있는 신경망 구조를 학습하여 데이터 자체의 구조를 사전에 학습해 두고, 목적하는 과업을 학습할 때는 원래 입력이 아니라 원래 입력에서 학습한 구조를 특징으로 사용하게 된다. 자연어 처리에 이를 적용하면 어떤 글 안에서 어떤 단어가 출현할지는 완전히 무작위로 결정되는 것이 아니라 그 앞뒤 문맥에 따라 결정되므로 이 의존관계가 사전에 주어져 있다면 일부 특징이 입력에 출현하지 않은 경우에도 이를 포착할 수 있다. 특히 특징 출현이 희소한 자연어에서는 사전훈련의 역할이 중요할 것이라 예측할 수 있다.

그다음 사후학습(post-training)은 사전훈련에서 얻은 효과적인 특징의 조합을 사용하여 목적하는 과업을 학습한다. 사전훈련에서 학습된 특징의 조합을 사전훈련에서 사용하는 데도 몇 가지 방법이 있다. 예를 들어, 목적하는 과업에 대한 레이블 달린 데이터에 포함된 특징으로부터 사전훈련을 통해 특징의 조합을 학습하고, 이 조합을 복합 특징으로 사용할 수 있다. 딥 러닝이 자연어 처리 분야에서 널리 쓰이게 된 중요한 이유 중 하나로 목적하는 과업과 관계없이 사전훈련으로 신경망 구조를 학습시킨 뒤 이렇게 학습한 신경망으로 다양한 자연어 처리 과업을 동시에 학습할 수 있다는 재사용성의 이점을 들 수 있다.

딥 러닝의 중요한 포인트로 사전훈련과 사후학습을 독립적으로 수행한다는 점을 들 수 있다. 텍스트를 바르게 표현하기 위한 특징값을 학습하는 과업은 특징값의 수가 늘어남에 따라 복잡도가 상승한다. 그러나 사전훈련에서는 레이블이 달린 데이터를 사용하지 않으므로 자연어 처리 과업 중 레이블이 없는 데이터를 쉽게 수집할 수 있는 대부분의 과업에서는 문제가 되지 않는다. 이와 달리 사후학습에서는 신경망 구조가 아니라 목적하는 과업을 학습하므로 레이블 달린 데이터가 필요하다. 따라서 사전훈련과 사후학습을 분리하면 대량의 데이터를 좀 더 효과적으로 활용할 수 있으며, 전체적인 성능이 향상된다.

이번 장에서는 자연어 처리 분야에서 딥 러닝의 응용 예를 몇 가지 살펴보면서 자연어 처리의 근본적인 과제와 딥 러닝으로 이들 과제를 어떻게 해결해 나가고 있는지 설명한다. 이러한 구체적인 예로 언어모형 구축에 대한 연구 사례(7.2절), 단어의 의미 표현 학습(7.3절)과 의미 구축에 대한 연구 사례(7.4절)를 소개한다. 마지막으로, 7.5절에서는 자연어 처리에 딥 러닝을 응용할 때 넘어야 할 과제를 몇 가지 소개하며 이번 장을 마무리한다.

7.2 딥 러닝과 언어 모형

언어 모형(language model)이란, 단어가 문서에서 출현하는 과정을 확률 프로세스로 보고, 어떤 단어가 어떤 위치에 출현할 확률이 얼마나 되는지를 계산하기 위한 것이다. 단어가 출현할 확률을 예측하는 것은 자연어 처리뿐만 아니라 음성 인식 분야의 다양한 과업에서도 기본이 된다. 자연어 처리에서 언어 모형을 응용하는 예로 기계 번역 시스템을 들 수 있다. 기계 번역 시스템에서 생성한 번역문이 번역 타깃 언어에서 얼마나 자연스러운가를 평가하는 데 언어 모형을 사용하여 부자연스러운 번역문이 생성될 확률을 낮출 수 있다. 영한 번역을 예로 들면, 생성한 번역문이 부자연스러운 한국어라면, 한국어를 모국어로 하는 화자가 보통 사용하지 않는 단어열이 출현하고 있을 것이다. 즉, 생성된 문장의 출현 확률을 언어 모형으로 계산해 보면 낮은 확률이 나올 것이고, 이 문장의 '한국어의 부자연스러운 정도'를 계량적으로 평가할 수 있으므로 부자연스러운 번역 결과를 내놓지 않도록 기계 번역 시스템을 조정할 수 있게 된다.

이 언어 모형을 형식적으로 정의하면 다음 식과 같이 나타낼 수 있다. 이 문서에서 j번째로 출현하는 단어를 $\mathbf{x}_j$로 나타내고, 1번째부터 $j-1$번째 단어까지의 연속열을 $p(\mathbf{x}_j | \mathbf{x}_1^{(j-1)})$와 같이 나타낼 수 있다.

$$\mathbf{x}_1^{(j-1)} = \mathbf{x}_1, \mathbf{x}_2, \ldots, \mathbf{x}_{j-1}$$

이렇게 하면 이 언어 모형을 따라 길이가 T인 단어열로 된 문서가 생성될 확률이 다음 식과 같이 주어지게 된다.

$$p(\mathbf{x}_1^{(T)}) = \prod_{j=2}^{T} p(\mathbf{x}_j | \mathbf{x}_1^{(j-1)})$$

식 7.1

이때 실제로는 너무 동떨어진 단어는 서로 관계가 없는 경우도 있으므로 연속하는 길이를 2 내지 5단어 정도의 범위로 제한하는 경우가 많다. 특히 2단어의 연속을 바이그램(bigram), 3단어의 연속을 트라이그램(trigram)이라 부르며 많이 사용한다. 아무리 큰 말뭉치(corpus)*라고 해도 단어열의 길이가 늘어나면 해당 단어열의 출현 빈도가 줄어들고, 말뭉치 안에서 전혀 나타나지 않는 단어열이 늘어나게 된다. 이를 0-빈도 문제(zero-frequency problem)라고 하며, 언어 모형을 구축할 때 해결하지 않으면 안 되는 근본적인 문제 중 하나다. 말뭉치 안에서 출현하지 않은 단어의 연속열에 대한 출현 빈도를 계산하는 방법을 평활화(smoothing)라고 하는데, 예를 들면 트라이그램 언어 모형에서는 어떤 트라이그램이 말뭉치 안에서 출현하지 않는다고 할 때 말뭉치에 포함된 바이그램의 출현 확률을 사용하여 트라이그램의 출현 확률을 예측하는 방법을 사용하기도 한다. 길이가 더 짧은 연속열에 대한 통계 정보를 사용한다는 의미에서 이런 방법을 백오프 평활화(back-off smoothing)라고 한다[21].

7.2.1 신경망 언어 모형

언어 모형에서 단어열의 출현 확률을 예측하기 위해 신경망을 사용한 유명한 예로, 벤지오(Bengio) 등이 제안한 그림 7.1과 같은 신경망 언어 모형(NNLM, Neural Network Language Model)[8]이 있다. NNLM은 우선 단어열 $\mathbf{x}_{j-n+1}^{(j-1)}$이 주어졌을 때 단어 $\mathbf{x}_j$가 출현할 조건부 확률을 출력하는 신경망을 학습한다. NNLM은 각 단어 $\mathbf{x}_j$를 이 단어의 인덱스에 해당하는 요소만 1이고 나머지 요소는 0인 N차원 벡터로 나타낸다. 이때 N은 어휘의 수를 의미한다. 이러한 벡터 표현을 1-of-N 표현(1-of-N representation)이라고 한다.

---

* 자연어 처리 분야에서 문서의 모음을 '말뭉치'라고 부른다.

그 다음 그림 7.1과 같이 이들 각 N차원 벡터를 사영 행렬 $\mathbf{C}$를 이용하여 $P < N$차원으로 사영한다. 직관적으로 각 단어의 사영 벡터는 해당 단어의 어떤 의미 구조를 나타낸다고 생각하면 된다.

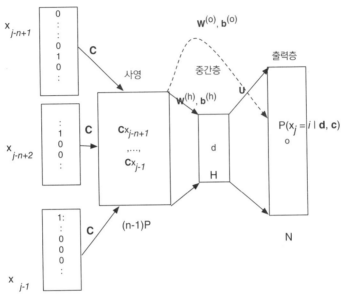

그림 7.1 신경망 언어 모형의 구조

예를 들어, 분포 의미론(distributed semantics)에서는 단어를 해당 단어가 출현하는 문맥(context)을 사용하여 나타낸다. 자연어 처리에서 어떤 단어 $\mathbf{x}$의 문맥과 이 단어 주변에서 출현하는 단어를 말한다. 공기(co-occur)하는 문맥을 말뭉치 안에서 가장 자주 출현하는 P개 단어로 한정한다면 P차원 공간에 모든 단어를 사영할 수 있게 된다. NNLM은 사영 행렬 $\mathbf{C}$를 $N \times P$개의 자유 파라미터로 보아 이를 말뭉치로부터 학습한다. 사영을 적용한 후의 벡터는 그다음 중간층에 대한 입력이 된다. 구체적으로는 $(n-1)$개의 단어로 된 단어열 $\mathbf{x}_{j-n+1}, ..., \mathbf{x}_{j-1}$ 각 단어에 대한 사영 벡터 $\mathbf{C}\mathbf{x}_{j-n+1}, ..., \mathbf{C}\mathbf{x}_{j-1}$을 연결한 $(n-1)P$차원 벡터 $\mathbf{c}$가 중간층의 입력이 된다. 벤지오(Bengio) 등이 제안한 신경망 언어 모형[8]에서는 H개의 노드로 구성된 중간층 하나만이 존재한다. 중간층의 활성값에 대해 tanh 함수로 비선형 변환을 한다. 중간층에 대한 입력을 $\mathbf{c}$, 중간층의 가중치 행렬을 $\mathbf{W}^{(h)}$, 바이어스를 $\mathbf{b}^{(h)}$라고 할 때, 중간층의 j번째 출력 노드의 출력 d_j는 다음 식과 같이 계산한다.

$$d_j = \tanh\left(\sum_{l=1}^{(n-1)P} W_{jl}^{(h)} c_l + b_j^{(h)}\right) \forall j = 1, \ldots, H$$

식 7.2

j번째 요소를 d_j로 갖는 벡터를 $\mathbf{d}$라고 정의하면, 중간층과 출력층 사이의 가중치 행렬 $\mathbf{U}$를 사용하여 중간층에서 출력층으로 이어지는 입력 성분을 $\mathbf{Ud}$와 같이 계산할 수 있다.

신경망 언어 모형은 주어진 단어열 $\mathbf{x}_{j-n+1}^{(j-1)}$의 바로 뒤에 이어지는 단어 $\mathbf{x}_j = i$가 나타날 조건부 출현 확률 $P(\mathbf{x}_j = i|\mathbf{x}_{j-n+1}^{(j-1)})$을 모형화한 것이므로 중간층이 집약하는 문맥 외에도 예측 대상이 되는 단어 후보의 사영도 확률 모형으로 고려하지 않으면 안 된다. 그 때문에 신경망 언어 모형은 중간층으로부터 이어지는 입력 외에도 사영층에서 직접(중간층을 거치지 않고) 이어지는(그림 7.1에서 점선 화살표로 나타낸 것) 입력이 있다. 사영층과 출력층 사이의 가중치 행렬 $\mathbf{W}^{(o)}$, 바이어스 벡터를 $\mathbf{b}^{(o)}$라고 하면 사영층에서 직접 출력층에 입력되는 성분은 $\mathbf{W}^{(o)}\mathbf{c} + \mathbf{b}^{(o)}$가 된다.

이들 두 종류의 입력을 합하면 출력층의 i번째 출력 노드에 대한 입력 $o_i = P(\mathbf{x}_j = i|\mathbf{d}, \mathbf{c})$를 다음과 같이 계산할 수 있다.

$$o_i = \sum_{j=1}^{H} U_{ij} d_j + \sum_{l=1}^{(n-1)P} W_{il}^{(o)} c_l + b_i^{(o)}$$

식 7.3

$$p(\mathbf{x}_j = i|\mathbf{x}_{j-n+1}^{(j-1)}) = \frac{\exp(o_i)}{\sum_{r=1}^{N} \exp(o_r)}$$

식 7.4

여기서는 사영 행렬 $\mathbf{C}$, 중간층의 가중치 행렬 $\mathbf{W}^{(h)}$, 중간층의 바이어스 벡터$\mathbf{b}^{(h)}$, 출력층의 가중치 행렬 $\mathbf{W}^{(o)}$, 출력층의 바이어스 벡터 $\mathbf{b}^{(o)}$, 그리고 중간층과 출력층 사이의 가중치 행렬 $\mathbf{U}$가 모두 학습 대상이 되는 파라미터다. 이들 파라미터를 합쳐 θ로 나타낸다. 말뭉치 안에서 관측된 단어 $\mathbf{x}_j$의 출현 확률이 최대가 되도록 오차역전파법으로 파라미터를 학습한다. 이때의 목적함수로 다음 식과 같이 주어지는, 교차 엔트로피에 다시 파라미터 θ에 대한 L_2 규제화 항인 $R(\theta)$를 더한 함수가 사용된다.

$$E = \sum_{i=1}^{N} t_i \log p(\mathbf{x}_j = i | \mathbf{d}, \mathbf{c}) + \beta R(\boldsymbol{\theta}) \qquad \boxed{\text{식 7.5}}$$

이때 t_i는 단어열 $x_{j-n+1}^{(j-1)}$ 바로 뒤에 단어 $x_j = i$가 출현한 경우에 1이 되고, 그렇지 않은 경우는 0이 되는 정답 신호를 의미하는 이진변수다. 규제화 계수 β는 파라미터 $\boldsymbol{\theta}$의 규제화 강도를 조정하기 위해 사용한다.

7.2.2 그 외의 언어 모형

0-빈도 문제를 피하기 위해 언어 모형은 거대한 말뭉치를 사용하여 계산하는 것이 일반적이다. 그러나 위에서 설명한 신경망 언어 모형은 어휘 수에 비례하여 선형으로 계산량이 증가한다. 따라서 대규모 말뭉치를 다루려면 큰 행렬에 대한 연산 및 오차역전파 계산이 필요하며 평활화 기법을 사용하는 경우와 비교하면 상당한 계산 시간이 필요하다. 슈벵크(Schwenk) 등[34, 33]은 말뭉치 안의 모든 단어 대신 출현 빈도가 높은 단어만을 대상으로 학습하여 계산 시간을 줄이고 거대한 말뭉치를 사용하여 신경망 언어모형을 학습하는 데 성공하였다. 아리소이(Arisoy) 등[2]은 그림 7.1과 같은 신경망에 중간층을 더 추가하여 딥 뉴럴넷 언어 모형을 구축하고 음성 인식 과업의 오류율을 줄일 수 있었다.

콜로버트(Collobert) 등[10, 11]은 벤지오(Bengio)의 연구진과는 다른 방법으로, 확률 모형은 아니지만 다음과 같은 언어 모형을 구축하였다. 앞서 언급한 단어의 출현 확률을 예측하는 벤지오[8]의 NNLM과 달리 콜로버트는 언어 모형 구축 문제를, 어떤 문맥에서 특정한 단어가 나타나고 나타나지 않는지를 예측하기 위한 이진 분류 과업으로 형식화하였다[31]. 구체적인 방법은 어떤 단어 x가 출현하는 문맥 $s(x)$를 위키피디아*로부터 추출하고 이들을 x의 출현에 대해 정렬하여 문맥 s 안의 x의 출현을 무작위로 선택한 단어로 치환하여 만든 문맥 $\bar{s}(x)$를 x의 출현에 대한 네거티브 샘플로 삼았다. 신경망의 출력이 함수 f로 주어졌다고 할 때 다음 식과 같이 정의되는 힌지 비용(hinge cost)이 최소가 되도록 하는 신경망의 가중치와 단어의 표현이 학습된다.

---

* 누구나 자유롭게 편집에 참여하고, 무료로 이용할 수 있는 인터넷상의 백과사전이다.(http://www.wikipedia.org)

$$\sum_{s \in \mathcal{S}} \sum_{x \in \mathcal{D}} \max(0, 1 - f(s(x)) + f(\bar{s}(x)))$$

식 7.6

단, 식 7.6에서 $\mathcal{S}$는 모든 문장의 집합을 나타내며, $\mathcal{D}$는 모든 어휘의 집합을 나타낸다. 콜로버트(Collobert) 등[10]이 제시하였듯이 이렇게 학습된 단어 표현을 사용하여 단어 클러스터링을 하면 의미적으로 비슷한 단어가 같은 그룹으로 묶이는 것으로 의미 표현이 바르게 학습되었음을 알 수 있다. 이 방법으로 학습된 단어의 의미표현은 그 뒤에 있을 딥 러닝을 사용한 자연어 처리 연구에서도 신경망을 초기화하기 위한 목적으로 사용되고 있다[38].

신경망으로 자연어 처리를 수행할 때 한 가지 문제가 되는 것은 길이가 서로 다른 문장을 어떻게 고정된 길이의 입력층에 입력할 것인지다. 단순한 해결법으로는 특정한 길이의 윈도우를 미리 정해 놓고, 이 윈도우에 들어오는 범위 안에 출현하는 단어만을 입력으로 삼는 방법이 있다. 그러나 이 방법으로는 미리 정해 놓던 창의 길이보다 더 멀리 떨어진 단어 간의 관계를 고려할 수 없다는 단점이 있다. 이런 문제를 해결하기 위해 콜로버트 등은 시간 지연 신경망(TDNN, Time-Delay Neural Network;)[42](6.3.1항 참고)을 사용하였다. 이 방법으로 문장 안의 단어를 왼쪽부터 오른쪽으로 입력해 나가며 TDNN으로 문장 전체에 대한 합성곱 연산이 가능해졌다.

콜로버트 등은 TDNN으로 학습시킨 신경망을 이용하여 자연어 처리의 기본적 과제 6가지를 동시에 학습시키는 데 성공하였다. 구체적으로 품사 태깅, 청킹, 의미 레이블 태깅, 언어 모형 구축, 유사어 판정을 동시 학습하였는데, 특히 주목할 만한 과업은 의미 레이블 태깅이다. 실제로 여러 과업을 동시에 학습할 때 먼저 과업을 선택한 다음 그 과업에 대한 학습 샘플을 하나 무작위로 선택하여 이 학습 샘플로 신경망의 가중치를 업데이트하는 절차를 따른다. 이들 과업은 서로 연관성을 가지므로 동시에 학습하면 단독으로 학습한 것에 비해 더 뛰어난 정확도를 얻게 된다. 사전훈련으로 언어의 구조를 학습한 다음, 같은 신경망으로 여러 가지 과업을 학습할 수 있다는 것(멀티태스크 학습(multitask learning))을 증명한 예로 콜로버트 등의 연구가 주목을 받고 있다. 그리고 이미지와 텍스트 모두로부터 특징값을 추출하고 이를 딥 러닝으로 조합한 멀티모달(multimodal) 언어 모형도 제안된 바 있으며, 이미지 검색이나 이미지 자동 어노테이션 등에 응용되고 있다[22].

7.3 단어 의미표현에 대한 학습

단어의 의미를 어떻게 나타낼지는 자연어 처리의 기본적인 문제(단어의 의미표현 (semantic representation of words)) 중 하나다. 단어의 의미를 바르게 나타낼 수 있다면 이 표현을 사용하여 구, 문장 나아가 문서의 의미표현을 계층적으로 구축할 수 있다. 딥 러닝을 적용한 의미 구축 연구 사례를 7.4절에 더 자세하게 설명하겠지만, 그 전에 단어의 의미표현을 어떻게 만드는지를 이번 절에서 설명하겠다.

7.3.1 상향식 의미표현 구축 기법

단어는 자연어로 의미를 나타내는 최소 단위이며, 단어의 의미표현을 만드는 기법은 딥 러닝이 등장하기 이전부터 제안되어 왔다. 그중에서 가장 유명한 의미표현 기법으로 분포가설(distributional hypothesis)이 있다. 단어 자체에는 잠재하는 의미가 없으며, 이 단어가 어떻게 사용되느냐에 의해 의미가 생긴다고 보는 분포가설은 퍼스(Firth) [15]와 해리스(Harris)[20]에 의해 제창되었다. 그리고 자연어 처리 분야에서 주목을 받아 왔다. 특히 거대한 텍스트 말뭉치에 대한 통계처리를 이용하는, 통계적 자연어 처리 분야에서는 단어의 의미표현을 사전에 갖출 필요 없이 분포가설에 따라 단어가 출현하는 문맥에서 자동적으로 구축할 수 있다는 점에서 편리하게 여겨진다. 예를 들어, 어떤 단어 x의 의미표현으로, 어떤 말뭉치에서 x가 출현하는 문맥에서 다른 단어 c_i를 추출한 것을 벡터 $\mathbf{x}$로 나타낼 수 있다. c_i로 말뭉치 안에서 $\mathbf{x}$가 출현하는 위치의 앞뒤 몇 개 단어 또는 x와 어떤 의존관계로 연결되는 단어를 사용할 수 있다. 단어 x와 이 문맥에 출현하는 각각의 단어 c_i 사이에 존재하는 공기(co-occurrence)의 강도를 나타내는 척도로 점단위 상호정보량(pointwise mutual information), 로그 우도비 (log-likelihood ratio), 카이 제곱값(X^2 value) 등 다양한 방법이 사용된다[26]. 그리고 0-빈도 문제를 해결하기 위해 특이값 분해(singular value decomposition), 음수 미포함 행렬 분해(non-negative matrix factorization) 등의 차원축소 기법이 제안된 바 있다[41]. 이렇게 분포가설에 기초한 방법으로 만든 의미표현을 분포적 의미표현(distributional semantic representation)이라고 한다.

7.3.2 하향식 의미표현 예측 기법

7.3.1항과 같이 상향식으로 말뭉치로부터 단어의 의미표현을 구축하는 방법도 있지만, 딥 러닝에는 먼저 각각의 단어를 고정 길이 벡터로 나타낸 뒤 어떤 목적함수를 최적화하는 방법으로 의미표현 벡터를 학습하는 하향식 기법을 사용한다. 다양한 자연어 처리 과업에서 비교해 본 결과 딥 러닝으로 추정한 단어의 의미표현이 기존 기법을 사용하여 말뭉치에서 상향식으로 만든 의미표현보다 유의미하게 뛰어나다는 것이 밝혀졌다[3].

이미 언어모형 구축에 대한 딥 러닝 응용(7.2절)으로 말뭉치 안의 특정한 문맥에서 단어가 나타나는지 여부를 추정하기 위한 단어 의미표현 벡터를 학습하는 연구 사례를 소개하였다. 의미표현 벡터를 학습하는 목적 과업을 언어 모형 구축으로 제한할 필요 없이 같은 의미의 다른 언어적 표현을 찾기 위한 단어의 의미표현, 혹은 감성 분석을 위한 단어의 의미표현 등 다른 과업을 목적으로 할 수도 있다. 어떤 과업에 특화하게 되면 해당 과업 특유의 의미표현에 대한 학습을 할 수 있다. 한편 단어의 의미표현이 과업에 의존하는지에 대한 소박한 의문이 남지만, 어떤 특정한 과업을 정확도 높게 해결하는 것이 유일한 목적이라면 과업에 의존적인 의미표현을 사용하여도 무방하다.

7.3.1항에서 설명했던 하향식 의미표현 구축 기법에서는 의미표현 벡터의 요소가 어휘 집합 전체가 되므로 일반적으로 차원(10,000 내지 100,000차원)이 높고 희소한 의미표현이 된다. 이에 비해 딥 러닝을 이용한 하향식 의미표현은 벡터의 차원을 사전에 고정하고 학습하므로 저차원(100 내지 1,000)이고 빽빽한 의미표현을 얻게 된다. 이렇듯 하향식으로 만들어진 의미표현을 분산 의미표현(distributed semantic representation)이라고 한다.

연속 bag-of-words 모형

딥 러닝으로 단어의 의미표현을 학습하는 기법에도 몇 가지가 있다[28, 32]. 이들 모두가 공통적으로 갖춘 구조가 있는데, 먼저 모든 단어를 r차원의 (고정) 실공간에서 벡터로 나타내고, 그다음 주어진 말뭉치 안 단어의 출현을 추정하는 경우의 정확도가 최대가 되도록 단어를 나타내는 벡터를 조정한다. 이러한 틀 안에서 표현되는 공간이 사전에 주어진 파라미터이며, 모든 단어가 이 공간에 사영된다. r값을 변화시킴에 따라 표현의 입도를 조정할 수 있다. 단어의 출현이나 출현 여부를 추정했을 때의 정확도에 대한 정의, 정확도를 나타내는 함수를 최적화하는 방법 등에 따라 다양한 표현학습 기법이 제안되었다. 그중 대표적인 것으로 미콜로프(Mikolov)[28]가 제안한 연속 bag-of-words 모형과 연속 스킵그램 모형을 자세히 설명하겠다. 이 두 가지 모형은 word2vec*이라는 도구로 공개되어 있으며, 학습이 끝난 표현 벡터를 사용하는 것뿐만 아니라 이미 보유하고 있는 말뭉치로 다시 학습시킬 수 있도록 되어 있다. 그리고 word2vec은 중간층이 없는 신경망으로 학습되므로 일반적인 의미의 딥 러닝으로 분류되지는 않지만, 이를 함께 사용하면서 자연어 처리의 진전에 크게 공헌한 기술이므로 이번 절에서 상세히 설명한다.

연속 bag-of-words 모형(CBOW model, Continuous Bag-Of-Words model, 연속 BoW 모형)은 어떤 단어 x가 출현한 문맥에서 나타나는 다른 단어 z를 통해 x를 추정하는 것을 목적으로 한다. 7.2절에서 소개했던 언어모형 학습과 달리 단어의 출현 여부를 추정할 때 현재의 단어보다 이전에 출현한 단어뿐만 아니라 그 뒤에 나타나는 단어도 학습 시에 사용할 수 있다. 즉, 단어 x의 표현을 학습하는 경우는 x를 추정하기 위한 특징값으로 그 바로 전에 출현한 n개의 단어 $z_{i-n}, ..., z_{i-1}$과 그 바로 뒤에 출현하는 n개의 단어 $z_{i+1}, ..., z_{i+n}$를 사용할 수 있다. 여기서는 예측 대상이 되는 단어를 x라 하고, 그 문맥에서 나타나는 단어를 z라 한다.

연속 BoW 모형은 문맥 $z_{i-n}, ..., z_{i-1}, z_{i+1}, ..., z_{i+n}$에서 단어 x가 i번째 단어로 출현할 확률 $p(x|z_{i-n}, ..., z_{i-1}, z_{i+1}, ..., z_{i+n})$을 학습한다. 이 경우 문맥은 $2n$개의 단어로 구성되며 x의 문맥에 대한 표현 형식 $\hat{x}$로 여러 가지를 사용할 수 있다. 예를 들어, 다음 식과 같이 정의되는 각 문맥 단어의 평균 벡터를 생각해 볼 수 있다.

$$\hat{\mathbf{x}} = \frac{1}{2n}(\mathbf{z}_{i-n} + ... + \mathbf{z}_{i-1} + \mathbf{z}_{i+1} + ... + \mathbf{z}_{i+n})$$

식 7.7

---

* https://code.google.com/p/word2vec/

이렇게 하면 문맥에 포함된 단어의 출현 순서가 무시된다는 점에서 이 모형을 bag-of-words 모형(bag-of-words model)의 일종으로 볼 수 있다. 문맥 단어의 출현 순서를 고려에 넣는다면 단어의 순서와 관련지어 어떤 가중치를 부여할 수 있다. 아니면 $2n$개의 문맥 벡터를 모두 세로로 늘어놓아 $2nr$ 차원의 벡터를 만들고, 이 벡터를 문맥을 나타내는 벡터로 사용할 수도 있다. 그러나 이런 제안은 평균 벡터를 사용하여 문맥을 나타내는 방법에 비해 파라미터 수가 너무 많아진다는 단점이 있다.

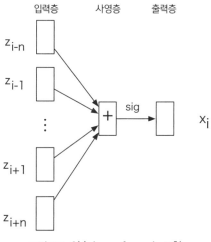

그림 7.2 연속 bag-of-words 모형

위와 같은 방법으로 $\hat{\mathbf{x}}$가 주어졌을 때 그림 7.2의 연속 BoW는 다음 식과 같이 나타낼 수 있다.

$$p(x|z_{i-n}, \ldots, z_{i-1}, z_{i+1}, \ldots, z_{i+n}) = \frac{\exp(\hat{\mathbf{x}}^\top \mathbf{x})}{\sum_{x' \in \mathcal{V}} \exp(\hat{\mathbf{x}}^\top \mathbf{x}')}$$

식 7.8

이때 $\mathcal{V}$는 어휘의 집합이며 x'는 어휘 집합의 한 단어이고, $\mathbf{x}'$는 이 단어에 대한 의미 표현이다. 그림 7.2에서는 + 연산자로 식 7.7과 같은 평균 벡터를 구하는 과정을 나타내고 있다. 이는 7.2절에서 다뤘던 NLMM에서 비선형 중간층을 삭제한 것과 같다고 해석할 수 있다. NLMM과 마찬가지로 추정한 오차를 역전파법에 따라 입력 단어의 표현으로 전파시켜 입력 단어의 파라미터를 조정해 나간다. 미콜로프(Mikolov)[28] 등은 실제로 문맥의 크기를 5단어($n = 2$)로 제한하고 실험을 진행하였다.

연속 스킵그램 모형

연속 BoW 모형과 반대로 연속 스킵그램 모형(continuous skipgram model)은 x의 표현 벡터 $\mathbf{x}$를 사용하여 x가 출현했던 문맥에 출현하는 그 외의 단어 z를 추정하는 것을 목적으로 한다. 그림 7.3은 연속 스킵그램 모형을 나타낸 것이다. 연속 스킵그램 모형은 어떤 단어 x의 문맥에서 출현하는 다른 단어 z의 출현 확률 $p(z|x)$를 다음 식과 같이 정의한다.

$$p(z|x) = \frac{\exp(\mathbf{x}^\top \mathbf{z})}{\sum_{z' \in \mathcal{V}(x)} \exp(\mathbf{x}^\top \mathbf{z}')}$$
식 7.9

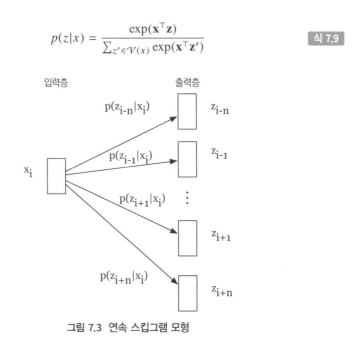

그림 7.3 연속 스킵그램 모형

여기서 $\mathcal{V}(x)$는 말뭉치에서 x가 출현하는 문맥 중에 나타나는 단어의 집합이다. 모든 단어 x, z에 대한 표현 벡터의 요소가 학습할 파라미터가 된다. r차원 표현 벡터를 학습하는 경우의 파라미터 수는 $(|\mathcal{V}(x)| + |\mathcal{V}|) \times r$이 된다.

연속 BoW 모형과 마찬가지로 연속 스킵그램 모형도 입력이냐 출력이냐에 따라 한 단어를 나타내는 표현 벡터가 두 가지 존재한다는 데 주의하기 바란다. 이렇게 한 단어

에 대해 두 가지 표현 벡터를 정의하는 것은 문맥으로 출현하는 단어의 집합과 입력이 되는(표현을 학습하려는 단어) 단어의 집합을 서로 무관하게 선택할 수 있기 때문이다. 예를 들어, 문맥으로 출현하는 단어를 자주 출현하는 명사로 한정할 수 있게 된다. 그리고 같은 단어가 자기 자신의 문맥에서 출현하는 경우는 드물기 때문에 $p(x|x)$의 값은 작게 설정하는 것이 바람직하지만, 같은 표현 벡터를 사용하면 $\mathbf{x}^\mathsf{T}\mathbf{x}$의 내적(스칼라곱)이 작도록 할 수가 없다. 그러나 $\mathbf{x}$의 L_2 노름을 작게 하여도 소프트맥스 함수는 $\mathbf{x}$에 대해 스케일 불변(scale-invariant)*한 성질을 갖는다. 따라서 같은 단어가 입력(표현을 학습하려는 대상)으로 출현하는지 출력(문맥)으로 출현하는지에 따라 서로 다른 표현 벡터를 사용함으로써 이러한 불편을 해소할 수 있다.

식 7.9는 $\mathbf{x}$와 $\mathbf{z}$ 모두에 대해 동시에 볼록함수가 되지는 않는다는 데 주의해야 한다. 목적함수가 볼록함수가 아닐 때에는 국소해가 존재하므로 최적해를 찾는 것이 보장되지 않는다. 그러나 $\mathbf{x}$의 어떤 요소에 주목하면 $\mathbf{x}$와 $\mathbf{z}$의 내적은 해당 요소에 대해 선형이 되며, $\mathbf{z}$에 대해서도 마찬가지가 성립한다. 따라서 식 7.9는 로그 쌍선형 형식(log-bilinear form)이 된다.

식 7.9의 양변에 로그를 취하고 각각 $\mathbf{x}$와 $\mathbf{z}$로 편미분하면 다음 두 식과 같은 업데이트 식을 얻을 수 있다.

$$\frac{\partial \log(p(z|x))}{\partial \mathbf{x}} = \mathbf{z} - \sum_{z' \in \mathcal{V}(x)} \mathbf{z}' p(z'|x) \qquad \text{식 7.10}$$

$$\frac{\partial \log(p(z|x))}{\partial \mathbf{z}} = \mathbf{x}(1 - p(z|x)) \qquad \text{식 7.11}$$

로그함수는 단조증가함수이므로 로그를 취한 함수와 원래 함수가 동일한 극점을 공유한다. 따라서 확률 자체를 최대화시키는 대신 확률의 로그를 취한 로그 우도를 최적화하는 방법도 가능하다. 이는 지수함수를 포함하여 확률분포의 최적화 계산을 쉽게 해주는 변환이라 볼 수도 있다.

---

* 함수의 입력 요소 값에 상수를 곱하여도 그 함수의 출력이 변하지 않는 성질.

이를 최적화하려면 **x**와 **z** 중 하나를 고정하고, 나머지 한쪽에 대해 볼록 최적화 문제를 푼다. 그다음 이 최적해를 대입하여 다른 한쪽의 파라미터 벡터에 대해 볼록 최적화 문제를 푸는 방법을 사용하는데, 이를 교호 최적화(alternating optimization)라고 한다. 그리고 식 7.9에서 **x**와 **z** 중 한쪽을 고정시켰을 때 다른 한쪽에 대해 보면 소프트맥스 함수의 형태를 하고 있으므로 번갈아가며 최적화 문제를 푸는 방법으로 최적해를 구할 수 있는 것이다. 그러나 위에서도 언급했듯이 식 7.9는 볼록함수가 아니므로 이런 방법으로는 **x**와 **z** 모두에 대해 전역 최적해를 찾는다는 보장이 되지 않는다. 단어의 표현학습을 할 때는 대규모 데이터를 필요로 하므로 word2vec에서는 식 7.9에 대한 최적화에 확률적 경사법을 사용하고 있다.

7.3.3 계층형 소프트맥스를 이용한 계산

식 7.9에서는 모든 문맥의 어휘 집합에 대한 정규화가 필요하므로 거대한 말뭉치로부터 의미표현을 학습하기가 어려웠다. 그래서 미콜로프(Mikolov) 등은 계산량을 줄이기 위한 몇 가지 방법을 제안하였다. 단어의 계층 구조를 미리 준비해 두고, 이에 따라 정규화하는 계층형 소프트맥스(hierarchical softmax)는 이러한 방법 중 하나다. 예를 들어, 계층형 클러스터링으로 모든 단어를 포함하는 계층 구조를 미리 만들어 둘 수 있다. 이렇게 하면 어떤 단어 x가 하나의 클러스터에만 포함되어 모든 어휘 집합에 대해서가 아니라 이 클러스터에 대해서만 x의 확률을 정규화하면 된다. 이는 언어 모형을 구축할 때 단어 자체의 출현 빈도 대신, 단어 그룹의 출현 빈도를 사용하여 출현 빈도가 낮은 단어의 출현 확률을 구하는 것과 비슷하다[17]. 단어의 그룹을 클러스터링으로 구하지 않고 WordNet*처럼 사람이 작성한 온톨로지를 이용하는 방법도 가능하다.

미콜로프는 허프만 트리(Huffman tree)를 만들어 단어에 대한 이진 트리를 구성하였다. 허프만 트리는 출현 빈도가 높은 단어에 길이가 더 짧은 이진 부호를 할당하는 가변 길이 부호화 방식이다. 그림 7.4에 네 개 단어로 구성된 어휘 집합에 대해 출현 빈도를 세고, 출현 빈도가 높은 것부터 낮은 것의 순서대로 열거한다. 각각의 단어는 트리

---

* http://wordnet.priceton.edu

에서 하나의 잎(leaf)에 해당한다. 그림 7.4에서는 32번으로 가장 출현 빈도가 높은 '사과'부터 출현 빈도가 4번으로 가장 낮은 '부산'이 마지막에 있는 것을 볼 수 있다. 그다음 가장 출현 빈도가 낮은 두 단어에 해당하는 잎을 연결하여 새로운 내부 노드를 만든다. 그리고 새로운 내부 노드의 점수는 연결한 잎에 해당하는 단어의 출현 빈도를 합친 것으로 한다. 그림 7.4에는 출현 빈도가 가장 낮은 두 단어가 '부산'(4번)과 '서울'(8번)을 합쳐 점수가 12가 되는 내부 노드 n_2를 만들었다. 그다음 새로 만든 내부 노드와 기존 잎 및 노드를 비교하여 그중 출현 빈도가 가장 작은 두 개의 잎/내부 노드를 이어 다시 새로운 내부 노드를 만든다. 이런 방법을 반복하여 최종적으로 이진 트리 하나를 완성하게 된다. 이 트리의 루트부터 출발하여 각 내부 노드에 대해 출현 빈도가 높은 쪽에 -1, 낮은 쪽에 1을 할당한다. 그러고 나서 루트에서 잎까지 이어지는 경로를 따라가면 그 잎에 대한 단어의 허프만 코드를 읽어 낼 수 있다.

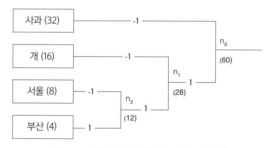

그림 7.4 4개 단어에 대한 허프만 트리의 예

각각의 단어에 대한 허프만 코드는 다음과 같다.
사과 = (−1), 개 = (1, −1), 서울 = (1, 1, −1), 부산 = (1, 1, 1)

식 7.9의 확률 $p(z|x)$를 허프만 트리를 이용하여 다음과 같은 방법으로 계산할 수 있다. 먼저, 허프만 트리에서 단어 z에 대한 노드를 찾고, 루트에서 해당 노드까지의 경로 Path(z)를 구한다. 예를 들면, 그림 7.4에 나온 허프만 트리에서 Path(서울)은 $(1, n_1)$, $(1, n_2)$, $(-1, 서울)$에 해당한다. 이 경로는 −1, 1로만 이루어진 고유한 허프만 코드 (1, 1, −1)을 구성한다. 각 노드는 −1 혹은 1 두 갈래 가지만 있으므로 $p(z|x)$의 예측 확률을 시그모이드 함수를 사용하여 식 7.12와 같이 근사할 수 있다.

$$p(z|x) = \frac{\exp(\mathbf{x}^\top \mathbf{z})}{\sum_{z' \in \mathcal{V}(x)} \exp(\mathbf{x}^\top \mathbf{z}')}$$

$$\approx \prod_{(b,y) \in \text{Path}(z)} p(B = b|\mathbf{x}, \mathbf{y}) = \prod_{(b,y) \in \text{Path}(z)} \text{sig}(b\mathbf{x}^\top \mathbf{y})$$

식 7.12

여기서 y는 루트에서 단어 z의 잎까지 이어지는 경로상의 노드를 나타내며, b는 노드에서 각 가지의 값(1이나 –1)을 나타내고, b에 대응하는 확률변수가 B이다. 소프트맥스 함수로 정의한 $p(z|x)$를 시그모이드 함수의 곱으로 분해하여 계산하고 있는데, 이 분해 과정은 어떤 계층 구조를 갖고 있느냐에 의존적이다. 따라서 식 7.12는 근사 계산이라 할 수 있다.

7.3.4 의미표현학습 기법과 그 외의 주제

식 7.9와 같이 정의되는 연속 스킵그램 모형을 사용하여 단어 x와 z의 표현 벡터 $\mathbf{x}$, $\mathbf{z}$를 학습하기 위해서는 x의 문맥에서 출현하는 단어(포지티브 샘플)뿐만 아니라 x의 문맥에서 출현하지 않는 단어(네거티브 샘플)도 필요하다. 말뭉치로부터 무작위로 이러한 네거티브 샘플을 선택하는 과정을 네거티브 샘플링(negative sampling)이라고 한다. 지금부터는 이 네거티브 샘플링과 연속 스킵그램 모형을 사용하여 단어의 의미표현을 학습하는 방법을 알아보겠다.

연속 스킵그램 모형으로 어떤 단어 x의 의미표현 $\mathbf{x}$를 구하는 문제를 생각해 보자. x와 말뭉치 안에서 x와 같은 문맥에서 출현하는 단어 z로 이루어진 포지티브 샘플 집합 $\mathcal{D}^+ = \mathcal{V}(x)$와, 말뭉치 안에서 x와 같은 문맥에 출현하지 않는 단어 z로 구성된 네거티브 샘플 집합 $\mathcal{D}^- \subseteq \mathcal{V}$가 주어져 있다고 하자. 여기서는 포지티브 샘플 집합에 대해 $\mathcal{D}^+ \cap \mathcal{D}^- = \emptyset$이고 $\mathcal{D}^+ \cup \mathcal{D}^- = \mathcal{V}$라고 가정한다. 다시 말해 포지티브 샘플로 선택된 것 외에는 모두 네거티브 샘플이라 가정한다. 이때 로그 우도를 최대로 하는 x의 의미표현 $\hat{\mathbf{x}}$은 다음 식과 같이 주어진다.

$$\hat{\mathbf{x}} = \underset{\mathbf{x}}{\text{argmax}} \left(\sum_{z \in \mathcal{D}^+} \log \left(p(B{=}1|\mathbf{x}, \mathbf{z}) p^+(z|x) \right) \right.$$

$$\left. + \sum_{z \in \mathcal{D}^-} \log \left(p(B{=}{-}1|\mathbf{x}, \mathbf{z}) p^-(z|x) \right) \right)$$

식 7.13

식 7.13에서 $p^+(z|x)$는 x의 포지티브 샘플 집합 $\mathcal{D}^+$ 안에서의 출현 확률을 나타내며, 포지티브 샘플 집합은 말뭉치에 출현하는 단어의 집합 $\mathcal{V}(x)$이므로 $\sum_{z \in \mathcal{D}^+} p^+(z|x) = 1$이 된다. 그리고 $p^-(z|x)$는 네거티브 샘플 집합 $\mathcal{D}^-$의 출현 확률을 나타내며, 네거티브 샘플은 $\mathcal{V}$로부터 무작위로 샘플링한 것이므로 샘플링 방법에 따라 달라진다. 원래대로라면 네거티브 샘플은 $\mathcal{V}$에서 포지티브 샘플을 제외하고 나서 샘플링해야 하겠지만, $\mathcal{D}^+ = \mathcal{V}(x)$는 $\mathcal{V}$에 비해 매우 작은 집합이므로 근사적으로 $\mathcal{D}^-$을 $\mathcal{V} - \mathcal{D}^+$ 대신 $\mathcal{V}$로부터 샘플링한다.

연속 스킵그램 모형에 대한 학습에서 말뭉치 안에서 출현 확률이 높은 단어 z가 단어 x의 의미표현 학습에 대한 네거티브 샘플로서 선택되듯이 단어 y의 유니그램 분포 $p(z)$에 기반을 두어 네거티브 샘플 집합 $\mathcal{D}^-$를 선택한다. 미콜로프(Mikolov)의 연구진은 $p(z)$를 3/4 제곱한 값에 비례하는 분포를 샘플링 분포로 사용하였다. 이 샘플링 분포를 $\tilde{p}(z)$로 나타낸다. 유니그램 분포를 $p^-(z|x)$로 사용하는 이유 중 하나로, 두 단어의 동시 공기 확률에 비교하여 한 단어의 출현확률이 0이 되기 어렵다는 점을 들 수 있다. 그리고 거대한 말뭉치에서 공기를 계산하려면 역시 큰 규모의 공기표를 만들어야 하므로 공간적인 계산량이 바람직하지 못하다. 유니그램의 출현 확률분포로부터 샘플링하는 방법으로 이러한 불편을 해소할 수 있다.

위의 내용에 따라 식 7.13의 우변을 다음과 같이 전개할 수 있다.

$$\operatorname*{argmax}_{\mathbf{x}} \sum_{z \in \mathcal{D}^+} \log \left(p(B{=}1|\mathbf{x}, \mathbf{z}) \right) + \sum_{z \in \mathcal{D}^-} \log \left((1 - p(B{=}1|\mathbf{x}, \mathbf{z}))\tilde{p}(z) \right)$$
$$= \operatorname*{argmax}_{\mathbf{x}} \sum_{z \in \mathcal{D}^+} \log \left(\operatorname{sig}(\mathbf{x}^\top \mathbf{z}) \right) + \sum_{z \in \mathcal{D}^-} \log \left(\operatorname{sig}(-\mathbf{x}^\top \mathbf{z})\tilde{p}(z) \right)$$

식 7.14

argmax를 계산할 때 식 7.14의 두 번째 항에 있는 네거티브 샘플에 대한 샘플링 분포 $\tilde{p}(z)$는 x와 무관하다. 그러므로 식 7.14의 두 번째 항을 기댓값 형태로 나타낼 수 있으므로 최대화 대상이 되는 목적함수는 다음과 같다.

$$\sum_{z \in \mathcal{D}^+} \log \left(\operatorname{sig}(\mathbf{x}^\top \mathbf{z}) \right) + \mathrm{E}_{\tilde{p}(z)} \left[\log \left(\operatorname{sig}(-\mathbf{x}^\top \mathbf{z}) \right) \right]$$

식 7.15

미콜로프(Mikolov)의 연구진은 포지티브 샘플 하나에 대해 k개의 네거티브 샘플을 샘플링하여 학습에 사용하였다. 이것은 여기서 말하는 네거티브 샘플이 포지티브 샘플과 달리 무작위로 선택하는 이른바 유사 네거티브 샘플(pseudo negative instance)이기 때문이다. 그렇기 때문에 네거티브 샘플 수를 포지티브 샘플 수보다 크게하지 않으면 안 된다[9, 31]. 그래서 실용상으로는 $k = 20$ 정도를 사용한다. 그리고 출현 확률 $\bar{p}(z)$가 높은 단어 z는 불용어(stop word)*나 기능어(function word)**[39]일 가능성이 높으며, 이런 단어는 어떤 문맥이든 나타날 수 있으므로 문맥과 비의존적인 단어로 미리 제외한다.

word2vec은 병렬 처리를 통해 학습 시간을 단축한다. word2vec은 하나 이상의 스레드를 사용하여 하나의 학습 모형을 업데이트한다. 여러 개의 스레드가 같은 학습 모형을 업데이트하면 서로 업데이트하는 값이 사라질 수 있으므로 학습이 바르게 이루어진다는 보장이 없다. 그러나 온라인 학습을 병렬화할 때 자주 사용되는 반복적 파라미터 혼합법(iterative parameter mixing method)[27]처럼 각 스레드마다 따로 모형을 갖게 한 뒤 이들을 독립적으로 학습시킨 것을 주기적으로 합칠 필요가 없으므로 응용하기 간단하고 스레드마다 메모리를 할당할 필요도 없으므로 상대적으로 적은 메모리로도 대규모 데이터를 학습할 수 있다. 정확한 방법으로 학습을 진행한다는 것과 대량의 데이터로부터 단시간에 학습을 수행할 수 있다는 것에는 서로 상충 관계가 있지만, word2vec은 1,000억 토큰*** 규모의 말뭉치로 학습하여 정확한 의미표현을 구축한다.

미콜로프는 학습한 의미표현 벡터를 이용하여 유추 문제(analogical reasoning problem)를 푸는 방법으로 성능을 평가하였다. 이때 사용한 문제로는 예를 들어, (man, woman)과 (king, queen) 두 단어쌍이 있을 때 $\mathbf{x}_{king} - \mathbf{x}_{man} + \mathbf{x}_{woman}$처럼 어휘 집합에 포함되는 모든 단어의 표현 벡터 간 코사인 유사도를 측정하고, 가장 가까운 단어를 해로 삼는다. 이 문제에서는 정답이 queen이었으며, 그 외의 모든 단어는 오답으로 간주하였다.

---

*   모든 문맥에서 사용되므로 문서를 특징 짓는 데 도움이 되지 않는 단어.
**   조사처럼 단어와 단어 사이의 관계를 나타내는 단어.
*** 중복하여 나타나는 단어를 포함하여 말뭉치의 크기를 세는 단어의 수.

미콜로프(Mikolov)의 연속 스킵그램 모형은 어떤 문맥 안 단어의 국소적 공기에 착안하여 학습을 수행한다. 그러나 두 단어가 말뭉치 전체에 걸쳐 얼마나 공기하는 경우가 많은가 하는 전역적 공기를 통해 의미표현 벡터를 학습하는 기법도 고안되었다[32]. 여기서는 '단어'를 의미를 나타내는 최소 단위로 보고 있으므로 단어 단위로 표현을 학습하는 연구를 소개하였다. 그러나 일본어나 중국어 등 한자를 사용하는 언어에서는 '문자'가 의미의 최소 단위가 되는 경우도 있다. 딥 러닝으로 문자 단위 표현을 학습하려는 연구[13]가 최근 진행되고 있어 일본어에 대한 의미표현 학습에도 참고가 되고 있다.

7.4 딥 러닝과 의미 구축

7.3절에서 설명한 기법을 사용하면 단어 단위의 의미를 표현할 수 있지만, 자연어를 나타내기에는 단어 단위의 의미표현만으로는 불충분하며, 여러 단어로 구성되는 구 (이를테면 형용사가 명사를 수식하는 형태로 된 명사구) 또는 문장의 의미를 표현해야 하는 경우가 있다. 예를 들면, 어떤 문장과 의미적으로 비슷한 다른 문장(paraphrase)을 자동적으로 추출하려는 경우는 문장과 문장을 비교해야 하므로 문장의 의미를 나타내는 구조가 필요해진다. 어떤 방법으로든 단어의 의미표현을 이미 작성해 두었다면 그보다 큰 단위(구, 문장, 문서 등)에 대한 의미표현을 구축하는 연구가 진행 중이다[29, 30, 4, 5, 24, 19, 18, 14, 40].

단어 단위라면 7.3절에서 설명했던 분포 가설이나 목적함수에 기초한 방법으로 대규모 말뭉치로부터 단어가 출현하는 문맥을 모아 단어 단위의 의미표현을 만들 수 있다. 그러나 구 단위 혹은 문장 단위가 되면 아무리 큰 말뭉치라 할지라도 같은 문장이 몇 번이나 출현할 확률은 생각할 수도 없으므로 분포 가설을 단어 이상의 단위에 대한 의미를 나타내는 데 적용하는 것은 무리가 따른다[40]. 그래서 자연어 처리 분야에서는 한 단어의 의미를 나타내는 구조에 대해 어떤 연산을 하는 방법으로 구나 문장의 의미표현을 구축하는 분포적 의미구축(distributional semantic composition) 연구가 있어 왔다. 그러나 한 단어의 의미를 표현하는 방법과, 그 방법으로 나타낸 의미표현에 대해 어떤 연산을 해야 할지가 미해결 과제였다. 그래서 딥 러닝의 특징인 효과적인 특징학습과 조합하여 이 과업에 적용할 수 없을까 하는 연구가 진행되었다. 그 대표적인 연구 사례로 소셔(Socher)[35] 등의 패러프레이즈 표현 인식 연구를 소개한다.

7.4.1 패러프레이즈 표현 인식에 대한 응용

패러프레이즈 표현 인식(paraphrase detection)은 주어진 두 문장이 같은 의미를 나타내는지를 판정하는 것을 목적으로 한다. 이 문제는 자연어 처리의 여러 가지 응용에서 중요하다. 예를 들면, 문서 자동 요약에서는 두 문장이 같은 의미를 갖는다면 그중 하나만을 요약에 포함시킴으로써 보다 간결한 요약 결과를 얻을 수 있다. 딥 러닝을 사용하여 패러프레이즈 표현을 인식하는 문제를 구체적으로 설명하기 위해 n개의 단어 $x_1, x_2, ..., x_n$으로 구성된 문장을 생각해 보자. 먼저, 문제가 되는 것은 각 단어의 의미표현으로 무엇을 사용할 것인가다. 소셔는 7.2.2항에서 소개했던 콜로버트(Collobert)[10]가 제안한 신경 언어 모형을 사용하여 학습한 벡터를 단어의 의미표현으로 사용하였다. 이 방법에서는 각 단어가 N차원 벡터로 표현된다. 그리고 벡터의 요소는 실수이므로 딥 러닝에서 사용되는 시그모이드 함수처럼 연속적인 비선형 연산과 궁합이 잘 맞는다. 한 단어에 대한 의미표현 방법은 이 외에도 바로니(Baroni)가 제안한 분포 메모리(distributional memory)[4]처럼 의존관계에 기반을 둔 것이 있다.

재귀 자기부호화기

그림 7.5(a)에서 '매우 아름다운 그림'이라는 문장에 대해 재귀 자기부호화기(recursive autoencoder)를 적용하여 의미표현을 구축하는 방법을 설명한다. 먼저, 각각의 단어 '매우', '아름다운', '그림'에 대해 의미표현을 콜로버트의 방법[10]을 이용하여 벡터 $\mathbf{x}_1$, $\mathbf{x}_2$, $\mathbf{x}_3$을 구했다고 가정한다.

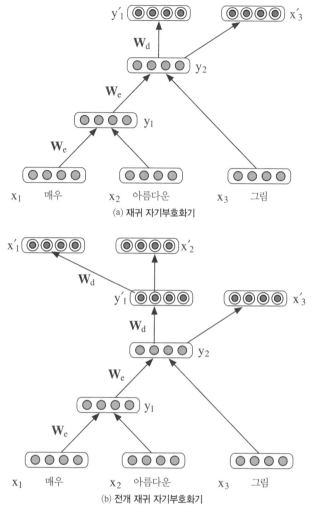

(a) 재귀 자기부호화기

(b) 전개 재귀 자기부호화기

그림 7.5 문장 및 구의 의미표현을 자기부호화기를 이용하여 구축하는 예

구문 트리에 원래 있던 노드에 대한 벡터는 한 겹 동그라미로 나타내었으며,
재구성된 노드에 대한 벡터는 두 겹 동그라미로 나타내었다.

그림 7.5(a)의 구문 트리를 보면 '매우'라는 '정도를 나타내는 단어'가 '아름다운'이라
는 형용사에 의존하고 있으며, '매우 아름답다'라는 수식 어구가 다시 '그림'이라는 명
사에 의존하고 있는 구조를 나타내고 있다. 여기서는 모든 부모 노드가 두 개의 자식
노드를 갖는 이진 구문 트리(binary parse tree)를 대상으로 한다. 두 개의 자식 노드를

나타내는 자기부호화기의 벡터를 $\mathbf{x}_{c1}$, $\mathbf{x}_{c2}$이라고 하면 그 부모 노드를 나타내는 벡터 $\mathbf{x}_p$는 다음 식과 같이 주어진다.

$$\mathbf{x}_p = a(\mathbf{W}_e[\mathbf{x}_{c1};\mathbf{x}_{c2}] + \mathbf{b}_e)$$

식 7.16

여기서 N차원의 열 벡터 $\mathbf{x}_{c1}$과 $\mathbf{x}_{c2}$를 이어 붙여 만든 $2N$차원 벡디를 $[\mathbf{x}_{c1};\mathbf{x}_{c2}]$로 나타낸다. 부호화 행렬 $\mathbf{W}_e$를 이렇게 합성한 벡터에 적용하고, 다시 바이어스 벡터 $\mathbf{b}_e$를 더한다. 마지막으로 활성화함수 $a(\cdot)$을 벡터의 각 요소마다 적용하고 부모 노드 벡터 $\mathbf{x}_p$를 계산한다. 그다음, 부모에 대해 부호화 행렬 $\mathbf{W}_d$를 적용하여 그 자식을 다음 식과 같이 생성한다.

$$[\mathbf{x}_{c1};\mathbf{x}_{c2}] = a(\mathbf{W}_d\mathbf{x}_p + \mathbf{b}_d)$$

식 7.17

생성된 자식 벡터를 $\mathbf{x}_{c1}$, $\mathbf{x}_{c2}$라고 한다. 자기부호화기에서 자식 노드에 대한 벡터를 생성할 때의 재구성 오차 E_{rec}는 식 7.18과 같이 주어진다.

$$E_{\text{rec}}(\mathbf{x}_p) = \|[\mathbf{x}_{c1};\mathbf{x}_{c2}] - [\mathbf{x}_{c1'};\mathbf{x}_{c2'}]\|^2$$

식 7.18

구문 트리 $\mathcal{T}$ 전체에 대한 재구성 오차 $E_{\text{rec}}(\mathcal{T})$는 $\mathcal{T}$에 포함되는 모든 부모 노드에 대해 식 7.18을 계산하여 합한 것이 된다. 예를 들면, 그림 7.5(a)에 나온 구문 트리 $\mathcal{T}$의 $E_{\text{rec}}(\mathcal{T})$는 다음 식과 같이 계산한다.

$$E_{\text{rec}}(\mathcal{T}) = E_{\text{rec}}(y_1) + E_{\text{rec}}(y_2)$$

재구성 오차가 볼록함수는 아니지만, 소셔(Socher)는 L-BFGS 알고리즘(L-BFGS method)[25]를 사용하여 $E_{\text{rec}}(\mathcal{T})$를 최소로 하는 파라미터 $\mathbf{W}_e$, $\mathbf{W}_d$, $\mathbf{b}_d$, $\mathbf{b}_e$를 학습하여 대부분의 경우 좋은 해를 얻을 수 있다고 보고하였다.

전개 재귀 자기부호화기

그림 7.5(a)는 종단기호에 해당하는 단어에서 출발하여 구문 트리를 따라 부모 노드를 순서대로 생성해 나가는 과정을 실은 것이다. 재귀 자기부호화기에서는 대상이 되는 부모 노드의 직접적인 자식 노드만을 만들 수 있지만, 소셔는 이 기법을 확장하여

그림 7.5(b)와 같은 전개 재귀 자기부호화기(unfolding recursive autoencoder)를 제안하였다. 전개 재귀 자기부호화기는 대상이 되는 노드 아래 존재하는 모든 모드를 생성할 수 있도록 하였다. 그림 7.5에서는 구문 트리의 원래 노드를 나타내는 벡터에 색칠한 동그라미로 나타내고 있으며, 재기 자기부호화기나 전개 재귀 자기부호화기를 이용해 재구성한 노드에 대한 벡터는 색칠한 이중 동그라미로 표시하였다. 또 x'_1, x'_2, x'_3, y'_1은 각각 x_1, x_2, x_3, y_1로부터 복원된 노드를 나타낸다. 그림 7.5(a)의 재귀 자기부호화기는 어떤 부모 노드에 대한 재구성 오차를 구할 때 해당 부모 노드에 대한 자식 노드 두 개만을 고려할 수 있지만, 그림 7.5(b)의 전개 재귀 자기부호화기는 부모 노드 x_p를 루트로 하는 서브트리를 고려하여 이 서브트리에 포함되는 모든 노드(부모 노드 및 자식 노드)에 대한 재구성 오차의 합계로 x_p의 재구성 오차를 계산한다. 따라서 재구성 오차를 계산하는 부모 노드가 구문 트리상에서 어느 정도 깊이에서 출현하는지를 고려할 수 있다는 이점이 있다. 그리고 소셔(Socher) 등이 수행한 평가 실험에서는 재귀 자기부호화기를 사용한 경우와 비교할때 전개 재귀 자기부호화기를 사용한 패러프레이징 표현의 인식률이 향상되었다고 보고하였다. 전개 재귀 자기부호화기를 반복 적용하여 구문 트리의 최종적인 루트까지 모든 노드에 대한 의미표현을 만들 수 있다.

의미표현을 비교하는 방법

전개 재귀 자기부호화기를 사용하여 주어진 구문 트리에 포함된 모든 노드에 대해 벡터를 부여할 수 있지만, 주어진 두 문장이 서로 패러프레이즈인지를 판별하려면 두 문장의 의미표현을 더 깊이 비교해야 한다. 그러나 문장의 길이가 서로 다르고 각각의 구문 트리에 포함된 노드 수 역시 서로 다르므로 이를 단순히 비교하는 것은 어렵다. 이를 비교할 수 있는 간단한 방법으로 각 문장에 대한 구문 트리의 루트에 대한 벡터를 서로 비교하는 방법을 생각해 볼 수 있다. 그러나 이 방법으로는 문장에 포함된 루트 이외의 노드에 대한 단어를 비교할 수 없다는 단점이 있다.

길이가 서로 다른 두 문장으로부터 고정 길이의 특징을 생성하기 위해서 소셔의 연구진은 동적 풀링 방법(dynamic pooling method)을 제안하였다. 여러 요소를 정해진 수의 영역에 맞추는 작업을 풀링이라고 한다. 동적 풀링 방법은 문장의 길이에 따라 맞추는 영역의 크기를 다음과 같이 결정한다. 먼저, 단어 간의 유사도 행렬 $\mathbf{S}$를 만든다. 두 문장이 각각 l개, m개의 단어를 포함하고 있을 때 각 문장에 포함된 단어를 $\mathbf{S}$의 행과 열에 대응시키고, 그 다음에는 구문 트리를 왼쪽부터 오른쪽, 아래부터 위의 순서로 순회하며, 각각 $(m-1)$개 $(l-1)$개 비종단 기호도 행렬 $\mathbf{S}$에 추가한다. 그다음 모든 셀에 대해 셀의 행과 열에 대응하는 단어 및 비종단 기호 간의 벡터쌍 간의 유클리드 거리를 계산하고, $\mathbf{S}$에서 대응하는 셀에 기입한다. 이 비유사도(거리) 행렬은 $2l - 1$개의 행과 $2m - 1$개의 열을 갖는데, 두 구문 트리에 포함된 단어(종단 기호)와 비종단 기호에 대한 유사도 정보를 포함한다.

그러고 나면 행과 열을 각각 p개의 같은 크기의 영역으로 분할한다*. 이렇게 얻은 풀링 행렬 $\mathbf{M} \in \mathbb{R}^{p \times p}$의 요소는 원래의 유사도 행렬 $\mathbf{S}$에 대응하는 영역 안의 최소값을 요소로 갖는다. 이는 두 문장에 대한 구문 트리상에서 가까이 있는 노드 간에 가장 비슷한 노드끼리의 거리를 특징값으로 선택하는 것과 같다고 할 수 있다. 그리고 원래 문장의 길이와 관계없이 항상 풀링 행렬은 고정된 크기를 가지므로 이 풀링 행렬의 요소를 특징값으로 하여 패러프레이즈 여부를 판단하는 분류기를 학습한다. 이를 위해 소셔(Socher)는 소프트맥스 분류기를 학습시켰다.

패러프레이즈 인식 기법을 평가하기 위한 벤치마크로 널리 사용되는 마이크로소프트 리서치의 패러프레이즈 말뭉치[12]에서는 전개 재귀 자기부호화기를 사용한 기법이 가장 높은 정확도를 보였다고 보고된 바 있다[35]. 그리고 풀링 행렬끼리 비교하는 방법으로 주어진 문장과 의미적으로 가까운 문장을 검색할 수 있도록 되어 있어서 텍스트에 대한 유사 검색을 할 때 효과적이다.

---

*   엄밀히 말하면 $2l-1$과 $2m-1$이 각각 p의 배수가 아니면 같은 간격으로 분할할 수 없지만, 이 경우 분할 영역 수를 $\lfloor \frac{2l-1}{p} \rfloor$와 $\lfloor \frac{2m-1}{p} \rfloor$로 하여 나머지 행과 열을 분할 영역에 가능한 한 고르게 추가하도록 처리하고 있다.

7.5 정리

이번 장에서는 자연어 처리 분야에서 딥 러닝이 어떻게 응용되고 있는지를 언어 모형과 의미 구축 연구 사례를 통해 알아보았다. 이 외에도 어떤 단어에 대해 단어의 의미를 나타내는 벡터와 이 단어의 활용을 나타내는 행렬을 함께 학습하는 행렬 벡터 재귀 신경망(matrix vector recursive neural network)[36], 감성 분석에 대한 응용[38], 의존관계 분석에 대한 응용[37], 연속열 태깅에 대한 응용[43] 등에도 딥 러닝이 사용되고 있다. 앞으로 자연어 처리 분야에서 딥 러닝이 더욱 발전하고 널리 응용되리라 기대할 수 있지만, 이를 위해서는 몇 가지 해결해야 할 중요한 과제가 남아 있다.

딥 러닝의 사전훈련에서는 정답 레이블이 없는 데이터만을 사용하여 효과적인 특징 조합을 자동적으로 학습한다. 한편 자연어 처리에서는 과업에 따라 효과적인 특징이 이미 알려져 있거나, 사전, 온톨로지 등 언어 자원이 이미 갖춰진 경우가 있다. 기존 언어 자원을 딥 러닝에 어떻게 사용할지 언어 자원을 전혀 사용하지 않고 정답 레이블 없는 데이터만으로 효과적인 특징 조합을 학습할 수 있는지는 아직 불명확하다. 감성 분석에 대한 연구 성과에서 알 수 있듯 정답 레이블이 없는 데이터라도 충분한 양을 사용할 수 있다면 언어 자원 없이도 충분한 정밀도를 얻을 수 있지만, 정답 레이블이 없는 데이터도 양적인 한계가 있는 언어나 도메인에서는 기존 언어 자원을 무시할 수 없다.

자연어 처리 분야에서 딥 러닝을 응용할 때 해결해야 할 또 하나의 중요한 과제로 계산량 축소가 있다. 자연어 처리는 단어를 기본적인 특징으로 하므로 특징 공간의 규모가 크다. 그리고 이들에 대한 조합까지 고려해야 하는 대규모 신경망을 학습시켜야한다. 동적 풀링은 길이가 서로 다른 문장으로부터 고정 길이 특징 벡터를 생성할 수 있지만, 문서는 문장보다 길이가 훨씬 들쭉날쭉하므로 문서를 다루는 신경망에 대한 입력은 어떻게 해야 하는지 아직 확실히 밝혀지지 않았다. 딥 러닝의 효율적인 학습 방법이나 분산학습 방법은 앞으로 자연어 처리는 분야에서 딥 러닝을 응용할 때 중요한 문제가 될 것이다.

참고 문헌

[1] Rie Kubota Ando and Tong Zhang, A framework for learning predictive structures from multiple tasks and unlabeled data, *Journal of Machine Learning Research*, Vol. 6, pp. 1817–1853, 2005.

[2] Ebru Arisoy, Tara N. Sainath, Brian Kingsbury, and Bhuvana Ramabhadran, Deep neural network language models, In *Proc. of the NAACL-HLT Workshop: Will We Ever Really Replace the N-gram Model?*, pp. 20 – 28, 2012.

[3] Marco Baroni, Georgiana Dinu, and Germán Kruszewski, Don't count, predict! a systematic comparison of context-counting vs. context-predicting semantic vectors, In *Proceedings of the 52nd Annual Meeting of the Association for Computational Linguistics (Volume 1: Long Papers)*, pp. 238–247, Baltimore, Maryland, June 2014. Association for Computational Linguistics.

[4] Marco Baroni and Alessandro Lenci, Distributional memory: A general framework for corpus-based semantics, *Computational Linguistics*, Vol. 36, No. 4, pp. 673–721, 2010.

[5] Marco Baroni and Roberto Zamparelli, Nouns are vectors, adjectives are matrices: Representing adjective-noun constructions in semantic space, In *EMNLP' 10*, pp. 1183–1193, 2010.

[6] Yoshua Bengio, Practical recommendations for gradient-based training of deep architectures, *arXiv*, 2012.

[7] Yoshua Bengio, Aaron Courville, and Pascal Vincent, Representation learning: A review and new perspectives, *arXiv*, 2012.

[8] Yoshua Bengio, Réjean Ducharme, Pascal Vincent, and Christian Jauvin, A neural probabilistic language model, *Journal of Machine Learning Research*, Vol. 3, pp. 1137–1155, 2003.

[9] D. Bollegala, Y. Matsuo, and M. Ishizuka, An integrated approach to measuring semantic similarity between words using information available on the web, In *Proceedings of NAACL HLT*, pp. 340–347, 2007.

[10] Ronan Collobert and Jason Weston, A unified architecture for natural language processing: Deep neural networks with multitask learning, In *ICML 2008*, pp. 160–167, 2008.

[11] Ronan Collobert, Jason Weston, Leon Bottou, Michael Karlen, Koray Kavukcuoglu, and Pavel Kuska, Natural language processing (almost) from scratch, *Journal of Machine Learning Research*, Vol. 12, pp. 2493 – 2537, 2011.

[12] Bill Dolan, Chris Quirk, and Chris Brockett, Unsupervised construction of large paraphrase corpora: Exploiting massively parallel news sources, In *Proc. of the 20th International Conference on Computational Linguistics*, 2004.

[13] Cícero Nogueira dos Santos and Bianca Zadrozny, Learning character-level representations for part-of-speech tagging, In *ICML' 14*, 2014.

[14] Katrin Erk, Towards a semantics for distributional representations, In *10th International Conference on Computational Semantics (IWCS)*, Pots-dam, Germany, 2013.

[15] John R. Firth, A synopsis of linguistic theory 1930-55, *Studies in Linguistic Analysis*, pp. 1 – 32, 1957.

[16] Xavier Glorot, Antoine Bordes, and Yoshua Bengio, Domain adaptation for largescale sentiment classification: A deep learning approach, In *ICML' 11*, 2011.

[17] Joshua T. Goodman, A bit of progress in language modeling extended version, Technical report, Microsoft Research, 2001.

[18] Edward Grefenstette, Towards a formal distributional semantics: Simulatinglogical calculi with tensors, In *Second Joint Conference on Lexical and Computational Semantics (*SEM)*, pp. 1 – 10, 2013.

[19] Edward Grefenstette, Mehrnoosh Sadrzadeh, Stephen Clark, Bob Coecke, and Stephen Pulman, Concrete sentence spaces for compositional distributional models of meaning, In *International Conference on Computational Semantics (IWCS' 11)*, 2011.

20 Z. Harris, Distributional structure. *The Philosophy of Linguistics*, pp. 26 – 27, 1985.

21 Slava M. Katz, Estimation of probabilities from sparse data for the language model component of a speech recognizer, *IEEE Transactions on Acoustics, Speech, and Signal Processing (ASSP)*, Vol. 35, No. 3, pp. 400 – 401, March 1987.

22 Ryan Kiros, Richard S. Zemel, and Ruslan Salakhutdinov, Multimodal neural language models, In *Deep Learning Workshop at NIPS' 13*, 2013.

23 Philipp Koehn, *Statistical Machine Translation*, Cambridge University Press, 2009.

24 Percy Liang, Michael I. Gordon, andDanKlein, Learning dependency-based compositional semantics, In *ACL' 11*, pp. 590 – 599, 2011.

25 Dong C. Liu and Jorge Nocedal, On the limited memory BFGS method for large scale optimization, *Mathematical Programming*, Vol. 45, pp. 503 – 528, 1989.

26 Christopher D. Manning and Hinrich Schutze, *Foundations of Statistical Natural Language Processing, MIT Press*, Cambridge, Massachusetts, 1999.

27 Ryan McDonald, Keith Hall, and Gideon Mann, Distributed training strategies for the structured perceptron, In *Human Language Technologies: The 2010 Annual Conference of the North American Chapter of the Association for Computational Linguistics*, pp. 456–464. Association for Computational Linguistics, 2010.

28 Tomas Mikolov, Kai Chen, and Jeffrey Dean, Efficient estimation of word representation in vector space, *CoRR*, Vol. abs/1301.3781,, 2013.

29 Jeff Mitchell and Mirella Lapata, Vector-based models of semantic composition, In *ACL-HLT' 08*, pp. 236 – 244, 2008.

30 Jeff Mitchell and Mirella Lapata, Language models based on semantic composition, In *Proceedings of the 2009 Conference on Empirical Methods in Natural Language Processing,* pp. 430–439, Singapore, 2009.

31 Daisuke Okanohara and Junichi Tsujii, A discriminative language model with pseudo-negative samples, In *Proc. of the Annual Conference of the Association for Computational Linguistics (ACL' 07)*, pp. 73 – 80, 2007.

32 Jeffery Pennington, Richard Socher, and Christopher D. Manning, GloVe: global vectors for word representation, In *Proc. of Empirical Methods in Natural Language Processing (EMNLP)*, 2014.

33 Holger Schwenk, Efficient training of large neural networks for language modeling, In *IJCNN*, pp. 3059 – 3062, 2004.

34 Holger Schwenk and Jean-Luc Gauvain, Training neural network language models on very large corpora, In *Empirical Methods in Natural Language Processing*, pp. 201 – 208, 2005.

35 Richard Socher, Eric H. Huang, Jeffery Pennington, Andrew Y. Ng, and Christopher D. Manning, Dynamic pooling and unfolding recursive autoencoders for paraphrase detection, In *NIPS' 11*, 2011.

36 Richard Socher, Brody Huval, Christopher D. Manning, and Andrew Y. Ng, Semantic compositionality through recursive matrix-vector spaces, In *Proceedings of the 2012 Joint Conference on Empirical Methods in Natural Language Processing and Computational Natural Language Learning*, pp. 1201–1211, Jeju Island, Korea, July 2012. Association for Computational Linguistics.

37 Richard Socher, Cliff Chiung-Yu Lin, Andrew Ng, and Chris Manning, Parsing natural scenes and natural language with recursive neural networks, In *ICML' 11*, 2011.

38 Richard Socher, Jeffrey Pennington, Eric H. Huang, Andrew Y. Ng, and Christopher D. Manning, Semi-supervised recursive autoencoders for predicting sentiment distributions, In *Proceedings of the 2011 Conference on Empirical Methods in Natural Language Processing*, pp.151–161, Edinburgh, Scotland, UK., July 2011. Association for Computational Linguistics.

39 德永健伸, 『情報検索と言語処理』, 言語と計算シリーズ第5巻, 東京大学出版会, 1999.

40 Peter D. Turney, Distributional semantics beyond words: Supervised learning of analogy and paraphrase, *Transactions of Association for Computational Linguistics*, Vol. 1, pp. 353 – 366, 2013.

41 Peter D. Turney and Patrick Pantel, From frequency to meaning: Vector space models of semantics, *Journal of Aritificial Intelligence Research*, Vol. 37, pp. 141 – 188, 2010.

42 Alexander Waibel, Toshiyuki Hanazawa, Geoffery E. Hinton, and Kiyohiro Shikano, Phoneme recognition using time-delay neural networks, *IEEE Transactions on Acoustics, Speech, and Signal Processing (ASSP)*, Vol. 37, No. 3, pp. 328 –339, 1989.

43 Mengqiu Wang and Christopher D. Manning, Effect of non-linear deep architecture in sequence labeling, In *Proceedings of the Sixth International Joint Conference on Natural Language Processing*, pp. 1285–1291, Nagoya, Japan, October 2013. Asian Federation of Natural Language Processing.

진솔한 서평을 올려주세요!

이 책이나 이미 읽은 제이펍의 다른 책이 있다면, 책의 장단점을 잘 보여주는 솔직한 서평을 올려주세요.
매월 다섯 분을 선별하여 원하시는 제이펍 도서 1부씩을 선물해드리겠습니다.

- ■ 서평 이벤트 참여 방법
  - 제이펍의 책을 읽고 자신의 블로그나 인터넷 서점에 서평을 올린다.
  - 서평이 작성된 URL을 적어 아래의 계정으로 메일을 보낸다.
    review.jpub@gmail.com

- ■ 서평 당선자 발표
  매월 첫 주 제이펍 홈페이지(www.jpub.kr) 및 페이스북(www.facebook.com/jeipub)에 공지하고
  당선된 분에게는 개별 연락을 드리겠습니다.

독자 여러분의 응원과 질타를 통해 더 나은 책을 만들 수 있도록 최선을 다하겠습니다.

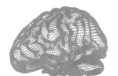

찾아보기